Glück ist für alle da

Glück ist für alle da

Das große Lesebuch
des positiven Denkens

ARISTON

MIX
Papier aus verantwortungsvollen Quellen
FSC® C014889
FSC
www.fsc.org

Verlagsgruppe Random House FSC-DEU-0100
Das für dieses Buch verwendete FSC®-zertifizierte Papier
EOS liefert Salzer Papier, St. Pölten, Austria.

Bibliografische Information der Deutschen Bibliothek

Die Deutsche Bibliothek verzeichnet diese Publikation
in der Deutschen Nationalbibliografie; detaillierte bibliografische
Daten sind im Internet unter http://dnb.ddb.de abrufbar.

Umschlaggestaltung: Weiss Werkstatt München
Unter Verwendung eines Motivs von © shutterstock
Satz: EDV-Fotosatz Huber/Verlagsservice G. Pfeifer, Germering
Druck und Bindung: Pustet, Regensburg
Printed in Germany

ISBN 978-3-424-20077-5

Inhalt

Vorwort

Was ist Glück? Wie finde ich mein persönliches Glück? Und was macht mich überhaupt glücklich?

Vielleicht haben Sie sich die eine oder andere dieser drei Fragen im Laufe Ihres Lebens auch schon gestellt. Womöglich haben Sie dabei erkannt, dass die Antworten darauf sehr vielfältig und komplex sind.

Das Phänomen Glück beschäftigte schon seit jeher Schriftsteller, Künstler, Philosophen und Denker. Auch die Vertreter des positiven Denkens haben wertvolle Beiträge zu diesem Thema geleistet. Ihre Gedanken, Texte und inspirierenden Impulse zu Lebensthemen und Sinnfragen aus den Bereichen Gesundheit und Heilung, Erfolg, Wohlstand und Reichtum, Partnerschaft und Zufriedenheit sind für Millionen von Menschen zum Leuchtturm im eigenen Leben geworden. Positives Denken ist eine Orientierungshilfe für den Alltag, die Sie durch Krisen navigiert und Ihnen Entscheidungen erleichtert.

»Wer etwas will, findet Wege. Wer etwas nicht will, findet Gründe.«*

Dieses Zitat des deutsch-kanadischen Kaufmanns Willy Meurer fasst die wesentlichsten Grundgedanken des positiven Denkens sehr schön und prägnant zusammen: Mit Ihren Gedanken und Gefühlen erschaffen Sie Ihre Realität und damit das Leben, das Sie führen. Das bedeutet gleichzeitig: Sie selbst haben Ihr persönliches Glück in der Hand. Sie selbst sind es, der entscheidet, ob das Glas halb voll oder halb leer ist. Positives Denken unterstützt Sie dabei.

---

* Zitat nach Willy Meurer, *1934

In diesem Buch finden Sie ausgewählte Texte von namhaften und weltbekannten Vorreitern, Begründern und modernen Vertretern des positiven Denkens: Rhonda Byrne, Ruediger Dahlke, Pierre Franckh, Charles F. Haanel, Esther und Jerry Hicks, Napoleon Hill, Paul McKenna, Dr. Joseph Murphy, Kurt Tepperwein und Wallace Wattles – um nur einige von ihnen hier exemplarisch zu nennen.

Positives Denken ist eine Einstellung und Haltung zum Leben, mit der Sie das Glück in Ihren Alltag einladen. Wer positiv denkt, sprüht vor Lebensfreude und Kreativität. Nutzen Sie die auf den nächsten Seiten versammelten Denkanstöße für sich selbst und bereichern Sie Ihr eigenes Leben durch positives Denken.

Wie sagte Shakespeare so treffend: »Die ganze Welt ist eine Bühne!« – Am besten, Sie führen selbst Regie. Denn Glück ist für alle da!

München, 2012

Glück in allen Lebensbereichen

Pierre Franckh
Was ist Glück?

Glück ist eng verbunden mit dem Gefühl der Liebe. Und Liebe beginnt mit der Liebe zu sich selbst.

Für viele Menschen ist Glück etwas, das völlig unerwartet, aus heiterem Himmel eintrifft. Manchmal auch völlig unverdient. Glück wird also sehr oft mit dem Eintreffen eines wunderbaren Zufalls gleichgesetzt. Aus diesem Grunde warten viele Menschen oft ein Leben lang und hoffen, dass sie auch endlich einmal Glück in ihrem Leben haben, ohne auch nur im Entferntesten zu ahnen, dass dauerhaftes Glück auf diese Weise nicht in ihr Leben treten wird.

Wahres Glück kommt nicht von außen.

Wahres, dauerhaftes Glück ist kein gewaltiges Ereignis, das uns wie aus heiterem Himmel erfasst und uns endlich von unserer Unzufriedenheit befreit. Dauerhaftes Glück entsteht nicht aus einem einzigen intensiven Moment heraus. Wir benötigen auch keinen gewaltigen Rundumschlag, mit dem wir uns befreien. Wohin wir auch gehen, wir nehmen uns immer mit, und damit auch unsere Fähigkeit, Glück zu empfinden.

Gleichgültig, wie viel Geld wir verdienen, welche Erbschaft uns ereilt, welche unerwartete Villa wir plötzlich bewohnen dürfen oder welche Reise wir antreten, das anfängliche Glücksgefühl verliert sich nach einer Weile wieder und wir befinden uns gefühlsmäßig bald wieder dort, wo wir vorher schon waren. Vielleicht in einer neuen Wohnung, mit einem neuen Partner oder wesentlich reicher, aber erneut ohne das tief befriedigende Gefühl, glücklich zu sein. Reichtum ist also kein Garant für Glück.

Um in den Genuss dauerhaften Glücks zu kommen, bedarf es nicht eines großen, sondern vieler kleiner Schritte.

Deswegen ist es auch so einfach, sich ins Glück zu begeben. Wir müssen nichts Außergewöhnliches, nichts unerreichbar Gewaltiges tun, sondern nur viele kleine erreichbare Schritte. Das macht es so einfach. Gleichzeitig liegt darin aber auch die größte Hürde. Denn wir glauben nicht, dass es so einfach sein kann. Wir misstrauen diesem einfachen Weg. Da das Erreichen von Glück in unseren Augen etwas so Gewaltiges ist, kann es unserer Meinung nach auch nur durch größte Kraftanstrengung zu erreichen sein.

Glück lässt sich aber nicht erkämpfen oder durch Leistung erzwingen. Darin besteht der große Irrtum. Wir können uns noch so sehr aufopfern, es allen recht machen wollen, richtig viel Geld verdienen oder Auszeichnungen sammeln. Je mehr wir dem Glück nacheilen, desto weniger werden wir es erfahren.

Aus diesem Grund erreichen die meisten von uns den Zustand tiefen Glücks nie. Denn es gibt immer noch etwas, das wir vermeintlich tun müssen, bevor das Glück uns auch wirklich zusteht. Ganz egal, wie viel wir bereits geleistet haben.

Die Wahrheit aber ist, du musst gar nichts mehr leisten. Du musst auch nicht einen bestimmten Posten bekleiden oder eine bestimmte Summe Geldes haben. Du brauchst nicht den perfekten Partner an deiner Seite, und du musst auch nicht berühmt sein.

Denn solange du dein Glück im Außen suchst und hoffst, dass es sich dann auch in deinem Innern niederschlägt, wird es sich nicht einstellen. Denn so funktioniert Glück eben nicht. Glück entsteht in unseren Tiefen und entfaltet sich erst dann in unserer Außenwelt.

Erst wenn wir innerlich glücklich sind, beglückt uns alles andere im Außen, und nicht umgekehrt.

Da das wahre Glück von innen heraus entsteht, werden wir uns auf dem Weg zum Glück immer auch uns selbst annähern. Wir werden auf diesem Weg vielleicht schweres Gepäck ablegen müssen, alten Ballast, den wir noch immer mit uns herumschleppen. Wir werden dabei vielleicht auch unsere Brille absetzen müssen, die uns bisher unsere Wahrnehmung verdunkelte. Wir werden beginnen, uns selbst wieder wahrzunehmen und unsere wahren Bedürfnisse kennenzulernen. Vor allem aber werden wir lernen, uns wieder selbst zu lieben. Denn Glück ist eng verbunden mit dem Gefühl der Liebe. Und Liebe ist eng verbunden mit der Liebe zu uns selbst.

Wir werden auf unserem Weg stets sanft vorgehen, denn das Glück ist ein sanftes Geschenk. Wenn wir es festhalten wollen, verschwindet es sofort wieder. Glück lässt sich nicht festhalten. Es stellt sich auch nur dann ein und bleibt bei uns, wenn wir keine Bedingungen stellen. Ähnlich wie die Liebe besucht uns das Glück immer nur freiwillig und verliert an Kraft, wenn wir es binden wollen. Aber wir können das Glück einladen und die Voraussetzungen dafür schaffen, dass es sich bei uns wohlfühlt. Wir können uns für unser Glück also bereit machen. Wir können uns öffnen und die Hand ausstrecken, ruhig und mit Bedacht, und dann ... kann es sein, dass es sich bei uns niederlässt. Aber nur, wenn wir die innere Freiheit besitzen, es jederzeit auch wieder ziehen zu lassen.

Nur wenn wir bereit sind, den Moment des Glücks wieder gehen zu lassen – in der tiefen Gewissheit, dass ein anderer wundervoller Moment des Glücks in unser Leben treten wird, ein neuer, ebenso schöner –, ziehen wir das Glück regelrecht in unser Leben. Wir begrüßen dabei jede Veränderung, weil sie uns neues Glück bringt.

Das Leben ist voller Veränderungen. Wir können sowieso nichts festhalten – weder Gefühle noch Besitz, noch Menschen, noch die Zeit. Diese Erkenntnis ist nicht immer leicht. Auch ich musste erst lernen, dass das Glück nicht im Reichtum, nicht im Genuss und auch nicht im Erfolg zu suchen ist. Sondern im Loslassen.

Einer der Hauptschlüssel zu unserem Glück ist das Zulassen von Veränderung. Denn immer wird es ein anderes neues Ereignis sein, das uns dieses tiefe Gefühl schenkt.

Glück ist eine Ansammlung von vielen kleinen Glücksmomenten, die unser Leben stetig begleiten und zu einem großen Ganzen werden.

Manchmal klopft es uns ganz sanft auf die Schulter, und wir sind zu Tränen gerührt. Manchmal besucht es uns, wenn wir ganz ruhig sind. Manchmal ereilt es uns völlig überraschend. Und manchmal schleicht es sich fast unmerklich ein und berührt uns tief. Manchmal scheint es nur von unbedeutender Natur zu sein und unscheinbar. Immer aber ist es von erstaunlicher Tiefe. Ob es ein Wort ist, ein Satz, eine Geste, ein Lächeln, der Duft einer Blume, ein Kuss oder Arm in Arm mit dem Menschen einzuschlafen, den man liebt. Auch das Beenden einer gelungenen Arbeit, der Blick auf ein stürmisches Meer oder ein Gespräch können dieses tiefe Gefühl der Berührtheit in uns auslösen.

Glück beginnt da, wo Nähe entsteht. Meist ist es die Nähe zu sich selbst.

Sich dem Erleben vollständig hingeben. Aufgehen im Moment der Erfahrung, unvoreingenommen und frei von vorgefertigten Vorstellungen und Erwartungen. Wenn man nichts erwartet, gibt es auch keine Forderungen, die enttäuscht werden könnten.

Das Glück unterscheidet nicht. Im Erleben von außergewöhnlichen Momenten gibt es keine Grenze nach oben oder nach unten. Es gibt nicht einmal die Bewertung darüber, sondern nur das Spüren grenzenloser Verbundenheit. Es gibt nicht einmal mehr die Frage, ob man glücklich ist, denn diese Frage wirft einen wieder zurück in die Bewertung. Wenn man glücklich ist, stellt man keine Fragen mehr. Man ist einfach nur glücklich. Im Einklang mit sich selbst und allem anderen.

Jeder von uns hat seine eigenen Glücksmomente. Jeden Tag bieten sie sich uns an. Jeder Augenblick könnte so ein Glücksmoment sein. Manchmal berühren diese Augenblicke des Glücks uns fast, und dennoch rauschen sie oftmals unbemerkt an uns vorbei und verflüchtigen sich, ohne von uns jemals bewusst wahrgenommen worden zu sein.

Um Glücksmomente überhaupt wahrnehmen zu können, müssen wir unser Bewusstsein für sie schulen. Sind unsere Sinne erst einmal dafür erwacht und haben wir uns von dem Ballast befreit, der uns bisher an der Wahrnehmung gehindert hat, uns sozusagen die Sicht auf sie verstellt hat, wird unser Leben endlich reich und kraftvoll. Und glücklich.

Wenn wir glücklich sind und dieses Glück ausstrahlen, spüren dies auch andere, und wir werden plötzlich ganz anders behandelt und wahrgenommen. Man ist gern in unserer Nähe. Nicht selten werden wir sogar beschenkt. Mit einem Lächeln, mit Liebe, Achtung und Anerkennung. Und plötzlich vermehrt sich unser Glück. Es potenziert sich. Mit einem Mal geschehen all die Wunder, die wir bisher nicht zugelassen haben. Das Leben wird zu einem einzigen Geschenk.

Und weil wir immer mehr in diese Glückseligkeit eintauchen, stehen wir auch immer mehr in einem wundervoll göttlichen Urvertrauen. Wir sind voller Liebe. Wir sind Liebe. Wir lieben die Menschen. Und uns selbst.

Glück ist … es einfach nur zuzulassen.

Pater Anselm Grün
Wie finde ich das Glück?

Ist Glück immer nur eine Momentaufnahme?

Glück heißt: gelingendes Leben. Darüber ist leichter Einigkeit zu erzielen als über die Frage, ob oder wie dauerhaftes Glück möglich ist. Ist alles nur eine Frage des Lebensstils? Eine Frage der Einstellung? Oder der Umstände – wie manche meinen? »Die Absicht, dass der Mensch glücklich sei, ist im Plan der Schöpfung nicht enthalten«, hat der Begründer der Psychoanalyse Sigmund Freud behauptet. Aber es gibt ein gelingendes Leben wirklich. Das ist meine Erfahrung. Und es ist nicht nur meine, sondern die Erfahrung vieler Menschen. Glück heißt auch: mit sich selbst im Reinen sein, einverstanden sein mit sich und seinem Leben. Auch diese Erfahrung gibt es. Aber es stimmt ebenso, dass das absolute Glück uns Menschen verwehrt ist. Was wir erleben, ist immer nur ein relatives Glück. Das absolute Glück, so sagen es die Theologen in ihrer Sprache, wird uns erst nach dem Tod im Himmel erwarten. In unserem Alltag ist das Glück immer auch angefochten und gefährdet. Vor allem können wir es nie besitzen im Sinne von »festhalten«. Nur manchmal dürfen wir den Zustand absoluten Glücks erleben. In solchen Momenten sind wir ganz eins mit uns selbst und mit allen Menschen, mit der Welt und mit dem letzten Grund der Wirklichkeit. In dem Augenblick, in dem wir diese Erfahrung machen, fehlt nichts. Doch im nächsten Augenblick fühlen wir uns möglicherweise schon wieder zerrissen. Etwas geht schief in unserem Leben. Und schon fühlen wir uns nicht mehr so glücklich. Trotzdem: Wer Glück erfahren hat, wird dadurch auch gestärkt. Und jemand, der normalerweise mit sich im Reinen ist, wird Kritik von außen oder ein Missgeschick oder einen Schicksalsschlag anders verkraften als einer, der mit sich immer unzufrieden ist. Aber auch er wird nicht im Zustand seliger Harmonie bleiben, wenn ihm zum Beispiel ein lieber Mensch im Tod entrissen wird. Von einem solchen Schicksalsschlag wird auch er erst einmal aufgewühlt. Er wird sich todunglücklich fühlen. Aber wenn er sich diesen Gefühlen nicht versperrt und sich der Trauer stellt, wird er trotz allem, auch wenn er das Auf und Ab des Daseins erlebt, doch eine Grundmelodie des Glücks in sich verspüren. Manchmal wird sie übertönt von anderen Melodien. Es werden sich Dissonanzen einstellen, die die Harmonien überlagern. Aber in der Stille können wir wieder in Berührung kommen mit dieser Grundmelodie des Glücks in unserem Herzen. Und wir können in der Hoffnung leben, dass diese Grundmelodie des Glücks mehr und mehr alle Bereiche unseres Leibes und unserer Seele durchdringt.

Obwohl es ein intuitives Verständnis von Glück gibt – was Glück eigentlich und in einem tieferen Sinn ist, diese Frage hat die Denker zu allen Zeiten bewegt. Es hat zur Unterscheidung geführt zwischen einem Verständnis von Glück als unberechenbarem Zufall und dem Verständnis von Glück, das der tiefsten inneren Bestimmung des Menschen entspricht. Wir unterscheiden auch zwischen einem Wohlfühl-Glück, das man empfindet, wenn von außen her alles gut läuft, wenn man anerkannt wird und Erfolg hat und einem Glück, das von innen her kommt. Es bedeutet, dass der Mensch mit sich im Einklang ist. Ob das der Fall ist, das ist nicht einfach »gegeben«, es hängt immer auch davon ab, ob ich an mir selbst arbeite und ob ich mich dafür entscheide, mich selbst bedingungslos anzunehmen und mich zu verabschieden von Illusionen, denen ich bisher nachgejagt bin. Dieses zweite Glück ist Ausdruck einer

Lebenseinstellung, zu der ich mich selbst entscheiden muss und die mir nicht immer leichtfallen wird.

Die stoische Philosophie sieht das vollkommene Glück des Menschen darin, dass er sich ganz und gar dem Willen Gottes unterwirft. Für Epiktet, einem wichtigen Vertreter der stoischen Philosophie, der auch viele spätere Denker beeinflusst hat, muss der Mensch lernen, jede Sache zu wollen, die sich ereignet. Er schreibt: »Strebe nicht danach, dass die Ereignisse eintreten, wie du es wünschest, sondern wünsche die Ereignisse so, wie sie eintreten, und du wirst ein glückliches Leben führen.« Und an einer anderen Stelle: »Erhebe endlich dein Haupt, wie ein Mensch, der von der Knechtschaft befreit ist; wage es, deinen Blick zu Gott zu erheben und ihm zu sagen: Verfahre mit mir von nun an nach deinem Belieben; meine Gedanken gehören Dir. Ich gehöre Dir. Ich weise nichts von dem zurück, was Dir gut scheint; führe mich, wohin Du willst; bekleide mich mit dem Gewand, das Dir gefällt.« Das klingt sehr schön. Doch wohl nur wenige Menschen werden zu solcher Haltung unmittelbar fähig sein. Die christlichen Autoren, die Epiktet folgen, sprechen davon, dass der Mensch glücklich wird, der sich ganz in Gott hinein ergibt, der eins wird mit Seinem Willen und der in allem, was ihm geschieht, Gottes Liebe erkennt. Aber auch das ist nicht einfach zu haben. Es ist Ziel des geistlichen Weges. Und ein Weg hat immer auch etwas Prozesshaftes. Er ist zudem nicht immer nur durch die leichteste und schnellste Strecke definiert. Aktive Elemente des Sichbemühens und des Übens können sich also durchaus mit diesem Element des Sich-Hineinergebens verbinden. Und nur wenige werden von sich behaupten können, dass sie bereits und in jedem Fall ganz und gar einverstanden sind mit dem, was Gott ihnen zumutet, und daher glücklich, ganz gleich, was von außen geschieht.

Soll ich mein Glück suchen? Oder wie findet es mich?

Wir sind durchaus fähig, an unserem Glück zu arbeiten. Normalerweise wird es uns nicht einfach in den Schoß gelegt, aber natürlich gibt es das, dass uns etwas Glückliches zufällt. Die Griechen nennen das »eutyche«. Das heißt: Das Schicksal meint es gut mit mir und ich gewinne z. B. im Lotto. Aber diese Form von Glück ist für die Griechen nur die minderwertigste. Das eigentliche Glück besteht in der »eudaimonia«, in der guten Beziehung zu seinem »daimon«, zum inneren Seelenbegleiter, zum göttlichen Kern, den jeder in sich trägt. Und an dieser guten Beziehung kann man arbeiten. Durch Kontemplation kommt man in Berührung mit seiner Seele, also mit der Wirklichkeitsebene, in der Gott seine Spur im Menschen hinterlassen hat.

Glück ist Ausdruck von erfülltem Leben. Am Glück arbeiten, das heißt also einmal: bewusst zu leben, mit allen Sinnen zu leben, die Kraft, die in mir liegt, auch einzusetzen und mich einer Aufgabe oder einem Menschen hinzugeben. Aber man kann das Glück nicht in dem Sinn machen, dass man etwa joggt, um auf diese Weise Glückshormone auszuschütten, die im Gehirn positive Emotionen auslösen. Dieses Glück ist nur ein momentanes Gefühl, das nicht trägt. Es gibt keine schnellen Methoden, sich glücklich zu machen. Glück, das von Dauer sein soll, verlangt eine innere Haltung. Erasmus von Rotterdam nennt den Kern des Glücks »der sein zu wollen, der du bist«. Das ist keine leichte Vorgabe, das verlangt innere Arbeit. Das heißt: Ich muss Abschied nehmen von den Illusionen, die ich mir von mir gemacht habe, von der Illusion, perfekt zu sein, der Größte, der Intelligenteste, der Erfolgreichste zu sein. Es heißt aber auch: Ich söhne mich nicht nur mühsam aus mit dem, was ich bin. Vielmehr sage ich bewusst »Ja« zu mir. Ich will der sein, der ich bin. Ich bin einverstanden mit mir und meinem Leben. Ich möchte gar kein anderer sein. Ich höre daher auf, mich mit anderen zu vergleichen und auf andere neidisch zu sein, die mehr haben als ich. Ich bin ich selbst. Und ich will mit ganzem Herzen der sein, der ich bin. Das verlangt eine Änderung der Einstellung. Dies ist kein einfacher und schnell wirkender Trick. Einsicht in die Notwendigkeit der eigenen Einstellung kostet durchaus Mühe, denn sie kränkt unser grandioses Selbstwertgefühl und unsere narzisstischen Vorstellungen vom Leben.

Heute gibt es viele Berater, die gegen teures Geld Kurse oder Einzelbegleitung anbieten, um die Menschen glücklicher zu machen. Der große Zulauf sagt etwas über die Hoffnungen und über das Hilfebedürfnis der Menschen aus. Doch der beste Coach kann mir kein Erfolgsrezept zum Glücklichwerden anbieten. Der Weg zum Glück liegt immer in mir. Und wenn ich nicht bereit bin, mich von manchen Illusionen zu verabschieden, – eben: dass mein Leben perfekt ist, dass ich der beste bin und dass mir alles glückt, – dann werden mir die vielen Kurse, die mir das Glück versprechen, nicht weiterhelfen. Der Weg zum Glück liegt in mir. Nur der Begleiter, der mich unterstützt, dass ich in Einklang komme mit meinem eigenen Wesen, kann eine Hilfe sein auf dem Weg zum Ziel. Aber er kann mir das Glück nicht garantieren.

Es liegt immer in meiner Entscheidung, ob ich glücklich bin. Und dazu gehört letztlich auch ein Stück Demut, die Bereitschaft, mich mit meiner Begrenztheit auszusöhnen. Allzu große Sprüche, wie sich das Glück anfühlt, führen nur in die Enttäuschung oder in die kurzfristige Euphorie, die aber schnell der Ernüchterung weichen wird.

Wir können das Glück durchaus bewusst und aktiv suchen. Jede Philosophie war letztlich Suche nach dem Glück. Die Philosophen haben ja auch immer wieder Wege aufgezeigt, wie wir das Glück finden können. Aber diese Wege fordern uns als Menschen ganz und gar heraus. Notwendig ist beides: Es braucht die Anstrengung des Denkens, was wirkliches Glück ist. Und es braucht den Übungsweg, der immer über die Begegnung mit der eigenen Wahrheit geht, um uns – nicht immer, aber immer öfter – glücklich fühlen zu können.

Manche Menschen meinen, sie hätten das Glück gar nicht gesucht, es habe sie vielmehr gefunden. Das ist durchaus möglich. Aber auch das braucht eine bestimmte innere Einstellung, die Einstellung der Offenheit und der Dankbarkeit. Wenn ich das, was mir von außen begegnet, dankbar annehme, dann wird das Glück mich oft finden, auch wenn ich es gar nicht gesucht habe oder ihm gar ständig hinterhergejagt bin. Aber weil ich in der Haltung der Dankbarkeit lebe, bin ich überhaupt erst fähig, das Glück, das mich sucht, wahrzunehmen, es dankbar zu genießen und innere Zufriedenheit zu finden.

Ist Zufriedenheit das Wichtigste?

Wir gebrauchen den Begriff der Zufriedenheit auf verschiedene Weise. Wir nennen einen Menschen zufrieden, wenn er mit sich im Frieden ist. Dieser Zustand gleicht dem Glück: Ich bin einverstanden mit mir, im Frieden mit mir und mit all dem Gegensätzlichen in mir. Diese Art von Zufriedenheit hängt eng mit der Dankbarkeit zusammen. Ich bin dankbar für das, was ich habe und was ich bin. Ich bin im Einklang mit dem, der mich so geschaffen hat, wie ich bin. Und ich bin ihm dankbar für das, was er mir in meinem Leben zugemutet und zugetraut hat.

Aber Zufriedenheit kann auch eine Haltung sein, in der ich mich zu schnell zufriedengebe. Dann ist es die Haltung des

Sattseins, des selbstzufriedenen Menschen, der nichts mehr an sich heranlässt. Das führt dann zur Erstarrung des Menschen. Solche selbstzufriedenen Menschen schotten sich gegen jede Kritik ab. Wir haben den Eindruck, dass solche Menschen alles besser wissen. Sie können sich für nichts begeistern und lassen sich durch nichts infrage stellen.

Und es gibt schließlich auch Menschen, die sich zufriedengeben mit dem Erreichten, weil sie keinen Mut haben, weiterzugehen und der eigenen Berufung oder Kraft zu trauen. Das wäre dann Resignation, die uns nicht glücklich macht, sondern eher nach unten zieht. Das wäre gleichzusetzen mit dem »wunschlosen Unglück«. Peter Handke hat diese Haltung an seiner Mutter, die sich in ihr seelisches Elend fast fatalistisch ergeben hat, beschrieben. Menschen, die in einer solchen Resignation leben, ohne Sehnsucht und ohne den Drang zur Veränderung, schränken sich auf die kleine Wirklichkeit ein, die sie kennen. Sie haben das Staunen und die Hoffnung verlernt. Und sie sind daher nicht offen für das Große, das Gott dem Menschen zutraut – auch in Zeiten, die, von außen gesehen, gerade nicht sehr strahlend und »rosig« scheinen.

Kann man auch glücklich werden, wenn einem das Leben Schlimmes zumutet?

Jesus hat uns in den acht Seligpreisungen einen achtfachen Weg zum wahren Glück aufgezeigt. Er spricht die Glückseligkeit Menschen zu, die trauern, die unter Verfolgung leiden, die arm sind, die Unrecht erdulden müssen. Der Weg zum wahren Glück geht also nicht an den negativen Erfahrungen unseres Lebens vorbei. Jesus überblickt vielmehr auf dem Berg der Seligpreisungen unser Leben so, wie es ist, und weist uns einen

Weg, wie wir in der Realität unserer oft genug bedrohlichen Welt dennoch glücklich werden können. Ich möchte nur zwei Seligpreisungen herausgreifen, die das veranschaulichen. In der zweiten Seligpreisung verheißt Jesus denen, die trauern, wahres Glück. Das Leben ist nicht immer nur Erfolg und äußeres Glück. Wir verlieren liebe Menschen. Und wir verpassen manche Chancen. Wer die Verlusterfahrungen seines Lebens nicht betrauert, der erstarrt innerlich. Wahre Freude empfindet nur der, der auch die Trauer zulässt. Wer alle negativen Gefühle verdrängt, der wird auch abgeschnitten von der Freude.

Das gilt auch für die Beziehung zu uns selbst, die für den Weg zum Glück so wichtig ist: Auch wenn einer seine Defizite und Schwächen anerkennt und sie also in diesem Sinn betrauert, dann erfährt er darin den Beistand Gottes. Gott steht ihm bei, dass er durch das Defizit hindurch in Berührung kommt mit seinem eigentlichen Wesen: Das, was ich nicht leben kann, wird durch das Betrauern herbeigerufen. Es kommt von einer anderen Seite her neu auf mich zu.

Noch einen anderen Weg hat uns Gregor von Nyssa, der griechische Mystiker des 4. Jahrhunderts, gewiesen. Er deutet die Seligpreisung Jesu derer, die um der Gerechtigkeit willen verfolgt werden, vom Bild des sportlichen Wettkampfes aus. Wenn ich mit andern Sportlern laufe, verfolgen sie mich, um mich schneller zum Ziel zu treiben. Das Geheimnis des Lebens – so meint Gregor – liege nun darin, dass uns auch Feindliches und Böses, also Krankheit, Not, Tod, Hass und Feindschaft von außen, letztlich nicht schaden können, wenn wir sie im Licht dieser achten Seligpreisung verstehen. Auch eine Krankheit kann uns antreiben, auf Gott, unser eigentliches Ziel hin, zuzulaufen. Auch die Verfolgung durch böse Menschen kann uns nicht vom wahren Glück abhalten, das uns am Ziel unseres Laufes erwartet. Das ist keine Vertröstung auf später.

Vielmehr zeigt uns diese Seligpreisung einen Weg, wie wir in der Realität einer Welt, die uns bedroht und verfolgt, trotzdem unser Glück finden können. Wer von Glück redet, redet also nicht von Spaß und oberflächlichem Vergnügen. Es ist kein billiges und schnelles Glück, in dem wir nur um uns kreisen und alles Negative der Welt ausklammern, sondern ein Glück, das in der Wirklichkeit, so, wie wir sie vorfinden, möglich ist.

Wieso verbietet Religion so vieles, was Spaß macht?

Die Religion will dem Menschen Wege zeigen, wie er auf Dauer glücklich sein kann. Und sie geht davon aus, dass der Mensch nur glücklich wird, wenn er seinem Wesen gemäß und im Einklang mit Gott lebt. Manche neigen zum schnellen Genuss. Aber vieles, was kurzfristig Spaß macht, kann auf Dauer auch Freude und Spaß verderben. Man kann sich auch unter Druck setzen, immer Spaß haben zu müssen.

Das deutsche Wort »Spaß« kommt ja vom italienischen »spasso« und meint ursprünglich: Zerstreuung, Zeitvertreib, Vergnügen. Spaß ist etwas anderes als Freude. Freude weitet das menschliche Herz und tut ihm gut. Spaß zerstreut und hat daher auf Dauer keine heilende Funktion. Die Frage ist doch, wie der Mensch zur wahren Freude finden kann. Und genau das ist das Thema vieler Religionen.

Zwar gibt es in allen Religionen immer auch Tendenzen, die Lust und Sexualität als etwas Negatives sehen. Doch das entspricht sicher nicht dem Wesen der jüdischen und christlichen Spiritualität. Das Alte Testament besingt die Lust im sexuellen Einswerden zwischen Mann und Frau als das größte Geschenk, das Gott dem Menschen gewährt hat. Die frühe Kirche hat diese lustbetonte Spiritualität übernommen. Aber es gab den Einfluss der leibfeindlichen manichäischen Richtung, der manche christliche Einsicht verdunkelt hat. Es ist wichtig, dass wir die positive Würdigung der Lust, der Freude, des Glücks wieder sehen, die uns die Bibel anbietet. Allerdings weiß die Bibel auch, dass unsere Beziehung zur Lust und zur Sexualität immer auch brüchig ist. Die Sexualität kann den Menschen verzaubern, sie kann aber auch verletzen. Und Menschen leiden heute daran, nicht weil die Kirche sie ihnen verbietet, sondern weil sie gerade auch in der Sexualität tiefe Verletzungen erfahren. Daher will die gesunde Spiritualität das Leben so schildern, wie es ist. Sie will nicht das Leiden in den Mittelpunkt stellen. Aber sie klammert es auch nicht aus. Denn nur wenn wir unsere Sehnsucht nach Lust und Glück vor dem Hintergrund unserer oft auch brüchigen Existenz sehen, finden wir den Weg zum wahren Glück, ohne die Augen zu verschließen vor dem, was wahres Glück immer schon bedroht.

Das Christentum spricht von der unzerstörbaren Freude, die auch durch Widerwärtigkeiten nicht aufgelöst werden kann. Johannes Chrysostomus, ein Kirchenvater aus dem 4. Jahrhundert, fragt in einer Predigt, wie es möglich sei, sich beständig zu freuen. Er zählt viele Dinge auf, die uns an der Freude hindern, wie der Verlust lieber Menschen, der Verlust der eigenen Ehre oder der Gesundheit. Und dann zeigt er uns den Weg zu der beständigen Freude: »Wer sich im Herrn freut, kann durch keinen Zufall um diese Freude gebracht werden. Alles andere, worüber wir uns freuen, ist veränderlich, flüchtig und unterliegt leicht einem Wechsel.«

Die Weisen in allen Religionen haben in der Reflexion ihres eigenen Lebens Wege entwickelt, wie das Leben gelingen kann. Übereinstimmung besteht – über alle kulturellen und zeitlichen Grenzen hinweg – darin: Askese und Glück sind keine

Gegensätze. Wir sollen nicht verzichten, weil uns die Religion oder irgendein Gesetz etwas nicht gönnt, sondern weil wir auf Dauer glücklich sein wollen. Hildegard von Bingen sagt einmal von der Disziplin, sie sei die Kunst, sich immer freuen zu können. Wenn wir ein Stück Torte essen, können wir uns daran freuen. Wenn wir das fünfte Stück in uns hineinschlingen, dann ist das nicht mehr mit Lust verbunden, sondern eher mit einem schlechten Gewissen und mit der Enttäuschung, dass wir uns nicht beherrschen können, und mit dem Wissen, dass unser Magen dagegen rebellieren wird.

Glaube und Vernunft sollten miteinander in Verbindung stehen. Das gilt nicht nur für die intellektuelle Ausgestaltung von Religion, sondern auch für die Lebenspraxis und die Moralverkündigung. Und wenn es in der Geschichte des Christentums viele Forderungen gegeben hat, die man im Namen der Religion gestellt hat, die aber eher einem frustrierten und unglücklichen Herzen entsprungen sind, dann braucht es eben immer wieder diese Vernunft, um zu beurteilen, ob die Forderungen wirklich dem langfristigen Glück des Menschen dienen oder ob sie ihm das Glück nicht gönnen.

Das Glück, das mir ein Mensch schenkt, das Glück, das ich durch das Gelingen des Lebens erfahre, ein glückliches Erlebnis durch die Erfahrung der Schönheit in der Kunst oder in der Schöpfung, all das hat immer auch einen größeren Horizont. In all dem beschenkt mich letztlich Gott. Und in all dem Glück liegt die Verheißung eines unzerstörbaren und bleibenden Glücks. Und nur wenn die Glückserfahrungen im Licht dieser Verheißung gemacht werden, kann ich sie ganz und gar genießen, ohne Angst haben zu müssen, dass sie mir genommen werden. Das vordergründige Glück kann vorübergehen. Doch die Verheißung, die ich in ihm wahrnehme, vergeht nicht. Sie wird erfüllt werden. Ein Grund für Dankbarkeit – jetzt schon.

Was bringt Dankbarkeit als Lebenshaltung – wenn es doch so viel Schlechtes gibt?

Dankbarkeit kommt von denken. Wer denkt, der erkennt, wie er täglich für vieles dankbar sein kann. Er sieht auf die vielen kleinen Geschenke, die ihn im Alltag erreichen: das Geschenk eines freundlichen Blicks, einer guten Begegnung, eines Wortes, das ihn aufrichtet und berührt. Der römische Philosoph Cicero hat die Undankbarkeit als Vergessen bezeichnet. Für ihn ist die Dankbarkeit die wichtigste Haltung des Menschen. Sie ist die Voraussetzung für die »concordia«, für die Eintracht unter den Menschen und für das Zusammenklingen der Herzen. Das Fehlen der Dankbarkeit bedroht für ihn die »humanitas«, die Menschlichkeit. Daher haben viele Denker die Undankbarkeit als eine der elementarsten Sünden bezeichnet. Der Talmud sagt, Undank sei schlimmer als Diebstahl. Und Johann Wolfgang von Goethe meint: »Der Undank ist immer eine Art Schwäche. Ich habe nie gesehen, dass tüchtige Menschen undankbar gewesen wären.«

Gerade wenn wir uns auf unser eigenes Selbst besinnen, erkennen wir: Keiner ist eine Insel. Dankbarkeit macht den Menschen aus, weil wir uns in dieser Haltung unserer existenziellen Bezogenheit bewusst werden, die Verbundenheit mit anderen spüren und anerkennen, dass wir nicht allein leben. Das gilt für unsere Beziehung zu anderen Menschen, auf die wir verwiesen sind und ohne die wir gar nicht leben könnten. Es gilt aber auch für unsere Beziehung zu Gott, der der tiefste Grund für unser Dasein ist. Dankbarkeit sei das tiefste Gebet, hat der Benediktinermönch David Steindl-Rast einmal gesagt.

Der Undankbare ist nicht wirklich Mensch, schon deswegen, weil er wichtige positive Möglichkeiten gar nicht wahrnehmen und leben kann. Cicero ist überzeugt: Nur dankbare Menschen können Freundschaften eingehen und miteinander Gemeinschaft leben. Undankbare Menschen sind unangenehme Menschen. Mit ihnen möchte man am liebsten nichts zu tun haben. In der Nähe undankbarer Menschen fühlt man sich unwohl. Man hat das Gefühl, dass man es ihnen nie recht machen kann. So hält man sich von ihnen fern. Denn von ihnen geht eine negative und destruktive Stimmung aus. Der Undankbare zerstört das Zusammenklingen der Herzen. Er vermag nicht zu feiern und ist letztlich unfähig zur Freude. Undankbaren Menschen kann man keine Freude machen. Sie sind unersättlich und nie zufrieden. Mit gedankenlosen Menschen lässt sich nicht gut auskommen. Wer nicht denken kann oder will, der lebt nicht wirklich. Dankbarkeit gibt dem Leben einen wunderbaren Geschmack.

Die Dankbarkeit verwandelt mein Leben. »Wer anfängt zu danken, beginnt das Leben mit neuen Augen zu sehen.« (Irmela Hofmann) Albert Schweitzer gibt den Rat: »Wenn du dich schwach und matt und unglücklich fühlst, fang an zu danken, damit es besser mit dir werde.« Wenn ich mein Leben mit Dankbarkeit anschaue, wird sich das Dunkle erhellen und das Bittere wird einen angenehmen Geschmack bekommen. Die Dankbarkeit bewahrt mich vor Kleinmut und Verbitterung und bringt mich Gott näher. Von dem Heiligen Philipp Neri wird berichtet, dass er folgendes Abendgebet sprach: »Herr, ich danke Dir, dass heute die Dinge nicht so gelaufen sind, wie ich wollte, sondern wie Du wolltest.« Wer mit einer solchen Haltung der Akzeptanz – die Humor und eine Relativierung der Ich-Perspektive zugleich ist – auf den vergangenen Tag schaut, der ärgert sich nicht und der gerät nicht in die Versuchung der Selbstzufriedenheit, sondern für den wird alles zu einer Quelle der Freude und des Friedens.

Zwei Missverständnisse sollten erwähnt werden. Zunächst: Dankbarkeit ist nichts, was man als Pflicht von anderen einfordern kann. Und: Dankbarkeit heißt nicht, dass ich für das Schlechte in der Welt danke. Das Schlechte sollen wir sehen, wie es ist. Wir dürfen ihm keine Macht über uns geben. Und oft genug müssen wir es auch bekämpfen. Die Dankbarkeit übersieht das Schlechte nicht. Aber sie ist auch nicht darauf fixiert, sie sieht in dieser oft genug unvollkommenen Welt doch das Gute, das uns täglich begegnet. Sie sieht das Ganze der Wirklichkeit und weitet unsere Wahrnehmung. Und so eröffnet uns der Blick der Dankbarkeit die Augen für das Geschenk, das das Leben in sich schon ist. Wir sind dankbar, dass wir jeden Tag gesund aufstehen dürfen, dass wir atmen, dass wir ganz wir selbst sind, dass wir Menschen begegnen, die uns achten. Das höchste Glück freilich ist, dass wir selber, als Menschen, mit Gott eins werden dürfen und uns in seiner Liebe finden können.

Warum nach Liebe streben – wenn sie doch oft so chaotisch und schmerzhaft ist?

Jeder Mensch sehnt sich danach zu lieben und geliebt zu werden. Diese Sehnsucht ist so tief im menschlichen Herzen verankert, dass wir sie nicht aus uns herausreißen können. Wenn wir verliebt sind, fühlen wir uns wie verzaubert. Die Liebe hat nicht nur zu tiefen menschlichen Freundschaften und zu gelingenden Ehen geführt, sondern auch wunderbare Kunstwerke in Dichtung, Musik und Malerei hervorgebracht. Ohne die Liebe wäre das Leben wesentlich ärmer. Natürlich machen wir auch die Erfahrung, dass die Liebe uns zwischen den Fingern zerrinnen kann und dass wir nirgendwo so tief verletzt werden wie gerade in der Liebe. Aber all das spricht nicht gegen die Liebe. Wenn wir nach der Liebe fragen, geht es um etwas anderes: Es geht um die Frage, wie es gelingen kann, auf Dauer zu lieben und so zu lieben, dass es nicht in Chaos und Verletzung endet. Damit die Liebe auf Dauer gelingt, darf ich sie nicht mit dem Gefühl verwechseln. Liebe ist nicht ewiges Verliebtsein. Das Verliebtsein muss sich wandeln zu einer Liebe, die den anderen so annimmt, wie er ist. Oft stülpen wir dem andern unsere eigenen Bilder und Wünsche über und lieben dann mehr das Bild, das wir uns vom andern gemacht haben, als ihn so, wie er in Wirklichkeit ist. Den anderen so lieben, wie er ist, das ist nicht leicht. Es verlangt, Abschied zu nehmen von allen Illusionen, die ich mir über ihn gemacht habe. Und es verlangt auch den Abschied von der Illusion, dass Liebe immer ein wunderbares Gefühl ist. Oft ist sie einfach Treue zum andern. Das ist mehr, als ihn nur zu ertragen. Sie bedeutet: Ja sagen zu ihm in seiner Durchschnittlichkeit und Banalität. Und Liebe ist nicht dauerndes Glück. Es gibt keine Liebe ohne Schmerz. In der Liebe öffne ich mich dem andern und werde dadurch verletzlich. Ohne diese Offenheit wäre Liebe nicht möglich. In der Liebe zueinander lernen wir uns mit all den Verletzungen kennen, die wir im Leben erfahren haben. Liebe kann verletzen. Und Liebe vermag diese Verletzungen auch zu heilen.

Aber wenn die Liebe die Verletzung in uns aufdeckt, meinen wir nicht selten, der andere würde uns verletzen. Und wir zahlen es ihm heim, indem wir ihn auch kränken. So entsteht ein Teufelskreis der gegenseitigen Verletzungen, die die Liebe nicht vertiefen, sondern zerstören. Wer sich auf den Weg der Liebe einlässt, muss wissen, dass es ein Weg in die Wahrheit ist, ein Weg, auf dem ich meine eigene Wahrheit entdecke und die des andern. Die Erkenntnis der Wahrheit ist das wirklich Schmerzliche. Aber die Liebe ist auch die Chance, diese Verletzung zu heilen. Wenn ich mich selbst mit meinen Wunden annehme und den andern wegen seiner Verwundungen nicht verurteile, sondern ihn gerade so liebe, wie er ist, dann vermag die Liebe meine und seine Wunden zu heilen.

Ist Gottesliebe und die Liebe zwischen Menschen das Gleiche?

Die Liebe zu Gott und zu den Menschen spricht in uns die gleichen Gefühle an. Aber dennoch gibt es Unterschiede. Die Griechen haben nicht nur das eine Wort für Liebe, sondern drei Begriffe, die uns die Beziehung zwischen Gottesliebe und Liebe zum Menschen besser begreifen lassen.

Da ist »eros«, das ist die begehrliche Liebe. Wir fühlen uns vom anderen angezogen. Die Griechen stellen sich den Eros als einen jungen Mann mit Pfeilen vor, der seine Liebespfeile verschießt. Wer vom Pfeil des Eros getroffen ist, der ist unsterblich verliebt in diesen Menschen. Er will ihn unbedingt haben und mit ihm eins werden.

»Philia« ist die Freundesliebe. Es ist die Liebe, die sich am Sosein des Freundes freut. Sie lässt ihn, wie er ist. Sie steht an seiner Seite. Das Lob der Freundschaft haben die Griechen immer wieder besungen. Freundesliebe war für die Griechen ein hohes Gut.

Und dann gibt es die »agape«. Das ist die Gottesliebe oder auch die reine Liebe zum Menschen. Es ist eine Quelle von Liebe, die einfach strömen möchte. Die Erfahrung, die wir mit der menschlichen Liebe machen, ist immer die von Erfüllung und Enttäuschung. Sowohl die Erfüllung als auch die Enttäuschung verweist uns auf die Quelle einer Liebe, die tiefer ist als das Lieben und Geliebtwerden. Auf einmal spüren wir, dass wir nicht nur lieben und geliebt werden, sondern zugleich Liebe sind. In uns ist eine Quelle der Liebe, die einfach strömt. Die Liebe durchfließt unseren Leib. Sie strömt zu den Menschen, zur ganzen Schöpfung – zu den Pflanzen und Tieren um uns, zu allem, was uns umgibt. Wir müssen uns nicht zwingen, dass wir den oder jenen lieben. Die Liebe ist einfach da. Von dieser Liebe gilt, was der 1. Johannesbrief sagt: »Gott ist Liebe. Und wer in der Liebe bleibt, der bleibt in Gott, und Gott bleibt in ihm.« (1 Joh 4, 16) Es ist eine göttliche Liebe. Aber diese Liebe strömt nicht nur zu Gott, sondern auch zum Menschen.

So sehr »eros«, »philia« und »agape« unterschieden sind, so gehören sie auch zusammen. Die »agape« nährt sich aus dem »eros« und der »philia«. Und die begehrliche und freundschaftliche Liebe braucht immer auch etwas von der göttlichen Quelle der unerschöpflichen Liebe, die uns von Gott her zukommt.

Die Liebe zu Gott und zu den Menschen ist kein Gegensatz. Ich muss mich nicht entscheiden, ob ich Gott liebe oder die Menschen. Vielmehr liebe ich Gott nur dann, wenn ich auch die Menschen liebe. Und umgekehrt gilt: Wenn ich einen Menschen wirklich liebe, dann erfahre ich darin als Tiefe dieser Liebe auch die Liebe zu Gott, der meine tiefste Sehnsucht nach Liebe allein und für immer zu erfüllen vermag. Es ist eine Erfahrung, die auch dem Alltag neuen Glanz gibt.

Welche Möglichkeiten gibt es, der Banalität und Routine meines Alltags zu entfliehen?

Für mich gibt es zwei Wege, der Banalität und Routine des Alltags zu entfliehen.

Der erste Weg besteht darin, zum Bezirk des Alltags auch räumlich eine Distanz einzulegen. Ich kann mich immer wieder zurückziehen in die Stille. Ich kann mich in meine Meditationsecke setzen und still meditieren. Ich kann in eine Kirche gehen, dort einfach still verweilen oder einen Gottesdienst besuchen. Einen solchen anderen Ort aufzusuchen, das ist in einem weiteren Sinn eine neue Qualität. Das sind dann für mich auch heilige Zeiten. Heilig ist das, was der Welt entzogen ist. Die heilige Zeit gehört Gott und sie gehört mir. Da haben die Ansprüche des Alltags keine Macht über mich. Da bestimmen mich die Termine nicht, die Menschen nicht und auch nicht ihre Erwartungen. Da kann ich aufatmen und ganz ich selber sein. Solche heiligen Orte und heiligen Zeiten sind für mich notwendig, damit ich nicht in der Entfremdung aufgehe, nicht unter den Belastungen untergehe, sondern immer wieder mit meinem wahren Wesen in Berührung komme, das dem Alltag enthoben ist. Dort, wo mein wahres Selbst ist, ist auch Gott in mir. Er ist immer der, der mich befreit von der Routine des Alltags und von der Macht der Menschen.

Der zweite Weg besteht für mich darin, Ja zu sagen zur Banalität und Routine meines Alltags und das Besondere gerade im scheinbar Normalen zu entdecken. Mein Alltag hat oft die gleichen Abläufe. Ich stehe immer um die gleiche Zeit auf. Ich habe die gleiche Arbeit. Und die ist nicht immer interessant. Aber wenn ich Ja sage zur Durchschnittlichkeit meines Alltags, dann ist der Alltag für mich ein wichtiges spirituelles Übungsfeld. Denn darin übe ich die Treue ein, die Treue zu mir, zu den Menschen und zu Gott. Da übe ich die Selbstlosigkeit ein. Ich gebe mich hin an diese Arbeit, an die Menschen, für die ich heute da bin. Dann ist das Alltägliche nicht leer, sondern der Ort, an dem ich meine Liebe einübe und verwirkliche. Dann werde ich immer wieder auch im Alltag Begegnungen erfahren, die mich beglücken. Und auf einmal wird das Leere zur Fülle, das Banale zum Heiligen und die Routine wird aufgebrochen für die göttlichen Überraschungen, in denen das Unverfügbare der göttlichen Liebe in meinen Alltag einbricht.

Wie kann ich in den Belastungen des Alltags Lebensfreude gewinnen?

Auch hier sehe ich zwei Wege. Der erste Weg geht über Rituale. Rituale – religiöse ebenso wie nicht religiöse – ordnen die Wirklichkeit, sie aktivieren Kraft, stiften Sinn und geben mir das Gefühl, dass ich selber lebe, anstatt gelebt zu werden. Man sollte sich Zeit nehmen dafür. Ich selber habe Lust, den Tag auf diese Weise zu beginnen, mir Zeit zum Gebet und zur Meditation zu nehmen. Ich tue das nicht aus Pflichtgefühl, sondern weil ich es mir wert bin, meinem Tag eine besondere Note zu geben. Und durch das Ritual bekomme ich Lust und damit auch die Kraft, diesen Tag zu leben: Ich werde heute meine Lebensspur in diesen Tag eingraben. Ich muss nicht einfach nur Erwartungen erfüllen und die Belastungen tragen. Ich gestalte diesen Tag. Ich werde durch mein Sein diese Welt ein Stück mitformen und mit Liebe erfüllen. Das gibt mir Lust am Leben selbst, ich bekomme Freude am Leben. Die Alten sagen: Weil mein Leben ein dauerndes Fest ist, gebe ich ihm in den Ritualen eine angemessene Form. Auch das meint: Ich habe Lust, mein Leben zu gestalten.

Der zweite Weg ist, dass ich die Belastungen nicht verdränge, aber auch nicht als Druck sehe, der mich erdrückt oder auspresst. Ich sehe sie vielmehr als Herausforderungen, denen ich mich stelle, um zu wachsen. So wie ein Sportler die Belastung eines Wettkampfes als Herausforderung sieht, um besser zu werden, so möchte ich das Potenzial, das in mir steckt, auch wirklich ausprobieren. Und ich nehme die Belastung nicht als etwas Fremdes, das mir aufgedrückt wird. Ich habe Lust, selber etwas in die Hand zu nehmen. Für mich ist das eine wichtige Hilfe. Wenn ich etwa in der Verwaltung nur das täte, was andere von mir erwarten, würde es mir nicht sehr viel Spaß machen. Wenn ich aber selbst Ideen entwickle, wie ich die Arbeit umsetzen könnte, passiert auch mit mir etwas. Dann geben diese neuen Ideen dem Ganzen einen anderen Geschmack: den Geschmack von Lust am Formen und Gestalten.

Natürlich hat nicht jeder die Möglichkeit, seine Arbeit selbst zu bestimmen. Aber wie wir sie tun, wie wir heute den Menschen begegnen, mit welcher Stimmung wir ins Büro kommen, das ist unsere Entscheidung. Und damit können wir diese Welt und diesen Tag mitprägen. Bei allem, was uns vorgegeben wird, gibt es täglich doch immer wieder beglückende Erlebnisse und Erfahrungen, die uns überraschend begegnen und unser Herz erfreuen. Und damit wieder auf andere ausstrahlen können.

Meine Zeit ist zerrissen von zu vielen Ansprüchen – wie kann ich sie sinnvoll gestalten?

Es kommt darauf an, wie ich meine Zeit verstehe. Wenn ich sie vor allem als Anhäufung von Terminen sehe, dann erfahre ich sie als zerrissen. Die Griechen haben für dieses Zeitverständnis das Wort »chronos« gebraucht. Wir sprechen heute noch vom »Chronometer«, vom Zeitmesser. Hier geht es um die Minuten und Sekunden, die gefüllt sind von irgendwelchen Ansprüchen und Erwartungen, die ich zu erfüllen habe. Chronos war für die Griechen der Urgott, der seine Kinder fraß. Wenn wir heute davon sprechen, dass die Zeit uns auffrisst, dass wir Sklaven der Zeit sind, von Termin zu Termin gehetzt werden, dann schwingt dieses Verständnis mit. Und noch heute empfinden wir es dramatisch: Die Zeit zerrinnt uns unter den Händen und reicht nie aus, all das zu tun, was wir sollten.

Die Griechen kennen aber noch ein anderes Wort für Zeit: »kairos«. Das ist die gute, die angenehme Zeit, der Augenblick, in dem ich ganz da bin. In diesem Sinn hat Jesus von der Zeit gesprochen. Dort, wo er auftritt, ist gute Zeit. Diese Zeit gehört mir. Ich bin ganz in der Zeit. Ich genieße den Augenblick. Ich bin gerade in dem, was ich tue, ohne auf die Uhr zu schauen und zu fragen, was mich in der nächsten Minute erwartet. Wer seine Zeit so wahrnimmt und erlebt, der fühlt sich nicht zerrissen. Er ist immer dort, wo er gerade steht, in dem Augenblick, in dem er gerade lebt. Wenn ich so lebe, dann genieße ich die Zeit. Und auch wenn ich viel zu tun habe, bin ich nicht zerrissen oder gehetzt. Ich tue eins nach dem andern. Aber jetzt, in diesem Augenblick, bin ich gerade mit dem beschäftigt, was ich jetzt tue. Und das tue ich ganz.

Es gibt verschiedene Möglichkeiten, seine Zeit gut zu gestalten. Der erste Weg dazu ist: ganz im Augenblick sein, ganz in dem sein, was ich gerade tue. Der zweite Weg besteht in der guten Rhythmisierung. Die Zeit ist in unserer Erfahrung schon immer rhythmisiert. Die Jahreszeiten geben der Zeit ihren Rhythmus, aber auch Morgen, Mittag und Abend strukturieren die Zeit eines jeden Tages. Wenn ich mich auf den guten Rhythmus der Zeit einlasse, auf die vorgegebene Struktur des Tages, dann tut mir das gut. Sich auf den Rhythmus des Lebens einzustellen, ist gesund. Jeder hat seinen eigenen Biorhythmus. Wenn ich ständig gegen diesen inneren Rhythmus arbeite, werde ich schnell müde und fühle mich ausgelaugt. Wenn ich dagegen im Rhythmus meines Leibes und meiner Seele lebe, bin ich im Einklang mit mir. Ich habe nicht den Eindruck, zerrissen und gehetzt zu sein. Und die Arbeit geht mir gut von der Hand. Aber ich bin nicht Sklave der Arbeit. Ich kann in der Beziehung zu dem, was ich tue, Sinn erfahren.

Wie finde ich inneren Frieden?

Jeder sucht auf anderem Weg seinen inneren Frieden. Mir hilft es, dass ich mit dem inneren Raum in Berührung bin, zu dem die Ansprüche der Menschen keinen Zutritt haben. In diesem inneren Raum der Stille ist Friede. Ich muss nur immer wieder nach innen spüren und diesen Frieden in mir wahrnehmen. Und ich darf die Ansprüche, die von anderen an mich gestellt werden, nicht absolut setzen. Die Menschen dürfen Erwartungen an mich haben. Aber ich habe die Freiheit, auf die Erwartungen zu reagieren. Ich entscheide, welche Erwartungen ich erfülle und gegenüber welchen ich mich abgrenze. Wenn ich diese innere Freiheit habe, dann werde ich nicht aggressiv sein gegenüber den Menschen, die Erwartungen haben. Ich respektiere ihre Ansprüche. Ich verstehe sie: »Du darfst diese Ansprüche haben. Aber ich kann und will diese Ansprüche nicht erfüllen. Ich tue das, was ich für richtig halte.« Oft haben Menschen Angst, gegenüber den Erwartungen anderer Nein zu sagen. Sie könnten die anderen verletzen. Oder sie könnten selbst abgelehnt werden und dann nicht mehr so beliebt sein. So lassen sie sich oft von den Ansprüchen erdrücken. Nicht die Ansprüche sind das Problem, sondern unsere Reaktion darauf. Wir müssen die innere Freiheit wiedergewinnen. Dann können wir gelassen mit den Ansprüchen umgehen.

Wenn Menschen von den Ansprüchen ihrer kranken Eltern oder ihres fordernden Chefs allzu sehr erdrückt werden, gebe ich folgenden Rat: Gehe zu deinem Chef oder besuche deine

Eltern mit der Vorstellung: Ich gehe ins Theater. Ich schaue zu, was mein Chef, was meine Mutter, was mein Vater heute spielt. Aber ich spiele nicht mit. Ich lasse mir die Rollen nicht zuweisen. Wenn ich auf diese Weise inneren Abstand habe zu dem, was die anderen spielen, ohne es abzuwerten oder zu verurteilen, dann kann ich gelassen darauf reagieren. Ich fühle mich dann frei. Ich bin den anderen nicht böse. Sie dürfen spielen, was sie möchten. Das gestehe ich ihnen zu. Aber ich selber kann mich entscheiden, was ich will: Ich habe die Freiheit, nicht mitzuspielen. Oder ich habe die Möglichkeit, nur die Rollen zu übernehmen, die ich selber spielen möchte, und nicht die, in die andere mich pressen möchten. Mit dieser Einstellung bleibe ich frei und werde nicht zum Sklaven äußerer Ansprüche.

So viele Beziehungen scheitern. Wie gelingen Beziehungen?

Beziehungen, die nicht gelingen wollen, sind Belastungen und Konflikten ausgesetzt. Das ist ganz normal. Durch den Druck, der heute auf den Menschen lastet, sind auch die Beziehungen berührt. »Nicht ist die Liebe gelernt«, heißt es einmal bei Rilke. Auch wenn man Liebe vielleicht nicht lernen kann – mit Beziehungen und Beziehungskrisen umzugehen, das kann man lernen. Man kann sie auch neu sehen lernen. Das Erste ist, dass ich Konflikte nicht so interpretiere, als ob die Beziehung selbst gescheitert wäre. Ich bin durch einen Konflikt nicht als Person infrage gestellt. Konflikte gehören dazu. Sie sind die Chance, zu neuen Möglichkeiten zu finden, in mir selbst und im Miteinander. Wichtig ist auch, das Bewusstsein dafür zu schärfen, dass es die zu hohen Erwartungen sind, die zu Belastungen führen. Es gibt in jeder Beziehung Phasen größerer Nähe und größerer Distanz. Wenn die Beziehung schwierig ist, ist es vielleicht eine Einladung, etwas mehr Distanz zu schaffen und erst einmal für sich selbst etwas zu tun, mit sich selbst gut umzugehen. Vielleicht wird dann der andere neugierig auf mich und meine Entwicklung. Dann wird er auch etwas für sich tun. Wenn ich aber immer meine, der andere müsse endlich etwas an sich arbeiten, damit unsere Beziehung gelingt, werde ich in ihm nur Widerstand hervorrufen. Und die Beziehung wird immer schwieriger.

Aber nicht nur Distanz ist wichtig. Damit Beziehung lebendig bleibt, ist es auch notwendig, immer Räume der Nähe zu suchen oder zu schaffen, die die gegenseitige Beziehung vertiefen können. Räume, die die Verbindung gerade deswegen stärken, weil sie frei sind von Beanspruchungen, die von außen kommen: Beruf, Kinder, Alltagssorgen …

Damit Beziehungen gelingen, brauchen wir zudem gute Kommunikationsformen und eine gesunde Streitkultur. Wir brauchen aber auch die richtige Einstellung zu uns selbst und zum andern. Wir dürfen vom andern nicht alles erwarten. Der andere kann uns nie absolute Liebe und absolute Geborgenheit und absolutes Verständnis schenken. Psychologen sprechen davon, dass man eine Paarbeziehung entmythologisieren muss, dass man die Ansprüche daran nicht übersteigern darf, damit die Liebe reif wird. Etwas Absolutes vermag allein Gott zu geben. Wenn wir die Beziehung zum Ideal überhöhen und vom anderen so etwas wie das Paradies auf Erden erwarten, überfordern wir ihn mit unseren Erwartungen. Dann wird die Beziehung immer schwieriger werden. Wenn wir aber dankbar annehmen, was der andere in seiner Begrenztheit uns an Liebe, Geborgenheit und Verständnis schenkt, dann wird unsere Beziehung entkrampft. Wir erkennen in dem, was wir vom anderen erfahren, einen Verweis auf die absolute Liebe. Und so hält uns die Beziehung zum anderen lebendig auf unserem Weg zu dieser absoluten Liebe hin, die Gott ist. Daher ist für mich die Beziehung zu Gott eine große Hilfe, damit die Beziehung zu den Menschen gelingt.

Eine andere Hilfe für das Gelingen von Beziehungen ist: achtsam sein auf den anderen, achtsam sein auch auf das andere in ihm. Es ist wichtig, sich immer wieder in den anderen hineinzuversetzen, sich zu fragen, wonach er sich sehnt, woran er leidet, warum er so empfindlich ist, warum er so reagiert. Ich darf nicht alles auf mich persönlich beziehen.

Sein Verhalten sagt etwas über ihn aus. Und wenn er schwierig ist, dann hat das immer einen Grund in seiner Lebensgeschichte. Wenn ich zu einer solchen Sichtweise fähig bin, beiße ich mich nicht fest an seinem Verhalten. Ich versuche, dahinter zu sehen, es zu verstehen. Wenn ich es verstehe, kann ich besser darauf reagieren. Bei allen Begrenzungen, die ich im anderen sehe, muss ich aber auch an das Gute in ihm glauben. Nur wenn ich an das Gute in ihm glaube, wird er den guten Kern in sich entfalten. Dazu kann ich aktiv beitragen. Mein Glaube an das Gute im anderen wächst, wenn ich etwa für ihn bete oder wenn ich ihn segne. Im Segen wünsche ich einem Menschen das, was er braucht, um mit sich in Frieden zu kommen. Im Gebet lerne ich, den anderen mit neuen Augen zu sehen. Und genau diese Fähigkeit – den anderen mit neuen Augen zu sehen – ist entscheidend für das Gelingen einer Beziehung. Denn oft genug scheitern Beziehungen – nicht nur in der Partnerschaft, sondern in den verschiedensten Zusammenhängen –, weil wir den anderen nicht sehen, wie er ist, sondern ihn nur durch die Brille unserer Vorurteile wahrnehmen.

Ist wirkliche Versöhnung auch bei tiefen Verletzungen möglich?

Wir müssen unterscheiden zwischen der Versöhnung, die in mir geschieht, und der Versöhnung mit dem anderen. Im Lateinischen heißt Versöhnung »reconciliatio«. Darin steckt, dass die Beziehung zum anderen wieder möglich wird, dass ich wieder in guten Kontakt zu ihm trete. Die Versöhnung als Geschehen in mir ist immer möglich. Ich kann mich innerlich auch mit dem versöhnen, der mich tief verletzt hat. Ich trage dem anderen nichts mehr nach. Ich bin mit dem, was er mir angetan hat, versöhnt. In mir hat sich etwas gewandelt. Ich habe das Vergangene angenommen und in meinen Lebensentwurf aufgenommen. Dadurch hat es sich verwandelt. Es belastet mich nicht mehr. Das Ziel der Versöhnung ist, dass die Wunde in mir zu einer Perle wird. Dann bin ich auch frei von der negativen Ausstrahlung des anderen. Versöhnung mit dem anderen heißt aber nicht unbedingt, dass ich seine Nähe gut ertragen kann. Ich muss immer auch meine eigene Grenze akzeptieren. Eine Frau, die von ihrem Vater missbraucht worden ist, kann seine Nähe oft nicht mehr ertragen. Manchmal gelingt es, dass sie den Täter mit seiner Tat konfrontiert und ihm dann vergibt. Aber das braucht oft sehr lange. Eine Frau erzählte mir, sie hätte geglaubt, sie habe ihrem Vater vergeben. Aber beim letzten Besuch musste sie sich übergeben. Ihr Magen rebellierte. Ihr Leib signalisierte ihr, dass die Versöhnung noch Zeit braucht, um alle Bereiche ihrer Seele und ihres Leibes zu durchdringen.

Ein anderes Wort, das wir immer wieder mit Versöhnung verbinden, ist die Vergebung. In der Vergebung befreie ich mich selbst von der negativen Energie, die durch die Verletzung noch in mir ist. Wenn ich dem anderen nicht vergebe, dann bin ich noch an ihn gebunden, dann hat er noch Macht über mich. Vergebung ist die Befreiung von der Macht des anderen. Ich gebe die Verletzung weg, ich überlasse sie ihm. Ich befreie mich davon. Ich löse die Fesseln, die mich immer um die Verletzung kreisen lassen. Vergebung gehört zur Seelenhygiene. Und die ist immer möglich, auch wenn sie oft erst nach einem langen und schmerzlichen Prozess gelingt.

Wenn Versöhnung mit dem anderen gelingt, ist es befreiend. Aber wir sollen uns da nicht überfordern. Manchmal bedeutet die Vergebung auch, dass wir eine gesunde Distanz zu dem wahren, der uns verletzt hat, damit die Wunde nicht immer wieder neu aufbricht.

In der Diskussion mit der Entlassung der RAF-Täter wurde manchmal eingebracht, wir könnten dem Täter nur vergeben, wenn er seine Schuld eingesteht. Vergebung ist nicht vom Eingeständnis der Schuld abhängig. Denn Vergebung ist ja etwas, was in mir geschieht. Ich befreie mich von dem, was der andere mir angetan hat. Damit kann es seine zerstörerische Wirkung in mir nicht mehr entfalten. Vergebung heißt allerdings nicht, dass ich alles entschuldige. Ich vergesse nicht, was war. Aber ich gebe dem Vergangenen keine Macht. Was der Täter macht, ist seine Verantwortung. Wenn er seine Schuld nicht einsieht, dann wird sicher kaum eine gute Beziehung zu ihm möglich sein. Vergebung und Versöhnung sind ein Angebot an ihn. Aber es liegt an ihm, ob er es annimmt. Wir sollen uns auf jeden Fall nicht von seiner Reaktion abhängig machen.

Was ist wichtiger: Treue zu mir selbst oder Treue zu anderen?

Beides kann man nicht gegeneinander ausspielen. Und normalerweise ist das auch kein Gegensatz. Für mich ist beides wichtig. Ich muss mir selbst treu bleiben. Ich darf mich nicht verbiegen. Ich muss innerlich stimmig leben, meinem wahren Selbst entsprechend. Wenn die Treue zum anderen diese Treue zu mir zerbrechen würde, dann würde ich die Treue zu mir selbst nicht durchhalten.

Treue zum anderen heißt: Du kannst dich auf mich verlassen. Ich stehe zu dir, so, wie du bist. Mein Ja zu dir ist nicht an allerlei Vorbehalte gebunden. Das heißt aber nicht, dass ich mich durch dich vom richtigen Weg abbringen lasse, weder von meinen innersten Überzeugungen noch von meinem wahren Wesen. Treue zum anderen heißt auch nicht, dass ich mich vom anderen in etwas Böses hineinziehen lasse. Treue zum anderen bedeutet vielmehr: Ich spiele nicht mit unserer Beziehung. Ich stehe zu dir und ich lasse dich nicht fallen, wenn ich an dir etwas entdecke, was mir nicht gefällt. Ich traue dir zu, dass du zu deinem wahren Wesen zurückfindest, wenn du davon abgewichen bist. Normalerweise tut mir die Treue zum anderen auch selber gut. Sie bindet mich, gibt mir Festigkeit und formt mich.

Der Paartherapeut Hans Jellouschek hält die »Kunst, verbindlich zu werden« für wesentlich, wenn eine Beziehung, eine Verbindung glücklich und eine Bindung stabil sein soll. Das ist in der Tat eine kreative und fruchtbare Kunst: In der Treue zum anderen kann ich erst das Potenzial entfalten, das in meiner eigenen Seele bereitliegt. Ich gehe mit ihm den Weg. Und auf diesem gemeinsamen Weg entdecken wir etwas, das größer ist als wir selbst. In der Treue zum anderen übersteige ich mich selbst. Das ermöglicht mir, über mich hinauszuwachsen und in die Gestalt hineinzuwachsen, die Gott mir zugedacht hat, die aber größer ist als die, die ich bisher in mir gesehen habe.

Manche meinen, ich könne keine Treue versprechen, weil ich mich selbst ständig verändere und weil der andere sich wandelt. Treue ist in der Tat das Versprechen, durch alle Wandlungen in mir und im anderen mir selbst und dem anderen treu zu bleiben. Ich sage Ja zu einem Menschen, von dem ich nicht weiß, wohin er sich ändern wird. So ist Treue immer auch riskant und ein Wagnis. Aber in diesem Wagnis steckt die Sehnsucht, mein Leben in einem Wort – in diesem »Ja« – zusammenzufassen. Es ist dieses eine Wort, auf das der andere sich und auf das ich mich selbst verlassen kann.

Treue ist eine Haltung, eine Tugend. Aber es liegt immer auch an mir, ob ich mich für die Treue entscheide. Indem ich mich für die Treue entscheide, bitte ich Gott, dass ich dann die Treue auch in meinem ganzen Verhalten durchzuhalten vermag. Für Christen ist die Treue Gottes zu uns ein Grund, warum wir überhaupt Treue wagen können. Dahinter steckt die Gewissheit: Gott bleibt uns treu, selbst wenn wir uns untreu werden. Seine Treue ermöglicht uns immer Umkehr und Rückkehr.

Die Alten haben die Treue als hohes Gut und als Geschenk von Gott gesehen. Der Weisheitslehrer der hebräischen Bibel Jesus Sirach singt ein Loblied über die Treue: »Ein treuer Freund ist wie ein festes Zelt; wer einen solchen findet, hat einen Schatz gefunden. Für einen treuen Freund gibt es keinen Preis, nichts wiegt seinen Wert auf. Das Leben ist geborgen bei einem treuen Freund, ihn findet, wer Gott fürchtet.« (Jes Sir 6, 14–16)

Wie kann ich meine Zerrissenheit aufheben und innere Einheit erfahren?

Der erste Weg geht über die Annahme der eigenen Gegensätzlichkeit. Wir sind nie eindeutig. Wir haben immer zwei Pole in uns: Liebe und Aggression, Verstand und Gefühl, Männliches und Weibliches, Bewusstes und Unbewusstes. Die eigene Gegensätzlichkeit anzunehmen verlangt ein Abschiednehmen von falschen Idealbildern, als ob ich nur gut und nur lieb oder fromm wäre.

Wenn ich meine Gegensätze annehme, hören sie auf, mich zu zerreißen. Dann machen sie mich weit. Ich kann das Gegensätzliche in mir nicht leugnen und das Widersprüchliche in mir nicht ausscheiden. Damit würde ich mich selbst beschneiden. Wenn ich mich jedoch mit meiner Gegensätzlichkeit aussöhne, dann geschieht auch etwas Positives: Ich fühle mich eins mit mir und allem, was in mir ist.

Es ist durchaus sinnvoll, sich diese Gegebenheit auch körperlich bewusst zu machen. Eine Möglichkeit ist für mich die Gebärde des Kreuzes. Das kann eine Hilfe sein, diese innere Spannung anzunehmen. Ich stelle mich aufrecht hin und strecke meine Arme nach rechts und links. Ich spüre die Gegensätze in mir. Sie können mich zerreißen. Doch wenn ich mich ganz in diese Gebärde gebe, dann macht sie mich weit. Ich könnte die ganze Welt umarmen. Nichts Menschliches, nichts Kosmisches ist mir fremd. Alles ist in mir. Diese Erfahrung schenkt mir Weite und Freiheit und Liebe zu allem, was ist.

Der zweite Weg geht über die Erfahrung des Einsseins. Auch dies hat eine körperliche Dimension: Ich kann diese Erfahrung einüben, indem ich auf meinen Atem achte. Ich bin ganz in meinem Atem. Ich lasse alles los, was immer wieder an Gedanken hochkommt. Dann führt mich der Atem in den inneren Raum der Stille. Dort erahne ich manchmal ein Sein, in dem alles eins ist: Gott und Mensch, die Welt und ich, Himmel und Erde. Ich bin in einer solchen Erfahrung ganz und gar einverstanden mit mir und dem Leben, mit der Welt, so, wie sie ist. Nach außen mag weiterhin vieles für mich unklar bleiben. Aber in der Tiefe ist auf einmal alles klar, und alles ist eins. Das ist die Erfahrung der Kontemplation. Es ist immer nur eine kurze und vorübergehende Erfahrung. Ich kann mich zwar in diese Erfahrung einüben und mich durch die Übung dafür bereiten, aber ich kann sie nicht herstellen oder machen. Sie ist letztlich immer Geschenk. Wenn ich diese Erfahrung machen darf, dann hört alle Zerrissenheit in diesem Augenblick auf. Wenn ich mich später wieder zerrissen fühle, erinnere ich mich an diese Erfahrung, ich kann wie auf eine Quelle der Kraft auf sie zurückgreifen. Dann verliert die Zerrissenheit ihre Bedrohlichkeit. Und ich kann wieder zu mir finden.

Wie finde ich zu mir selbst, ohne mich von anderen zu sehr abzugrenzen?

Es gehört beides zu mir: Um ich selbst zu werden, muss ich bei mir sein. Und auf der anderen Seite ist es auch nötig, mich auf andere einzulassen, anderen zu helfen, mit anderen den Weg zu gehen, um in der Begegnung mich zu erfahren.

Wir haben es in unserer eher auf Konkurrenz und Vergleich angelegten Kultur gelernt und eingeübt, zu anderen auf Distanz zu gehen, und hoffen, dadurch eher zu uns selbst zu kommen. Aber ich finde zu mir nicht, wenn ich mich abkapsele. Martin Buber, der jüdische Religionsphilosoph, hat es so formuliert: »Der Mensch wird am Du zum Ich.« Das heißt: In der Begegnung erst finde ich mein wahres Selbst. Im Gegenüber, im Ereignis der Beziehung, die sich verdichtet und die in den Bezugspersonen auch wechselt, klärt sich und wächst das Ich.

Wir brauchen beides: Nähe und Distanz, Beziehung und Ablösung. Aber es braucht immer eine gesunde Balance zwischen den beiden Polen. Wir können uns auch selbst verlieren, wenn wir uns nur mit anderen beschäftigen oder nur die Wünsche der anderen erfüllen. Dann müssen wir uns abgrenzen. Allerdings gibt es Menschen, die sich zu sehr abgrenzen. Sie fürchten, es könnte eine Beziehung zu eng und damit zu bedrohlich werden. Sie haben Angst, sie könnten sich in der Hingabe verlieren. Aber wenn sie sich nicht hingeben, wird ihr Leben unfruchtbar. Für mich ist es wichtig, auf meine Gefühle zu hören. Das Normale ist, dass ich offen bin für andere und bereit, mich auf sie einzulassen und mich ihnen und der Arbeit hinzugeben. Aber es gibt auch Warnsignale, auf die man hören sollte. Wenn ich in mir bittere Gefühle spüre oder in einer konkreten Situation oder Beziehung Empfindlichkeit und Gereiztheit empfinde, dann ist das für mich ein Ansporn, mich besser abzugrenzen.

Wenn ich mich in guter Weise von anderen abgrenze und ihren Bitten auch einmal ein Nein entgegensetze, zerstört das die Beziehung nicht, sondern klärt sie und vertieft sie. Sie wird echter und ehrlicher und tut auf diese Weise beiden gut. In der Abgrenzung muss ich immer den achten, vor dem ich mich abgrenze. Ich verweigere nicht die Beziehung zu ihm. Ich achte seine und meine Grenze. Und innerhalb dieser Grenzen kann dann immer wieder Begegnung stattfinden, die für beide beglückend ist. Wenn ich mich nicht abgrenze, besteht die Gefahr, dass die Aggressionen gegenüber dem anderen wachsen. Dann werden auch Begegnungen, die auf Helfen angelegt sind, schwierig, und mit meiner Hilfe befriedige ich möglicherweise nur mein schlechtes Gewissen. Ich helfe in einer solchen unklaren Situation nicht wirklich aus innerer Freiheit und Liebe heraus. Eine gute Abgrenzung klärt und vertieft Beziehungen. Sie zerstört sie nicht. Und sie schützt mich selber.

Soll ich mein Ich loslassen oder soll ich eher immer mehr ich selbst werden?

Beides ist wichtig. Ich muss erst einmal mein Ich finden und ganz ich selbst werden. C. G. Jung unterscheidet dabei zwischen Ich und Selbst. Das Ich ist der bewusste Personkern. Mit meinem Ich bin ich in Berührung, wenn ich sage: »Ich will jetzt dorthin fahren. Ich will nicht lernen. Ich will jetzt Musik hören.« Das Ich weiß, was es will. Aber es ist auch in Gefahr, nur um sich zu kreisen, sich vor anderen aufzuspielen und groß dazustehen. Jung meint, es sei die Aufgabe der ersten Lebenshälfte, ein starkes Ich zu entwickeln, ein Ich, das zu kämpfen und sich zu behaupten versteht.

In der zweiten Lebenshälfte geht es dann darum, vom Ich zum Selbst zu gelangen. Das Selbst ist der innerste Kern, der Bewusstes und Unbewusstes mit einschließt, der auch der göttlichen Wirklichkeit in sich Raum gibt. Dieses Selbst darf ich – im Gegensatz zum Ich – nicht loslassen. Meine Aufgabe besteht vielmehr darin, immer mehr zu diesem Selbst zu gelangen, meinen innersten Personkern zu entdecken und ihm entsprechend zu leben.

Das setzt Reife voraus. Um zu diesem Selbst zu kommen, ist es wichtig, die Ansprüche des Ego, das alles an sich raffen und besitzen will, loszulassen. Das Ego will imponieren. Und es bläht sich auf. Es entwickelt grandiose Selbstbilder, die aber der Realität meistens nicht entsprechen. Egozentrische Menschen isolieren sich selbst. Sie stoßen die anderen ab. Wer sein wahres Selbst gefunden hat, der kann auch den anderen auf gute Weise begegnen. Er will sie nicht vereinnahmen. Er ist offen für ihr Geheimnis. Und er ist mit sich in Frieden. Er ist authentisch. Er ist ganz er selber geworden

Um zu unserem wahren Selbst zu gelangen, müssen wir das Ego loslassen.

Das kann man einüben. Eine gute Übung, um das eigene Selbst zu entdecken, ist folgende: Ich sage einen ganzen Tag lang bei allem, was ich tue: »Ich bin ich selber.« Dann merke ich erst, wie ich oft nur die Rolle spiele, die andere von mir erwarten oder von der ich meine, dass die anderen sie möchten. Ich passe mich immer wieder an. Aber ich handle nicht aus meiner innersten Mitte heraus. Ich bin nicht authentisch.

Wenn ich einen ganzen Tag lang dieses Wort meditiert habe – »Ich bin ich selber« –, komme ich womöglich etwas näher an mein wahres Selbst heran. Aber dieses Selbst kann ich nicht mehr beschreiben und mit bestimmten Willensabsichten identifizieren. Vielleicht aber verspüre ich in mir eine Ahnung. Eine Ahnung von innerer Stimmigkeit – und von Übereinstimmung mit meinem Wesen: »Ich bin ich selber.«

Immer wieder erlebe ich meine Begrenztheit, meine Angst – wer erlöst mich davon, hier und jetzt?

Lebenslang stoßen wir an Grenzen, immer wieder. Und wir erfahren uns das ganze Leben lang verstrickt in Abhängigkeiten, wir fühlen uns gefangen in schicksalhaften Unfreiheiten. Sie legen sich wie ein mächtiger Schatten über unser Leben, und wir können uns von ihnen trotz aller Anstrengungen oft nur schwer lösen. Wir erfahren, dass wir hinter unseren Möglichkeiten zurückbleiben und uns in Schuld verhärten. Wir erleben Krankheit, wir verspüren Ängste, Verzweiflung und Depression. Und wir kennen alle – immer wieder – die Erfahrung, dass wir in unser eigenes Ego eingesperrt sind. Und wir sehnen uns in all dem immer wieder nach der Freiheit einer »erlösenden« Wirklichkeit. Die Tradition nennt das, wonach wir uns sehnen: Er-lösung.

Die entscheidende Frage ist, wie wir Erlösung verstehen und erfahren. Wir haben als Christen die Erlösung manchmal zu jenseitig verstanden. Ein Blick in die Bibel zeigt uns etwas anderes: Erlösung fängt hier im Leben an. In den Geschichten von Jesus wird erzählt: Er ist gekommen, um uns hier in unserem Leben zu erlösen, zu retten, zu heilen. Er hat Kranke geheilt, Gebeugte aufgerichtet, Sündern ihre Sünden vergeben und Menschen, die sich aufgegeben haben, wieder Mut zum Leben geschenkt. Das zeigt: Erlösung erfahren wir hier in unserem Leben als etwas Heilendes und Befreiendes.

Auch wenn wir nicht schwer krank sind oder unter dem Druck eines harten Schicksals leiden, erfahren wir uns immer auch als Menschen, die endlich sind und deren Leben durch den Tod bedroht ist. Jesus ist nicht nur gekommen, damit es uns hier besser geht. Die Erlösung durch ihn schließt den Tod mit ein. Auch im Tod werden wir nicht allein gelassen, sondern gemeinsam mit ihm das Tor zum ewigen Leben durchschreiten. Er ist uns in seinem Tod vorangegangen, um uns die Angst vor dem Tod zu nehmen.

Erlösung ist konkret. Sie heißt, dass ich hier in meinem Leben immer wieder Befreiung erfahre, Lösung von Verkrampfungen und Verhärtungen. Wenn ich mich bedingungslos geliebt weiß, bin ich erlöst von dem Zwang, mich selbst ständig durch Leistung zu beweisen. In mir ist oft ein unbarmherziger Richter, der mich niedermacht, wenn ich einen Fehler begehe. Erlösung heißt: frei zu werden von diesem inneren Richter, mich selbst annehmen, weil ich die Vergebung von Gott her erfahren habe. Erlösung heißt für mich: im Blick auf den, der für mich am Kreuz gestorben ist, frei werden von aller Entwertung der eigenen Person. Ich bin wertvoll. Ich kann frei werden von allem egozentrischen Kreisen um mich selbst. Ich spüre, dass da in Jesus eine Liebe sichtbar wird, die auch mich zur Liebe befreit und befähigt. Erlösung verwandelt also mein Leben hier und jetzt.

Natürlich erfahre ich, dass diese Erlösung immer nur bestimmte Bereiche in mir durchdringt. Im Tod wird sie endgültig sein. Mein Glaube ist: Da werden alle Fesseln gelöst. Da werde ich ganz frei und ganz echt und nur noch reine Liebe sein. Da werde ich für immer eins mit Gott und mit mir selbst und mit all den Menschen, die ich je geliebt habe. Da erlebe ich in der Grenze zu Gott gleichzeitig die göttliche Aufhebung aller Grenzen. Die Hoffnung auf die endgültige Erlösung bedeutet kein Überspringen dieser Welt.

Im Gegenteil: Hoffnung hat jetzt und hier schon erlösende Kraft, denn sie befreit mich schon hier von aller Angst und lässt mich daher die Gegenwart und meinen Alltag anders erleben. Ich bin frei, selbst lösend zu wirken und heilend auf andere zuzugehen. Ich selbst bin in der Lage, die Fesseln anderer zu lösen und befreiende Liebe in die Welt hineinzutragen. Indem ich die Grenze des Todes als Einladung zu einem intensiven Leben hier und jetzt erfahre, kann ich gelassen und dankbar für jeden Augenblick sein.

Hört es jemals auf, dass ich mich nach etwas sehne?

Unsere Sehnsucht wird erst im Tod aufhören. Erst da wird sie für immer erfüllt werden. Solange wir leben, sehnen wir uns. Sehnsucht ist für mich aber nicht der Gegensatz zum Glück. Vielmehr bewirkt die Sehnsucht selbst in mir eine Art Glück. Das haben die Dichter immer schon gewusst. Arthur Schnitzler sagt einmal: »Die Sehnsucht ist es, die unsere Seele nährt, und nicht die Erfüllung.« Die Sehnsucht hält uns lebendig. Und diese Lebendigkeit ist für mich Glück.

Der romantische Dichter Friedrich Schlegel sieht die Sehnsucht sogar als den Weg zur wahren Ruhe. »Nur in der Sehnsucht finden wir die Ruhe. Ja, die Ruhe ist nur das, wenn unser Geist durch nichts gestört wird, sich zu sehnen und zu suchen, wo er nichts Höheres finden kann als die eigne Sehnsucht.« In dieser Ruhe, die wir in der Sehnsucht finden, leuchtet schon etwas von der ewigen Ruhe auf, die uns im Tod erwartet. Es ist keine tote Ruhe, sondern eine Ruhe, in der wir ganz wir selbst sind, ganz erfüllt. In ihr haben wir teil an der Sabbatruhe des Schöpfers und können mit ihm sagen: »Es ist alles gut.« Das ist dann das höchste Glück. Aber solange wir uns nach Glück sehnen, erfahren wir in der Sehnsucht nach Glück schon das Glück. Wir sind sehnend jetzt schon glücklich. Dennoch brauchen wir dieses Glück nicht festzuhalten, weil es uns verweist auf eines, das ewig bleiben wird.

Wenn wir aufhören, uns zu sehnen, bleiben wir innerlich stehen. Die Sehnsucht weitet das Herz und lässt uns das, was wir täglich erfahren, auf viel intensivere Weise erleben. Der Tod der Sehnsucht wäre also auch das Ende des Glücks. Im Tod stirbt die Sehnsucht nicht, sondern sie kommt an ihr Ziel. Die Sehnsucht ist kein Gegensatz zur Zufriedenheit.

Gerade weil ich mich nach etwas sehne, das diese Welt übersteigt, kann ich mit der Durchschnittlichkeit meines Lebens zufrieden sein. Ich muss hier nicht alles haben, weil meine Sehnsucht mich über all das Vordergründige hinaushebt in den Bereich Gottes, in dem allein meine Sehnsucht wirklich gestillt wird.

Hermann Scherer
Zuteilungsstau – Wie viele Chancen jeder im Leben bekommt

Julian Draxler war mit 17 Jahren und 117 Tagen der jüngste Spieler, der jemals für den Revierclub Schalke 04 in der Bundesliga zum Einsatz gekommen ist. Der damalige Schalke-Trainer Felix Magath ist ein echter Fan des Gymnasiasten, er holte ihn von den Junioren in die erste Mannschaft hoch und ließ ihn im Wintertrainingslager mitschuften. Er wechselte ihn kurz danach in einer Bundesligapartie ein und stattete ihn mit einem langfristigen Profivertrag aus – alles in Absprache mit den Eltern, denn Julian Draxler war ja noch nicht volljährig. Aber ein Riesentalent.

Ein Fußballprofi hat keine Zeit, zur Schule zu gehen. Also blieb sein Platz im Gymnasium, wo er 2012 das Abi machen sollte, immer häufiger leer. Sein Klassenlehrer, die Schulleiterin und die Eltern waren auch dabei stets involviert, es gab laufend Gespräche mit der Schalker Vereinsführung.

Dann kam der Abend des 25. Januar 2011: Viertelfinale des DFB-Pokals zwischen dem FC Schalke und dem 1. FC Nürnberg. Die Partie ist temporeich, intensiv und spannend. Nach der regulären Spielzeit steht es 2:2 unentschieden. Verlängerung. Die Partie wogt hin und her. Am Spielfeldrand hält es die Trainer und Betreuer beider Mannschaften schon längst nicht mehr auf den Sitzen. Die Einwechselspieler laufen sich schon seit einer halben Ewigkeit an der Seitenlinie warm. Coach Magath wartet auf den richtigen Moment, um seinen Julian Draxler zu bringen.

Die 116. Minute bricht an. Vielleicht noch 5 oder 6 Minuten sind zu spielen. Das Elfmeterschießen steht kurz bevor, wenn nicht jetzt doch noch ein Tor fällt. Julian Draxler wird eingewechselt. Drei Minuten läuft er den Gegenspielern hinterher und versucht, ins Spiel zu finden. 119. Minute. Im rechten Mittelfeld bekommt er einen Querpass. Sofort orientiert er sich nach vorn. Ein Nürnberger stellt sich ihm in den Weg. Eine Korpertäuschung mit Übersteiger und Draxler ist vorbei. Er nimmt Maß, zieht ab und – trifft ins lange Eck! Das Spiel ist entschieden, Schalke eine Runde weiter und Draxler ist der Held des Abends. Ganz Deutschland freut sich über dieses Fußballmärchen. Dem Schüler wird in den Tagen nach dem Triumph von zahlreichen Experten eine große Zukunft auf dem Rasen prophezeit.

Zwei Tage später gibt Julian Draxler bekannt, dass er dem Rat seines Trainers gefolgt ist und die Schule verlassen hat, um sich ganz auf den Profifußball zu konzentrieren.

So, und jetzt wird es auch für mich spannend. Ich bin ja kein Fußball-Fan, aber hier hat ein junger Mensch doch ganz offensichtlich eine interessante Entscheidung getroffen: Abi oder Fußballer? Er schmeißt die Schule.

Wie finden Sie das? Der Sportdirektor des Deutschen Fußball-Bundes hält den Schulabbruch für bedenklich: »Ich finde es extrem schade, dass er die Schule abgebrochen hat. Denn eine Karriere kann morgen wegen einer Verletzung vorbei sein«, sagt Matthias Sammer der *Bild*-Zeitung.

Sein Trainer Magath sieht das anders: »Julian braucht kein Abitur. Ich konnte seine Eltern überzeugen, dass er die nächsten 20 Jahre in Top-Ligen spielen wird.«

Und Julians ehemaliger Sportlehrer am Gymnasium meint: »Er verdient schon diese Saison mehr als ich in zehn Jahren.«

Nischenbrüter

Die Schule ist unter anderem dazu da, uns auf das Berufsleben vorzubereiten. Sie soll uns die Grundlagen vermitteln, damit wir in der Lage sind, die beruflichen Chancen zu ergreifen, die sich uns bieten. Erhöht die Schule also unsere Chancen im Leben? Konsens ist: natürlich! Ich sage: kaum! Denn für unendlich gibt es keine Steigerung. Und die Möglichkeiten, die sich jedem von uns bieten, sind unendlich.

Ob wir etwas aus unserem Leben machen, hängt nicht davon ab, ob wir brav zur Schule gegangen sind, ob unsere Schulen bei Pisa im Mittelfeld oder an der Spitze gelandet sind, ob wir Hauptschule, Realschule, Gymnasium, Walldorfschule oder Highschool besucht haben. Es ist auch nicht entscheidend, ob wir studiert haben oder nicht. Fast nicht. Ob wir etwas aus unserem Leben machen, hängt vielmehr davon ab, ob wir unsere Träume verfolgen, uns hohe Ziele stecken, die Zeit für uns arbeiten lassen, richtig rechnen und richtig fragen, den Mut haben, das Abenteuer zu suchen. Viel wichtiger als Zeugnis, Abitur oder Diplom ist ein Leben, das dem Herzen folgt statt einem Lehrplan, ein Leben mit eigenen Zielen statt einem Klassenziel – und ein Leben mit einem starken Willen statt einer Eins in Betragen.

Julian Draxler, der junge Fußballer, hat insofern alles richtig gemacht: Sein Traum ist es, Profifußballer zu werden. Sein Ziel: bei Schalke in der Bundesliga Stammspieler zu sein. Die Zeit arbeitet für ihn, denn er hat keine Zeit verloren und schon so viel Fußball gespielt, bis er 17 geworden war, dass er sein Talent schon jetzt ausschöpfen kann. Er hat richtig gerechnet, denn er kann als Profifußballer in den nächsten beiden Jahrzehnten zehnmal mehr Geld verdienen als in einem kompletten Berufsleben nach dem konventionellen Strickmuster, das Verhältnis von Chance und Risiko spricht turmhoch gegen die Schule, denn dass die Schule seine Profikarriere in den nächsten beiden Jahren beeinträchtigen würde, ist hundertprozentig sicher. Jeder Monat, den er verlieren würde, ist unbezahlbar. Er hat auch richtig gefragt: Wozu brauche ich das Abitur? Kann ich es auch später noch nachmachen, wenn ich es mal brauche? Und er hat den Mut, sich lachend und strahlend ins Abenteuer Profisport zu stürzen. Sein Trainer hat recht: Der Junge ist schon unglaublich reif für sein Alter. Er hat einen wirklich dicken Fisch im Netz und er hatte den Mut, ihn mit beiden Händen zu packen und aufs Boot zu ziehen.

Das ist, was wir Menschen tun: Wir fischen im Meer der Möglichkeiten nach Chancen. Wenn wir keine einfangen, stimmt etwas mit dem Netz nicht, denn das Meer kocht nur so vor lauter Chancen.

Bitte verstehen Sie das richtig. Ich halte kein Plädoyer gegen die Schule, ich rufe niemanden dazu auf, die Schule zu verlassen. Ich polemisiere auch nicht gegen Otto-Normal-Bildungswege und 08/15-Berufe. Das alles kann für den Einzelnen große Chancen bergen. Ich sage nur: Die Schule allein hilft gar nichts, solange der Kleinmut das Leben bestimmt.

Den größten Fehler machen viele Menschen schon sehr früh: Sie versuchen das zu machen, was die meisten machen. Sie fischen mit zu kleinen Netzen. Die dicken Fische findet man nicht übers Arbeitsamt, nicht in der Berufsberatung. Dort findet man nur Mainstream. Unser Bildungssystem mitsamt den staatlichen Arbeitsmarktinstrumenten ist extrem langsam und rückwärtsgewandt. Die Topberufe der Zukunft kennt dort niemand, für die bildet niemand aus, für die wird niemand vermittelt. Dabei wird doch gerade in den Nischen, die nur wenige ausführen oder bedienen können, richtig Geld verdient. Das, was alle können, wurde schon immer schlechter honoriert als das, was nur wenige können. Das Spiel von Angebot und Nachfrage funktioniert immer, auch im Arbeitsmarkt, sofern nicht irgendjemand etwas »regulieren« muss. Mit wie vielen Berufen verdienen Menschen tagtäglich ihr Geld, die nicht in den Verzeichnissen der Agenturen stehen? In den Agenturen werden die Berufe nur verwaltet, wenn es diese schon längst gibt, jedoch nicht antizipiert. Ein Beruf muss ja schon fast langweilig sein, bis er anerkannt wird. Seit über 100 Jahren werden in Deutschland zum Beispiel Autos gebaut. Seit mindestens 90 Jahren brauchen wir Automobilverkäufer. Den zugehörigen Ausbildungsgang und das Berufsbild gibt es aber erst seit etwa 15 Jahren. Über 110 Jahre, nachdem sich Carl Benz am 29. Januar 1886 das Patent für das Automobil geben ließ. Wer hat da in den Jahren zuvor gepennt?

Enthält das Abitur Prüfungen in Google-Recherche? in Zehn-Finger-Schreiben? In Tabellenkalkulation? Gibt es ein Schulfach Wirtschaft? Nein, natürlich nicht, das ist im humanistischen Bildungskonzept nicht vorgesehen, und man kann Wilhelm von Humboldt ja auch nicht vorwerfen, dass er schon vor 175 Jahren gestorben ist, als das Internet noch nicht erfunden und Wirtschaft eine Sache von Eliten war.

So quälend langsam geht das, so klaffend ist der Spalt zwischen der fiktiven Welt der lehr- und Bildungspläne und der realen Welt da draußen mittlerweile.

Oder schauen Sie sich den Lehrerschweinezyklus an. Es ist schon fast zum Lachen. Es gibt kaum eine volkswirtschaftliche Zahl, die sich leichter berechnen lässt als die Zahl der Schüler im Jahr heute plus X. Und trotzdem gibt es im schönen Wechsel mal zu viele und mal zu wenige Lehrer. Verlässliche Chancen bieten alle offiziellen Empfehlungen und Angebote jedenfalls ausgerechnet nicht. Das größte Risiko, das ein junger Mensch bei der Berufswahl eingehen kann, ist, den »sicheren« Weg zu wählen und das zu machen, was alle um ihn herum ihm raten zu tun – nämlich das, was alle anderen auch machen. Nehmen Sie meinen Beruf: Redner. Ich halte Vorträge auf Veranstaltungen und Kongressen. Einen Beruf, den Ihnen keine einzige Agentur für Arbeit vorschlagen wird, er ist fast vollkommen unbekannt, darum ist das Angebot so klein, insbesondere im Vergleich zur Nachfrage. Es gibt über 100 000 Veranstaltungen pro Jahr in Deutschland, bei denen Redner gesucht werden. Wenn ich so ins Gespräch komme mit einem Taxifahrer und er dann fragt, was ich beruflich so mache, dann antworte ich immer: Ich bin Redner, ich halte Vorträge. Darauf kommt in der Regel immer die Zusatzfrage: Kann man davon leben? Ja, man kann!

Der einzig sichere Weg ist, sich selbst zu animieren, auf sein Herz zu hören. Allerdings sollte man trotzdem nicht den Kopf abschalten. Ich kenne eine Frau, die hat im Buchmarkt gearbeitet. Das ist nicht gerade eine Branche, in der die Bäume in den Himmel wachsen, aber immerhin hat sie ihren Reiz. Sie hat sich jedoch entschieden, eines Tages, noch bevor sie alles erreicht hatte, die Pferde zu wechseln. Sie ging in die Lebensmittelbranche, um Ökoprodukte zu vermarkten.

Ausgerechnet! Diese Branche bietet eine der vergleichsweise schlechtesten Wertschöpfungsketten, niedrigste Margen. Teilweise unter 1 Prozent Umsatzrendite. Ein wirklich harter Job, bisweilen eine echte Quälerei, und das mit wenig Geld im Topf und in einer Zeit, in der jeder in die Öko-Richtung rennt. Und da noch mal ganz von vorn anfangen? Warum tut sich jemand so was an?

Ich glaube nur, dass die schmalen Wege meistens länger sind als die breiten.

Aber na gut, ich maße mir kein Urteil an. Es ist eine Möglichkeit. Und wenn ich es wirklich will, dann wird aus einer Möglichkeit eine Chance. Ich glaube nur, dass die schmalen Wege meistens länger sind als die breiten, oder anders gesagt: Nischen sind interessanter.

Als ich Bill Clinton vor zehn Jahren als erster Deutscher zu einem Nicht-Regierungsanlass nach Deutschland geholt habe, ging das eigentlich leicht. Es war wirklich nicht so schwer. Warum? Weil es nur so wenige Verrückte gibt, die das machen. Ich wollte aber mal für eine Vortragsreihe Lothar Späth gewinnen. Das war fast unmöglich. Warum? Weil auf diese Idee fast jeder kommt.

Nach oben wird es meistens einfacher: Oben wird zwar die Luft dünner, aber man hat mehr Platz. Der Mainstream-Effekt verstopft nämlich immer die naheliegenden Möglichkeiten. Warum das so ist, ist gut erforscht. Der amerikanische Wirtschaftswissenschaftler und Professor in Princeton und Stanford Hamid Hotelling fragte sich vor 70 Jahren, wo der beste Platz für einen Eisstand an einem Strand sei. – Klare Sache: in der Mitte natürlich. Richtig. Aber was, wenn dort schon ein Eisstand steht? Ihrer ist der zweite, Sie wollen konkurrieren. Wohin stellen Sie Ihren Eiswagen? An das eine Ende des Strandes? In die Mitte einer Hälfte, also zwischen Viertel und Dreiviertel? Oder einfach direkt neben Ihren Nebenbuhler? Hotelling wies nach, dass der beste Platz für den zweiten Eisstand direkt neben dem ersten ist. Denn hier kann er dem Platzhirsch 50 Prozent der Kundschaft abjagen. Überall sonst ist der Marktanteil kleiner. – Das ist das Denken in Marktanteilen, und das führt zum Mainstream-Denken. Deshalb baut Burger King neben McDonald's, Esprit neben H&M und die Sparkasse neben der Volksbank.

Wenn Sie es aber nicht eng, sondern weit haben wollen, dann stellen Sie neben den ersten nicht den zweiten Eiswagen, sondern einen Wagen mit Kaffeespezialitäten. Oder einen mit frischem Obst. Oder Sie machen etwas ganz anderes und bieten Ritte auf dem Banana-Boat an. Wenn Sie eine echte Chance haben wollen, passen Sie sich auf jeden Fall nicht an. Die Mehrheit hat immer unrecht.

Denn die Mehrheit ist Mittelmaß, und Mittelmaß gewinnt nie. Es hat nie gewonnen und es wird auch nie gewinnen. Im Zeitalter des Überflusses steigt die Zahl der Firmen und der Angebote unaufhaltsam. Jeden Tag kommen neue Produkte und Dienstleistungen auf den Markt. Und selbst wenn Sie sich heute sicher fühlen: Möglicherweise bastelt Ihr größter Konkurrent, der Sie in zehn Jahren das Fürchten lehren wird, gerade an seinem Businessplan. Alle Organisationen möchten teilhaben, sie wollen ein Stück vom Kuchen. Um Erfolg zu haben, müssen wir also aufhören, so verdammt normal zu sein. Dort, wo alle sind, ist wenig zu holen. Wenn wir uns wie alle anderen benehmen, werden wir auch nur die gleichen Dinge sehen, die gleichen Ideen haben und die gleichen Produkte oder Dienstleistungen entwickeln. Im besten Fall führt eine normale Produktion zu normalen Ergebnissen. Solange Menschen, Marken und Unternehmen nur das bieten, was alle bieten, bekommen Sie eben auch nur das, was alle bekommen: durchschnittliche Erlöse, durchschnittliche Anerkennung, durchschnittliche Aufmerksamkeit. Jeder sucht die goldene Mitte, und wer sie gefunden hat, wird feststellen, dass sich dort viel zu viele tummeln. So ist die Ansammlung der ewigen Zweiten die immerwährende Suche nach dem ersten Platz. Oder die Suche nach Mitleid.

Wenn Sie aber einen ungewöhnlichen, wenig begangenen Weg mit dem kombinieren, was Sie sich von Herzen wünschen, dann kommt meistens etwas Gutes dabei heraus. So wie bei José und Lyndon.

Frechheit!

José und Lyndon haben sich ein paar Quadratzentimeter Schatten gesucht. Die Sonne brennt fast senkrecht auf die Kalksteine der La Rambla, der berühmten Flaniermeile Barcelonas. Seit bald zehn Jahren leben die beiden Bettler nun auf der Straße. Sie hängen einfach nur ab und genießen ihre Zeit.

Arbeitslos würden sie sich nicht nennen. Aber die Arbeit überlassen sie vier abgegriffenen Kaffeebechern. Und vier Papptafeln, die sie davor ausgebreitet haben: »ForWine« – »Forbeer« – »For Whiskey« – »Fortheday after«. Fast jeder, der vorbeigeht, muss grinsen. »Das könnte dir ruhig 'nen Euro wert sein«, ruft José. »Lachen ist gesund!«, ruft Lyndon hinterher. Fast immer mit Erfolg. Selbst die Mürrischen greifen zum Portemonnaie.

Fast jede Woche sitzen sie an einem anderen der zahllosen Touristenmagnete der iberischen Halbinsel. Immer dabei: die beiden Hunde Whiskey und Resaca, spanisch für – »Brummschädel«. Und ihre Schilder. Alles Teil ihrer PR-Strategie, die augenzwinkernd mit den Vorurteilen über Rumtreiber und mit den Wunschprojektionen der Passanten spielt. Von Werbung verstehen sie etwas: José hat vor seiner zweiten Karriere als Clochard die Marketingabteilung einer Solarenergiefirma geleitet. Lyndon stammt aus Wales und war IT-Fachmann in London. Eines Tages hat er den Schlüssel seiner Eigentumswohnung einfach verschenkt. Und ein One-way-Ticket nach Spanien gekauft. Etwa zur gleichen Zeit hat José seinen Job im Marketing an den Nagel gehängt. Getroffen haben sich die beiden auf einer Parkbank in Granada. José drehte sich einen Joint. Ihre erste Unterhaltung war lustig, an mehr können sie sich nicht erinnern.

Die beiden haben ein klar definiertes Ziel: die Menschen zum Lachen und auch ein wenig ins Grübeln zu bringen. Und dafür die legitime Gegenleistung zu bekommen: Cash. – »Mikrotheater« nennen sie ihren Job.

An einem guten Arbeitstag kommen so bis zu 1 500 Euro zusammen. An anderen nichts. Es hängt vom Flow ab. Davon, wie sie mit den Menschen interagieren. »Wir haben nur wenige Sekunden, um mit den Passanten in Kontakt zu treten«, sagt Lyndon.

Einmal täglich checkt Lyndon Mails, den Facebook-Account und das PayPal-Konto. Denn auch via Internet wird Einkommen generiert. »Das Internet ist eine große Straße. Und was wäre eine Straße ohne Vagabunden?«, philosophiert Lyndon. Das Laptop ist immer dabei, in Spaniens Großstädten ist WLAN kostenlos. Nur ab und zu muss man mal in die Kneipe, um das Ding aufzuladen.

Gegen Amtsschimmel sind die beiden Straßenphilosophen übrigens allergisch. Sie beziehen weder Sozialhilfe noch erhebt José Anspruch auf Rente, die ihm aufgrund langjähriger Anstellung in Spanien eigentlich zusteht. Sie meiden auch die Wohlfahrt. Den Arzt zahlen sie bar. Sie schlafen auf der Straße. Wenn es regnet, werden sie eben nass.

Lyndon und José sind inzwischen in ganz Spanien berühmt. Sogar ein CNN-Redakteur fragte um ein Interview an. Zu einem Auftritt im spanischen Fernsehen ließen sie sich überreden. Es gab Bier gratis.

Ab und zu werden sie auch von BWL-Studenten angesprochen. Die Jungs und Mädels bleiben bei ihnen stehen: »Wir kennen euch. In unserem Guerilla-Marketing-Kurs wird euer Konzept gelehrt.«

Dann können die beiden auch Sätze sagen wie: »Analytisch heruntergebrochen beruht unser Erfolg darauf, dass wir etwas absolut Gewöhnliches tun. Aber auf eine Weise, die sich von der Masse abhebt …«

Obwohl die beiden alles über Bord geworfen haben, was gemeinhin als Kultur gilt, und wenn ich auch mit der Beschränkung auf die Finanzierung des Grundbedürfnisses Vollsuff nichts anfangen kann: Ich bewundere trotzdem die Radikalität, mit der die beiden Wahlvagabunden eine Kultur des Fragens entwickelt haben. Sie fragen sich: Was will ich eigentlich? Und ziehen die Konsequenzen. Sie fragen sich: Will ich jemandem auf der Tasche liegen? Sie finden die Antwort und dann einen Weg, sich selbst zu finanzieren. Sie fragen: Welche Schilder bringen am meisten Kohle? Sie finden es heraus, indem sie es ausprobieren, und ziehen das dann durch.

Wenn Sie jetzt den Eindruck haben, ich propagierte das Pennerleben, dann täuscht dieser Eindruck gewaltig. Ich propagiere lediglich die selbst gewählte Existenz, die die Folge der richtigen Fragen an das Leben ist. Das Fragen ist ein hervorstechendes Talent der Glückskinder. Zum Fragen, zumindest wenn es zu brauchbaren Antworten führen soll, gehört immer eine Portion siegreiche Frechheit.

Big Picture

Ich war früher auch frech. Allerdings nicht siegreich frech, sondern eher ein wenig dummfrech. Als Jugendlicher war ich ein Rebell, ich bin von allen Schulen geflogen und gefiel mir hauptsächlich darin, gegen die Kapitalistenschweine zu kämpfen. Mit 14 zog ich von zu Hause aus und hing bei meinem Schwager rum. Er hat mir dann ein paar Sachen erklärt.

Zum Beispiel habe ich da die Sache mit den Zielen gelernt. Ich fuhr gern Moped und wollte natürlich irgendwann auch ein eigenes haben. Aber ich hatte ja nie Geld. Ich wollte kein Kapitalistenschwein sein. Nur, so ein Moped … das ist ja noch im Bereich des Möglichen. Irgendwann war die Frage nicht mehr, ob ich eins haben will, sondern wie ich an eines drankomme. Oder anders gesagt: Was muss ich tun, um dieses Ziel zu erreichen? Es brauchte eine Vision, ein Bild, etwas, das ich ganz bewusst wollte, um mich in Bewegung zu versetzen. So machte ich zum ersten Mal die Erfahrung, wie es ist, sich ein Ziel zu setzen, auf kreative Weise den Weg zu suchen und anzukommen. Ich lernte, ein Visionär zu sein, und machte die Erfahrung von Selbstwirksamkeit.

Was ich heute weiß: Das mit den Zielen bekommen ja noch die meisten auf die Reihe. Nur: Sie alle setzen sich zu kleine Ziele. Dadurch ist die Dimension des Erfolgs zu klein und seine Erreichbarkeit ist zu sicher. Ich muss große Ziele setzen, damit die Garantie zu scheitern eingebaut ist. Dieses permanent drohende Scheitern versetzt mich in Bewegung. Eine Niederlage zu verhindern, ist eine großartige Motivation, Außergewöhnliches zu leisten. Deshalb wachsen Sportler im Abstiegskampf über sich hinaus, deshalb laufen Texter kurz vor dem Abgabetermin zur Hochform auf, deshalb schaffen es

Unternehmen, kurz vor der Insolvenz massive Veränderungen durchzusetzen und wieder zukunftsfähig zu werden.

Warum diesen höchst produktiven Zustand abwehren und verteufeln? Ich mache ihn von der Ausnahme zur Regel, indem ich mir deutlich zu große Ziele setze – und dann an diese Ziele glaube und sie mit aller Macht und Ernsthaftigkeit verfolge. Mit zu großen Zielen bin ich garantiert erfolgreich – nicht unbedingt im Vergleich mit dem Ziel, aber im Vergleich mit dem Ausgangszustand. Ich scheitere mich nach oben. Vor allem die Besten von uns scheitern ständig.

Die meisten setzen sich keine großen Ziele, weil sie eben gerade nicht scheitern wollen. Und die Chance zu verlieren, ist natürlich umso höher, je größer das Ziel ist. Wenn Sie auf der sicheren Seite bleiben, dann ist das, woran Sie arbeiten, nicht schwierig genug. Sie machen keine Fehler. Und das ist ein großer Fehler.

Einer meiner Bekannten ist Spezialist für gescheiterte Unternehmen und kennt ihr Potenzial ganz genau. Er ist ein erfahrener Insolvenzverwalter. Und egal, welche Firma er betritt, Hotel, Metzgerei, Stahlwerk, Multiplexkino – vor seinem geistigen Auge stellt er in kürzester Zeit eine Bilanz dieses Unternehmens auf. Er braucht nur wenige Minuten und kann Ihnen dann auf den Kopf zusagen, wie es um Ihren Umsatz und Gewinn steht und wie hoch die Eigenkapitalrendite ist. Sein Blick ist wie ein Skalpell. Genial.

Früher hat er die Firmen einfach abgewickelt. Auftragsarbeiten. Davon hat er gut gelebt, sehr gut. Doch dann hat er statt der Bilanz der Firmenleichen, die vor ihm lagen, einfach einmal die Bilanz seines eigenen Handelns aufgestellt. Und seine Ziele geändert. Warum die Firmen zerlegen und verkaufen? Das ist doch alles so endlos mühsam. Heute kauft er die Firmen selbst auf, saniert sie, macht sie erfolgreich, verkauft sie erst dann wieder. Aber die meisten von ihnen behält er einfach, und so hat er nun mittlerweile auf jedem Kontinent einige Unternehmen.

Als wir uns vor einer Weile trafen, fuhr ich in einem Aston Martin vor. »Cool«, meinte er, »fährst ja eins unserer Autos.« Diese Bilanz ist tatsächlich nah an der Wahrheit. Denn obwohl vorn das Schwingen-Logo von Aston Martin draufklebt, besteht der Wagen zum Großteil aus Teilen, die aus seinen Zulieferfirmen kommen.

Er weiß genau, was er will. Um Geld geht es schon lange nicht mehr. Er hat inzwischen so viel davon, dass er es zu Lebzeiten nicht mehr ausgeben kann. Aber der Phoenix-aus-der-Asche-Effekt, wenn bereits aufgegebene Unternehmen plötzlich wieder zu blühen beginnen, der hat es ihm angetan. Wer die Chance sehen will, muss zuerst sein Ziel kennen. Das kann man lernen.

Die Lehre von Zielen ist die Teleologie. Ihr Begründer Aristoteles ist im Wesentlichen der Auffassung, dass der Mensch nach der Götter Vorbild als Baumeister der Welten gemäß seiner Vernunft zweckmäßig verfährt. Ganz Glückskind, stellt der geniale Grieche fest: »Wesen und Ursache der Dinge ist der in ihnen ruhende Zweck.« Mit anderen Worten: Sinn machen bedeutet, das Wozu zu kennen: Wenn ich weiß, wozu ich etwas will, dann weiß ich auch, wie ich es erreichen kann.

Dann fügt sich mein Leben wie ein Puzzle zusammen. Wenn ich das Zielbild kenne, dann kann ich jederzeit sofort entscheiden, welches Puzzleteil wo hingehört, ich kann jedes Teil anhand des Big Picture interpretieren. Im Leben ist es genauso: Wenn ich mein Ziel kenne, dann habe ich ein Wozu. Dann kann ich jede Gelegenheit, die sich mir bietet, sofort einschätzen: Bringt mich das weiter auf meinem Weg zum Ziel? Dann ist es wirklich eine Chance. Bringt es mich nicht weiter? Dann ist es keine Chance, sondern nur eine Gelegenheit, ein Sonderangebot des Lebens, und die lasse ich links liegen und baue stattdessen weiter an meinem viel zu großen Ziel.

Lebenszeitspende

Wer Chancen ergreift erzielt Erfolge. Gut. Erfolge lassen sich aber nur durch Leistung erreichen. Klar. Und Leistung definiert sich rein durch Ergebnisse. Richtig. Und Ergebnisse werden durch Arbeit erzielt. So weit stimmt jeder zu. Diese Art, die Dinge zu sehen, ist aber völlig oberflächlich und im Grunde falsch. Es fehlt die entscheidende Zutat!

Gute Arbeit, also eine Tätigkeit besonders gut zu machen, führt zu guten Arbeitsergebnissen. Das stimmt schon. Die Frage ist nur: Wann?! Wann wird das Ergebnis erzielt sein? Es ist überhaupt keine Kunst, ein Auto tadellos zu reparieren, famos Klavier zu spielen, lebendig auf dem Mars zu landen. Um ein Auto tadellos zu reparieren, brauchte ich nur ein paar Jahre, um famos Klavier zu spielen ungefähr 30 Jahre und um lebendig auf dem Mars zu landen ungefähr 300 Jahre. Schätze ich. Das ist keine herausragende Leistung, das kann jeder! Alles ist möglich, jeder kann alles – es ist nur eine Frage der Zeit.

Den Spruch fand ich lange Zeit verrückt. Jeder kann alles? Aber je älter ich werde, desto überzeugender finde ich ihn. Jeder kann alles, aber eben nicht, bevor er stirbt, ohne den limitierenden Faktor Zeit spricht aber nichts dagegen. Es gibt keine unrealistischen Ziele, es gibt nur unrealistische Fristen. Alles zu erreichen, ist nicht mal eine Frage des Geldes, denn Geld ist selbst auch nur eine Frage der Zeit. Sie brauchen 1 Million für ein Projekt? Ist doch gar kein Problem, in ein paar Hundert Jahren schafft es jeder, ausnahmslos jeder, 1 Million aufzutreiben. Eine größere Leistung wäre es da schon, innerhalb eines Monats oder eines Tages 1 Million aufzutreiben!

Ergebnisse werden also überhaupt nicht durch Arbeit allein erzielt. Obwohl die meisten Arbeitnehmer für Arbeit bezahlt werden, also dafür, dass sie die Arbeit machen, die ihnen der »Arbeitgeber« gibt. Was in den Köpfen aber überhaupt nicht drin ist: Eine Tätigkeit gut zu machen, ist noch lange nicht hinreichend für Ergebnisse. Ergebnisse, also echte Leistungen, sind Arbeit pro Zeit.

Wenn ich mir Ziele setze, muss ich also immer die Zeitdimension mit angeben, sonst macht es keinen Sinn. Jedes Ziel, ausnahmslos jedes, ist zeitlich limitiert, denn unser Leben ist zeitlich limitiert. Wo aber ist das Bewusstsein dafür in unserer Gesellschaft? Wo ist der Wertschöpfungsanspruch an die Zeit?

Da basteln Arbeitnehmer stunden- und tagelang an Geschäftsbriefen herum. Warum? Weil sie es gut machen wollen. Was ist gut daran, einen perfekten Geschäftsbrief in drei Tagen zu produzieren? Nichts ist gut daran, es ist von vornherein grottenschlecht, man braucht den Brief gar nicht mehr lesen. Ein Grundschüler, der einen seinem Alter entsprechenden Brief in fünf Minuten schreibt, hat deutlich mehr geleistet!

Da waschen Leute in aller Gemütsruhe sonntags ihr Auto von Hand. Da bleiben Leute im Flughafen auf dem Laufband stehen und glotzen in die Luft. Ja, ist diesen Leute denn ihre Lebenszeit überhaupt nichts wert? Ist ihnen denn ihr Leben nichts wert? Ein Laufband ist kein Stehband und ein Lebenslauf ist kein Lebensstand! Leute, die Biss haben, erkennen Sie daran, dass sie Rolltreppen steigen, auf Laufbändern laufen und etwas Produktives tun, während sie in der Abflughalle, im Zug oder beim Arzt zum Rumsitzen verdammt sind.

Die eigene Fortbewegung einzustellen, nur weil ein Rollband läuft, ist vergleichbar mit der passiven Haltung, die unsere Gesellschaft lähmt: Wann immer wir meinen, vom Kollektiv, von der Gemeinschaft, von der Gesellschaft getragen werden zu können, dann lassen wir das zu – und stellen unsere eigenen Bemühungen ein. Wir steigen auf Rollbänder und geben die Verantwortung über unsere Fortbewegung ab. Wir steigen in den Sozialstaat Deutschland ein und geben die Verantwortung für die Risiken des Lebens ab. Wir haben das Bündnis mit der Agentur für Arbeit und geben die Verantwortung für die Gestaltung unseres Arbeitslebens ab. Wir wissen, dass Arbeitgeber Trainings bezahlen, und geben die Verantwortung für Weiterbildung und Weiterentwicklung an den Chef ab. Und wir wissen, dass das Schulsystem von unseren Steuern bezahlt wird und geben auch da die Verantwortung ab, unsere Kinder auf das Leben vorzubereiten. Es sind immer die anderen, die uns befördern sollen, wohin auch immer. Und es sind immer wir, die darauf warten.

Vor allem: Die meisten Menschen haben die Zeitachse überhaupt nicht im Blick. Nur so ist es möglich, dass es Jobs gibt, die aus Nichtstun bestehen. Am Münchener Flughafen beispielsweise sitzen im Sicherheitsbereich acht Menschen aus Fleisch und Blut, die nichts anderes tun, als darauf zu achten, dass alle vorwärts durch den Bereich geschleust werden und keiner zurückgeht. Was da an Zeit verloren geht, jeden Tag, jede Stunde! Die machen nichts! Eine einfache technische Vorrichtung, ein Drehkreuz oder so was würde den gleichen Zweck erfüllen.

Solange solche Jobs besetzt werden können, solange es Menschen gibt, die ihre Lebenszeit für so etwas wegwerfen, geht's uns als Gesellschaft nicht gut. Wenn es wenigstens Studierende wären, die diese Jobs machten, die könnten während der Rumsitzerei ihren Stoff lernen. Oder der Flughafen könnte die Arbeitskraft dieser Leute an ein Schreibbüro verleihen und sie Texte abtippen lassen. Oder was auch immer. Aber Menschen, die Zeit totschlagen, das kann ich kaum mit ansehen. Mir dreht es fast den Magen um, wenn ich damit konfrontiert werde. Sehen die Leute denn nicht, wie die tote Zeit aus der Luft fällt wie vergiftete Fliegen? Mir kommt es immer so vor, als würde ich durch einen Sumpf aus toter Zeit waten müssen, bis ich durch diese Sicherheitsschleuse und an diesen Zeitzombies vorbei bin. Und wenn ich dann auf die Toilette muss und sehe da diesen Klomann herumsitzen und das Geld verstecken, damit das Tellerchen ärmlich genug aussieht … ja, warum strickt er nicht wenigstens einen Pulli?

Mir geht es überhaupt nicht um ständige Wertschöpfung, um Maximalauslastung. Mir geht es um den einzelnen Menschen! Der kann ja auch gerne einen guten Roman lesen. Ich habe einfach nur immer Angst, dass unser Hirn die Schwindsucht kriegt, wenn wir ihm gar kein Futter mehr zuführen.

Wartezeit ist tote Zeit. Ich weiß schon, manchmal muss man Jahre warten, bis etwas fertig ist oder zur rechten Zeit kommt. Darin bin ich nicht gut. Manchmal ist man nämlich zu früh dran. Ich habe beispielsweise mal ein Buch geschrieben, das hieß *Jeder Tag ist ein Schlussverkauf*, ein Ratgeber übers Handeln und Feilschen. Ich veröffentlichte es, bevor das Rabattgesetz fiel, weil ich es nicht abwarten konnte. Das Buch verkaufte sich ganz gut. Und das ärgerte mich grenzenlos. Denn es hätte sich nicht einfach nur ganz gut, sondern doppelt und dreifach so gut verkauft, wenn es später gekommen wäre.

Ich war schon x-fach zu früh dran. Lieber haue ich auf etwas sofort drauf, anstatt abzuwarten, bis die Zeit reif ist. Hauptsache, gehandelt! Immer wieder mache ich mir Sachen kaputt, bloß weil ich keine drei Tage Geduld habe. Für die Kunst des richtigen Augenblicks bin ich kein gutes Vorbild. Aber in deutlich mehr Fällen hat meine Ungeduld dafür gesorgt, dass ich große Erfolge erzielt habe – einfach weil ich Dinge sofort erledigt habe. Ruckartig.

In seiner berühmten Ruckrede vom 26. April 1997 hat der damalige Bundespräsident Roman Herzog das Wort »Ruck« genau einmal gesagt. Aber das Wort »Chance« hat er siebenmal gesagt. Was nutzen Chancen, wenn man sich keinen Ruck gibt? »Ruck« bedeutet schlicht: sofort, jetzt und gleich etwas Unvollständiges abliefern. Ein schlechtes Ergebnis, das sofort erbracht wird, ist ein gutes Ergebnis. Fast.

Wie soll das denn gehen?

Warum sterben wir mit spätestens 120 Jahren? Ich glaube, Gott hat es so eingerichtet, weil wir mehr Überblick nicht haben. In zeitlicher Hinsicht sind wir Analphabeten, wir haben völlig unzureichende Vorstellungen von Zeitabläufen. Wir überschätzen beispielsweise regelmäßig, was wir an einem Tag schaffen können, und wir unterschätzen grandios, was wir in zehn Jahren schaffen können. Darum sind Tagespläne immer unrealistisch, weil so viel gar nicht zu schaffen ist. Die To-do-Liste ist abends nie leer. Und Businesspläne über drei bis fünf Jahre sind oft unrealistisch, weil die Ziele viel zu niedrig gesteckt wurden. Es dauert bei uns Menschen immer länger, als wir denken, und dann schaffen wir immer mehr, als wir denken.

Selbst Jesus von Nazareth hatte bei allem, was er erreicht hatte, etwas vergessen, weil er die Zeitdimension nicht im Blick hatte. Sonst müsste heute kein Christ Kirchensteuer zahlen. Hätte er nur den Gegenwert von 1 Cent mit 5 Prozent Jahresrendite angelegt, hätten seine Jünger heute 616 572 900 376 657 700 000 000 Euro auf dem Konto. So viel Geld gibt es gar nicht!

Stattdessen setzt bei großen Zahlen, großen Zielen, großen Vorhaben bei uns sofort und reflexartig der Widerstand ein und bockt: Geht nicht! Unrealistisch! Ist nur was für Große und Reiche! Unmöglich! ... Das alles sind für mich Ausschränkungskriterien. Sie sind dazu da, etwas aus dem Bereich des Möglichen verbal zu entfernen, damit man sich nicht anstrengen muss. Wir haben einen eingebauten Hemmfilter, der verhindert, dass wir die Langfristigkeit und die Wirksamkeit unserer Handlungen einschätzen können. Wir glauben nicht an unsere Selbstwirksamkeit.

Darum stellen wir immer wieder die Frage, ob etwas überhaupt möglich ist. In dieser Frage ist der Kleinmut schon eingebaut. Natürlich ist es möglich! Das digitale Denken, mit dem wir aufgewachsen sind, stellt sich die Frage: Geht es oder geht es nicht? Die richtige Frage ist eine ganz andere: Wie geht es? Wie ist es möglich? Erst wenn wir eine Antwort auf diese Frage haben, können wir entscheiden, ob wir bereit sind, diesen Weg zu gehen oder nicht.

Die Killerfrage, ob etwas möglich ist, bewahrt uns vor dieser Entscheidung: Will ich oder will ich nicht? Denn wenn etwas für unmöglich erklärt wurde, macht die Frage, ob ich es will, ja keinen Sinn.

Wenn ich aber die Frage, ob ich es will, vermeide, dann brauche ich auch keine Verantwortung übernehmen für das Ergebnis. So kann nichts schiefgehen. Uff! Gerettet! Unsere Vollkaskomentalität zeigt sich darin, dass wir es gar nicht erst versuchen, sondern fröhlich im Raum des vermeintlich Möglichen vor uns hinstoppeln. Und je intelligenter der Mensch, desto raffinierter die Ausreden ...

Chefs kennen das. Täglich. Ein Chef sagt zu seinem Mitarbeiter: »Schau, wir liefern unserm Kunden am Freitag dies und jenes. Bitte mache deshalb dies und das.«

Der Mitarbeiter nickt bereitwillig und macht sich sorgfältig an die Arbeit. Der Chef sieht schon nach fünf Minuten, dass etwas nicht stimmen kann mit dem Tempo des Mitarbeiters. Er bemerkt seinen Fehler, räuspert sich und sagt: »Ähm, Entschuldigung. Ich habe mich vorhin unklar ausgedrückt. Ich meinte eigentlich: Bitte tue dies und das BIS FREITAGMORGEN UM 9:00!«

Der Mitarbeiter schaut den Chef völlig entgeistert an: »Aber Chef, das ist unmöglich!« – Und in seinem Kopf beginnt sich das S-Wort zu formen: Sklaventreiber!

Der Blutdruck des Chefs steigt: »Ja, bis wann wolltest du denn die Arbeit erledigt haben?«

Der Mitarbeiter überlegt: »Also, um es richtig gut zu machen, und das wollen wir ja schließlich, brauche ich zwei bis drei Wochen.«

Der Chef versucht, das Zittern in seiner Stimme zu unterdrücken, und sagt langsam: »Aber der Kunde braucht es am Freitag.«

Der Mitarbeiter schaut ihn verständnislos an. »Aber da kann doch ich nichts dafür«, verteidigt er sich. »Ich sage ja nur, wie lange ich brauche, um das gewünschte Ergebnis zu erzielen.«

»Du hast nicht verstanden, was das Ergebnis ist«, erwidert der Chef. »Das Ergebnis ist nicht das, was du in zwei oder drei Wochen produziert hast, sondern das, was am Freitag dem Kunden geliefert wird. Der Zeitpunkt ist fix. Wenn wir am Freitag liefern: 2000 Euro. Wenn wir in zwei Wochen liefern: 0 Euro. Und keine Aufträge mehr in der Zukunft. Schaden: ungefähr 10 000 Euro. Ist das das Ergebnis, das du erzielen willst?«

»Nein«, sagt der Mitarbeiter kleinlaut, »aber, Chef, wie soll ich das denn machen?«

»Gute Frage«, seufzt der Chef erleichtert, »jetzt sind wir auf dem richtigen Gleis. Also lass uns überlegen, wie wir das hinbekommen.«

»Geben'se mir zehn Euro, dann ist gut!«

Es gibt also ganz offensichtlich keinen Zuteilungsstau bei den Chancen im Leben. Es gibt nur einen Wahrnehmungsstau. Glückskinder, die scheinbar mühelos Chancen nutzen, haben ihren Mitmenschen lediglich voraus, dass sie die Nischen suchen, die richtigen Fragen stellen, große Ziele im Kopf haben und mit der Zeitdimension besser klarkommen als der Durchschnitt.

Sie haben noch eine andere Eigenschaft: Sie können rechnen. Ob ich nun ein Glückskind bin oder nicht (ich habe da so meine Zweifel), aber rechnen kann ich – zumindest manchmal. Ich kann es nicht nur, ich tue es auch andauernd. Beispielsweise in Jena, wo ich einmal drei Wochen im Hotel gelebt habe. In der ersten Woche habe ich mein Auto draußen auf der Straße stehen lassen. Da habe ich gerechnet: Ist es billiger, einen Parkschein oder einen Strafzettel zu lösen? Der Strafzettel war billiger, und den bekam ich dann auch prompt.

In der zweiten Woche wollte ich dann in die Hotelgarage, die Polizei war nämlich recht agil in Jena. Nebenan war aber ein Einkaufszentrum, beide benutzten dasselbe Parkhaus. Also habe ich gerechnet: Was ist billiger: das Ticket im Hotel kaufen oder am Automaten des Einkaufszentrums? Im Hotel kostete es 17 Euro pro Tag, im Einkaufszentrum, das ja nur auf Kurzparker eingerichtet ist, summa summarum 68 Euro für fünf Tage. Also bin ich ins Einkaufszentrum. Damit war schon etwas gespart, aber nicht genug. Da stand nämlich bei den

Parkbedingungen, dass ein verlorenes Ticket eine Strafgebühr von 17 Euro kostet. Also habe ich ein Ticket gelöst und habe es nach der Einfahrt gleich beim nächsten Abfallkorb »verloren«.

Als ich dann abfahren wollte, bin ich zum Schalter gegangen und habe den Verlust ordnungsgemäß gemeldet. »Oh, ganz schön teuer wird das jetzt leider!«, meinte der freundliche Herr hinter der Glasscheibe.«

Ich zuckte die Achseln. »Da kann ich wohl jetzt nichts dagegen machen.«

»Hm, warten se«, brummte der Mann mit einem Anflug eines spitzbübischen Grinsens. »Wissen se was, geben se mir zehn Euro und dann ist gut!«

Ich gab ihm 10 Euro, bekam das Ersatzticket und stieg ins Auto.

10 Euro statt 85 Euro. Nur mit Grundrechenarten.

Beim Rausfahren kam mir noch die Idee, ob ich ihn nicht nach einer Quittung fragen sollte, damit ich das Ticket steuermindernd in der Firma verbuchen konnte. 10 Euro aus bereits versteuertem Geld ist nämlich kaum billiger als 17 Euro steuerminderndes Geld, aber was soll's, das hätte ihn in eine schwierige Lage gebracht, die wollte ich ihm ersparen, weil er so nett war. Das hätte wenig Stil gehabt.

Und einen edlen und guten Lebensstil lernt man bei den Rotariern. Dort findet sich ein zweites Beispiel für das Rechnen: Wir veranstalten jedes Jahr eine Tombola für einen wohltätigen Zweck auf dem Weihnachtsmarkt. Das ist ein Riesenaufwand, den sich die etwa 40 rotarischen Freunde da aufladen. Zwei Tage lang der totale Rummel. Und in der Zeit vorher, bis alle Gewinne eingesammelt sind, verpackt, aufgebaut und die Tabelle mit den Gewinnen geschrieben ist, kommen astronomische Stundensätze zusammen. Als letztes Jahr am Stand alle ihren Dienst abbrummten, konnte man fast fühlen, wie die Zeit durch die

Finger rann. Da hab ich das Ganze mal grob überschlagen. In der Trommel sind 2000 Lose à 2 Euro. Die Preise sind knapp 10 000 Euro wert – Rotarier lassen sich nicht lumpen. Preise für 10 000 Euro für Lose im Gesamtwert von 4000 Euro. Eigentlich, dachte ich, muss ich beim nächsten Weihnachtsmarkt Punkt 8 Uhr Morgens alle Lose aufkaufen. Ich lege sogar noch 1000 Euro drauf, und die Rotarier haben noch etwas zusätzlich gewonnen für ihre Spende. Ich habe den zeitraubenden Dienst am Stand gespart, kann in der Zeit Wertschöpfung erzielen und habe noch einen ordentlichen Gewinn gemacht, wenn meine Mitarbeiterin die ganzen Sachen bei eBay verkauft hat.

Es wäre wirtschaftlich völlig unvernünftig, nicht alle Lose zu kaufen. Der einzige Haken: Es gäbe dann keine Tombola mehr. Und hier liegt der Hund begraben. Mein Manöver birgt nämlich eine viel wichtigere Lektion als die ganze Zahlenkleckerei um ein paar Reisegutscheine, Festina-Uhren und Parfümflakons. Meinen Freunden vom Rotary Club steht eine wichtige Einsicht bevor: Dass ihre causa finalis statt der wohltätigen Spende in Wirklichkeit die Tombola ist. Die Leute wollen nicht nur ein möglichst gutes Spendenergebnis erzielen, sondern vor allem auf dem Weihnachtsmarkt präsent sein und soziales Engagement zeigen. Und das ist gut so!

Ich glaube, ich mache das, ich kaufe beim nächsten Mal alle Lose. Ich freue mich wie ein Schuljunge auf die Diskussionen. Vielleicht kommen wir ja auf neue Ideen. Vielleicht finden wir zu neuen Zielen? Vielleicht fragen wir uns einmal: »Wenn das so simpel ist, 10 000 Euro für den guten Zweck einzusacken, warum versuchen wir's nicht einfach mit 1 Million oder zumindest mit 100 000 Euro?« Ich bin äußerst gespannt.

Sie könnten auch mal ausprobieren, einfach nur zu betteln. 30 Rotarier auf den Knien in der Einkaufsstraße. Das wäre mal was! Ich wäre da sofort dabei, im Betteln habe ich sogar ein wenig Erfahrung: Als ich 15 war, bin ich einmal betrunken am helllichten Nachmittag durch die Freisinger Innenstadt gewankt. Irgendwann konnte ich mich nicht mehr aufrecht halten, da habe ich mich hingesetzt. Kurz drauf hat mir jemand Geld hingeworfen. Ich war nicht so betrunken, dass ich das nicht mitbekommen hätte. Also bin ich sitzen geblieben. Und weil das so gut funktioniert hat, habe ich mich, immer wenn ich etwas Geld brauchte, in der Freisinger Innenstadt auf den Boden gesetzt. Verhungern musste ich jedenfalls nicht. Es hat sich gerechnet. Die meisten von uns sind unglaublich schlecht im Rechnen. Auch die Gebildetsten unter uns. 80 Prozent der Ärzte beispielsweise beantworten eine einfache Frage aus der Epidemiologie regelmäßig falsch. Bei dieser Frage geht es um eine Vorsorgeuntersuchung: Stellen Sie sich vor, einer von 1000 Menschen der Bevölkerung ist von einer Krankheit betroffen. Der Rest dieser Krankheit ergibt zu 5 Prozent eine falsche Antwort. Ihr Testergebnis ist nun ausgerechnet positiv! Wie hoch ist die Gefahr, dass Sie an dieser Krankheit leiden? 95 Prozent. Eben gerade diese naheliegende Antwort ist falsch! Die Angst ist oft größer als die Realität. Die Gefahr, dass Sie an dieser Krankheit leiden, liegt bei grob 2 Prozent. Sie sind zu 98 Prozent gesund! Warum? Wenn 1000 Leute getestet sind, so wird eine Person diese Krankheit haben und 999 werden diese nicht haben. Diese eine Person wird bei dem Test möglicherweise richtig identifiziert. Ein wahres Positiv. Aber 50 Personen (5 Prozent) der 999 werden bei dem Test als krank identifiziert. 50 falsche Positive. Schlimm genug.

Ärzte sind eben Mediziner und keine Mathematiker. Und ich mag gar nicht wissen, wie viele Körperteile schon weggeschnitten wurden, bloß weil sich jemand verrechnet hat. Und auch das ist mittlerweile erwiesen.

Wenn Sie das so hören: Tricksen im Parkhaus, Rechnen, wenn es um Spenden und Gemeinnütziges geht, Mathematik bei fiesen Krankheiten und ein paar Cent hin oder her bei einer völlig fiktiven Rechnung – glauben Sie dann, dass ich besessen davon bin, mir noch den letzten Deal zurechtzufeilschen? Dass es mir um das Billiger geht, darum, mehr rauszuholen? Dann haben Sie mich falsch verstanden. Nichts läge mir ferner! Mir geht es nicht darum, dass Sie sich im Feilschen üben. Das sind für mich alles nur Beispiele, die zeigen, dass wir uns diese schlichten alltäglichen Probleme alle aus einer Adlerperspektive anschauen müssen. Wir brauchen die Meta-Ebene, um Chancen zu sehen. Der Aufstieg auf die höhere Ebene erlaubt es uns erst zu rechnen.

Eine letzte Rechnung: Ein Baseballschläger und ein Ball kosten zusammen 1,10 Euro. Der Schläger kostet genau 1 Euro mehr als der Ball. Wie viel kostet der Ball? Einfach, oder? In seiner Nobelpreisrede stellte der amerikanisch-israelische Psychologe Daniel Kahneman zur Einleitung diese Frage. Fast alle, denen ich diese Frage stelle, antworten sofort und intuitiv, dass der Ball 10 Cent kostet. Das gilt auch für den Großteil der Studenten an den Eliteuniversitäten Princeton und Harvard, fast alle geben diese Antwort. Aber wenn der Ball 10 Cent kosten würde, müsste der Schläger 1,10 Euro kosten, denn der Schläger kostet ja 1 Euro mehr als der Ball. Die Gesamtsumme wäre dann 1,20 Euro und nicht 1,10 Euro. Tatsächlich kostet der Ball nur 5 Cent! Irgendetwas in unserem Gehirn hat dazu geführt, dass wir intuitiv eine falsche Antwort auf diese scheinbar so einfache Frage gehen. Wir hören oft auf nachzudenken, wenn wir glauben, es verstanden zu haben.

Komm mit mir ins Abenteuerland

Wer rechnet, für den gefriert die Welt für einen Augenblick. Kopf oder Zahl? Ich werfe eine Münze und klatsche sie auf meinen Handrücken. Egal, was Sie gewählt haben, in absoluter Häufigkeit ausgedrückt steht Ihre Chance 1 : 1 oder »fifty-fifty«. Als relative Häufigkeit ausgedrückt entspricht dies einem Verhältnis von 50 Prozent. So einfach funktioniert die Welt aus den Augen eines Spekulanten. Ob Sturzgeburt, Lotto-Jackpot oder Killerbienen aus dem Weltraum – die Wahrscheinlichkeit jedes beliebigen Ereignisses kann in eine trockene kleine Zahl gegossen werden.

Wer rechnet, spekuliert. »Speculare« ist Latein und bedeutet »spähen«. Chancen sieht das Glückskind deshalb, weil es spekuliert, späht, scharf auf die Chance blickt. Und dabei keine Angst vor großen Zahlen hat.

André Kostolany, der berühmte Börsenfuchs, sagte einmal: »Ich lag mit meinen Geschäften zu 49 Prozent falsch und zu 51 Prozent richtig. Die 2 Prozent Unterschied waren mein Erfolg.« Wenn er Geschäfte um 100 Euro gemacht hätte, wären das 2 Euro gewesen. Er machte Geschäfte mit Hunderten von Millionen, weil er keine Angst vor großen Zahlen hatte.

Wer rechnet, sieht die Lücke. Natürlich steigt das Risiko mit dem Einsatz. Aber da kommt eine weitere Eigenschaft des Glückskinds ins Spiel. Dostojewski hat das seinen tragischen Held Aleksej in seinem Roman *Der Spieler* so ausdrücken lassen: »Nun hätte ich weggehen sollen. Aber es war in mir eine seltsame Empfindung rege geworden, der Wunsch, gewissermaßen das Schicksal herauszufordern, ein Verlangen, ihm sozusagen einen Nasenstüber zu geben und die Zunge herauszustrecken.«

Das Glückskind ist auch Spekulant und Spieler, es liebt das Risiko. Insbesondere auch deshalb, da kein Risiko möglicherweise eines der größten Risiken darstellen könnte. André Kostolany hat das mit Scharfblick so formuliert: »Wer viel Geld hat, kann spekulieren. Wer wenig Geld hat, darf nicht spekulieren. Wer kein Geld hat, muss spekulieren.« Das ganze Leben ist ein Spiel. Also setzen Sie, spielen Sie, gewinnen Sie. Aber jedes Spiel ist irgendwann aus. Egal, wie unsere Geschäfte ausgehen, wir können nichts mitnehmen. Am Ende bleibt nur das Gefühl, alles gegeben zu haben, das Mosaik des Lebens wirklich gefüllt zu haben, das Gefühl, gelebt zu haben.

Sich bewusst und dauerhaft in unsichere Gefilde vorzuwagen, führt zu einem Leben außerhalb der Komfortzone. Das ist das Ideal. Ich sträube mich selbst immer wieder dagegen, aber ich weiß eigentlich, dass das einzig dauerhaft Schöne im Leben die Veränderung ist. Und permanente Veränderung ist die Folge, wenn einer abenteuerlich lebt. Für mich ist die ideale Vorstellung vom Leben die eines Abenteuers. Denn ich sehne mich, wie jeder andere auch, danach, endlich anzukommen. Bei mir selbst anzukommen. Ich weiß aber, dass ich nur ankommen kann, wenn ich mich auf große Fahrt begebe.

Das liegt schon im Wortstamm: Abenteuer hat wie das englische »adventure« den Stamm »adventare« – schon wieder Latein, und das heißt »ankommen«.

Ständig im Abenteuer zu leben, hält keiner zu 100 Prozent aus. Auch ich kann mittlerweile, wohl weil ich älter geworden bin, mal 20 Minuten irgendwo sitzen und vor mich hinglotzen, zum Beispiel in einen Fernseher oder aus einem Zugfenster. Aber grundsätzlich bin ich schon ein Getriebener, das haben Sie ja mittlerweile gemerkt. Ich bin chancengetrieben. Ich bin immer auf der Suche nach dem Optimum.

Das ist wahnsinnig anstrengend. Aber ich habe keine andere Wahl. Denn, um mit Hartmut Engler, dem Sänger und Texter der Band Pur zu sprechen:

»Komm mit mir ins Abenteuerland, der Eintritt kostet den Verstand. Komm mit mir ins Abenteuerland und tu's auf deine Weise. Deine Fantasie schenkt dir ein Land, das Abenteuerland.«

WERNER SCHWANFELDER

Das Glück im Alltag

> **»Glück ist ganz einfach gute Gesundheit und ein schlechtes Gedächtnis.«**
> *Ernest Hemingway*

Glücklich, wer das Glück kennt

Ob wir alle vom gleichen Glück sprechen, wenn wir uns über das Glück unterhalten? Ich habe in meinen Gesprächen bemerkt, dass es nicht so ist. Ich will aber gleich darauf hinweisen, dass mir eine eindeutige Definition von Glück nicht gelingen wird. Weil das Glück unglaublich viele Facetten hat und sehr individuell ist.

Ich beginne mit dem Glücksverständnis der Chinesen, weil mich das zweifelsohne fasziniert.

Das asiatische Verständnis von Glück

Ich beneide die Chinesen. Sie scheinen zu wissen, wie sie glücklich werden. Die Farbe Rot symbolisiert für Menschen in Ostasien nicht nur Glück, sondern auch Wohlstand und ist daher die beliebteste Farbe für Dekorationen jeder Art. Dem Volksglauben nach ist Rot besonders in den Tagen um das chinesische Neujahrsfest wichtig, das die Chinesen nach dem traditionellen Mondkalender feiern. Wer zum chinesischen Neujahrsfest rote Unterwäsche trägt, soll ein ganzes Jahr lang Glück haben, sagt der Volksmund. Vor dem Fest werden daher in den Wäscheabteilungen der Kaufhäuser fast ausschließlich rote Dessous angeboten.

Dabei ist festzustellen, dass sich nicht etwa nur ältere Menschen, die vielleicht besonders abergläubisch sind, mit roter Unterwäsche eindecken, sondern vielmehr junge, gebildete Frauen, die mitten im Erwerbsleben stehen. Wer will schon auf sein Glück verzichten?

Die Chinesen wären aber nicht Chinesen, wenn sie sich nur auf die Dessous verlassen würden. Auch Fische bringen Glück und Überfluss, sagt der Volksglaube in China. Und weil sich das alle Chinesen wünschen, steht zumindest am Neujahrsfest Fisch auf dem Speiseplan.

Und es gibt noch weitere Regeln: Mindestens einen Monat vor dem Fest spricht man möglichst wenig über den Tod. In den Häusern brennt drei Tage ohne Unterlass das Licht. Vor dem Fest wird das Haus geputzt, aber während der Feiern heben die Leute ihren Müll in einem Kübel unter dem Tisch auf. Spinnweben dürfen nicht entfernt werden – in ihnen könnte sich das Glück verfangen haben. Sind die Chinesen vielleicht doch nicht zu beneiden? Das »chinesische« Glück zu erhalten, ist schon recht anstrengend.

Wenn wir in Deutschland ein chinesisches Lokal besuchen, bekommen wir häufig einen Glückskeks geschenkt. Der ist in China interessanterweise weitgehend unbekannt. Bei uns haben chinesische Glücksbotschaften jedoch Hochkonjunktur, wie etwa die folgende:

Willst du für eine Stunde glücklich sein, so betrinke dich. Willst du für drei Tage glücklich sein, so heirate. Willst du für acht Tage glücklich sein, so schlachte ein Schwein und gib ein Festessen. Willst du aber ein Leben lang glücklich sein, so schaffe dir einen Garten.

Ein chinesischer Brauch gefällt mir sehr gut. Im alten China (und hin und wieder auch heute noch) sucht der Feng-Shui-Meister den Namen eines neugeborenen Kindes aus. Das sind dann keine Namen wie Max, Franz oder Susanne, sondern vielleicht »vortreffliche Anmut«. Es werden Namen ausgesucht, von denen man denkt, dass sie zum Wesen des Kindes passen. Mein chinesischer Freund hat mir erzählt, dass viele chinesische Kinder mit diesen außergewöhnlichen Namen nichts anfangen können und zunächst einmal unglücklich darüber sind. Aber im Laufe der Zeit bekommen sie ein Gefühl für ihren Namen, dann wird er zur starken Maxime in ihrem Leben. Der Name wird zum Lebenssinn und in vielen Fällen geschieht es auch, dass er zum Programm des jeweiligen Menschen wird.

Glücksbräuche

Nun sollte man die Chinesen vielleicht nicht so hochmütig belächeln, Glücksbräuche gibt es überall, auch bei uns. In Stein im Jauntal (Kärnten) findet beispielsweise das alljährliche Striezelwerfen statt. Die Striezel werden vom Balkon der Burg zu den Menschen auf dem Vorplatz der Pfarrkirche geworfen. Wer einen der begehrten Striezel bekommt, darf sich freuen: ihn erwartet ein Jahr voller Glück, denn die Striezel sollen vor Krankheiten schützen und Unheil von Mensch und Vieh abwenden. Diesen Brauch gibt es seit 975. Damals residierte in der Burg die »heilige« Hildegardis. Sie war bekannt für ihre Wohltaten. Als sie das Gut ihrem Sohn schenkte, ermahnte sie ihn, die Armen und Wanderer zu unterstützen und zu nähren – mit Striezeln selbstverständlich. Übrigens: Wer nicht die Geduld hat, sich dem Striezelfangen auszusetzen, kann sich bei den Ministranten gegen eine Spende ein »Glücksbrot« sichern.

Auch in München hält man an dem Aschermittwochsbrauch fest, am Fischbrunnen die Geldsäckel (natürlich auch den Stadtsäckel) auszuwaschen. Macht man das besonders gründlich, wird bald wieder Geld in das Säckel fließen. So provoziert man das Glück.

Andere klopfen auf die Geldbörse, wenn sie einen Kuckuck hören. Das soll den gleichen Effekt haben. Ich habe allerdings den Eindruck, dass die Kuckucke seit der Finanzkrise ausgewandert sind …

Besonders zu Silvester grinst das Glück durch alle Ritzen. Die Menschen versuchen es einzufangen und haben absonderliche Bräuche. Sie verschenken Glück. Das leuchtet durchaus ein. Wer braucht im neuen Jahr kein Glück? Es ist aber unklar, warum ausgerechnet der giftige Fliegenpilz zum Glücksbringer wurde. Früher gerne als Rauschmittel verwendet, löste er vielleicht im Rauschzustand glücksähnliche Gefühle aus.

Warum wurde das Schwein zum Glückssymbol? Gut, es galt schon immer als Symbol der Fruchtbarkeit und Stärke. Im Mittelalter bekamen Wettkampfverlierer als Trostpreis ein Schwein. So ging der Verlierer auch nicht leer aus und hatte sprichwörtlich »Schwein gehabt«.

Der Schornsteinfeger bringt angeblich ebenfalls Glück. In vorelektrischen Zeiten war es eine Katastrophe, wenn der Kamin verstopft war. Es konnte dann nicht mehr gekocht und geheizt werden. Retter in der Not war dann der Kaminkehrer. Er befreite den Kamin von Asche, reinigte ihn und brachte damit vielleicht auch das Glück zurück.

Und schließlich noch der vierblättrige Wiesenklee. Er kommt selten vor und damit wird es zum Glück, ihn zu finden. Das ist schon seit über 2000 Jahren so. Der Wiesenklee mit vier Blättern leidet übrigens an einem Fehler in seinem Erbgut, aber er kann das Vier-Blatt-Gen wohl verschmerzen.

Es gibt noch viele solcher Bräuche, die alle etwas damit zu tun haben, dass man das (materielle) Glück erzwingen will: Für die meisten Menschen ist beispielsweise die Hochzeit ein Moment des Glücks. Dazu passt auch die Farbe Rot: Das Tragen roter Bänder oder Tücher gehörte bei vielen Völkern zu den Hochzeitsbräuchen. Diese Tradition gab es schon in der Römerzeit: Die römischen Bräute wurden mit einem feuerroten Tuch umhüllt. Noch heute tragen neugriechische, albanische und armenische Bräute rote Brautschleier.

In China wird die Braut in einem roten Brautkleid und einer roten Sänfte zum Ort der Hochzeitsfeier getragen. Schade, dass unsere Bräute meistens Weiß tragen …

Auch in Russland steht die Farbe Rot für die Begriffe »wertvoll« und »teuer«.

In Japan ist Rot die Farbe der Frauen.

In Korea sollte man mit der Verwendung der roten Farbe etwas vorsichtiger sein, denn wenn man einen Namen in Rot schreibt, signalisiert man damit, dass diese Person tot ist.

Und auch bei den Ashanti im westafrikanischen Ghana ist Rot die Farbe der Trauer.

Gleichzeitig gilt in manchen Gegenden Afrikas Rot als Farbe des Lebens. Deshalb werden in bestimmten Regionen Zentralafrikas und Ozeaniens Kranke mit rotem Ocker bestrichen, um ihre Lebenskraft anzuregen.

Diese wenigen Beispiele zeigen schon sehr deutlich, wie sehr wir Menschen (aller Nationen) versuchen, ein Stück vom Glück zu erhaschen.

Was ist der Unterschied zwischen Glück und Zufriedenheit?

Was versteht man unter subjektivem Wohlbefinden? Wir nutzen den zeitlichen Aspekt für die Unterscheidung: Ein relativ kurz anhaltendes Wohlbefinden kann man beispielsweise dadurch erreichen, etwas Gutes zu essen, mit Freunden zusammen zu sein, eine wichtige Sache erfolgreich abzuschließen. Ein längerfristiges Wohlempfinden beschreibt man am besten mit »mit dem Leben zufrieden sein«. Darunter versteht man eine zufriedenstellende Lebensweise.

Erlebt man ein einziges Glücksgefühl, so hält dieses Gefühl zwar eine Zeit lang an, verflüchtigt sich aber bald wieder. Erlebt man häufig Glücksgefühle, dann können sich diese sehr gut zur Zufriedenheit »anhäufen«. Und schließlich kann man feststellen, dass man im Gefühl der Zufriedenheit immer mehr Glücksgefühle hat. Die Zufriedenheit zieht Glücksgefühle sozusagen magisch an. Solche Glücksgefühle mögen einem Außenstehenden klein und bedeutungslos vorkommen, dem Betroffenen aber sind sie sehr wichtig.

Vielleicht kann man die Glücksbeschreibung auch an einem (Landschafts-)Bild festmachen. Zufriedenheit ist eine Ebene, auf der wir uns sehr wohlfühlen. Glück ist ein Gipfel in dieser Landschaft der Zufriedenheit. Das Glück wäre damit der Höhepunkt der Zufriedenheit. Aus vielen Gipfeln ergibt sich vielleicht sogar eine Hochebene. In einem Gespräch erklärte mir jemand: »Vor Zufriedenheit weint man nicht oder kann man nicht jubeln, das kann man nur vor Glück.«

Interessant war für mich, dass manche der von mir befragten Personen gar keine Aussagen über das Glück machen wollten, sondern den Begriff »Zufriedenheit« vorzogen. Es war ihnen sichtlich angenehmer, darüber zu sprechen. Außerdem ist auch festzustellen, dass viele Menschen unterschiedliche Glücksdefinitionen haben. Weitverbreitet ist aber auf jeden Fall die sprachliche Gleichsetzung von Glück mit Zufriedenheit, wobei tendenziell der Begriff »Zufriedenheit« als ein dauerhafter Zustand verwendet wird.

Zufriedenheit wird meistens von den Personen genannt, die der Meinung sind, dass man das Glück beeinflussen kann. Umgekehrt verwenden Menschen das Wort »Glück«, die der Meinung sind, dass man Glück nicht so sehr beeinflussen kann. Wenn jemand krank wird, wenn ein Unternehmen pleitegeht und man damit die Arbeit verliert, dann hat einen eben das Glück verlassen. Das scheint dann eher schicksalhaft zu sein.

Etwas akademisch erschien mir zunächst die Frage, ob Glück zu besonderen Zeiten vorrangig auftritt, aber dann waren die Ergebnisse einer Studie der Universität Rochester zwar nicht überraschend, aber doch interessant: Man hat herausgefunden, dass Menschen am Wochenende glücklicher sind als unter der Woche. Die »Glückszeiten« wurden auch in den ESM-Studien von Mihály Csikszentmihályi und Jeremy P. Hunter 2003 erforscht. Danach hat die Mehrheit der Menschen am Samstag ihren Glückszenit, der bis zum Montag abfällt und sich dann so allmählich wieder aufbaut. Im Tagesverlauf liegen die Glücksmomente eher am späten Nachmittag und am frühen Abend. Somit könnte gelten: In der Arbeit unglücklich, in der Freizeit glücklich. Um Aufschlüsse darüber zu bekommen, inwiefern wir durch unsere Arbeit Glück erfahren, müssen wir den Begriff »Glück« zunächst definieren.

Was ist Glück?

»Ein Leben im Glück, Bruder Gallio, wünschen sich wohl alle, ebenso tappen aber alle im Dunkeln, wenn es darum geht, sich die Voraussetzungen für echtes Lebensglück deutlich vor Augen zu führen.« So beginnt Seneca seinen Traktat »De vita beata« (Vom glücklichen Leben). Die Frage nach dem Glück scheint eine der Grundfragen unserer Existenz zu sein. In fast allen Mythen und Religionen finden sich Idealbilder eines vollkommen glücklichen Lebens. Dieses Glück wurde meistens nicht in der Gegenwart gesehen. Es lag entweder in der Vergangenheit, an die man gerne zurückdachte, oder in der Zukunft, auf die man hoffte. Die Gegenwart wurde eher als unglücklich empfunden. Somit ging es viele Jahrhunderte lang darum, entweder das verloren gegangene Glück wiederzugewinnen oder das gegenwärtige Unglück in Glück zu verwandeln. Auch viele Märchen zeugen davon.

Aus diesem Verständnis ergaben sich auch erste Definitionen von Glück. Zunächst schien man unter Glück eine Existenz ohne Hunger, ohne Sorge, ohne Krankheit und Alter, ohne Feindschaft zu verstehen, in einer liebevollen, vertrauten Gemeinschaft und – soweit religiös motiviert – in der Nähe zu Gott. Bei dieser Aufzählung handelt es sich um die Grundbedürfnisse des Menschen. Ich vermute, dass sich das auch heute noch nicht so stark geändert hat. Sie werden heute noch genannt, vorrangig zum Beispiel Gesundheit. Wenn man sich auf den Straßen von Alt-Delhi bewegt, kann man das sofort nachempfinden. 80 000 Menschen oder mehr leben in dieser Stadt auf der Straße. Was sie wohl als Glück empfinden?

Die Philosophen beschäftigen sich mit Glück jenseits der Grundbedürfnisse: Aristoteles hat Glück als menschliche Aktivität definiert, die auf Vervollkommnung zielt. Diese Aktivität führt zur Erkenntnis des Guten, auf das hin das gesamte Leben ausgerichtet sein soll. Aristoteles definiert Glück darüber hinaus als Genuss, also gutes Essen und Trinken, auch als »Anmut des Tanzes«.

Epikur sieht Glück als die individuelle Befriedigung von Wünschen und Bedürfnissen. Dabei sollten sich Lust und Unlust in einem gewissen Gleichgewicht befinden bzw. erhalten werden. Auch Bildung und Kunst gelten als körperlicher und intellektueller Genuss und dienen dem Glück.

Aus dieser Philosophie der Antike leitete sich der Gedanke vom »maßvollen Leben« ab. Diese beiden grundlegenden Glücksvorstellungen – einerseits die Vervollkommnung, Selbstverwirklichung und gemeinsame Aktivität, anderseits die individuelle Wunscherfüllung und maßvoller Genuss – haben über Jahrhunderte unsere Auffassungen vom Glück geprägt.

Für bemerkenswert, insbesondere für die damalige Zeit, halte ich die Glücksauffassung (Eudaimonie) von Sokrates. Er verstand Glück nicht als ein Privileg der Elite, sondern ein für alle Menschen erreichbares Ziel. Jeder kann zur Erreichung dieses Glücks durch eine tugendhafte Lebensführung beitragen. Sokrates hat dies bis zur letzten Konsequenz gelebt. Als er zum Tode verurteilt worden war, hielt er an der Idee fest, es sei besser, Unrecht zu erleiden, als Unrecht zu tun. So erhalte man das Lebensglück.

Platon baut auf diesem Verständnis auf. Er glaubt, dass man Lebensglück durch eine gerechte Lebensführung erhalten kann. Jedoch erfährt man nach Platon das wahre Glück erst nach dem Tode.

Über die Frage nach dem Glück haben schon viele Menschengenerationen nachgedacht. Das hat sich auch in überlieferten Zitaten niedergeschlagen:

Der große deutsche Erzähler Theodor Fontane (1819–1898) hat es so ausgedrückt: »Gott, was ist Glück? Eine Grießsuppe, eine Schlafstelle und keine körperlichen Schmerzen – das ist schon viel. Das Glück, wenn es mir recht ist, liegt in zweierlei: darin, dass man ganz da steht, wo man hingehört, und zum zweiten und besten in einem behaglichen Abwickeln des ganz Alltäglichen, also darin, dass man ausgeschlafen hat und dass einen die neuen Stiefel nicht drücken. Wenn einem die 720 Minuten eines zwölfstündigen Tages ohne besonderen Ärger vergehen, so lässt sich von einem Tage unter einem glücklichen Stern sprechen.«

Und von Karl Böhm (1894–1981), einem österreichischen Dirigenten, stammt der Ausspruch: »Glück ist ein Maßanzug. Unglücklich sind meist die, die den Maßanzug eines anderen tragen möchten.«

Zufällig habe ich in einer Zeitung ein sehr schönes Bekenntnis zum Glück gefunden – von einem Schüler, circa 17 Jahre alt. Er äußerte sich folgendermaßen: »Es ist ein großes Glück, in Deutschland leben zu dürfen. Ich war sechs Jahre alt, als ich nach Deutschland kam. Meine eigentliche Zukunft sollte im Irak liegen, doch das ging nicht. Der Krieg und die dadurch entstandene Krise ließen es nicht zu. Wir mussten vom Irak weg nach Deutschland, so schnell wie möglich. Doch wo sollten wir wohnen? Wer sollte mir die Sprache beibringen? Stück für Stück tastete ich mich heran. Ich wurde jeden Tag von der scheinbar unendlichen Menge an Neuem überwältigt. Vieles kannte ich nicht. Hier in Deutschland bin ich zum ersten Mal in meinem Leben U-Bahn gefahren, bin zum ersten Mal in ein Museum gegangen. Ich habe neue Freunde gefunden, die mich vorangebracht haben. Es hat zwar seine Zeit gebraucht, aber einen Geschmack von der Kultur habe ich jetzt auf der Zunge.

Ein Leben in meinem Heimatland könnte ich mir kaum noch vorstellen. Es ist für mich ein großes Glück, hier zu leben. Diese Chance nutze ich voll und ganz.«

Jemand anderes beschrieb seine Einstellung zum Glück folgendermaßen: »Ich verstehe Glück als Zufriedenheit. Zufrieden bin ich dann, wenn ich mein Leben so gestalten kann, wie ich es möchte, wenn ich mein Leben beeinflussen kann. Das ist bei meiner Arbeit sehr wichtig. Ich kann sie beeinflussen, die Inhalte bestimmen. Das macht glücklich und zufrieden. Meine Frau hat eine etwas andere Einstellung. Sie behauptet, dass Glück die Kunst sei, den Augenblick zu genießen. Natürlich gibt es glückliche Augenblicke, aber diese Augenblicke sind für mich lediglich Bausteine, die zu einer zufriedenen Persönlichkeit führen. Ich kann heute sagen, dass ich zufrieden bin. Das war nicht immer so. Das ist aber auch nicht notwendig. Glück hat für mich etwas mit Bewusstsein zu tun, wie man das Leben auffasst. Ich meine, man benötigt eine positive Sicht auf das Leben. Ein Mensch, der mit sich und der Welt im Reinen ist, ist wahrscheinlich auch ein glücklicher Mensch. Ein glücklicher Mensch erhält viele positive Rückmeldungen, das wiederum stärkt sein Glück.«

Glück ist, wenn wir Gutes tun

Einen sehr interessanten Ansatz fand ich bei dem Schriftsteller Vallabh Patel. Er kombiniert das individuelle Streben nach Glück mit der Übernahme von Verantwortung für die Gesellschaft. Das Ziel gesellschaftlichen Handelns (wobei die Gesellschaft die Summe der Individuen ist) sollte das »größtmögliche Glück für die größtmögliche Anzahl von Menschen« sein. Hierfür fordert er eine neue Ethik als Grundlage für alle Menschen.

Sein Konzept beruht auf der Annahme, dass das Leitmotiv aller Menschen der Wunsch ist, glücklich zu sein. Um glücklich zu werden oder zu sein, muss man »gut« sein. »Gut« beschreibt ein Verhalten aufgrund ethischer Normen. Daraus ergeben sich die folgenden Abhängigkeiten: Glücklichsein ist nur in einer gut funktionierenden Gesellschaft möglich. Eine Gesellschaft funktioniert aber nur dann gut, wenn die Mitglieder dieser Gesellschaft »gut« sind. Dann stabilisiert sich die Gesellschaft und gedeiht. Was aber versteht man in diesem Zusammenhang unter »gut«? »Gut« sind alle Taten, die der Erhaltung bzw. dem Gedeihen der Gesellschaft dienen. Umgekehrt sind alle Taten, die sich negativ auf die Gesellschaft auswirken, schlecht. Der Schluss ist sehr einfach: Um glücklich zu sein, muss man lediglich »gut« sein. Dieses Konzept klingt zwar einfach und utopisch gleichermaßen, doch es spielt in unseren späteren Überlegungen durchaus eine Rolle.

Glück ist, wenn wir Glücksmomente empfinden

Viele Menschen in unserer Gesellschaft pflegen eine hedonistische Betrachtung des Glücks. Im Hedonismus sieht man die Lust als höchstes Gut und als Bedingung für die Glückseligkeit. Lust wird einseitig materialistisch aufgefasst und entspricht einer sehr egoistischen Lebenseinstellung. Das höchst simple Konzept besagt, dass sich die Qualität des Lebens aus der Addition seiner guten abzüglich seiner schlechten Momente ergibt. Viele Menschen scheinen auch heute ihr Leben darauf auszurichten. Dennoch dürfte es schwierig sein, vom Maß unserer Gefühle auf das Glück zu schließen. Die Schlussfolgerung aus diesem Konzept würde heißen, dass wir versuchen, so viele Glücksmomente wie möglich anzuhäufen. Sie ersticken dann sozusagen alle Enttäuschungen. Das führt jedoch nachweislich nicht zum Erfolg, weil man sich im Leben rasch an alle guten Dinge und Glückserlebnisse gewöhnt und damit die Ansprüche steigen. Hat man also ein gewisses Glücksniveau auf dieser Basis erreicht, gewöhnt man sich daran und empfindet es nicht mehr als Glück. Die Folge ist: Man braucht noch mehr Glücksmomente, um das Glück erneut zu verspüren. Eine schöne Anschaffung, zum Beispiel ein neues Auto, mag zunächst ein Glücksgefühl erzeugen, das aber auch schnell erlischt, wenn man sich an den Besitz gewöhnt hat.

Die Forschung hat bewiesen, dass Glück nicht von materiellen Gütern abhängig ist. Es gibt keine signifikanten Unterschiede im Glückserleben zwischen weniger Begüterten und mehr Begüterten. Reichtum und Besitz korrelieren nur ganz wenig mit dem Glücksniveau. Wohlhabende Menschen sind nur unwesentlich glücklicher als ärmere Menschen. Hierzu wird auf die Tatsache verwiesen, dass das Realeinkommen in den Wirtschaftsnationen in den letzten 50 Jahren zwar enorm angestiegen, die Lebenszufriedenheit aber eher auf dem gleichen Niveau geblieben ist.

Glück ist, wenn unsere Bedürfnisse erfüllt werden

Auch ein zufriedener Mensch wird Phasen der Unzufriedenheit erleben. Schließlich leben wir nicht per se in einer Wohlfühl-Welt. Im Gegenteil, die Menschen mussten dem Universum ihre Existenz schon immer abringen. Die Sicherung unserer Existenz bedeutet einen ungleichen Kampf des kleinen Individuums mit der ganzen Welt. Als Individuum können wir den Lauf des Universums wenig beeinflussen, als Menschheit natürlich schon eher. Wir sind verpflichtet, die Natur zu pflegen, den Klimaschutz voranzutreiben, einen Atomkrieg zu vermeiden. Aber wir können nicht sicher sein, wie wir das Universum damit beeindrucken. Wir werden mit unserem täglichen Tun als Individuum der Welt kein Wohlbefinden entlocken können. Somit wird in unserer menschlichen Seele immer eine Unzufriedenheit bleiben, wenn wir unser Denken nicht ändern.

Das beginnt damit, dass wir uns mit den äußeren Bedingungen des Weltgeschehens abfinden und aus unseren tagtäglichen Erfahrungen lernen. Die Herausforderung ist, wie wir aus diesen Erfahrungen zu einer inneren Harmonie gelangen, die uns glücklich werden lässt. Es geht also nicht darum, ob wir das Universum kontrollieren können, sondern ob wir lernen, uns selbst zu beherrschen. Es kommt auf unsere Einstellung an.

Zuerst müssen wir unsere Grundprobleme klären, ehe wir uns mit dem Glück beschäftigen können. Wir müssen also genügend Nahrung, ein Dach über dem Kopf und ein soziales Netzwerk haben. Dann können wir uns um unser Wohlempfinden kümmern. Wir müssen lernen, wann und für was wir »wohl empfinden«. Anders ausgedrückt: Wir müssen lernen, das zu genießen.

Dummerweise stören uns dabei die Wünsche, die nun immer mächtiger werden, die Wünsche nach dem »Mehr«.

Hier lauert die Zufriedenheitsfalle: Die Erfüllung unserer Wünsche macht uns nicht glücklicher, zumindest nicht nachhaltig.

Im Gegenteil: Hinter der nächsten Ecke lauern neue Wünsche, die wir wieder erfüllen wollen und müssen. Es gibt immerhin aber die Möglichkeit, sich diese Wünsche mit Freude zu erfüllen. Dabei darf man nicht nur auf die Erfüllung schielen, sondern auch auf den Weg zur Erfüllung.

Glück ist, wenn unsere Erwartungen realistisch sind

Glück hat immer etwas mit der Einstellung und mit den Erwartungen zu tun. Wir werden heute verführt, uns an den Besten, den Schönsten, den Erfolgreichsten zu orientieren. Das Fernsehen liefert uns diese Bilder direkt ins Wohnzimmer. Wenn wir ihrer Verführung in unseren Erwartungen nachgeben, werden wir mit Sicherheit unglücklich werden.

Ich erinnere mich an ein Plakat, das schon ziemlich alt ist. Es stammt glaube ich, aus dem Jahr 2003. Auf dem Plakat ist Wolfgang Thierse abgebildet und er stellt die Frage: »Gibt es ein Recht auf Glück ...?«

Ich will zunächst verneinen, aber ich sage Ja. Doch bei wem kann man das Recht einklagen? Ich gebe mir darauf eine einfache Antwort: bei mir selbst.

Jeder Mensch hat das Recht, glücklich zu sein, er muss sich nur darum kümmern. Er darf nicht darauf warten, bis ihm irgendjemand eine Schachtel Glück vorbeibringt.

»Der Mensch ist seines Glückes Schmied.« Es gibt Sprichwörter, die klingen so wunderschön einfach. Das Dumme ist nur: Sie sind gar nicht einfach umzusetzen.

Es stimmt, wir in Europa können unser Leben weitgehend selbst gestalten. Aber auch das hat Grenzen: Krankheit, Tod, Arbeitslosigkeit, Erdbeben und vieles andere mehr begrenzen unsere Gestaltungsmöglichkeiten. Darüber hinaus ist es in vielen Ländern, in vielen Regionen dieser Welt nicht so einfach, sich ein Stück Glück zu sichern. Wie glücklich wäre ich heute, wenn ich in Haiti geboren worden wäre? Vermutlich würde ich gar nicht mehr leben …

Auch ich tendiere zu der Empfehlung, »positiv« zu denken und ein paar Regeln zu befolgen, um mein Glück zu machen. Das ist naiv und trotzdem auch richtig. Selbstverständlich muss man konstatieren, dass das Verhältnis von Aktivität und Passivität, Macht und Ohnmacht viel komplizierter ist, als man denken mag.

Dennoch hat das Sprichwort seine Berechtigung, denn es drückt eine aktive Handlung aus. Diese beginnt zunächst bei der eigenen Existenz. Dabei handelt es sich nicht nur um eine räumliche, sondern auch um eine zeitliche Dimension. In diesen Dimensionen begegnen wir der Quelle des Lebens. Ich definiere sie mit der Antwort auf die Frage »Wie lebe ich eigentlich?«. Wenn ich nach meiner Lebensquelle suche, beschäftige ich mich zunächst mit meinem eigenen Leben. Ich betrachte es von außerhalb, mit Abstand, und versuche herauszufinden, wie es sich entwickelt hat und wie die weitere Lebensführung aussehen kann. Bei dieser Suche hoffe ich auf die Chance, mein Glück zu finden. Wenn ich meine Lebenserwartungen realistisch gestalte, wird es leichter, das wahre Lebensglück zu finden.

Für das Glück und die Zufriedenheit sind die »richtigen« Erwartungen wichtig. Es ist eine Binsenweisheit des Lebens, dass überspannte Erwartungen unglücklich machen. Aber wie entstehen denn meine Erwartungen? Und ab wann sind sie überspannt?

Eines Tages erhielt ich eine Mail vom chinesischen Staatsfernsehen CCTV. Man wollte mit mir ein Interview über Laotse machen. Ich hatte Zweifel: Was könnte ich den Chinesen schon über Laotse erzählen? Gut, ich habe viel von und über Laotse gelesen und habe ein Buch für Manager geschrieben, was deutsche Manager von Laotse lernen könnten. Aber ich kann nicht für mich in Anspruch nehmen, den Chinesen neue Erkenntnisse über Laotse zu vermitteln. Der Termin hat sich zunächst verschoben. Aber schließlich kam es dann in Düsseldorf doch noch zu einem Treffen, und ich wurde drei Stunden lang über Laotse befragt und gefilmt. Nach einem halben Jahr hatte ich noch keine Information darüber erhalten, wann der Film gesendet würde. Dann wurde mir eine sehr schön gestaltete Box zugeschickt. Darin lagen fünf DVDs mit einer Spielzeit von insgesamt viereinhalb Stunden. Ich sah mir die DVDs an (auf Chinesisch natürlich). Es ist ein wunderbarer Film über China und den Daoismus. Auch ich kam vor – auf der ersten DVD für genau zwei Sekunden, in denen ich einen wichtigen Satz sagte. Bin ich nun enttäuscht? Bin ich glücklich? Ich bin froh, dass ich keine Erwartungen hatte. Ich empfinde etwas Genugtuung, dass ich in China mit meinen Büchern (die in die chinesische Sprache übersetzt wurden) zur Kenntnis genommen wurde. Ich bin amüsiert, dass aus den drei Stunden Interview zwei Sekunden geworden sind, und ich bin ein kleines bisschen glücklich, dass es zumindest ein wichtiger Satz war, den ich sagen durfte.

Das Glück stellt sich also ein, wenn man realistische Erwartungen hat. Das bedeutet, dass die Erfüllung der Erwartungen aufgrund der bisherigen Lebenserfahrung wahrscheinlich ist.

Charles F. Haanel
Gesundheit, Reichtum und Liebe

In diesem Kapitel werden Sie lernen, wie Sie sich jene Werkzeuge schmieden, mit denen Sie alle Bedingungen schaffen können, die Sie sich wünschen. Wenn Sie Ihre Lebensumstände verändern wollen, müssen Sie sich selbst verändern. Ihre Launen, Anliegen, Fantasien und Projekte mögen jederzeit durchkreuzt werden können, Ihre innersten Gedanken aber werden so sicher zum Ausdruck kommen, wie ein Samenkorn zu einer Pflanze heranwächst.

Nehmen wir also an, wir möchten unsere Lebensumstände verändern. Wie gehen wir dabei zu Werke? Die Antwort ist ganz einfach: Wir wenden das Gesetz des Wachstums an. Der Zusammenhang zwischen Ursache und Wirkung ist in der verborgenen Welt der Gedanken ebenso unausbleiblich wie im Reich des Materiellen.

Behalten Sie immer im Gedächtnis, was Sie eigentlich erreichen wollen. Handeln Sie stets so, als wäre das Gewünschte schon Wirklichkeit. Damit bekräftigen Sie den Wert Ihrer Wünsche. Wenn Sie diesen Gedanken dann ständig wiederholen, wird er zu einem Teil von Ihnen. Tatsächlich verändern wir uns aktiv selbst. Wir machen aus uns, was wir zu sein wünschen.

Unser Charakter ist kein Zufallsprodukt, sondern das Ergebnis steter Bemühungen. Wenn Sie schüchtern, unsicher, unschlüssig sind, wenn Sie überängstlich sind oder sich vom bloßen Gedanken an mögliche Gefahren ins Bockshorn jagen lassen, rufen Sie sich Folgendes ins Gedächtnis: Es ist ein Naturgesetz, dass niemals zwei Dinge zur selben Zeit am selben Ort existieren können.

Das gilt natürlich auch in der geistigen Welt. Das Heilmittel liegt also auf der Hand: Ersetzen Sie ängstliche, begrenzende, auf Mangel konzentrierte Gedanken durch solche des Muts, der Macht und der Selbstbestimmung.

Auf die einfachste Weise können Sie dies in die Tat umsetzen, wenn Sie eine Affirmation wählen, die für Ihren Fall passt.

Der positive Gedanke wird den negativen so sicher ersetzen, wie das Licht die Dunkelheit vertreibt. Und genauso klar und deutlich wie in diesem Beispiel werden auch die Ergebnisse ausfallen.

Die Handlung ist die Blüte des Gedankens. Die veränderten Lebensumstände wiederum sind das unweigerliche Resultat unserer Handlungen. Sie haben die Werkzeuge also in der Hand, mit deren Hilfe Sie Ihr Leben verbessern oder verschlechtern können. Dementsprechend werden Sie Freude oder Leid ernten.

Letztlich aber sind es immer nur drei Gegebenheiten beziehungsweise Zustände, die wir uns von der Außenwelt wünschen, und sie haben ihre Entsprechung in der Innenwelt. Das Geheimnis, wie Sie diese in Ihr Leben integrieren können, liegt im richtigen »Anzapfen« der allmächtigen Kräfte, zu denen jeder Zugang hat.

Dies sind die drei Bedingungen, welche die gesamte Menschheit anstrebt und die für ihren vollkommen entwickelten Selbstausdruck von entscheidender Bedeutung sind: Gesundheit, Reichtum und Liebe. Jeder wird einsehen, dass Gesundheit für uns wichtig ist. Niemand kann Glück erlangen, wenn sein Körper Schmerz erleidet. Dass Reichtum bedeutsam ist, gestehen sich schon weitaus weniger Menschen ein. Doch man wird mir zustimmen, wenn ich sage, dass zumindest eine ausreichende Versorgung mit materiellen Gütern sichergestellt sein sollte. Dabei mag Reichtum für den einen sein, was für den anderen einen absoluten Mangel am Allernotwendigsten darstellen würde. Da die Natur aber großzügig, überreichlich und verschwenderisch für uns sorgt, müssen wir einräumen, dass jeder Mangel auf eine künstliche Verknappung oder ein Verteilungsproblem zurückgeführt werden kann.

Alle Menschen sind sich aber wohl einig, dass Liebe die dritte – manche würden sie auch an erster Stelle nennen – unverzichtbare Notwendigkeit für menschliches Glück ist. Wer jedoch alle drei »besitzt«, Gesundheit, Reichtum und Liebe, wird sein Glück nicht mehr steigern können. Wir haben festgestellt, dass die universelle Substanz »reine Gesundheit«, »reine Fülle« und »reine Liebe« ist. Und dass wir über unser Denken mit dieser Quelle unendlicher Kostbarkeiten in Verbindung treten können. Richtig zu denken bedeutet also, an den »geheimen Ort des Allerhöchsten« zu gelangen.

Was aber sollen wir denken? Wenn wir dies herausgefunden haben, kennen wir den wahren Mechanismus, mit dessen Hilfe wir Zutritt zu dem erlangen, was wir uns auch immer wünschen mögen. Dieser Mechanismus wird Ihnen sehr einfach vorkommen, doch lesen Sie ruhig erst einmal weiter. Denn dann werden Sie herausfinden, dass er in Wirklichkeit das *Master Key System* ist, Aladins Wunderlampe. Sie werden feststellen, dass er die Basis, die unabdingbare, nicht zu umgehende Grundbedingung, das absolute Gesetz allen positiven Handelns und damit allen bejahenden Daseins ist.

Doch um richtig zu denken, müssen wir die »Wahrheit« kennen. Die Wahrheit ist das allen erfolgreichen Geschäften und sozialen Beziehungen zugrunde liegende Prinzip. Alles rechte Handeln beruht auf ihr. Die Wahrheit zu kennen, ihrer sicher zu sein und sich auf sie zu verlassen, führt zu einer Befriedigung, die schwerlich übertroffen werden kann. Sie ist das einzig Stabile in einer Welt des Zweifels, der Konflikte und der Gefahren.

Die Wahrheit zu kennen bedeutet, in Einklang mit der unendlichen, allmächtigen Kraft zu stehen. Die Wahrheit zu kennen bedeutet, die Verbindung zu einer unbesiegbaren Kraft herzustellen, die alle Disharmonie und Zwietracht, allen Zweifel und Irrtum hinwegschwemmen wird. Denn die »Wahrheit ist mächtig und stets siegreich«. Selbst ein Mensch mit geringer intellektueller Begabung kann das Ergebnis einer Handlung voraussagen, wenn diese auf der Wahrheit beruht. Und der Klügste unter den Menschen, der tiefschürfendste und scharfsinnigste Geist, kann die Zukunft nicht vorhersagen, wenn seine Erwartungen auf Annahmen gründen, von denen er weiß, dass sie falsch sind.

Jede Handlung, die – ob nun wissentlich oder nicht – im Gegensatz zur Wahrheit steht, bringt im Verhältnis zu ihrer Bedeutung und Natur Misstöne beziehungsweise Verluste mit sich. Wie aber sollen wir die Wahrheit erkennen, damit wir diesen Mechanismus, der uns mit dem Unendlichen verbindet, nutzen können?

Wir können nicht fehlgehen, wenn wir uns darüber klar werden, dass Wahrheit das lebendige Prinzip des universellen Geistes und seiner Allgegenwart ist. Ein Beispiel: Wenn Sie sich Gesundheit wünschen, ist die Erkenntnis, dass Ihr »Ich« seiner Natur nach geistig und aller Geist eins ist, schon heilsam, denn wo der Teil ist, da muss auch das Ganze sein. Und so entsteht Gesundheit, denn jede Zelle im Körper wird diese Wahrheit manifestieren, sobald Sie sie erblicken. Sehen Sie hingegen nur Krankheit, dann werden Ihre Körperzellen Krankheit hervorbringen. Erkennen Sie die Vollkommenheit in sich, wird Vollkommenheit die Antwort sein. Die Affirmation »Ich bin ganz, vollkommen, stark, selbstbestimmt, glücklich, voller

Harmonie und Liebe« wird unweigerlich zu harmonischen Lebensumständen führen. Das liegt einfach daran, dass die Affirmation in vollkommenem Einklang mit der Wahrheit steht. Und wo die Wahrheit erscheint, müssen alle Formen des Irrtums weichen.

Sie konnten feststellen, dass das »Ich« geistiger Natur ist. Damit aber ist es gleichzeitig vollkommen. Die Affirmation »Ich bin ganz, vollkommen, stark, selbstbestimmt, glücklich, voller Harmonie und Liebe« ist also eine wissenschaftlich exakte Aussage. Denken ist eine geistige Aktivität, und der Geist ist schöpferisch. Daher zieht die Tatsache, dass Sie diesen Gedanken im Kopf behalten, automatisch Umstände an, die im Einklang mit diesem Gedanken stehen.

Wenn Sie Reichtum wünschen, dann verhilft Ihnen die Erkenntnis, dass Ihr »Ich« eins ist mit dem universellen Geist, der Allmacht und vollkommene Substanz ist, dazu, dass Sie das Gesetz der Anziehung verwirklichen können. Dieses stimmt Ihre Schwingung auf die Frequenz des Erfolgs ab und führt dazu, dass sich in Ihrem Leben die Bedingungen des Überflusses manifestieren, je nachdem, wie sehr Sie mit der Zielsetzung Ihrer Affirmation übereinstimmen.

Hier greift der Mechanismus der Visualisierung. Dieser Prozess unterscheidet sich vom einfachen Sehen auf mehreren Ebenen. Sehen ist ein rein physikalisches Geschehen, das sich auf die objektive, die »äußere« Welt bezieht. Visualisierung hingegen ist ein imaginativer Vorgang, also ein Produkt des subjektiven Geistes, das mit der »inneren« Welt zu tun hat. Die hervorstechendste Eigenschaft dieser Aktivität ist, dass sie Wachstum und Leben schaffen kann. Das Visualisierte manifestiert sich in der Form. Dieser Mechanismus ist absolut vollkommen. Er wurde vom höchsten Architekten geschaffen, der »alles zum Besten tut«. Unglücklicherweise ist der Anwender dieses Gesetzes manchmal unerfahren oder nicht allzu tüchtig. Diese Hindernisse aber lassen sich mit Übung und Entschlossenheit überwinden.

Wenn Sie sich also Liebe wünschen, müssen Sie den einzig möglichen Weg dorthin beschreiten: Sie müssen Liebe geben. Je mehr Liebe Sie geben, desto mehr werden Sie erhalten. Und geben können Sie Liebe nur dann, wenn Sie sich selbst damit erfüllen, bis Sie zum vollkommenen Magneten werden, der Liebe anzieht. Doch diese Methode habe ich bereits ausreichend erläutert.

Wer gelernt hat, die tiefste spirituelle Wahrheit mit den sogenannten niederen Angelegenheiten des Lebens zu vereinen, der hat den Schlüssel zur Lösung all seiner Probleme in der Hand. Der Kontakt mit großartigen Ideen, Ereignissen, Naturphänomenen oder Menschen beflügelt uns und macht uns nachdenklich. Von Abraham Lincoln heißt es, er habe in allen Menschen, die mit ihm zu tun hatten, das Gefühl hervorgerufen, als näherten sie sich dem Gipfel eines Berges. Wie wahr dies gewesen sein muss, wird uns klar, wenn wir uns vergegenwärtigen, dass er sich mit dem Ewigen beschäftigte, der Macht der Wahrheit.

Es kann sehr inspirierend sein, von jemandem zu hören, der diese Prinzipien einer eingehenden Prüfung unterzogen und sie dann in seinem Leben umgesetzt hat. Deshalb ist hier ein Brief von Frederick Elias Andrews aus Indianapolis wiedergegeben:

»Ich war etwa dreizehn Jahre alt, als Dr. T. W. Marsee, der mittlerweile verstorben ist, zu meiner Mutter sagte: ›Ihr Sohn hat keine Chance mehr, Mrs. Andrews. Ich habe meinen Jungen auf dieselbe Weise verloren, obwohl ich alles in meiner Macht Stehende für ihn getan hatte. Ich habe solche Fälle ausführlich studiert. Daher weiß ich, dass er nicht mehr gesund werden kann.‹

Sie drehte sich um, sah ihn an und fragte: ›Was würden Sie denn tun, wenn es Ihr Sohn wäre, Herr Doktor?‹

Und er antwortete: ›Ich würde bis zum letzten Atemzug kämpfen.‹

Dies war der Beginn eines Kampfs, der sich sehr lange hinzog. Es gab viele Hochs und Tiefs. Die Ärzte waren sich einig, dass es keine Aussicht auf Heilung gab, doch sie machten uns Mut, so gut sie nur konnten. Am Ende allerdings stand mein Sieg, und ich habe mich vom kleinen, krumm gewachsenen Buckligen, der sich nur auf Händen und Füßen vorwärtsbewegen konnte, zu einem starken, gerade gewachsenen, gut gebauten Mann entwickelt.

Natürlich wollen Sie jetzt wissen, wie dies zuging. Ich werde Ihnen den ganzen Hergang möglichst kurz zusammenfassen.

Ich schuf mir eine Affirmation. Ich überlegte, welche Qualitäten ich am nötigsten hatte. Dann sagte ich mir immer und immer wieder: ›Ich bin ganz, vollkommen, stark, mächtig, liebevoll, harmonisch und glücklich.‹ Ich behielt diese Affirmation bei und änderte sie nie. Dies ging so weit, dass ich nicht einmal nachts erwachte, ohne dass meine innere Stimme sofort einsetzte: ›Ich bin ganz, vollkommen, stark, mächtig, liebevoll, harmonisch und glücklich.‹ Wenn ich abends zu Bett ging, waren dies meine letzten Worte. Und morgens nach dem Erwachen stahlen sie sich wie von selbst auf meine Lippen.

Schließlich sprach ich die Affirmation nicht nur für mich selbst, sondern auch für andere, von denen ich wusste, dass sie sie nötig hatten. Dies ist ein Punkt, den ich ganz besonders hervorheben möchte. Was immer Sie für sich wünschen, sollten Sie auch für andere wünschen, dann ist beiden geholfen. Schließlich ernten wir, was wir säen. Wenn wir Gedanken der Liebe und Gesundheit aussenden, dann kehren sie zu uns zurück wie Brotkrumen, die wir auf die Oberfläche eines Sees streuen. Und wenn wir Sorgen, Neid, Zorn und Hass die Oberhand gewinnen lassen, werden sich die Resultate ebenfalls in unserem Leben niederschlagen.

Es heißt, dass sich der Mensch alle sieben Jahre vollkommen erneuert. Heute aber gehen einzelne Wissenschaftler davon aus, dass wir alle elf Monate sozusagen ›runderneuert‹ werden. Demnach sind wir höchstens elf Monate alt. Wenn wir also Jahr für Jahr die gleichen Mängel in unseren Körper einbauen, sind wir selbst schuld.

Der Mensch ist die Summe all seiner Gedanken. Die Frage lautet also: Wie schaffen wir es, nur positive Gedanken zu hegen und uns von den negativen abzukoppeln? Zunächst einmal sollten wir bedenken, dass wir negative Gedanken nicht davon abhalten können, sich einzustellen. Doch wir können unsere Beschäftigung damit aufgeben. Letztlich gibt es dazu nur einen Weg: Wir müssen sie vergessen. Dies wiederum bedeutet: Wir müssen sie durch etwas anderes ersetzen. An diesem Punkt kommen die Affirmationen ins Spiel.

Wann immer Ärger, Neid, Angst oder Sorge in Ihnen aufwallen, sprechen Sie Ihre Affirmation. Dunkelheit lässt sich nur durch Licht bekämpfen, so wie Kälte sich nur durch Wärme vertreiben lässt. Ich persönlich habe in der Verdrängung nie Hilfe gefunden. Bestätigen Sie das Gute, dann verschwindet das Schlechte von selbst.«

Was immer Sie sich auch wünschen mögen, es ist in der Affirmation von Mr. Andrews enthalten. Diese lässt sich einfach nicht verbessern. Benutzen Sie sie einfach so, wie sie ist. Nehmen Sie sie mit in die Stille und lassen Sie sie in Ihr Unbewusstes eindringen, sodass Sie sie überall einsetzen können: im Auto, im Büro, zu Hause. Dies ist der Vorteil der geistigen Methode. Sie sind immer einsatzbereit. Der Geist ist allgegenwärtig. Sie müssen nur erkennen, dass er allmächtig ist, und die Bereitschaft entwickeln, sich seinen positiven Wirkungen zu öffnen.

Wenn Ihre vorherrschende geistige Einstellung von Macht, Mut, Freundlichkeit und Anteilnahme geprägt ist, dann wird Ihr Umfeld ebendiese Bedingungen reflektieren. Sind wir allerdings von Schwäche, Kritiksucht, Neid und Angst erfüllt, dann sieht unser Leben auch dementsprechend aus.

Gedanken sind Ursachen, unsere Lebensumstände die Wirkung. Dies erklärt alles Gute und alles Böse. Gedanken sind schöpferisch und stellen automatisch eine Verbindung zum Gedachten her. Dies ist ein kosmologisches (universelles) Gesetz, das Gesetz der Anziehung, das Gesetz von Ursache und Wirkung. Inwieweit es erkannt und angewandt wird, bestimmt unser Leben vom Anfang bis zum Ende. Dieses Gesetz ist es, das Menschen aller Zeiten und Kulturen an die Macht des Gebetes glauben lässt und ließ. Der bereits zitierte Satz »Einem jeden geschehe nach seinem Glauben« ist eine andere, kürzere und prägnantere Formulierung dieses Zusammenhangs.

In dieser Woche wollen wir eine Pflanze visualisieren. Suchen Sie sich eine Blume aus, möglichst die, die Ihnen am besten gefällt. Und nun versetzen Sie sie aus dem Reich des Unsichtbaren in die sichtbare Welt. Sie legen den winzigen Samen in die Erde. Sie wässern ihn, kümmern sich darum, setzen ihn dorthin, wo er die ersten Strahlen der Morgensonne abbekommt. Sehen Sie zu, wie der Same aufplatzt. Er ist jetzt ein lebendes Wesen. Er atmet und sucht nach Nährstoffen. Schauen Sie, wie er seine Wurzeln nach allen Richtungen ausstreckt. Denken Sie daran: Die Pflanze wächst durch Zellteilung – lebende Zellen, die sich teilen und teilen und teilen. Bald werden es mehrere Millionen sein. Jede Zelle ist auf ihre Weise intelligent. Sie weiß, was sie braucht und wie sie es bekommt. Beobachten Sie, wie sich der Spross entwickelt, wie er durch die Erdoberfläche stößt, sich teilt und einzelne Zweige hervorbringt. Jeder Zweig ist vollkommen und symmetrisch. Langsam bilden sich an kleinen Stielen die Blätter. Danach kommen die Knospen. Früher oder später beginnen diese, sich zu entfalten, und Ihre Lieblingsblume blüht. Sie können die Blüte eingehend betrachten. Wenn Sie sich jetzt nur ein klein wenig konzentrieren, nehmen Sie auch den Duft wahr. Eine leichte Brise kommt auf und bewegt die Blüte, sodass der Duft Ihnen in die Nase steigt. Sobald Ihnen Ihre Vision klar und vollständig gelingt, sind Sie in der Lage, ins Wesen aller Dinge einzudringen. Sie werden ein sehr klares Gespür dafür entwickeln. Sie lernen, sich zu konzentrieren. Der Prozess ist ein und derselbe, ob Sie sich nun auf Gesundheit, Ihre Lieblingsblume, ein Ideal, einen komplizierten Businessplan oder andere Lebensbereiche konzentrieren.

Jeder Erfolg kam durch beharrliche Konzentration auf das Zielobjekt zustande.

»Denken heißt leben, da alle, die nicht denken, nicht leben – zumindest nicht in einem höheren oder wirklichen Sinne. Erst das Denken macht den Menschen aus.«
A. B. Alcott

Kurz gefasst

- Was ist die zwingende Voraussetzung für ein bejahendes Dasein?
  Positives Handeln.

- Was geht jedem rechten Handeln voraus?
  Rechtes Denken.

- Was ist die Grundbedingung jeder geschäftlichen Transaktion und jeder sozialen Beziehung?
  Die Wahrheit zu kennen.

- Was geschieht, wenn wir die Wahrheit kennen?
  Wir können das Ergebnis jeder Handlung vorhersagen, die auf wahren Annahmen beruht.

- Was ist das Ergebnis von Handlungen, die von falschen Annahmen ausgehen?
  Wir sind nicht in der Lage, uns eine Vorstellung von ihren Wirkungen zu machen.

- Wie können wir die Wahrheit erkennen?
  Indem wir uns klarmachen, dass die Wahrheit das lebendige Prinzip des Universums und daher allgegenwärtig ist.

- Und wie ist die Wahrheit geartet?
  Sie ist von geistiger Natur.

- Was ist das Geheimnis der Lösung jedes nur möglichen Problems?
  Die Anwendung der geistigen Wahrheit.

- Was ist der Vorteil geistiger Methoden?
  Sie stehen immer und in jeder Lage zur Verfügung.

- Welche Voraussetzungen sind erforderlich?
  Die Anerkennung der Allmacht geistiger Kräfte und der Wunsch, sich selbst zum Gefäß der positiven Wirkung zu machen, die diese mit sich bringen.

Die Macht der Gedanken

Esther und Jerry Hicks
Jeder Manifestation geht immer ein Gedanke voraus

Alles, was erschaffen wird, existiert zunächst als Gedanke. Alles, was du um dich herum siehst, war einmal ein Gedanke oder eine Idee – ein Schwingungskonzept, das sich dann in der von euch sogenannten physischen Realität manifestierte.

Wenn man sich an vorderster Front einer evolutionären Schöpfung befindet, kann man nicht weit genug zurückschauen, um den Anfang dieser Schöpfung nachvollziehen zu können. Doch über alles, was existiert und von euch als manifeste Form wahrgenommen werden kann, wurde zunächst so lange nachgedacht, bis das Gesetz der Anziehung seine Manifestation bewirkte. Nichts, was existiert, ist von diesem Schöpfungsprozess ausgenommen.

Über euren Planeten wurde im Nicht-Physischen schon lange nachgedacht, bevor die ersten Menschen darauf geboren wurden.

... Zuerst existiert immer der Gedanke, und wenn sehr viele Gedanken einem bestimmten Gegenstand gewidmet werden, nimmt dieser schließlich Form an und manifestiert sich in dem, was die Menschen »Realität« nennen. Und so wie euer Planet einst ins Dasein gedacht wurde, tragt auch ihr heute durch euer Denken zum fortlaufenden Schöpfungsprozess und zur Evolution des Planeten und seiner Lebensformen aktiv bei.

Wenn dir klar wird, was du nicht willst, wird dir zugleich klarer, was du willst, und so entstehen aus den Kontrasten deines Lebens immer neue schöpferische, der ständigen Verbesserung der Umstände dienende Ideen. Während du beständig, von Tag zu Tag und von Augenblick zu Augenblick, die Details deines Lebens auswertest, strahlst du ein unaufhörliches Feuerwerk von Schwingungen aus (wir nennen sie Wunschraketen). Jede deiner Wunschraketen bewirkt, dass die Ur-Kraft in dir – der Urgrund deines Seins, der weiterhin im Nicht-Physischen existiert – sich intensiv auf deine neue, erweiterte Version des Lebens konzentriert und zu dem Gewünschten wird. Während du dein Leben lebst und immer neue, immer bessere (offen ausgesprochene oder heimliche) Wünsche entwickelst, expandiert dein größerer nicht-physischer Wesensteil.

Deine Hoffnungen, Träume, Absichten und Ideen bezüglich der ständigen Verbesserung deines Lebens werden in einer Art *Schwingungsguthaben* für dich gespeichert. Dieses Guthaben steht dir immer zur Verfügung und wartet darauf, dass du es anzapfst und nutzt. Dein größerer nicht-physischer Teil ist bereits in Schwingungsharmonie zur Erfüllung deiner Wünsche gegangen und lädt deinen physischen Teil beharrlich dazu ein, ihm zu folgen. Dein physischer Teil wird also von deinem nicht-physischen Selbst gerufen, um die neuen Ideen zu manifestieren, die du hervorgebracht hast. Diesen Ruf spürst du als Leidenschaft und Begeisterung.

Daher muss jetzt deine wichtigste Frage lauten: Bist *du* offen für diese neu erschaffene, erweiterte, evolutionäre Version deines *Selbst*? Wie offen du tatsächlich bist, kannst du an deinen Gefühlen ablesen. Je besser du dich fühlst, desto offener ist dein Kanal zu deiner Ur-Kraft, deinem *Inneren Sein*. Und je schlechter du dich fühlst, desto mehr sperrst du dich gegen diese Verbindung und blockierst den Energiefluss.

Empfindest du Liebe oder Freude – oder ein anderes positives Gefühl –, bist du in diesem Moment ganz buchstäblich die Verkörperung der positiven Entwicklung, zu der das Leben dich anregt. Verspürst du Angst, Wut oder Verzweiflung – oder ein anderes negatives Gefühl –, leistest du inneren Widerstand, das heißt, du lässt es nicht zu, die positive Evolution zu leben, und weigerst dich, das zu manifestieren, zu dem du im nicht-physischen Bereich bereits geworden bist.

David J. Schwartz
Sie sind, was Sie zu sein glauben

Ihr Denken bestimmt Ihr Handeln

Das menschliche Verhalten gibt uns oft Rätsel auf. Haben Sie sich schon einmal gefragt, warum Verkäufer oder Verkäuferinnen den einen Kunden zuvorkommend nach seinen Wünschen fragen und den anderen praktisch ignorieren? Oder warum ein Mann der einen Frau die Tür öffnet und der anderen nicht? Oder warum ein Untergebener willig die Anweisungen des einen Vorgesetzten ausführt, aber nur murrend tut, was ein anderer anordnet? Oder warum wir dem einen Menschen aufmerksam zuhören und dem anderen nicht?

Sehen Sie sich um. Sie werden feststellen, dass bestimmte Menschen kumpelhaft behandelt, andere dagegen automatisch als »gnädige Frau« oder »mein Herr« angesprochen und mit besonderer Höflichkeit bedient werden. Beobachten Sie die Menschen in Ihrer Umgebung und Sie werden sehen, dass einige Respekt einflößen und Bewunderung erregen, andere nicht.

Schauen Sie noch genauer hin, dann werden Sie erkennen, dass jene Menschen, die am meisten respektiert werden, auch die erfolgreichsten sind.

Was ist die Erklärung dafür? Sie lässt sich in einem einzigen Wort zusammenfassen: Denken. Das Denken ist der Grund. Andere Menschen sehen in uns, was wir selbst in uns sehen. Wir werden so behandelt, wie wir es nach unserer eigenen Meinung verdienen.

Hält ein Mensch sich ungeachtet seiner Qualifikationen für minderwertig, so ist er minderwertig, denn das Denken bestimmt das Handeln. Ein Mensch, der sich minderwertig fühlt, handelt entsprechend, und keine Tarnung oder Verstellung kann seine grundlegende Überzeugung lange verbergen. Wer sich unbedeutend fühlt, ist unbedeutend.

Andererseits ist ein Mensch, der sich einer Aufgabe wirklich gewachsen fühlt, ihr auch gewachsen.

Wenn wir bedeutend sein wollen, müssen wir es zuerst in unseren Gedanken sein. Wir müssen wirklich denken und glauben, dass wir bedeutend sind, dann denken und glauben es andere auch.

Dies ist die logische Abfolge: Ihr Denken bestimmt Ihr Handeln. Ihr Handeln wiederum bestimmt, wie andere auf Sie reagieren.

Die einzelnen Stufen Ihres Erfolgsprogramms sind im Grunde einfach zu bewältigen. Und es ist auch einfach, Respekt zu bekommen. Damit Ihnen das gelingt, müssen Sie nur zuerst denken und glauben, dass Sie Achtung verdienen. Und je mehr Achtung Sie vor sich selbst haben, desto mehr werden andere Sie achten. Stellen Sie dieses Prinzip auf die Probe.

Empfinden Sie große Achtung vor einem Trinker? Natürlich nicht. Warum nicht? Weil er sich selbst nicht achtet.

Selbstachtung zeigt sich in allem, was wir tun. Wenden wir uns nun einigen speziellen Dingen zu, durch die wir unsere Selbstachtung stärken und folglich bei anderen mehr Achtung gewinnen können.

Ein gepflegtes Aussehen hilft Ihnen, groß zu denken

Vergessen Sie nicht, dass Ihr Aussehen »spricht«. Sorgen Sie dafür, dass es positive Dinge über Sie sagt. Gehen Sie nie aus dem Haus, ohne überzeugt zu sein, dass Sie auch äußerlich als der Mensch auftreten, der Sie sein möchten.

Einer der treffendsten Werbesprüche, der je gedruckt wurde, lautet: »Kleiden Sie sich richtig. Sie können es sich nicht leisten, es nicht zu tun!« Dieser Slogan würde es verdienen, in allen Büros, Aufenthaltsräumen, Umkleideräumen und Schulen aufgehängt zu werden. Es kostet so wenig, gepflegt auszusehen. Legen Sie den Werbeslogan so aus: »Ziehen Sie sich richtig an. Das macht sich immer bezahlt.« Geben Sie sich ein bedeutendes Aussehen, denn es hilft Ihnen, bedeutend zu denken.

Verwenden Sie Kleidung als Werkzeug, um Ihre Stimmung zu heben und Selbstvertrauen aufzubauen. Ein alter Psychologieprofessor gab uns als Studenten folgenden Rat für die letzten Vorbereitungen auf das Abschlussexamen: »Kleiden Sie sich für dieses wichtige Examen besonders sorgfältig. Kaufen Sie eine neue Krawatte. Lassen Sie Ihren Anzug bügeln. Polieren Sie Ihre Schuhe. Geben Sie sich ein ambitioniertes und erfolgreiches Aussehen, denn das wird Ihnen helfen, ambitioniert und erfolgreich zu denken.«

Dieser Professor verstand zweifellos etwas von Psychologie! Ihr Aussehen beeinflusst tatsächlich Ihr geistig-seelisches Innenleben. Ihr äußeres Erscheinungsbild hat Auswirkungen darauf, wie Sie denken und fühlen.

David – der einsame Pfadfinder

Ich glaube, alle Kinder machen ein bestimmtes Stadium durch, das wir das »Hut-Stadium« nennen wollen. In dieser Zeit benutzen sie Hüte, um sich mit der Person oder Figur zu identifizieren, die sie sein wollen.

Ich werde mich zeitlebens an eine Hut-Episode erinnern, die ich mit meinem eigenen Sohn David erlebte. Eines Tages wollte er unbedingt der einsame Pfadfinder sein, aber er hatte keinen Pfadfinderhut.

Ich versuchte ihm einzureden, dass er doch auch einen anderen Hut nehmen könne. Doch sofort wandte er ein: »Aber Dad, ohne einen Pfadfinderhut kann ich nicht wie der einsame Pfadfinder denken.«

Schließlich gab ich nach und kaufte ihm den heiß begehrten Hut. Unnötig zu sagen, dass er, sobald er den Hut trug, der einsame Pfadfinder war.

An die Episode erinnere ich mich oft, weil sie so viel über die Wirkung der äußeren Erscheinung auf das Denken verrät. Wer je beim Militär war, der weiß genau, dass ein Soldat wie ein Soldat denkt und fühlt, wenn er die Uniform trägt. Und eine Frau geht besonders gern auf eine Party, wenn sie partygerecht gekleidet ist.

Ebenso fühlt sich ein Manager mehr als Manager, wenn er einen entsprechenden Anzug trägt. Ein Vertreter drückte es so aus: »Ich kann nicht das Gefühl haben, ein erfolgreicher

Mensch zu sein – und das muss ich haben, um wirklich große Abschlüsse tätigen zu können –, wenn ich nicht weiß, dass ich so aussehe.«

Ihr Aussehen »spricht« – zu Ihnen und zu anderen

Ihr Aussehen bestimmt mit, was andere über Sie denken und von Ihnen halten. Theoretisch heißt es zwar, man solle auf den Verstand und die Seele eines Menschen schauen und nicht auf seine Kleider, aber in der Praxis bewerten die Menschen Sie nach Ihrem Aussehen. Ihr Aussehen ist die erste Bewertungsgrundlage, und gerade die ersten Eindrücke halten sich unverhältnismäßig lange.

In einem Supermarkt bemerkte ich vor einigen Jahren auf einem Tisch kernlose Trauben zum Preis von 2 Dollar pro Pfund. Auf einem anderen Tisch wurden Trauben angeboten, die genau gleich aussahen, nur dass sie in Kunststoffkörbchen lagen; von diesen kosteten 2 Pfund 4,50 Dollar.

Ich fragte den zuständigen Verkäufer: »Welcher Unterschied besteht zwischen den Trauben zu 2 Dollar pro Pfund und den anderen dort, von denen 2 Pfund um 50 Cent teurer sind?«

»Der Unterschied ist die Verpackung«, antwortete der Verkäufer. »Wir verkaufen etwa doppelt so viel von den Trauben in den Kunststoffkörbchen. So sehen sie besser aus.«

Der entscheidende Punkt ist: Je besser die Verpackung, desto besser wird der Inhalt aufgenommen.

Achten Sie einmal darauf, wem in Restaurants, in Omnibussen, bei Veranstaltungen, in Geschäften und am Arbeitsplatz die größte Achtung und Höflichkeit entgegengebracht wird. Die Leute sehen einen Menschen an, nehmen eine rasche, oft unbewusste Wertung vor und behandeln ihn dann entsprechend. Bei einigen reagieren sie nach dem ersten Blick mit kumpelhaftem Verhalten, bei anderen mit Respekt und Zuvorkommenheit.

Ja, das Aussehen eines Menschen spricht. Die äußere Erscheinung eines gut gekleideten Menschen sagt positive Dinge, sie gibt zu verstehen: »Hier ist eine bedeutende Persönlichkeit: klug, erfolgreich und zuverlässig. Zu diesem Menschen kann man aufschauen, man kann ihn bewundern, ihm vertrauen. Er achtet sich selbst und er verdient Achtung.«

Das Aussehen eines schlecht gekleideten Menschen sagt dagegen negative Dinge aus: »Hier ist jemand, der es zu nichts bringt. Er ist nachlässig, unfähig und unbedeutend. Ein Durchschnittsmensch, sonst nichts. Er verdient keine besondere Beachtung. Er ist es gewöhnt, herumgeschubst zu werden.«

Das Doppelte bezahlen und dabei sparen

Wenn ich bei Seminaren darauf hinweise, dass man auf sein Aussehen achten sollte, kommt fast immer der Einwand: »Ich glaube Ihnen ja, dass das Aussehen wichtig ist, aber ich kann mir keine Kleider leisten, in denen ich mich wirklich gut angezogen fühle und die bewirken, dass andere zu mir aufschauen.« Aber ist gutes Aussehen wirklich eine Frage des Geldes?

Diese Frage beschäftigt viele Menschen und bereitete auch mir lange Kopfzerbrechen. Aber die Antwort ist einfach: Kaufen Sie halb so viel und bezahlen Sie das Doppelte.

Prägen Sie sich diesen Rat gut ein und handeln Sie danach. Beherzigen Sie ihn beim Kauf von Hüten, Anzügen, Kleidern, Schuhen, Strümpfen, Socken oder Mänteln. Was das Aussehen anbelangt, ist Qualität viel wichtiger als Quantität. Wenn Sie nach diesem Grundsatz handeln, werden Sie feststellen, dass Ihre Selbstachtung sprunghaft wächst und die Achtung anderer vor Ihnen rapide steigt. Außerdem werden Sie merken, dass es auch finanziell vorteilhaft ist, nur halb so viele Kleider zu kaufen und für diese das Doppelte zu bezahlen.

- Ihre Kleider werden mehr als doppelt so lange halten, weil die Qualität mehr als doppelt so gut ist, und in der Regel lassen die Kleider die gute Qualität erkennen, solange sie halten.
- Was Sie kaufen, bleibt länger in Mode. Bessere Kleidung tut das immer.
- Sie werden besser beraten. Wenn Sie etwas Teures kaufen, sind die Verkäufer gewöhnlich mehr daran interessiert, Ihnen zu helfen, das Richtige zu finden.

Denken Sie daran: Ihr Aussehen spricht zu Ihnen selbst und zu anderen. Sorgen Sie dafür, dass es sagt: »Hier ist ein Mensch, der Selbstachtung hat, der eine bedeutende Persönlichkeit ist.« Über Ihr Aussehen hinterlassen Sie einen prägenden Eindruck bei anderen. Sie können bestimmen, welcher Eindruck das ist.

Sie sind es anderen – vor allem aber sich selbst – schuldig, möglichst gut auszusehen.

Sie sind das, was Sie zu sein glauben. Wenn Ihr Aussehen Sie glauben lässt, minderwertig zu sein, sind Sie es. Wenn Ihr Aussehen Sie veranlasst, klein zu denken, sind Sie klein. Geben Sie sich das beste Aussehen, dann werden Sie bestens denken und handeln.

»Ich errichte das großartigste Bauwerk der Welt!«

Es gibt eine gute Anekdote über die Einstellung von drei Maurern zu ihrer Arbeit. Drei Maurer wurden gefragt: »Was machen Sie da?« Der erste sagte: »Ich mauere.« Der zweite antwortete: »Ich verdiene 10 Dollar die Stunde.« Der dritte verkündete stolz: »Ich? Na, ich errichte das großartigste Bauwerk der Welt.«

Aus der Anekdote wird nicht ersichtlich, wie es diesen Maurern in späteren Jahren erging, aber was glauben Sie? Aller Wahrscheinlichkeit nach blieben die ersten beiden, was sie waren, eben Maurer. Diesen beiden fehlte es an Fantasie, an Achtung vor ihrer Arbeit. Bei ihnen gab es nichts, das sie zu größerem Erfolg hätte führen können.

Doch der Maurer, der sich selbst als Erbauer des großartigsten Bauwerks der Welt sah, blieb bestimmt kein Maurer. Darauf können Sie Ihr ganzes Vermögen wetten! Vielleicht wurde er Polier, Bauunternehmer, vielleicht Architekt. Er kam auf jeden Fall beruflich vorwärts. Warum? Weil er entsprechend dachte. Maurer Nummer drei war auf Denkkanäle eingestimmt, die ihm den Weg zur Selbstverwirklichung in seiner Arbeit aufzeigten.

Die Einstellung zur Arbeit

Die Einstellung eines Menschen zu seiner Arbeit verrät viel über ihn und über seine Fähigkeit, Verantwortung zu übernehmen.

Ein Freund von mir, der eine Agentur für Personalvermittlung betreibt, erklärte mir: »Bei einem Bewerber, der für einen unserer Kunden infrage käme, beobachten wir immer, welche

Einstellung er zu seiner augenblicklichen Position hat. Es macht einen guten Eindruck, wenn der Bewerber seine augenblickliche Stelle für wichtig hält, auch wenn es dort etwas gibt, das ihm nicht gefällt. Warum? Ganz einfach: Sieht der Bewerber seinen augenblicklichen Job als bedeutend an, bestehen gute Chancen, dass er auch auf seine nächste Aufgabe stolz sein wird. Es gibt einen erstaunlich engen Zusammenhang zwischen der Achtung eines Menschen vor seiner Arbeit und seiner beruflichen Leistung.«

Genau wie aus Ihrem Aussehen können Ihre Vorgesetzten, Kollegen und Untergebenen – tatsächlich jeder, der mit Ihnen in Berührung kommt – aus Ihrer Arbeitsauffassung sehr viel ablesen.

Wie andere Sie sehen

Eines Tages saß ich mit einem Bekannten zusammen, der in einer Baufirma Personalchef ist. Wir sprachen über sein System der Personalbuchführung und die Erkenntnisse, die er daraus zog.

»Wir haben hier 800 nicht an der Produktion beteiligte Beschäftigte«, begann er. »Im Rahmen unseres Systems der Personalbuchführung sprechen ein Assistent und ich zweimal im Jahr mit jedem Beschäftigten. Unsere Absicht dabei ist folgende: Wir wollen erfahren, wie wir den Leuten bei ihrer Arbeit helfen können. Das halten wir für gut und richtig, denn jeder, der für uns arbeitet, ist wichtig, sonst stünde er nicht auf unserer Gehaltsliste. Wir vermeiden es, den Leuten direkte Fragen zu stellen, und ermutigen sie zu reden, worüber sie wollen. Uns geht es darum, ihre ehrlichen Eindrücke geschildert zu bekommen. Nach jedem Gespräch füllen wir unsere

Beurteilungsformulare über die Haltung des Betreffenden zu den besonderen Aspekten seiner Position aus.

Nun will ich dir eine Erkenntnis verraten: Unsere Beschäftigten lassen sich – vereinfacht – auf der Basis ihrer Einstellung zu ihrer Arbeit in zwei Kategorien unterteilen:

Angehörige der ersten Gruppe reden vorwiegend von der Firmenpolitik im Hinblick auf Urlaubstage, Rentenpläne und sonstige soziale Sicherheiten. Sie fragen, was wir zur Verbesserung des Versicherungsprogramms tun und ob sie im kommenden März wieder aufgefordert würden, Überstunden zu leisten. Sie sprechen auch viel von den unangenehmen Seiten ihrer Arbeit, zum Beispiel von Eigenschaften, die ihnen an ihren Kollegen nicht gefallen. Die Angehörigen dieser Gruppe – und das sind fast 80 Prozent aller nicht an der Produktion beteiligten Beschäftigten – fassen ihre Arbeit als eine Art notwendiges Übel auf.

Die Angehörigen der zweiten Gruppe sehen ihren Job mit anderen Augen. Ihnen geht es um ihre Zukunft, sie wünschen sich konkrete Hinweise darauf, was sie tun können, um schneller Fortschritte zu machen. Sie erwarten nicht, dass wir ihnen etwas anderes geben als eine Chance. Die Angestellten aus dieser Gruppe denken in einem größeren Rahmen. Sie machen oft Verbesserungsvorschläge. Und sie empfinden die Gespräche in meinem Büro als konstruktiv. Dagegen haben die Leute aus der ersten Gruppe häufig das Gefühl, unser System der Personalbuchführung sei nichts anderes als eine Gehirnwäsche. Darum sind sie für gewöhnlich froh, wenn die Gespräche beendet sind.

Ich habe die Möglichkeit, die Arbeitseinstellung und ihre Bedeutung für Erfolg im Beruf zu untersuchen. Empfehlungen für Beförderungen, Gehaltserhöhungen und besondere Privilegien werden von den unmittelbaren Vorgesetzten der betreffenden Personen immer zuerst mir zugeleitet. Fast regelmäßig wird ein Angehöriger der zweiten Gruppe empfohlen. Und Probleme verursachen fast ausnahmslos Leute der ersten Gruppe.

Die größte Herausforderung in meiner Arbeit ist für mich der Versuch, Menschen aus der ersten Gruppe herauszulösen und in die zweite zu überführen. Das ist keineswegs leicht, weil man einem Menschen nicht helfen kann, solange er nicht positiv über seine Arbeit denkt.«

Hier haben Sie den konkreten Beweis dafür, dass Sie sind, was Sie zu sein glauben und wozu die Kraft Ihres Denkens Sie treibt. Glauben Sie, dass Sie schwach sind, dass Ihnen unentbehrliche Fähigkeiten fehlen, dass Sie zu den Verlierern gehören, dass Sie zweitklassig sind – denken Sie so, und Sie sind zur Mittelmäßigkeit verurteilt.

Sie sollten lieber denken: »Ich bin wichtig. Ich verfüge über alles, was man braucht. Ich leiste Erstklassiges. Meine Arbeit ist wichtig.« Wenn Sie so denken, ist Ihnen der Erfolg sicher.

Der Schlüssel, der Sie zu dem führt, was Sie sich wünschen, liegt in einer positiven Einstellung zu Ihrer eigenen Person. Die einzige wirkliche Basis, die andere Menschen haben, um Sie zu beurteilen, ist Ihr Tun. Und Ihr Tun wird durch Ihr Denken gesteuert. Sie sind, was Sie in Ihrem Denken sind.

Wie würden Sie entscheiden?

Versetzen Sie sich einmal für einige Augenblicke in die Lage eines Vorgesetzten und fragen Sie sich, welchen Mitarbeiter Sie für eine Gehaltserhöhung oder Beförderung vorschlagen würden:

- Die Sekretärin, die jede Abwesenheit ihres Chefs dazu benutzt, Zeitschriften zu lesen, oder die, die währenddessen viele kleine Dinge erledigt und somit ihren Chef entlastet?
- Den Arbeitnehmer, der sagt: »Ich kriege jederzeit eine andere Stelle. Wenn es denen nicht passt, wie ich meine Arbeit mache, gehe ich einfach«, oder den, der Kritik konstruktiv auffasst und sich ehrlich bemüht, die Qualität seiner Arbeit zu steigern?
- Den Vertreter, der zu einem Kunden sagt: »Oh, ich tue nur, was mir aufgetragen wurde. Ich bekam den Auftrag, zu Ihnen herauszufahren und zu fragen, ob Sie was brauchen«, oder einen Kollegen, der seinen Kunden zu verstehen gibt, dass er ausschließlich gekommen sei, um ihm zu helfen?

Wird hier nicht klar, warum viele Menschen zeitlebens nicht vorwärtskommen? Allein ihr Denken hindert sie daran.

Auch Botengänge können nützlich sein

Ein Werbemanager schilderte mir einmal, welches informelle Training seine Firma durchführt, um neue, unerfahrene Leute »einzuarbeiten«. Es ist ein ungewöhnlicher Weg, aber die Erkenntnisse sind mehr als hilfreich:

»Wir halten es im Rahmen unserer Firmenpolitik für die beste Einführung«, sagte er, »einen jungen Mann, der ja meist direkt vom College kommt, als Botenjungen zu beschäftigen. Wir tun dies natürlich nicht, weil wir glauben, dass ein Mensch vier Jahre Studium braucht, um die Post von einem Büro ins andere bringen zu können. Unsere Absicht ist es, den neuen Mitarbeiter rasch mit den verschiedenen Arbeitsvorgängen und der inneren Struktur unserer Werbeagentur vertraut zu machen, bevor er nach dieser relativ kurzen Zeit der Eingewöhnung normale Aufgaben zugewiesen bekommt. Gelegentlich geschieht es, dass ein junger Mann das Verteilen der Post für unwichtig und erniedrigend hält, obwohl wir ihm unsere Gründe erklären. Wenn dies der Fall ist, wissen wir, dass wir den falschen Mann gewählt haben. Wenn er nicht den Weitblick hat, zu sehen, dass sein Einsatz als Bote ein notwendiger, praktischer Schritt zu wichtigen Aufgaben ist, hat er im Agenturgeschäft keine Zukunft.«

Hier zeigt sich also ganz klar, dass die Leistung, die jemand an seinem augenblicklichen Arbeitsplatz bringt, entscheidend ist für die Beförderung in Positionen, in denen mehr Verantwortung verlangt wird. Auch Arbeit, die auf den ersten Blick als einfach und vielleicht unwichtig erscheint, muss ordentlich gemacht werden.

Aus dieser Beobachtung lässt sich folgende wichtige Erkenntnis ziehen: Ein Mensch, der davon überzeugt ist, dass seine Arbeit wichtig ist, entwickelt zwangsläufig Ideen, die ihn befähigen, seine Arbeit nach und nach zu verbessern. Und bessere Arbeit bedeutet ebenso zwangsläufig, dass er häufiger befördert wird, mehr Geld verdient, höheres Ansehen genießt und vor allen Dingen zufriedener wird.

Der Nachahmungstrieb

Wir alle haben schon bemerkt, dass Kinder gerne die Gewohnheiten, Ängste und Vorlieben ihrer Eltern übernehmen. Ob es sich um Lieblingsspeisen, religiöse und politische Ansichten oder andersgeartete Verhaltensmerkmale handelt, das Kind ist oft ein lebendiges Spiegelbild seiner Eltern, denn es lernt durch Nachahmung.

Und das tun auch Erwachsene! Die Menschen imitieren zeitlebens ihre Mitmenschen. Sie imitieren Vorgesetzte und andere Persönlichkeiten, und ihr Denken und Handeln wird von diesen Personen beeinflusst.

Das können Sie leicht nachprüfen. Studieren Sie einen Ihrer Freunde und die Person, für die er arbeitet. Notieren Sie dann die Ähnlichkeiten im Denken und Handeln.

Hier einige der Verhaltensweisen, in denen Ihr Freund vielleicht seinen Chef nachahmt: Ausdrucksweise, Wortwahl, die Art, Zigaretten zu rauchen, sich zu kleiden, Mienenspiel oder Gestik.

Eine andere Möglichkeit, den Nachahmungstrieb zu beobachten, ist der Vergleich des Verhaltens von Angestellten und ihrem Chef. Ist der Chef nervös, angespannt oder besorgt, legen seine engsten Mitarbeiter meist ein ähnliches Verhalten an den Tag. Ist der Chef dagegen selbstsicher und gut gelaunt, sind seine Untergebenen es auch.

Das heißt: Die Einstellung eines Vorgesetzten zu seiner Arbeit bestimmt, welche Einstellung seine Untergebenen zu ihrer Arbeit haben.

Wecken Sie Begeisterung

Erfolgreiche Menschen haben eine bestimmte Eigenschaft: die Begeisterung. Ist Ihnen schon aufgefallen, dass engagiertes Verkaufspersonal bei Ihnen, dem Kunden, mehr Begeisterung für eine Ware wecken kann? Oder haben Sie schon bemerkt, welch aufmerksame, begeisterte Zuhörer ein enthusiastischer Redner hat? Wenn Sie von Begeisterung erfüllt sind, werden es auch die Menschen in Ihrer Umgebung es sein.

Wie entwickelt man Begeisterung? Der grundlegende Schritt ist einfach: Denken Sie enthusiastisch. Rufen Sie in sich ein optimistisches, progressives Gefühl hervor, das Empfinden: »Diese Sache ist großartig, und ich bin 100-prozentig dafür.«

Sie sind, was Sie denken. Denken Sie begeistert, und Sie werden Begeisterung empfinden. Seien Sie enthusiastisch im Hinblick auf Arbeiten, die Sie erledigt haben wollen, damit Sie eine qualitativ hochwertige Leistung erhalten. Ihre Mitarbeiter werden durch Ihre Begeisterung angesteckt und arbeiten erstklassig.

Wenn Sie aber in negativer Weise handeln, wenn Sie die Firma um Material, Zeit oder andere kleine Dinge »betrügen«, was können Sie dann von Ihren Mitarbeitern erwarten?

Aus einem weiteren Grund sollten Sie im Hinblick auf Ihren Job richtig und beispielhaft für Ihre Mitarbeiter denken: Ihre Vorgesetzten beurteilen Sie nach dem qualitativen und quantitativen Arbeitsertrag, den sie von Ihnen und Ihren Mitarbeitern erhalten.

Daher sollten Sie stets bemüht sein, durch Ihr positives Verhalten Ihrer Arbeit gegenüber beispielhaft zu erscheinen.

1. Demonstrieren Sie immer eine positive Einstellung zu Ihren Aufgaben, damit Ihre Untergebenen sich an Ihnen orientieren können.
2. Fragen Sie sich täglich auf dem Weg zu Ihrem Arbeitsplatz: »Bin ich es in jeder Hinsicht wert, dass man mich imitiert? Sind alle Gewohnheiten so, dass ich froh wäre, sie bei meinen Untergebenen wiederzufinden?«

Geben Sie sich das Gefühl, der Beste zu sein

Ein Automobilverkäufer schilderte mir eine Erfolg bringende Technik, die er entwickelt hatte. Sie klingt sehr vernünftig. Überzeugen Sie sich selbst.

»Zu meinen Aufgaben gehört es«, erklärte er, »etwaige Interessenten anzurufen und mit ihnen Vorführtermine zu vereinbaren. Die Telefonate nehmen jeden Tag circa zwei Stunden in Anspruch. Als ich vor drei Jahren anfing, Autos zu verkaufen, waren diese Gespräche mein großes Problem. Ich war schüchtern und gehemmt, und ich weiß, dass meine Stimme am Telefon entsprechend klang. Den Leuten, die ich anrief, fiel es leicht zu sagen, dass sie kein Interesse hätten.

Damals hielt unser Verkaufsleiter an jedem Montagmorgen eine Besprechung ab. Ich war danach immer richtig in Schwung und hatte ein gutes Gefühl. Mehr noch, am Montag schien es mir immer zu gelingen, mehr Termine zu vereinbaren als an allen übrigen Tagen. Das Problem war, dass von dem montäglichen Schwung wenig auf den Dienstag und den Rest der Woche hinüberzuretten war.

Da kam mir eine Idee: Wenn der Verkaufsleiter mir Mut machen konnte, warum sollte ich das nicht auch können? Warum sollte ich mir nicht selbst gut zureden können, bevor ich diese Anrufe machte? Ich beschloss, es noch am gleichen Tag zu probieren. Ich setzte mich in einen leeren Wagen. Dann redete ich einige Minuten mit mir selbst. Ich sagte mir: ›Ich bin ein guter Autoverkäufer, und ich werde der Beste sein. Ich verkaufe gute Autos und schließe gute Geschäfte ab. Die Leute, die ich anrufe, brauchen die Autos, die ich ihnen verkaufen will.‹

Diese ›Selbstaufladung‹ machte sich vom ersten Augenblick an bezahlt. Ich fühlte mich so gut, dass ich keine Angst mehr vor den Anrufen hatte. Ich wollte sie sogar machen. Inzwischen setze ich mich nicht mehr in ein Auto, um mir zuzureden, aber ich wende die Technik noch immer an. Bevor ich eine Nummer wähle, rufe ich mir stumm ins Gedächtnis, dass ich ein Spitzenverkäufer bin und beste Ergebnisse erziele. Und ich erziele sie auch.«

Eine gute Idee, nicht wahr? Um an die Spitze zu gelangen, müssen Sie das Gefühl haben, an der Spitze zu sein. Reden Sie sich gut zu, bringen Sie sich in Schwung, und Sie werden sehen, um wie viel stärker und größer Sie sich fühlen!

Machen Sie sich Mut

Während eines meiner letzten Seminare musste jeder Teilnehmer zehn Minuten lang über das Thema »Eine Führungskraft sein« referieren. Einer der Teilnehmer gab eine klägliche Vorstellung. Seine Knie und seine Hände zitterten sichtbar. Er wusste nicht mehr, was er hatte sagen wollen. Fünf oder sechs Minuten lang stotterte er zusammenhanglos, dann setzte er sich vollkommen niedergeschlagen hin. Am Ende des Kurstages forderte ich ihn auf, am nächsten Tag eine Viertelstunde vor Kursbeginn da zu sein.

Als er am nächsten Tag kam, setzten wir uns hin, um seinen Vortrag zu erörtern. Ich bat ihn, sich so genau wie möglich zu erinnern, was er in den fünf Minuten unmittelbar vor seinem Vortrag gedacht hatte.

»Hm, ich glaube, ich dachte nur an meine Angst. Ich wusste, dass ich mich zum Narren machen würde. Ich wusste, dass es ein Reinfall werden würde. Ich dachte immerzu: ›Wer bin ich denn, dass ich darüber reden soll, eine Führungskraft zu sein?‹ Ich versuchte mir einzuprägen, was ich sagen wollte, aber ich konnte an nichts anderes als an die bevorstehende Blamage denken.«

»Und genau hier«, warf ich ein, »liegt die Lösung Ihres Problems.« Ich erklärte: »Bevor Sie nach vorn gegangen sind, um zu reden, haben Sie sich eine furchtbare geistige Tracht Prügel verabreicht. Sie haben sich selbst davon überzeugt, dass Sie scheitern werden. Ist es da ein Wunder, dass Sie nicht gut abgeschnitten haben? Statt Mut zu fassen, haben Sie Angst entwickelt.

Der heutige Kurs«, fuhr ich fort, »fängt in vier Minuten an. Ich möchte, dass Sie Folgendes tun: Reden Sie sich in den nächsten Minuten gut zu und machen Sie sich Mut. Gehen Sie in das leere Zimmer auf der anderen Gangseite und sagen Sie zu sich: ›Ich werde einen großartigen Vortrag halten. Ich weiß etwas, das die anderen sehr interessieren wird.‹ Wiederholen Sie diese Sätze mit Nachdruck und Überzeugung. Kommen Sie dann wieder in den Sitzungsraum und halten Sie Ihren Vortrag noch einmal.«

Ich wünschte, Sie hätten den Unterschied hören können! Das kurze, selbst verabreichte Aufmunterungsgespräch half dem jungen Mann so sehr, dass er einen glänzenden Vortrag hielt.

Betreiben Sie also keine demütigende Selbstbestrafung, denn Sie sind, was Sie zu sein glauben. Halten Sie mehr von sich selbst, und Sie werden mehr sein.

Ihr »Werbespot«

Tom Staley ist ein junger Mann, der unaufhaltsam die Erfolgsleiter emporsteigt. Tom lobt sich jeden Tag dreimal in »Tom Staleys 60-Sekunden-Werbung«, wie er es nennt. Er hat seine

Eigenwerbung aufgeschrieben und trägt sie in der Brieftasche bei sich. Sie lautet:

Tom Staley ist ein bedeutender, wirklich bedeutender Mensch. Tom, du bist ein Großdenker, also denke groß. Denke in allem groß. Du hast eine Menge Fähigkeiten, um erstklassige Arbeit zu leisten, also leiste erstklassige Arbeit. Tom, du glaubst an Glück, Fortschritt und Wohlergehen. Also: Sprich nur vom Glück, sprich nur vom Fortschritt, sprich nur vom Wohlergehen. Du hast viel Schwung, Tom, sehr viel Schwung. Lass diesen Schwung für dich arbeiten. Nichts kann dich aufhalten, Tom, gar nichts. Tom, du bist mit Begeisterung bei der Sache. Zeig diese Begeisterung auch. Du siehst gut aus, Tom, und du fühlst dich gut. Bleib so. Tom Staley, du warst gestern ein großartiger Kerl, und du wirst heute ein noch besserer Kerl sein. Pack's jetzt an, Tom. Vorwärts, los.

Tom glaubt, dass ihm seine Eigenwerbung geholfen hat, ein erfolgreicherer, dynamischerer Mensch zu werden. Er sagt: »Bevor ich damit begann, mich selbst zu loben, hielt ich mich für ebenso minderwertig wie die meisten anderen. Jetzt weiß ich, dass ich alles habe, was man zum Siegen braucht, und ich siege. Ich werde immer siegen.«

Verfassen Sie auch eine solche Eigenwerbung. Bestimmen Sie Ihre positiven Eigenschaften, in denen Sie anderen überlegen sind. Fragen Sie sich: »Was sind meine größten Vorzüge?« Seien Sie nicht schüchtern, wenn Sie sich selbst beurteilen.

Notieren Sie diese Punkte mit Ihren eigenen Worten auf einem Blatt Papier. Schreiben Sie sich Ihren persönlichen »Werbespot«. Lesen Sie die Eigenwerbung von Tom Staley noch einmal und achten Sie darauf, wie Tom mit Tom spricht. Reden Sie mit sich selbst. Seien Sie sehr direkt. Denken Sie an niemand anderen als an sich, wenn Sie Ihre Werbung aufsagen.

Sprechen Sie Ihre Werbung jeden Tag mindestens einmal laut. Gehen Sie dazu an irgendeinen Ort, an dem Sie allein sind. Sehr hilfreich ist es, sich vor einen Spiegel zu stellen, während Sie sprechen. Wiederholen Sie Ihre Werbung mehrmals voll Nachdruck und Entschlossenheit. Beziehen Sie Ihren ganzen Körper mit ein. Lesen Sie Ihren Werbespruch auch mehrmals täglich leise. Lesen Sie ihn, bevor Sie etwas in Angriff nehmen, das Mut erfordert. Lesen Sie ihn immer, wenn Sie niedergeschlagen oder enttäuscht sind. Bewahren Sie Ihre Eigenwerbung so auf, dass Sie sie stets zur Hand haben – und benutzen Sie sie!

Viele Leute, vermutlich die meisten, werden über diese Erfolg bringende Technik lachen, weil sie nicht glauben können, dass Erfolg seinen Ursprung im gelenkten Denken hat. Beachten Sie dieses negative Urteil solcher Menschen nicht, denn es bedeutet wieder, dass etwas unmöglich ist. Sie haben verschiedene Werkzeuge, die Ihnen helfen, sich mittels Ihrer Gedanken, Ihrem Denken, positiv und erfolgreich weiterzuentwickeln.

Denken Sie sich zum Erfolg

1. Geben Sie sich ein bedeutendes Aussehen. Das hilft Ihnen, bedeutend zu denken. Ihr Aussehen spricht zu Ihnen. Sorgen Sie dafür, dass es Ihr Selbstvertrauen steigert. Ihr Aussehen spricht auch zu anderen. Stellen Sie sicher, dass es sagt: »Hier ist ein bedeutender Mensch, er ist klug, erfolgreich und zuverlässig.«
2. Halten Sie Ihre Arbeit für wichtig. Wenn Sie das tun, wird Ihr Verstand Ihnen zeigen, wie Sie Ihre Arbeit besser machen können. Halten Sie Ihre Arbeit für wichtig, dann werden Ihre Untergebenen es Ihnen nachtun.

3. Reden Sie sich mehrmals am Tag gut zu. Formulieren Sie eine »Eigenwerbung«. Erinnern Sie sich bei jeder Gelegenheit daran, dass Sie ein großartiger Mensch sind.

Jürgen Karsten
Das mentale System

Die tiefere Sicht der Zusammenhänge

Die in den vorigen Kapiteln skizzierten Erkenntnisse sollen nun zu einem in sich stimmigen System zusammengesetzt werden, das umwälzende neue (alte?) Sichtweisen der Welt und ihrer Funktionsweise ermöglicht. Dies ist nicht nur von akademischem Interesse, denn wie und warum ein subatomares Teilchen so funktioniert, wie es funktioniert, könnte uns eigentlich gleichgültig sein – wenn diese Funktionsweisen nicht für den gesamten Menschen, also auch für unsere Gedanken und Gefühle, gelten würden.

Das sich daraus ergebende Modell verändert unser gewohntes Weltbild grundlegend. Die Schulwissenschaft wird dieses Modell kritisieren, obwohl die genannten Fakten nachweisbar sind. Doch im Laufe der Jahrhunderte mussten wissenschaftliche Lehrmeinungen immer wieder revidiert werden, etwa die als unumstößliche Tatsache geltende Behauptung, die Erde sei eine Scheibe. Wissenschaftliche Erkenntnisse sind eben genauso wie die sie umgebende Gesellschaft einem ständigen Wandel unterworfen. Dabei beeinflusst die Wissenschaft die vorherrschende Weltanschauung in deutlich geringerem Maße als umgekehrt die vorherrschende Weltanschauung die Wissenschaft. Und häufig gilt, dass nicht sein kann, was nicht sein darf!

Trauen Sie einer wissenschaftlichen Lehrmeinung also nicht blind. Überprüfen Sie auch das Folgende vielmehr mit dem eigenen kritischen Verstand, aber auch mit Ihrem Gefühl und Ihrer Erfahrung. Hören Sie auf Ihre innere Stimme, auf Ihr intuitives Wissen. Dies gilt insbesondere für den Teil der folgenden Ausführungen, in dem es um die Übertragung und Anwendung der beschriebenen Zusammenhänge geht. Denn hier werden Sie vermutlich an vielen Stellen intuitiv wissen und fühlen, dass die Ausführungen zutreffen, auch wenn sich Ihr von den herrschenden Lehrmeinungen geprägter Intellekt dagegen sträubt.

Um das Verständnis der folgenden Argumentation zu vereinfachen, wird das System und das aus ihm abgeleitete neue Modell der Welt zunächst thesenhaft auf der Basis der zuvor gewonnenen Erkenntnisse beschrieben und dann seine Anwendungsmöglichkeiten dargestellt. Dabei sollen folgende Fragen beantwortet werden: Woher kommen die Dinge? Warum sind die Dinge so, wie sie sind? Wie sind die Dinge miteinander verbunden? Wie können wir die Dinge gestalten?

Vakuumenergie

Ausgangspunkt für alles Existierende ist die Vakuumenergie. Sie ist ein alles umfassender und alles durchdringender Ozean an Energie. Dieser Energieozean umgibt uns und durchdringt alle Dinge – auch uns als Menschen. Wir sind Teil dieses Ozeans. Auf dessen brodelnder Oberfläche werden laufend Teilchen ausgestoßen, und es tauchen Teilchen in diese Oberfläche zurück. Es ist ein Tanz virtueller Teilchen. Stellen Sie sich vor, wie Sie auf die Oberfläche dieses Ozeans schauen, die durch die unendliche Zahl entstehender und vergehender Teilchen brodelt und flimmert.

Aus diesen Teilchen der Vakuumenergie baut sich alles auf. »Diese verborgene Domäne der Potenzialität und Quanten-Verbundenheit«, so der Wissenschaftsautor Marco Bischof, »muss als eine grundlegende Dimension der Realität betrachtet werden, als ein präphysikalischer Bereich universeller dynamischer Verbundenheit, ein Raum der Möglichkeiten, aus dem die Aktualität der Formen und Muster der physikalischen Welt entspringt.«*

Die aus der Vakuumenergie emittierten Energieteilchen bauen sich zu größeren Teilchen auf, zu Tachyonen, Myonen, Pre-Quarks, Quarks, Atomen, Molekülen, Baum, Fisch, Mensch usw. Dies ist kein einmaliger Prozess. In jedem bestehenden Objekt werden laufend Teilchen ausgetauscht. Das heißt: Auch jetzt, in diesem Moment, tauchen unzählige Teilchen Ihres Körpers in die Vakuumenergie ab und werden durch neu auftauchende Teilchen ersetzt. Die Schöpfung findet permanent und auch genau jetzt statt.

Sie sind untrennbar mit dieser Vakuumenergie verbunden. Da letztlich alles mit der Vakuumenergie im Austausch steht, ist über diese Vakuumenergie auch alles miteinander vernetzt. Alles Bestehende ist eine Ausprägung aus und in demselben Medium der Vakuumenergie. Sie und die Sie umgebenden Dinge und Lebewesen sind Ausprägungen desselben Mediums, über das Sie mit ihnen verbunden sind. – Das Medium betrachtet sich selbst.

---

* Bischof, Marco: *Tachyonen, Orgonenergie, Skalarwellen. Feinstoffliche Felder zwischen Mythos und Wissenschaft*, Aarau 2002.

Schon der griechische Philosoph Plotin entwickelte die Idee des beseelten Raumes. »Welches ist nun die *eine* gemeinsame Ordnung?«, heißt es in seinen *Enneaden.* »Alles muss miteinander in Zusammenhang stehen, und es findet nicht bloß in jedem einzelnen wohlgegliederten Organismus eine Übereinstimmung und Harmonie statt, sondern noch vielmehr und früher im Weltall, und *ein* Prinzip muss den vielgliedrigen Organismus zu einem Einheitlichen, und zwar zu einem Einheitlichen aus allen Teilen, gestalten; und wie in jeder Einheit die Teile jeder eine bestimmte Aufgabe empfangen haben, so müssen auch im All die einzelnen Teile jeder ihre bestimmten Aufgaben haben, und zwar noch mehr als jene, insofern sie nicht bloß Teile, sondern auch Ganze und von größerem Umfange sind. So geht denn jedes einzelne, das seine besondere Aufgabe erfüllt, aus *einem* Prinzip hervor, und eins begegnet dem andern … Doch geht es nicht zufällig oder aufs Geratewohl hervor, denn aus ihm resultiert wieder ein anderes und so fort, eins nach dem andern in naturgemäßem Verlaufe.«*

Felder: Das fünfte Feld

Die aus der Vakuumenergie emittierten Teilchen werden nach einem Bauplan zu den einzelnen Objekten zusammengesetzt. Diese Baupläne der Teilchen sind in morphischen Feldern festgelegt, die wiederum als Substrukturen durch das Vakuumenergiefeld vorgeprägt sind. Jedes Objekt ist einem entsprechenden Feld zugeordnet, und jedes Feld ist holografisch aufgebaut. Das heißt, dass jeder Teil des Feldes die Informationen des gesamten Feldes enthält.

---

* Plotin: *Enneaden* II, 3 (7), o. O. 1878, S. 91 f.

Wenn ein virtuelles Teilchen aus der Vakuumenergie ausgeprägt wird, ist dies mit einer entsprechenden Feldausprägung aus dem Vakuumenergiefeld verbunden. So wie die einzelnen Objekte sind auch die entsprechenden Felder hierarchisch aufgebaut und überlappen einander. Auch die Hierarchie der Felder ist holografisch. Das heißt, ein Teil eines Feldes enthält die Information der gesamten Feldhierarchie, also der unter- und übergelagerten Felder. Die Felder stehen in ihrer Gesamtheit als fünftes Feld neben den bekannten vier Feldern der Gravitation, der starken und schwachen Kernkraft und des elektromagnetischen Feldes.

Der Aufbau alles Bestehenden erfolgt nach dem Prinzip der Selbstähnlichkeit. Die gleiche Struktur des Organisationsmusters wiederholt sich also auf jeder Stufe der Organisationseinheit. Dies gilt für »feste« materielle Objekte ebenso wie für dynamische innere Prozesse (Gedanken, Gefühle): Auf jeder Stufe wiederholen sich die gleichen Organisationsmuster! So wie die Objekte nach dem Prinzip der Selbstähnlichkeit aufgebaut sind, sind auch die entsprechenden Felder durch die Wiederholung von Feldmustern geprägt.

Resonanz

Die einzelnen Objekte stehen miteinander in zweifacher Resonanzbeziehung. Zum einen stehen sie in Resonanz mit ihrem eigenen Feld (Eigenresonanz). Die Ausprägung eines Baumes wird durch die Ausprägungen der vorangegangenen Bäume seiner Art bestimmt, die im entsprechenden Feld gespeichert sind. Umgekehrt wird die aktuelle Ausprägung des Baumes wieder in dem Feld gespeichert und prägt die künftigen Ausprägungen seiner Art. Auch eine zum Beispiel durch die

Umwelteinflüsse verursachte Veränderung des Baumes wird in dem Feld gespeichert und ändert die künftige Ausprägung der Art. Das Feld speichert alle Vorgänge und gibt diese über die Eigenresonanz an das betreffende Objekt zurück.

Gleichzeitig stehen alle Objekte einer Art untereinander in Resonanz. Ein Objekt einer Art, zum Beispiel ein einzelner Mensch, wird durch eine Vielzahl von Feldern in seiner Ausprägung bestimmt und prägt über seine Resonanz mit diesen Feldern die Ausprägung der anderen Mitglieder dieser Spezies. So werden die Merkmale der Spezies Mensch durch das entsprechende morphische Feld »Mensch« geprägt. Einzelmerkmale wie zum Beispiel Familienähnlichkeit, Sozialverhalten im Sportverein et cetera werden durch die entsprechenden Felder Familie und Verein geprägt.

Durch seine Aktivitäten und sein Verhalten beeinflusst der Einzelne aber auch die Struktur der jeweiligen Felder – Mensch und Felder stehen in ständiger Resonanz miteinander. Jeder Mensch steht über die entsprechenden Felder mit den anderen Menschen in Resonanz.

Je ähnlicher sich die Mitglieder einer Gruppierung sind, desto größer ist deren Resonanz. Die Resonanz innerhalb der Familie ist größer als die Resonanz zwischen den Mitgliedern einer Nation.

Torsionswellen

Alle Objekte eines Feldes stehen über dieses Feld miteinander in Verbindung. Jedes Objekt, jede Aktion, jede Handlung, jeder Gedanke, jedes Gefühl, jeder Vorgang erzeugt in diesem Feld ein weiteres Unterfeld (Torsionsfeld). Diese Torsionsfelder sind in ihrer Eigenschaft als Felder Informationsträger und breiten sich im Vakuum wellenförmig mit milliardenfacher Lichtgeschwindigkeit, das heißt nahezu verzögerungsfrei, aus.

Teilchen im gleichen Quantenzustand sind demselben Feld zuzuordnen. Über dieses Feld wird Information über das eine Teilchen durch die Torsionsfelder nahezu verzögerungsfrei auf das zweite Teilchen übertragen. Die Wirkung des Feldes ist unabhängig vom Raum: Ein Objekt hat an jeder Stelle des Raumes Verbindung mit und Zugang zu den gesamten Informationen des holografisch aufgebauten Feldes. Das Feld speichert die Informationen eines Objekts und besteht über die physische Existenz des Objekts hinaus fort. Das Feld ist damit unabhängig von der Zeit. Die Wirkung auf das zweite Teilchen vollzieht sich zudem scheinbar ohne Ursache oder Auslöser, das heißt akausal.

Verbindung

Jedes Objekt (Baum, Fisch, Mensch, Blume, Gedanke, Gefühle und so weiter) steht über die entsprechenden Felder und die gemeinsame Basis der Vakuumenergie mit den Objekten seiner Gattung und allen anderen existierenden Objekten in unmittelbarer Verbindung. Nichts besteht für sich allein.

Übertragung

All diese Erkenntnisse sind deshalb so interessant für uns, weil sie nicht nur für Atome, Moleküle und Zellverbände, sondern für alle Objekte im Universum und damit auch für uns gelten, für unser Bewusstsein, Denken, Fühlen und Handeln.

Wir bestehen aus hierarchisch angeordneten Teilchen und Teilen – Pre-Quarks, Quarks, Atomen, Molekülen, Zellen,

Organen usw. Diese materiellen Strukturen werden durch die entsprechenden Felder vorgegeben. Die einzelnen Felder haben sowohl einen kollektiven als auch einen individuellen Charakter. So sorgt das Feld »Mensch« dafür, dass der Einzelne aussieht und handelt wie ein Mensch; es lässt aber gleichzeitig eine individuelle Ausprägung zu.

Über die Resonanzbeziehungen prägt das Feld, zu dem alle Menschen gehören, den einzelnen Menschen, der wiederum seine Eigenschaften (Aussehen, körperliche Fähigkeiten und so weiter) in das Feld aller Menschen einbringt. Je größer die Ähnlichkeit, desto größer ist die Resonanz.

Für uns sind zwei Felder von besonderer Bedeutung:

1. *Das Bewusstseinsfeld*

Der Mensch verfügt über ein individuelles Bewusstsein. Hier wird er sich »seines Selbst bewusst« und steuert seine Gedanken mehr oder weniger aktiv und willentlich. Die Denkprozesse erfolgen in dem individuellen Bewusstseinsfeld, die messbaren neuronalen Bewegungen sind Ausprägungen dieses Feldvorgangs. Das mit dem individuellen Bewusstsein interagierende Feld weitet sich über Zeit und Raum aus, das heißt, es ist nicht auf das Gehirn begrenzt, sondern geht weit darüber hinaus!

Das individuelle Bewusstseinsfeld hat daher Wirkungen auf Dinge und Vorgänge, die sich außerhalb des Gehirns befinden bzw. ereignen. Diese Aussage wird durch die Ergebnisse des oben beschriebenen PEAR-Projekts eindrucksvoll gestützt.

Das Gehirn lässt sich mit einem Empfänger – etwa einem Radio oder Fernseher – vergleichen, der an allen Punkten des Raumes ein Programm empfängt, wenn er auf den entsprechenden Sender eingestellt ist, das heißt die richtige Wellenlänge oder Resonanz vorliegt. Das Gehirn ist im Bewusstsein und nicht das Bewusstsein im Gehirn!

In dem individuellen Bewusstseinsfeld sind alle individuellen Erfahrungen gespeichert. Grundsätzlich stehen also jederzeit alle Informationen und Erlebnisse aus der Vergangenheit zur Verfügung. Ferner ist dieses Bewusstseinsfeld – wie jedes Feld – holografisch. Das bedeutet, dass an jedem Punkt des Raumes der gesamte Inhalt empfangen werden kann.

2. *Feld des Unbewussten*
Der Bereich des Unbewussten steht uns nicht direkt offen. Wir haben im Allgemeinen nur über Träume, Gefühle oder Intuition Zugang zu ihm.

Wie bereits dargestellt, gibt es ein individuelles und ein kollektives Unbewusstes. Das Feld des individuellen Unbewussten ist der Speicher für die nicht bewusst wahrgenommenen, verdrängten oder vergessenen Erfahrungen und Bewertungen des einzelnen Menschen. Das Feld des kollektiven Unbewussten übernimmt die gleichen Funktionen, aber bezogen auf die Gesamtheit der Spezies Mensch. Es bildet den Speicher für die unbewussten Erfahrungen und Bewertungssysteme der Menschheit. Aus diesem Feld speisen sich die für die gesamte Menschheit gültigen Muster, die in der Form der von C. G. Jung beschriebenen Archetypen (Mutter, Freund, Feind und so weiter) immer wieder auftauchen und die Träume und Fantasien aller Menschen beeinflussen.

So wie die Felder materieller Objekte sind auch die mentalen Felder hierarchisch aufgebaut und überlappen einander. Es sind keine voneinander getrennten Bereiche, sondern vielmehr Bereiche eines Ganzen, die sich durch unterschiedliche Eigenschaften voneinander abgrenzen, deren Übergänge aber fließend sind.

Hierzu finden wir eine Analogie in den Abstufungen der Hirnwellen, die jeweils bestimmten Feldern zugeordnet werden können. Das Gehirn produziert vier unterschiedliche

Typen von Gehirnwellen: Beta-, Alpha-, Theta- und Delta-Wellen. Diese Wellen werden durch eine Elektroenzephalografie (EEG) gemessen und haben unterschiedliche Eigenschaften:*

Beta-Wellen:
14 bis 40 Hz, dominieren im Wachzustand: offene Augen, Fokus auf die äußere Welt, Wachheit, Konzentration, Besorgnis, Angst.

Beta-Wellen gehören zum Feld des bewussten Denkens.

Alpha-Wellen:
8 bis 13 Hz, dominieren im Zustand der Entspannung: geschlossene Augen, Abwesenheit von Stress.

Alpha-Wellen eröffnen den Zugang zum Feld des Unbewussten, der Intuition und der Autosuggestion.

Theta-Wellen:
4 bis 8 Hz, dominieren in der Einschlafphase: Dämmerzustand zwischen Wachen und Schlafen, oft von traumartigen mentalen Bildern begleitet.

Theta-Wellen ermöglichen den Zugang zu unbewusstem Material, zu Träumereien, freien Assoziationen, verborgenem Wissen und kreativen Ideen.

Delta-Wellen:
Unter 4 Hz, dominieren im Tiefschlaf und bei tranceähnlichen Zuständen.

Delta-Wellen lassen ungehörte und ungesehene Dinge in Form von hypnagogen Erinnerungen auftreten, erzeugen also Pseudohalluzinationen.

---

* Hutchinson, Michael: *Megabrain Power*, Paderborn 1999, S. 34 ff.

Theta-, Delta- und Alpha-Wellen stellen einen Kontakt zum Unbewussten her. Der Mensch hat über die verschiedenen Hirnwellen offenbar Zugang zu den einzelnen Bereichen der jeweiligen Felder, indem er sein Gehirn durch eine Modulation seiner Hirnwellen auf die einzelnen Bereiche des individuellen Bewusstseins, des individuellen Unbewussten und des kollektiven Unbewussten einstellt.

Verbindung der Felder

Das Dargestellte bedeutet, dass der Mensch in ein System sowohl materieller als auch mentaler Felder eingebettet ist. Materielle und mentale Felder gehen auf das grundlegende fünfte Feld der Vakuumenergie zurück und sind über dieses Feld miteinander verbunden.

Der Mensch ist über die sich auf materielle Objekte beziehenden und die mentalen Felder mit allen anderen gegenwärtigen und vergangenen Angehörigen seiner Spezies verbunden. Die Verbindung ist über die Resonanz umso enger, je ähnlicher sich die Mitglieder sind, das heißt, bei einer Familie oder einem Verein ist die Resonanz höher als zwischen zwei Menschen unterschiedlicher Kulturen. Ferner existiert über die gemeinsame Wurzel der Felder in der Vakuumenergie eine Verbindung des Menschen zu allen anderen Objekten.

Wenn Sie daher in Zukunft einen Baum oder den Mond betrachten, dann denken Sie daran, dass Sie in letzter Konsequenz ein Stück von sich selbst betrachten und dass Sie und diese Objekte denselben Ursprung haben. Zwar nehmen wir uns über unsere Sinnesorgane als getrennt von anderen Menschen und Objekten wahr. Über die Feldhierarchie aber sind wir miteinander verbunden. Wenn wir uns zum Beispiel unter eine Decke legen und nur den Kopf und die Hände hervorstrecken, sieht es so aus, als wären die Hände vom Kopf getrennt, obwohl sie über den Körper miteinander verbunden sind. Entsprechend sind etwa ein Baum und ein Mensch unterschiedliche Ausprägungen eines gemeinsamen Vakuumenergiefeldes. Letztlich ist alles miteinander verbunden, die getrennte Wahrnehmung entspricht nicht der Realität.

Absolutes Bewusstsein und Mehrdimensionalität

Alle Objekte des Universums, alle Menschen, Tiere und Elementarteilchen sind jeweils mit einem sie prägenden Feld verbunden. Dies gilt in gleichem Maße für alles Immaterielle wie etwa Gedanken und Gefühle, die ebenfalls durch ein Feld strukturiert werden.

Die Felder sind Substrukturen des Quantenvakuums. So wie das Quantenvakuum im gesamten Universum verteilt ist und alles Bestehende durchdringt und umgibt, gilt dies auch für die Felder als Substrukturen des Quantenvakuums. Alle Felder haben grundsätzlich die gleiche Struktur und den gleichen Aufbau. Sie unterscheiden sich lediglich in ihrem Fokus auf das oder die Objekte, auf das oder die sie einwirken.

Was macht nun vor dem Hintergrund dieser Erkenntnisse das Wesen der Dinge – beispielsweise das Wesen des Menschen – aus?

In unserer materiellen Sichtweise meinen wir meist, die materielle Erscheinungsweise des Menschen sei das Wesentliche. Wenn wir uns dagegen die für die Existenz der Dinge grundlegende Natur der morphischen Felder vor Augen halten, müssen wir wohl eher annehmen, dass die zu dem einzelnen Menschen gehörenden Felder das Wesentliche sind. Genau genommen *hat* der Mensch nicht ein Feld, sondern er *ist* ein Feld. Bei den immateriellen Phänomenen wie etwa dem Bewusstsein ist dies offensichtlich, da das Bewusstsein keine unmittelbare (jedoch in jedem Fall eine mittelbare) Ausprägung in der Realität hat. Bewusstsein ist ein Feld.

Wenn alle Felder die gleiche Struktur haben, sind alle Felder demzufolge auch Bewusstseinsfelder. Danach müsste selbst ein Baum ein Bewusstsein haben, allerdings nicht als im menschlichen Sinne denkender Baum. Vielmehr ist auch der Baum ein Feld, und dieses Feld ist mit unserem Bewusstseinsfeld verwandt und unterscheidet sich lediglich in der Ausprägung von diesem.

Da die Felder zugleich hierarchisch und holografisch aufgebaut sind, steckt in jedem Feld jedes Feld. Die einzelnen Felder sind so voneinander abgegrenzt wie etwa Licht- von Radiowellen. Beides sind elektromagnetische Wellen, die sich nur durch Frequenz und Wellenlänge unterscheiden, die uns aber ganz verschiedenartig erscheinen.

Die Felder sind Substrukturen des Quantenvakuums und haben ihre gemeinsame Basis in diesem Quantenvakuum. Auf der untersten, ersten Ebene haben alle Felder das gleiche Grundfeld – das Quantenvakuum. Das Quantenvakuum *hat* hier kein Feld, das Quantenvakuum *ist* hier ein Feld. Das Quantenvakuum ist demnach auch das grundlegende Bewusstseinsfeld. Es ist das noch undifferenzierte Feld des sogenannten absoluten Bewusstseins. Im Folgenden wird dieses Feld daher je nach Zusammenhang als grundlegendes Feld, als Feld des absoluten Bewusstseins und als Feld des Quantenvakuums bezeichnet.

Aus dem Quantenvakuum werden Felder und Teilchen emittiert. Daraus baut sich in zunehmender Differenzierung alles Bestehende, Materielles wie Immaterielles, auf. Den Feldern kommt dabei die wesentliche Funktion zu.

Der Mensch hat an einer Vielzahl von Feldern Anteil. Das von uns am stärksten wahrgenommene immaterielle Feld ist unser individuelles Bewusstseinsfeld, das unterlegt ist vom Feld des individuellen Unbewussten, dem Feld des kollektiven Unbewussten und so weiter bis hin zum Feld des absoluten Bewusstseins. Durch diesen Feldaufbau ist der Mensch – wie jedes andere Wesen oder Objekt auch – mehrdimensional angelegt.

So wie das elektromagnetische Feld ein Kontinuum von Wellenlängen darstellt und wir daraus direkt nur einen bestimmten Ausschnitt als Licht wahrnehmen, so nehmen wir aus unserem Feldaufbau direkt nur einen bestimmten Ausschnitt wahr, nämlich die physische Erscheinung und vielleicht noch das individuelle Bewusstsein und das individuelle Unbewusste. Der Aufbau der Felder legt allerdings nahe, dass der Mensch über weitere Dimensionen verfügt, in denen er Zugang zu Feldern hat, die bis zum absoluten Bewusstsein reichen.

Charles F. Haanel
Gedanken sind Energie

Die meisten unserer Schwierigkeiten beruhen auf konfusen Ideen und der Unkenntnis unserer wahren Interessen. Unsere größte Aufgabe ist es daher, die Naturgesetze zu erkunden, deren wir uns sinnvollerweise bedienen sollten. Deshalb sind

Fähigkeiten wie klares Denken und ethisches Verständnis von unschätzbarem Wert für uns. Denn alle Prozesse, auch die des Denkens, fußen auf festen Fundamenten.

Je besser unser Empfindungsvermögen funktioniert, je klarer unser Urteil, je verfeinerter unser Geschmack ist, je geläuterter unsere ethische Einsicht, je subtiler unser Verständnis und je höher unsere Zielsetzung – desto reiner und intensiver werden die Erfahrungen sein, die uns das Leben beschert. Daher sollten wir das Beste erforschen, was je in der Welt des Denkens ersonnen wurde, denn nur dies wird uns höchste Freude bereiten.

Die Kräfte, Wirkungsmöglichkeiten und Potenziale des Geistes sind unter dem Blickwinkel der eben angedeuteten Errungenschaften faszinierender als alle Extravaganzen der Welt, kostbarer noch als unsere wildesten Träume von Reichtum und Macht.

Denken ist Energie. Aktives Denken ist aktive Energie. Konzentriertes Denken ist konzentrierte Energie. Konzentriertes Denken, das sich auf ein bestimmtes Ziel richtet, ist Kraft. Diese Kraft wird von jenen Menschen genutzt, die nicht glauben, dass Armut eine Tugend und Selbstverleugnung sittsam ist. Vielmehr halten sie diese Prinzipien für eine Erfindung von Schwächlingen.

Die Fähigkeit, diese Kraft zu empfangen und zu manifestieren, hängt davon ab, ob wir die unerschöpfliche Energiequelle im Menschen erkannt haben, die unseren Körper und Geist stets neu erschafft. Die in jedem Augenblick bereit ist, ihm das zu geben, was er braucht. Je klarer der Mensch diese Wahrheit erkennt, desto mehr wird sein äußeres Dasein seine innere Welt widerspiegeln.

Im Folgenden soll die Methode erläutert werden, wie uns dies gelingen kann.

Alle Aktivitäten im Geist geschehen in zwei verschiedenen Zuständen – den bewussten und den unbewussten –, wobei das folgende Bild eine Vorstellung von deren Verhältnis zueinander vermitteln soll: »Wer glaubt, mit dem bewussten Verstand alle geistigen Aktivitäten erklären zu können, ähnelt einem Menschen, der versucht, mit einer Kerze das Universum zu erhellen« (Professor Davidson). Die logischen Prozesse des Unbewussten laufen dabei mit einer Zuverlässigkeit und Präzision ab, die ausgeschlossen wären, wenn es hier die Möglichkeit eines Irrtums gäbe. Unser Geist ist so beschaffen, dass er für uns die wichtigen Grundlagen der Erkenntnis liefert, wobei wir nicht wissen, wie dies zustande kommt.

Die unbewusste Seele arbeitet für uns wie ein wohlwollender Fremder, der sich um unser Wohlergehen bemüht. Doch dabei wirft er uns stets nur die reife Frucht in den Schoß. Eine tief greifende Analyse der geistigen Prozesse zeigt, dass die wichtigsten Abläufe sich im Unbewussten abspielen. Das Unbewusste war es, das Shakespeare die anstrengungslose Erkenntnis tiefer Wahrheiten erlaubte, die dem bewussten Verstand verborgen sind, das Phidias' Hand bei der Schaffung seiner Bronzestatuen führte, das Raffael seine Madonnen auf die Leinwand bannen ließ und Beethovens Symphonien inspirierte.

Ob sich Leichtigkeit und Vollkommenheit einstellen, hängt ganz davon ab, ob wir in der Lage sind, uns vom bewussten Denken zu lösen. Ob wir nun Klavier spielen, Schlittschuh laufen, Maschine schreiben – auch wenn wir in diesen Disziplinen Übung haben, werden wir dennoch nur zur Meisterschaft gelangen, wenn wir unser Tun dem Unbewussten überlassen. Dass es Menschen gibt, die brillant Klavier spielen, während sie gleichzeitig eine tiefschürfende Unterhaltung führen können, zeigt, wie gewaltig die Kräfte des Unbewussten sind. Wir alle wissen, wie sehr wir von den unbewussten Vorgängen in unserem Inneren abhängen, und je größer, edler, brillanter unser Denken ist, desto klarer wird, dass seine Ursprünge weit jenseits unseres bewussten Verstandes liegen. Wir finden Takt in uns, Instinkt, einen Sinn für die Schönheiten in Kunst und Musik. Der Ursprung all dessen aber liegt nicht in unserem bewussten Sein.

Das Unbewusste ist von großem Wert für uns. Es schenkt uns Inspiration, warnt vor Gefahr und liefert uns aus der Schatzkammer der Erinnerung Namen, Fakten und Ereignisse. Es lenkt unsere Gedanken, unsere sinnlichen Empfindungen. Und es vollbringt Aufgaben von solcher Komplexität, dass der bewusste Verstand daran scheitern würde, selbst wenn er alle erforderlichen Einzelfähigkeiten besäße.

Wir können die Art, wie wir gehen, mit dem Willen steuern. Wir können den Arm heben, wenn wir das wollen. Wir können das Auge oder andere Sinnesorgane bewusst einsetzen. Doch wir können unserem Herzschlag nicht Einhalt gebieten oder der Blutzirkulation, unserem Körperwachstum, der Heranbildung von Muskel- oder Nervengewebe, dem Aufbau von Knochenmasse oder lebenswichtigen Prozessen.

Wenn wir diese beiden Energien miteinander vergleichen, die vom Willen gesteuerte und jene, die in majestätischem Rhythmus ihren Gang geht und dabei nicht einmal wankt, sondern in jedem Augenblick unseres Lebens stets gleichmäßig fließt, so empfinden wir Ehrfurcht angesichts der Präzision der Lebensprozesse und fragen uns, wie sie denn wohl zustande kommen mag. Wir erkennen, dass diese lebenserhaltenden Vorgänge sicher nicht umsonst dem direkten Einflussbereich unseres Willens entzogen sind, der ja doch von außen gelenkt, also schwankend und wandelbar ist. Ihr Rhythmus wurde einer anderen Kraft überantwortet, die stetig und verlässlich arbeitet.

Die äußere, willentlich beeinflussbare dieser beiden Energien wird hier »bewusster Verstand« oder »objektiver Geist« (weil er mit äußeren Objekten zu tun hat) genannt. Die innere Kraft hingegen ist das »Unbewusste« oder der »subjektive Geist«. Diese Kraft arbeitet auf der geistigen Ebene, doch sie kontrolliert auch alle Vitalfunktionen des lebenden Körpers. Es ist wichtig, dass wir ein klares Verständnis der Funktionen dieser Kräfte auf der geistigen Ebene sowie einiger anderer Grundprinzipien entwickeln. Der bewusste Geist nimmt Reize durch die fünf Sinne auf. Er beschäftigt sich also mit den Eindrücken und Objekten der Außenwelt. Ihm ist die Fähigkeit der Unterscheidung eigen, ihm obliegt die Verantwortung der Auswahl. Er besitzt die Kraft vernunftgemäßer Überlegung und bedient sich der bekannten Wege der logischen Schlussfolgerung: induktiv, deduktiv, analytisch oder syllogistisch. Diese Energie lässt sich in hohem Maße vervollkommnen. Hier hat die Willenskraft ihre Heimat mit all den Fähigkeiten, die sie uns verleiht.

Die Energie kann nicht nur andere Menschen beeinflussen, sondern auch das Unbewusste steuern. Auf diese Weise wird der bewusste Verstand zum verantwortlichen Lenker des Unbewussten. Ebendiese seine höchste Funktion ist es, die Ihr Leben umkrempeln kann. Denn nur allzu häufig entstehen Ängste, Sorgen, Armut, Krankheit, Disharmonie und alle anderen Arten von Übeln durch falsche Suggestionen, die der diesbezüglich wehrlose unbewusste Geist vom bewussten Denken aufnimmt. Ist der bewusste Verstand aber geübt, dann wird er hier wachsam sein. Man könnte ihn auch den »Wächter am Tor« nennen – am Tor zum großen Reich des Unbewussten.

Ein Schriftsteller beschrieb den Zusammenhang zwischen den beiden Zuständen des Geistes einmal so: »Der bewusste

Geist ist der vernunftbegabte Wille. Der unbewusste Geist ist instinktives Wünschen, das Ergebnis vergangenen bewussten Wollens.«

Das Unbewusste zieht akkurate Schlüsse aus den Prämissen, die es von äußeren Quellen erhält. Wenn die grundlegende Annahme richtig ist, kommt das Unbewusste zu einer fehlerlosen Schlussfolgerung. Ist jedoch die Vorgabe falsch, stürzt das ganze Gebäude in sich zusammen. Das Unbewusste ist nicht Teil des logischen Verfahrens. Es sucht keine Gründe und Beweise, sondern verlässt sich darauf, was der bewusste Geist, der Torwächter, ihm liefert. Nur er kann also das Unbewusste vor falschen Schlüssen bewahren. Wenn dem Unbewussten bestimmte Annahmen als wahr übermittelt werden, wird es so reagieren, als seien sie wirklich. Der bewusste Geist liefert also »wahre« oder »falsche« Fakten. Sind die Fakten, die er dieser Kraft übermittelt, nicht richtig, dann hat dies weitreichende Auswirkungen auf das Dasein des Betroffenen.

Der bewusste Geist ist jede Stunde, die der Mensch im Wachzustand verbringt, im Dienst. Hat der »Torwächter« aber »Feierabend« oder hat er unter dem Ansturm widriger Umstände sein ruhiges Urteilsvermögen verloren, dann ist das Unbewusste ohne Hüter und steht Suggestionen von allen Seiten her offen. Sehr gefährlich wird es, wenn die Panik hohe Wellen schlägt, die Wut ihr ungestümes Lodern verbreitet oder dem Menschen in einer instinktgesteuerten Massenreaktion der Verstand abhanden kommt. Immer wenn die Leidenschaft die Oberhand gewinnt, ist das Unbewusste offen für die Suggestionen der Angst, des Hasses, der Selbstsucht, der Gier, der Selbstverachtung und anderer negativer Kräfte, die von Menschen oder Lebensumständen ausgehen können. Gewöhnlich ist der Effekt ausgesprochen schädlich, seine Wirkungen können uns noch lange Zeit zu schaffen machen. Aus diesem

Grund ist es so wichtig, das Unbewusste von falschen Eindrücken zu befreien.

Das Unbewusste nimmt durch Intuition wahr. Es ist daher sehr schnell in seinen Verarbeitungsprozessen. Die langsamen Wege des vernunftgemäßen Nachdenkens sind ihm fremd. Es ist ihrer auch nicht mächtig. Das Unbewusste schläft nie, ruht nie. Genauso wenig, wie im Normalfall unser Herz oder unser Blutkreislauf zwischenzeitlich nicht den Dienst einstellen. Wenn wir dem Unbewussten klare Ziele vorgeben, die wir erreichen wollen, dann setzt es seine Kräfte in Bewegung, und das Gewünschte stellt sich ein. Hier also liegt die Quelle jener Kraft, die uns mit dem Allgegenwärtigen verbindet. Das Studium dieses Prinzips hat unsere höchste Aufmerksamkeit verdient.

Interessant ist vor allem, wie jene Gesetzmäßigkeit arbeitet. Wer sie anwendet, wird einige eigenartige Feststellungen machen: Bereitet er sich beispielsweise auf ein schwieriges Gespräch vor, ist es, als wäre irgendjemand schon vor ihm da gewesen und hätte das Terrain bereitet, sodass die Unterhaltung harmonisch verläuft. Alles scheint auf einmal anders, harmonischer zu sein. Wenn im Unternehmen drängende Probleme auftauchen, dann ergibt sich plötzlich die Möglichkeit, eine Entscheidung zurückzustellen, und mit einem Mal zeichnet sich eine passende Lösung ab. Schlagartig läuft alles wie gewünscht. Wer lernt, sich auf die Impulse des Unbewussten zu verlassen, macht die Erfahrung, dass ihm ad hoc unendliche Kräfte zur Verfügung stehen. Im Unbewussten sind all unsere Prinzipien und Hoffnungen enthalten. Es ist die Quelle unserer künstlerischen und mitfühlenden Impulse. Dies ist unser Instinkt. Nur von Kindesbeinen antrainierte negative Denkgewohnheiten können ihn an seiner Entfaltung hindern.

Das Unbewusste ist nicht fähig, Argumente gegeneinander abzuwägen. Wenn es falschen Einflüsterungen unterliegt, dann gibt es also nur eine Möglichkeit: Wir müssen Gegensuggestionen anwenden, und zwar möglichst starke, die wir darüber hinaus ständig wiederholen. Wenn der Geist sie akzeptiert, entstehen so neue und gesunde Denk- beziehungsweise Lebensweisen. Denn das Unbewusste ist der Sitz aller Gewohnheiten. Was wir wieder und wieder tun, wird schließlich mechanisch. Es ist nicht mehr länger Frucht der Überlegung, sondern hat bald schon tiefe Furchen ins Erdreich des Unbewussten gegraben. Wenn die so gebildete Gewohnheit für uns nützlich und richtig ist, ist dieser Prozess sinnvoll. Ist sie aber schädlich und falsch, dann gibt es nur ein Heilmittel: Wir müssen die Allmacht des Unbewussten anerkennen und uns durch Suggestion in der Gegenwart unsere Freiheit erkämpfen. Das Unbewusste ist schöpferisch. Es ist eins mit der göttlichen Quelle. Es wird uns den Weg in die Freiheit schaffen.

Noch einmal kurz zusammengefasst: Die Aufgabe des Unbewussten ist auf der körperlichen Ebene die Steuerung der Vitalfunktionen. Das Unbewusste ist für die Erhaltung des Lebens und der Gesundheit verantwortlich, aber ebenso für die Fortpflanzung. Dazu gehört auch der Instinkt, alles Leben zu erhalten und die Lebensbedingungen im Allgemeinen zu verbessern.

Auf der geistigen Ebene ist das Unbewusste die Schatzkammer des Gedächtnisses. Es ist die Heimat der gedanklichen Botschaften, die unabhängig von Zeit und Raum wirken. Es ist die Quelle praktischen Wirkens und damit aller konstruktiven Lebenskräfte. Und der Sitz unserer Gewohnheiten.

Auf der spirituellen Ebene umfasst es all unsere Ideale und Hoffnungen. Es ist der Sitz unserer Vorstellungskraft und der Kanal, durch den wir mit der göttlichen Quelle in Verbindung treten. Je klarer wir diese Göttlichkeit erkennen, desto mehr verstehen wir die Quelle der Kraft.

Vielleicht fragen Sie sich ja, wie das Unbewusste nun tatsächlich auf unsere Lebensbedingungen einwirkt. Das ist möglich, weil es ein Teil des universellen Geistes ist. Als solcher zeigt es sich von derselben Beschaffenheit wie das große Ganze, dem es entstammt. Der Unterschied ist nur quantitativ, nicht qualitativ. Das Ganze ist, wie wir wissen, schöpferisch. Tatsächlich handelt es sich um die einzige wahrhaft schöpferische Kraft im Universum. Daher muss auch der Geist schöpferisch sein. Da er nur mithilfe von Gedanken tätig werden kann, ist auch das Denken notwendigerweise schöpferisch. Doch wir werden feststellen, dass zwischen gewohnheitsmäßigem Denken und dem bewussten, systematischen Steuern unserer Gedanken zu konstruktiven Zwecken ein großer Unterschied besteht. Erst wenn wir zu dieser Art Gedankenkontrolle in der Lage sind, befindet sich unser Geist im Einklang mit dem universellen Geist. Wir stimmen uns auf das Unendliche ein und setzen damit die mächtigste Kraft in Gang, die im Universum existiert, die schöpferische Kraft des universellen Geistes. Natürlich gibt es auch hier ein Naturgesetz, das diese Zusammenhänge steuert. Dieses Gesetz ist das »Gesetz der Anziehung«. Es besagt, dass der schöpferische Geist automatisch das anzieht, womit er sich beschäftigt, und dergestalt zur Wirklichkeit werden lässt.

»Ursache und Wirkung gelten im verborgenen Reich der Gedanken ebenso unumstößlich wie in der Welt der sichtbaren Objekte.
Der Geist ist der Meister, der diese Gewebe schafft – das innere des Charakters und das äußere der Umstände.«
James Allen

Kurz gefasst

- Was sind die zwei Formen geistiger Aktivität?
  Bewusst und unbewusst.

- Wann stellen sich Leichtigkeit und Vervollkommnung ein?
  Leichtigkeit und Vollkommenheit hängen davon ab, in welchem Maße wir uns vom bewussten Geist lösen können.

- Welchen Wert hat das Unbewusste?
  Enormen Wert: Es lenkt uns, warnt uns, kontrolliert die Vitalprozesse und ist der Sitz des Gedächtnisses.

- Welche Funktionen hat der bewusste Geist?
  Er verfügt über Unterscheidungsvermögen, hat die Gabe des vernunftgemäßen Abwägens. Er ist der Sitz der Willenskraft und kann das Unbewusste beeinflussen.

- Wie kann man den Zusammenhang zwischen Bewusstem und Unbewusstem ausdrücken?
  Der bewusste Geist ist der vernunftbegabte Wille. Der unbewusste Geist ist instinktives Wünschen, das Ergebnis vergangenen bewussten Wollens.

- Welche Methode ermöglicht uns, das Unbewusste zu beeinflussen?
  Das Gewünschte im Geist anvisieren.

- Und wie sieht das Ergebnis aus?
  Wenn der Wunsch im Einklang mit dem Bestreben des großen Ganzen ist, dann werden Kräfte frei, die das Ergebnis herbeiführen.

- Was ist das Resultat dieses Gesetzes?
  Dass unsere Umwelt immer widerspiegelt, welche vorherrschende innere Einstellung wir haben.

- Hat dieses Gesetz einen Namen?
  Das Gesetz der Anziehung.

- Wie wirkt sich dieses Gesetz aus?
  Denken ist schöpferische Energie. Es zieht automatisch das Gedachte an und lässt es Wirklichkeit werden.

Anziehungskraft ausstrahlen

Wie wir bisher gesehen haben, ist der Einzelne durchaus fähig, auf das Universelle einzuwirken. Das Resultat aus diesem Einfluss und die damit angestoßene Reaktion bilden das bekannte Gesetz von Ursache und Wirkung. Dem Gedanken kommt hierbei die Rolle der Ursache zu, den Erfahrungen, die wir in unserem Leben machen, die der Wirkung.

Daher sollten Sie jegliche Neigung, über Ihre vergangenen oder gegenwärtigen Lebensumstände zu klagen, aufgeben. Es liegt allein an Ihnen, diese zu verändern und aus Ihrem Leben das zu machen, was Sie sich wünschen.

Konzentrieren Sie Ihre Anstrengungen auf die Verwirklichung Ihrer geistigen Ressourcen, die Ihnen ja stets zur Verfügung stehen. Alle wahre und dauerhafte Kraft geht von dort aus.

Üben Sie sich darin, bis Sie die Gewissheit erlangt haben, dass es keinen Misserfolg gibt, wenn Sie Ihre innere Kraft einsetzen und Ihre Ziele verfolgen. Denn die Kräfte des Geistes sind nur zu gern bereit, sich einem zielgerichteten Willen zu beugen, welcher der Garant dafür ist, dass aus Wünschen und Gedanken Taten und Fakten werden.

Anfangs beruht jede neue Verhaltensweise auf dem bewussten Vorsatz, doch mit der Zeit entwickeln wir Gewohnheiten, die automatisch ablaufen. Der Gedanke, der sie ausgelöst hat, sinkt gleichsam ins Unbewusste ab, ist aber als solcher nach wie vor vorhanden. Dieser Vorgang ist auch nötig, damit der bewusste Verstand sich wieder anderen Themen zuwenden kann. Doch irgendwann wird auch Neues zur Gewohnheit und zum Reflex. Die auslösenden Gedanken sinken wieder ins Unbewusste ab, damit unser Bewusstsein sich stets neuen Herausforderungen stellen kann.

Wenn Sie diesen Prozess verinnerlicht haben, halten Sie den Schlüssel zu einer Kraftquelle in Händen, die Sie in die Lage versetzt, mit jeder Lebenssituation fertigzuwerden.

Das Zusammenspiel zwischen bewusstem Verstand und dem Unbewussten spiegelt sich im Verhältnis zwischen somatischem und vegetativem Nervensystem wider. Der englische Richter, Philosoph und Maler Thomas Troward beschrieb, wie dieses Zusammenspiel funktioniert:

»Das somatische Nervensystem ist das Organ des objektiven Geistes, das vegetative Nervensystem das des Unbewussten. Das somatische Nervensystem ist der Kanal, durch den die Wahrnehmungen der Außenwelt geleitet werden und über den wir unsere Körperbewegungen kontrollieren. Dieses Nervensystem hat sein Zentrum im Gehirn.

Das vegetative Nervensystem hat sein Steuerzentrum in einer Ansammlung von Ganglien, die hinter dem Magen liegen. Dieses Nervengeflecht ist auch als Solarplexus bekannt. Über dieses werden unbewusst die Vitalfunktionen des Körpers gesteuert. Die Verbindung zwischen beiden Systemen ist der Vagusnerv, der vom Gehirn ausgeht und dann mit seinen willkürmotorischen Fasern den Brustkorb innerviert. Weitere Äste verzweigen sich zu Herz und Lunge. Schließlich durchstößt der Vagusnerv das Zwerchfell, wo er seine äußere Hülle einbüßt und in die Nerven des Sympathikus übergeht. Auf diese Weise verbindet er die bewusste und unbewusste Nervensteuerung des Menschen zu einem Ganzen.«

Wie wir wissen, wird jeder Gedanke vom Gehirn aufgenommen, wo er dem Einfluss unseres vernunftgemäßen Denkens unterliegt. Wenn der objektive Geist geprüft hat, ob der Gedanke wahr ist, wird er in den Solarplexus weitergeleitet, das »Gehirn« oder »Organ« des subjektiven Geistes. Von dort aus geht er uns sozusagen in Fleisch und Blut über, das heißt, wir manifestieren ihn als Wirklichkeit in der Welt. Von diesem Moment an ist er logischen Argumenten nicht mehr zugänglich. Die Gesetze der Logik sind dem Unbewussten fremd. Es reagiert nur. Es nimmt die Schlussfolgerungen des objektiven Geistes als unumstößlich an.

Der Solarplexus wurde auch als »Sonne des Körpers« bezeichnet, weil er der Ort ist, von dem aus die Energie, die stets im Organismus entsteht, verteilt wird. Es handelt sich hier um wirkliche Energie. Die »Körpersonne« ist also eine tatsächliche Sonne, deren Energie von wirklichen Nerven im ganzen Körper verteilt und schließlich an die Atmosphäre abgegeben wird, die den Körper umgibt. Ist die Energie, die jemand ausstrahlt, stark, spricht man von einem »Charismatiker«, der »magnetische« Anziehungskraft hat. Solche Menschen verfügen über eine enorme Kraft, mit deren Hilfe sie viel Gutes bewirken können. Allein schon ihre Gegenwart schenkt verwirrten Zeitgenossen oft Trost und Klarheit. Wenn der Solarplexus aktiv ist, wenn er Leben, Energie und Vitalität ausstrahlt, dann ruft er im Körper und in der Umgebung angenehme Empfindungen hervor. Der Körper strahlt Gesundheit aus, und alle, mit denen solch ein charismatischer Mensch in Kontakt kommt, fühlen sich angenehm berührt.

Wird diese Strahlkraft jedoch an irgendeinem Punkt blockiert, dann gerät der Fluss des Lebens und der Energie in einem bestimmten Teil des Körpers ins Stocken oder kommt zum Erliegen. Und damit beginnen die Probleme, denn diese Blockade ist die Ursache für alles, was uns an physischen und geistigen Unregelmäßigkeiten sowie schwierigen Lebensumständen begegnen kann. Körperliche Probleme treten auf, weil die Sonne des Körpers nicht mehr länger genug Energie erzeugt, um alle Teile des Organismus gleichermaßen damit zu versorgen. Auf der geistigen Ebene stellen sich Schwierigkeiten ein, weil der objektive Geist auf die Vitalität des Unbewussten angewiesen ist, um eine gesunde gedankliche Aktivität aufrechtzuerhalten. Die Beschwernisse in der äußeren Welt aber entstehen, weil die Verbindung zwischen dem Unbewussten und dem universellen Geist unterbrochen ist.

Der Solarplexus ist also der Bereich, in dem das Ganze sich mit seinen Teilen trifft, wo das Endliche zum Unendlichen wird, das Ungeschaffene zum Geschaffenen, das Universelle zum Individuellen, das Unsichtbare zum Sichtbaren. An diesem Punkt entsteht das Leben. Es gibt keinerlei Begrenzung für den Strom an Leben, den jeder Mensch in seinem solaren Zentrum schaffen kann. Dieses Energiezentrum ist allmächtig, weil es die Verbindung zu allem Leben und aller Intelligenz herstellt. Daher kann es alles hervorbringen, was man ihm einprägt. Hierin liegt die Kraft des bewussten Geistes. Das Unbewusste kann und will Pläne und Ideen ausführen, die ihm der bewusste Verstand eingibt.

Das bewusste Denken herrscht also über das Sonnenzentrum, aus dem Leben und Energie des gesamten Körpers stammen. Die Beschaffenheit unserer bewussten Gedanken bestimmt die Qualität jener Gedanken, die die innere Sonne ausstrahlt. Der Charakter unseres bewussten Denkens beeinflusst den Charakter der Gedanken, die aus dem solaren Zentrum kommen. Und die Natur des Denkens, das unser bewusster Geist pflegt, prägt die Natur der Erfahrung, die aus den ausgestrahlten Gedanken hervorgeht.

Alles, was wir tun müssen, ist also, unser Licht zum Leuchten zu bringen. Je mehr Energie wir ausstrahlen, desto schneller werden wir in der Lage sein, unerwünschte Lebensumstände umzuwandeln in Quellen der Freude und des Gewinns. Die Frage ist demnach, wie wir es anfangen können, dieses Licht zum Leuchten, diese Energie zum Strahlen zu bringen. Harmonische Gedanken lassen den Solarplexus sich ausdehnen. Widersprüchliche sorgen dafür, dass er sich zusammenzieht. Angenehme Gedanken bewirken Ausdehnung, unangenehme Anspannung. Gedanken voll Kraft, Mut, Zuversicht und Hoffnung rufen den entsprechenden geistigen Zustand hervor, doch das Sonnengeflecht hat einen Erzfeind, der bezwungen werden muss, bevor das Licht zum Leuchten gebracht werden kann. Dieser Feind ist die Angst. Die Angst muss vollkommen ausgemerzt, ausgelöscht, für immer gebannt werden. Sie ist die eine düstere Wolke, die sich stets wieder vor die Sonne schiebt, was in unserem Inneren zu einem andauernden Dämmerzustand führen kann.

Dieser Dämon unter dem eigenen Dach ist verantwortlich dafür, dass Menschen sich vor der Vergangenheit, der Gegenwart, der Zukunft fürchten. Dass sie Angst haben vor sich selbst, ihren Freunden und ihren Feinden, vor allem und jedem. Doch wenn die Angst ein für alle Mal besiegt ist, wird Ihr Licht leuchten. Die Wolken werden sich auflösen, und Sie können endlich die Quelle Ihrer Kraft, Ihrer Energie und Ihres Lebens in Besitz nehmen. Wenn Sie am eigenen Leib erfahren, dass Sie eins mit der unendlichen Kraft sind, wenn Sie diese Kraft bewusst nutzen können, um mit der Macht Ihrer Gedanken widrige Umstände zu überwinden, dann gibt es nichts mehr, was Sie fürchten müssten. Die Angst ist besiegt, und Sie können endlich Ihr Geburtsrecht für sich in Anspruch nehmen.

Es ist die Einstellung unseres Geistes gegenüber dem Leben, welche die Erfahrungen prägt, die wir machen. Wenn wir nichts erwarten, werden wir nichts bekommen. Wenn wir viel erwarten, erhalten wir dies sowie darüber hinaus einen Zuschlag. Die Welt ist nur hart, wenn wir uns ihr nicht empfehlen. Kritik von außen ist nur für jene niederschmetternd, die keinen Raum für ihre Ideale schaffen können. Viele Ideen erblicken erst gar nicht das Licht des Tages, weil wir uns so sehr vor Kritik fürchten.

Wer aber die Wirkungsweise seines Solarplexus kennt, wird vor Kritik keine Angst mehr haben. Er ist viel zu sehr damit beschäftigt, Mut, Zuversicht und Stärke auszustrahlen. Er nimmt durch seine geistige Haltung den Erfolg bereits vorweg. Er wird Hindernisse aus dem Weg räumen und die Abgründe des Zweifels und des Hinausschiebens, Kinder der Angst, ohne Zögern überwinden. Das Wissen um unsere Fähigkeit, bewusst Gesundheit, Stärke und Harmonie auszustrahlen, führt uns zu der Erkenntnis, dass es nichts zu fürchten gibt, weil wir mit der unendlichen Kraft in Verbindung stehen. Freilich kann dieses Wissen allein durch praktische Übung erlangt werden. Wir lernen, indem wir unser Wissen anwenden. Nur das stete Training lässt einen Sportler wirklich Spitzenleistungen erbringen. Da die folgende Erkenntnis von so enormer Bedeutung ist, werde ich mehrere verschiedene Definitionen geben, damit Sie den wahren Sinn in seinem vollen Umfang erfassen können. Wenn Sie religiös sind, dann wissen Sie, was es heißt, sein Licht leuchten zu lassen. Neigen Sie eher naturwissenschaftlichen Begründungen zu, dann könnte man behaupten, dass Sie Ihren Solarplexus aktivieren. Erwarten Sie jedoch eine exakte wissenschaftliche Erklärung, so würde ich sagen, dass wir unser Unbewusstes prägen können.

Ich habe bereits ausgeführt, welches Ergebnis wir von dieser Prägung zu erwarten haben. Nun geht es um die Methode. Wir wissen ja bereits, dass das Unbewusste intelligent und schöpferisch ist und dass es dem Willen des bewussten Verstandes folgt. Was also wäre der natürlichste Weg, um die erwünschte Prägung zu vollziehen? Sie konzentrieren sich geistig auf das, was Sie wollen. Wenn Sie sich konzentrieren, wirken Sie auf das Unbewusste ein. Dies ist zwar nicht der einzige Weg zu seiner Beeinflussung, doch auf jeden Fall der einfachste, effektivste und direkteste. Und damit auch der Weg, auf dem die besten Ergebnisse realisiert werden. Mit dieser Methode werden mitunter so erstaunliche Resultate erzielt, dass man den Eindruck hat, Wunder seien geschehen. Jeder große Erfinder, Finanzmagnat, Staatsmann hat es verstanden, die subtile und unsichtbare Kraft des Wünschens, Glaubens und der Zuversicht in klare, handfeste, konkrete Fakten der objektiven Welt zu verwandeln.

Das Unbewusste ist Teil des universellen Geistes. Der universelle Geist ist das schöpferische Prinzip des Universums; seine Teile müssen von derselben Qualität sein wie das Ganze.

Das heißt, dass die schöpferische Kraft keine Grenzen kennt. Bereits Geschehenes kann seine Wirkmöglichkeiten nicht eingrenzen. Es gibt kein fest gefügtes Muster, nach dem dieses schöpferische Prinzip arbeitet. Wir haben entdeckt, dass das Unbewusste auf unseren bewussten Willen reagiert. Damit aber stehen dem bewussten Verstand des Individuums die unbegrenzten schöpferischen Kräfte des universellen Geistes zur freien Verfügung.

Wenn wir dieses Prinzip in den folgenden Lektionen praktisch anwenden, sollten wir stets im Gedächtnis behalten, dass wir dem Unbewussten die Mittel und Wege, wie es die gewünschten Resultate hervorbringt, nicht vorgeben müssen. Das Endliche kann dem Unendlichen keine Hilfestellung geben. Sie müssen einfach nur sagen, was Sie wollen, nicht, wie es erreicht werden soll.

Sie sind der Kanal, durch den das Ungeschaffene eine reale Form annimmt. Dieser Prozess vollzieht sich im Vorgang der Aneignung. Es genügt, wenn Sie wissen, was Sie wollen. Damit legen Sie bereits die Ursache, aus der sich die entsprechenden Wirkungen entwickeln werden. Dies wird möglich, weil das Universelle nur im Individuellen zur Wirkung kommen kann und umgekehrt. Die beiden sind eins.

Ihre Übung in diesem Kapitel führt Sie wieder einen Schritt weiter. Nun möchte ich nicht nur, dass Sie in vollkommener Ruhe verweilen und all Ihren Gedanken, so weit als möglich, Einhalt gebieten. Gehen Sie noch einen Schritt weiter. Entspannen Sie sich. Lassen Sie los. Lassen Sie Ihre Muskeln zu ihrem Normalzustand zurückkehren. Auf diese Weise entlasten Sie Ihre Nerven und reduzieren die Spannung, die so häufig Grund körperlicher Erschöpfung ist. Körperliche Entspannung ist Willenssache. Die Übung ist daher von großem Nutzen, weil das Blut dann wieder freier durch Gehirn und Körper zirkulieren kann.

Spannung führt zu geistiger Unruhe, zu einer übermäßigen Aktivität des Geistes. Sie zieht Sorgen, Kummer, Angst und Nervosität nach sich. Daher ist Entspannung absolut notwendig, wenn wir unsere geistigen Fähigkeiten zu höchster Meisterschaft vervollkommnen wollen. Üben Sie diesen Teil so gründlich wie möglich. Beschließen Sie geistig, dass Sie jeden Muskel und Nerv entspannen wollen, bis Sie sich ganz ruhig und im Einklang mit sich und der Welt fühlen. Dann ist auch der Solarplexus bereit, seine Aufgabe zu erfüllen, und sein Wirken wird Sie in tiefes Erstaunen versetzen.

Kurz gefasst

- Welches Nervensystem ist das Organ des bewussten Geistes?
  Das somatische Nervensystem.

- Welches Nervensystem ist das Organ des unbewussten Geistes?
  Das vegetative Nervensystem.

- Von welchem Punkt aus wird die Energie, die der Körper ständig erzeugt, verteilt?
  Vom Solarplexus.

- Wie wird dieser Verteilungsprozess unterbrochen?
  Durch disharmonische, kritische und negative Gedanken, vor allem solche, die Angst erzeugen.

- Was ist die Folge einer derartigen Unterbrechung?
  Alle Übel, welche die menschliche Gesellschaft plagen.

- Wie lässt sich diese Energie kontrollieren und lenken?
  Durch das bewusste Denken.

- Wie kann man Angst vollständig beseitigen?
  Durch das grundlegende Verständnis der Quelle aller Kraft.

- Was bestimmt die Erfahrungen, die uns im Leben begegnen?
  Unsere vorherrschende geistige Einstellung.

- Wie können wir das Zentrum des Solarplexus aktivieren?
  Wir konzentrieren uns auf die Gegebenheiten und Umstände, die wir in unserem Leben haben wollen.

- Was ist das schöpferische Prinzip des Universums?
  Der universelle Geist.

Positiv denken – in schwierigen Zeiten

Kurt Tepperwein
Positives Denken

Positives Denken ist nicht blinder Zweckoptimismus, sondern »stimmiges Denken«. Es gibt für jede Lebenssituation einen stimmigen, das heißt einen bestmöglichen Gedanken, eine bestmögliche Tat, eine bestmögliche Einstellung. Es geht also darum, dieses Bestmögliche zu finden und sich dafür zu entscheiden. Eine nette Geschichte soll den Unsinn von falsch verstandenem und echtem »positiven Denken« erläutern.

Zu einem Lehrer des positiven Denkens kam ein Schüler und beklagte sich, dass es seinem Vater schlecht ginge. Der Lehrer sagte: »Dein Vater *denkt* nur, dass es ihm schlecht geht. Sag ihm, er soll denken: ›Ich bin gesund, ich bin gesund, ich bin gesund!‹« Eine Woche später kam der Schüler erneut und beklagte sich: »Mein Vater hat jetzt hohes Fieber, was kann ich tun?« Der Lehrer sagte: »Dein Vater bildet sich nur ein, dass er Fieber hat. Sag ihm, er soll denken: ›Mein Fieber ist normal, normal, normal!‹« Wieder eine Woche später kam der Schüler erneut und sagte: »Bitte helfen Sie mir. Jetzt denkt mein Vater, er sei tot. Sie haben ihn gestern beerdigt!«

Positives Denken ist nicht dazu gedacht, die Realität zu ignorieren, sondern sinnvoll und konstruktiv mit ihr umzugehen. »Wunder« sind erst in fortgeschrittenen Stadien möglich. Sinnvoll ist es, an dieser Stelle zu differenzieren:

- Falsch verstandenes positives Denken (Zweckoptimismus): »Es wird schon alles gut gehen«, »Augen zu und durch!«, das Bauen von Luftschlössern.
- Negatives Denken: »Es ist alles sinnlos«, »Es hat noch nie etwas in meinem Leben funktioniert!«
- Stimmiges (wahres) positives Denken: »Ich finde zur Situation die bestmögliche Einstellung, die bestmöglichen Gedanken.«

Jeder Gedanke, den Sie denken, entspricht sinnbildlich der Erschaffung eines »Gedankenwesens«. Der Mensch denkt durchschnittlich 40 000 Gedanken am Tag, davon viele, oft sogar die meisten, unbewusst. Beim »positiven Denken« reicht es nicht aus, sich generell die höchsten und besten Gedanken vor Augen zu halten. Die Gedanken, die Sie denken, müssen auch zu Ihrer Lebenssituation passen, müssen so exakt wie eine Zahnkrone passen, damit sie ihren Zweck erfüllen. Die gedankliche Ausrichtung muss dafür »greifen«, d.h. mit Ihrer Lebenssituation sowie mit Ihrer innersten Absicht in positiver Resonanz stehen. Dies ist anfangs nicht immer leicht.

Zuerst mag es schwierig erscheinen, die Gedanken zu kontrollieren. Aber wir können sie wahrnehmen, beobachten, und auf einmal ist da diese Lücke, in der wir den Gedankenstrom in eine andere Richtung lenken können. Zudem können wir ein Harmoniegefühl entwickeln, das uns fühlen lässt, ob unsere Gedanken zu uns und zu unserer Stimmigkeit passen, und im Falle von »Disharmonie« die innere Mitte aufsuchen, die Lücke, aus der heraus wir uns wieder konstruktiv ausrichten können.

Vergleichen wir die Stimmigkeit unserer inneren Ausrichtung mit einem Konzert. Wenn Sie Flötist in einem Orchester sind und es wird *Freude schöner Götterfunken* dirigiert, dann gibt es zu jedem Ihrer Einsätze einen optimalen Ton, der zum Ganzen passt. Wenn Sie diesen Ton treffen, klingen die Sinfonie und Ihr Wirken im großen Ganzen harmonisch. Sie geben Ihr Bestmögliches, um sich im Einklang mit dem Ganzen einzubringen. Wenn Sie aber statt *Freude schöner Götterfunken* das Lied *Hänschen klein* spielen, wird der Dirigent abklopfen, selbst wenn es das schönste *Hänschen klein* ist, das die Welt je gehört hat. Warum? Sie spielen nicht im Einklang mit dem, was das Leben von Ihnen erwartet. Der Dirigent wird Ihnen vielleicht sagen: »Sie haben durchaus das Talent zum guten Musiker, aber zuerst einmal müssen Sie verstehen, was Musik eigentlich ist. Hören Sie doch erst einmal zu, ohne etwas zu tun, beobachten Sie wertfrei, nehmen Sie wahr!« Jetzt möchten Sie aus Verärgerung darüber, dass Sie abgeklopft wurden, vielleicht gar nicht hinhören (meditieren), sondern stattdessen mit Ihrer Querflöte schräge Töne von sich geben. Dies wäre die Positur der Negativität und Destruktivität. In diesem Fall würde es unsanfte Reaktionen geben. Doch irgendwann besinnen Sie sich und treffen den Ton, der stimmig ist – dies ist Positivität: aus dem, was ist, das Beste machen.

Niemand verlangt von Ihnen, Cello zu spielen, wenn Ihr Instrument die Flöte ist, aber es wird erwartet, dass Sie Ihrem »Flötentalent« gerecht werden. Eine stimmige Partitur zu spielen, ist keineswegs nur auf liebliche oder Dur-Töne beschränkt. Es mag manchmal durchaus angebracht sein, Moll-Klänge oder lautere Töne von sich zu geben, wenn die Situation dies erfordert. Wann Dur und wann Moll, wann Lieblichkeit und wann eine deutlichere Sprache angebracht sind, hängt nicht nur vom einzelnen Spieler selbst ab, sondern auch vom Stück, in dem man mitspielt. Je mehr es uns gelingt, unseren Part im großen Ganzen zu entdecken, desto mehr erleben wir unsere eigene »Stimmigkeit«.

Wenn wir genau hinfühlen, werden wir erleben, dass unstimmige Gedanken eindeutig wehtun, nicht nur dem anderen, sondern auch uns selbst. Sie passen einfach nicht zum bewussten Wesen, das wir aus uns heraus entwickeln wollen. Und so ist der Schmerz der eindeutigste Lehrer, den wir haben: Er ist eindeutig unangenehm und hilft uns durch seine Beschaffenheit zu erkennen, wann wir unstimmig gedacht, gesprochen, gehandelt haben – damit wir daran reifen und weiser werden.

Natürlich ist noch kein Meister vom Himmel gefallen – und doch: Ein jeder von uns hat die Fähigkeit, im Spiel des Lebens sein Stück im Einklang mit dem Ganzen zu spielen. Dies erfordert jedoch zuerst einmal, sich mit der Frage auseinanderzusetzen, wer Sie sind, an welcher Position Sie sich befinden und wie Sie gemeint sind. Genau das ist positiv: akzeptieren, was ist, und sich daraus weiterentwickeln.*

Übung: Beobachten Sie im Alltag immer wieder Ihre Empfindungen und Gedanken und fragen Sie sich, ob sie stimmig, konstruktiv und der Situation angemessen sind oder nicht.

---

* Weitere Informationen zum Thema »Was ist positives Denken?« in: Kurt Tepperwein: *Verwirklichen. Vom positiven Denken zum positiven Leben*. München 2006.

Esther und Jerry Hicks
Hindernisse auf dem Weg

Du bist nicht auf der Welt, um irgendjemandem irgendetwas zu beweisen

Ein besseres Verständnis des schöpferischen Prozesses ist für dich von großem Vorteil, wenn du die Kontrolle über dein Leben erlangen möchtest. Dein inneres Wesen weiß, dass jedes Wesen, das sich gegenwärtig verkörpert hat, die Kontrolle über seine Erfahrungen erlangen möchte. Wir werden deshalb jetzt über die beiden Haupthindernisse auf dem Weg zur bewussten Kontrolle sprechen.

Das größte Hindernis im Prozess des bewussten Erschaffens ist der Einfluss anderer Menschen. Wenn du durch die Gedanken anderer stimuliert wirst, fängst du an, über deren Gedanken nachzudenken, und beginnst damit, in Richtung ihrer Gedanken zu erschaffen. Aufgrund des Gesetzes der Anziehung wirst du Gedanken denken, die sich mit denen der anderen im Einklang befinden. Wenn dir nicht in jedem Augenblick ganz klar ist, was deine Absichten sind und was du willst, wirst du durch die Gedanken, Worte oder Handlungen anderer Menschen dahingehend beeinflusst werden, etwas zu erschaffen, was du gar nicht willst.

Das zweite Hindernis ist der Einfluss deiner eigenen Gewohnheiten, die zu einer Zeit geformt wurden, als deine Intentionen andere waren, als es deine heutigen sind. Wenn du aus Gewohnheit reagierst statt aufgrund einer bewussten, auf die gegenwärtige Situation zugeschnittenen Entscheidung, kann es sein, dass du in eine andere – womöglich sogar die entgegengesetzte – Richtung erschaffst als die, die du eigentlich wolltest.

Deine Gedanken sind machtvolle Schöpfer und deine Worte haben noch mehr Macht als deine Gedanken. Aber machtvoller als Worte und Gedanken sind deine Taten. Jeder Gedanke fängt klein an, aber je mehr Aufmerksamkeit du ihm schenkst, desto größer wird er. Und irgendwann wirst du ihn aussprechen. Und ein Gedanke, der ausgesprochen wurde, führt irgendwann zu einer Handlung.

Da deine Handlungen immer durch deine dominanten Intentionen bestimmt werden, ist es äußerst wichtig, dass du dir in jedem Augenblick darüber im Klaren bist, welche Intentionen du zurzeit hast. Wenn du dir nicht die Zeit nimmst, deine dominanten Intentionen zu identifizieren und zu formulieren, dann kann dein Schöpfungsprozess leicht durch andere Menschen oder durch deine alten Angewohnheiten beeinflusst werden.

Eine Übung in schöpferischer Kontrolle

Werde dir der verschiedenen Abschnitte bewusst, in die sich dein Tagesablauf auf ganz natürliche Weise unterteilt. Da es nicht zwei Menschen gibt, die exakt dieselbe Unterteilung und denselben Tagesablauf haben, wollen wir dir hier ein Beispiel geben.

Die Zeit, die du morgens nach dem Aufwachen noch im warmen Bett verbringst, ist ein solcher Abschnitt. Einen weiteren Abschnitt bildet die Zeitspanne, die du nach dem Aufstehen noch zu Hause verbringst, bevor du zur Arbeit gehst oder mit deinen sonstigen Aktivitäten beginnst. Die Fahrt zum Arbeitsplatz ist ein weiterer Abschnitt. Wenn du den Telefonhörer abnimmst, um dich mit jemandem zu unterhalten, oder wenn jemand in dein Büro kommt, der etwas von dir will, beginnt jeweils ein neuer Tagesabschnitt.

Es wird dir leichter gelingen, die bewusste Kontrolle über dein Leben zu erlangen, wenn du dir klarmachst, wann jeweils ein neuer Abschnitt beginnt, und wenn du einen Augenblick darüber nachdenkst, was deine Intention für diesen speziellen Zeitabschnitt ist – also was du während dieser Zeit vor allem erreichen, haben oder tun möchtest.

Du bist ein Wesen mit vielen unterschiedlichen Intentionen und keine davon gilt für dein ganzes Leben. Einige mögen in bestimmten Situationen angemessener sein und manche in anderen. Es ist daher notwendig, dass du herausfindest, welche Intentionen dir im Augenblick am wichtigsten sind, damit du die Kontrolle über deine Lebensumstände erlangst.

Wenn du ins Auto steigst und dich anschnallst, dann denke an Sicherheit, Konzentrationsvermögen und die Fähigkeit, die Absichten anderer Fahrer frühzeitig zu erkennen. Offensichtlich ist es angemessener, beim Einsteigen ins Auto an Sicherheit zu denken, als wenn du zu Hause ein Buch liest.

Bevor du das Telefon zur Hand nimmst und jemanden anrufst, denke einen Augenblick darüber nach, was dir in der Kommunikation mit dieser Person am wichtigsten ist. Denke an klare Gedanken, passende Worte und klaren Ausdruck. Denke wenn nötig daran, die Unterhaltung kurz zu halten. Denke daran, den Anrufer aufzumuntern. Offensichtlich ist es angebrachter, an klaren Ausdruck zu denken, wenn du ein Telefongespräch führst, als wenn du allein im Swimmingpool schwimmst.

Die meisten von euch nehmen sich nicht die paar Sekunden Zeit, die es braucht, um sich darüber klar zu werden, was sie überhaupt wollen, und schon gar nicht, was sie in einer speziellen Situation wollen. Aber nur wenn du jeden Abschnitt und jede Intention klar identifizierst und formulierst, wirst du die bewusste Kontrolle über dein Leben erlangen.

Nun wirst du sagen, es sei sehr umständlich und unpraktisch, jeden Augenblick innezuhalten, um herauszufinden, was dir im Moment am wichtigsten ist, aber es ist wohl nicht so unpraktisch, den Tag in Abschnitte einzuteilen und dir zu Beginn des jeweiligen Abschnitts ein paar Sekunden lang zu überlegen, was du erreichen, haben oder tun möchtest.

Schon bald wirst du es leicht finden, den Anfang eines jeden neuen Abschnitts zu erkennen, und die paar Sekunden, die du brauchst, um zu formulieren, was du möchtest, werden dein Leben sogar effizienter gestalten, weil du nun mehr Zeit hast, genau die Dinge zu tun, die du wirklich tun willst. Und du wirst am Ende eines jeden Tages erfüllter und zufriedener sein, weil du das empfangen hast, was du auch beabsichtigt hast.

Erhard Freitag und Carna Zacharias
Probleme sind Geschenke

Lebenssituationen

Hier eine kleine Geschichte, die Dr. Joseph Murphy gern erzählte – eine wahre Geschichte natürlich.

»Es waren einmal Zwillingsschwestern. Sie hatten etwa zur gleichen Zeit geheiratet und waren zufriedene Ehefrauen.

Nach einigen Jahren jedoch wurden sie beide plötzlich von ihren Ehemännern verlassen. Die eine der Schwestern nahm daraufhin ihren alten Beruf wieder auf und hielt unerschütterlich an der Überzeugung fest, dass ihr aus dieser Situation nur Gutes erwachsen könne. Sie lernte bald einen anderen Mann kennen, und heute ist sie glücklich verheiratet. Die andere Schwester dagegen sah nur ihren Verlust und schwelgte in wachsenden Hass- und Rachegefühlen. Sie zog sich eine schwere Arthritis zu, und ihr Leben besteht aus endlosen Leiden.«

Hatte die eine Schwester nur Glück? Ja, das hatte sie. Aber kein unverdientes, sondern ein Glück, das sie selbst herbeigeführt hatte. Sie beherrschte nämlich die wahre Kunst des Lebens: Sie wusste, wie man aus jeder Situation etwas Gutes macht. Das ist nicht gleichbedeutend mit »das Beste daraus machen«. Denn das heißt ja nur, dass man sich mit Anstand in eine schlechte Situation fügt. »Etwas Gutes« bedeutet tatsächlich, dass man die unerwünschte Situation in ihr Gegenteil verkehren kann. Oder, noch klarer ausgedrückt: Es gibt keine objektiv schlechte Situation, sondern erst deine Meinung darüber macht sie dazu. Erst wenn du klagst und schimpfst, in Selbstmitleid schwelgst, dem anderen die Schuld zuschiebst, wird aus deiner gefährdeten Ehe eine Katastrophe, wird aus deinem schlecht gehenden Geschäft eine Pleite.

Vielleicht festigt die Krise deine Ehe, oder eine Scheidung macht den Weg frei für ein wirkliches Liebesglück. Vielleicht öffnet dir ein geschäftlicher Misserfolg den Geist für andere, viel gewinnbringendere Ideen.

Möglicherweise wendest du jetzt ein: Es gibt aber doch objektiv schlimme Situationen, zum Beispiel den Tod eines geliebten Menschen oder körperliche Behinderung. Einerseits ja, aber frag einmal Menschen, die das erlebt haben oder erleben: Auf die Todeserfahrung, nach der tiefen Trauer, folgt die Wiedergeburt; dem körperlich Behinderten eröffnen sich seelische und geistige Dimensionen, die uns in unserer »Normalität« manchmal verschlossen bleiben. Auch hier schaffst du durch Bewertung Begrenzung, urteilst du. Indem du urteilst, verurteilst du, wo ein Richter ist, ist auch Leiden.

Wir sind gerne Opfer

Bist du ein Opfer? Wenn du nur tief genug in dich hineinschaust und ehrlich zu dir bist, wirst du erkennen, dass es stimmt. Der Grund dafür liegt in unserer Erziehung. In unserem Kulturkreis werden dem kleinen Kind ständig durch Androhung von Strafen Grenzen gesetzt. Wenn du das tust, dann ... Wenn du das nicht tust, dann ... Das Kind lernt, auf Bestrafung zu warten. Es hat ständig Angst vor Bestrafung, es *erwartet* Bestrafung, also bekommt es Bestrafung. Später, wenn man erwachsen ist, glaubt man nicht mehr, dass die Eltern strafen, aber man hat Angst davor, dass die Strafe von Gott, vom »Schicksal«, von den anderen kommt. Der Mechanismus ist der gleiche geblieben: Erstens: Empfindest du dich als Opfer, dann erwartest du Strafe, dann benimmst du dich entsprechend und es muss das, was du befürchtest, über dich kommen. Dieser Teufelskreis schließt sich, wenn du dann noch sagst: Ich habe gewusst, dass es so kommt, immer auf die Kleinen.

Opfer zu sein, bringt gewisse Bequemlichkeiten mit sich. Man kann seine Hände in Unschuld waschen, man ist gut, rein und edel, eine zarte, verwundete Seele, die das Äußerste von Mitgefühl für sich beanspruchen darf. Schlecht und böse sind die anderen oder »das Schicksal«. (Ich würde ja mögen, aber lassen haben sie mich nicht gewollt.)

In dem Augenblick, in dem du dich entscheidest, kein Opfer mehr zu sein, musst du etwas sehr Schwieriges tun: Du musst die Verantwortung für dich selbst übernehmen. Du musst akzeptieren, dass alle Probleme, Schwierigkeiten, alles »Böse« und »Schlechte« in dir selbst und keineswegs bei »den anderen« ist. Und weil das sehr viel Mut erfordert, weil diese Erkenntnis ein Leben nie mehr so sein lässt, wie es war, ziehen die meisten Menschen es vor, Opfer zu bleiben. Alle Lebenssituationen, die wir im Folgenden skizzieren, fordern im Grunde von dir die gleiche Seelenarbeit; wir fassen sie noch einmal in drei Schritten zusammen:

1. Erkenne, dass du nicht Opfer bist, sondern allenfalls eine Opferrolle *spielst.*
2. Löse dich von dieser Rolle und übernimm die *Verantwortung* für die Situation.
3. Arbeite das Gute an dieser Situation heraus, entdecke, welche Einsichten, welche *Chancen zur Weiterentwicklung* sie dir schenkt.

Glück ist entlarvtes Leid

Alles Leiden ist ein Mittel, das einen Zweck erfüllt. Der Zweck ist Leben, und das möglichst im Einklang, in der Harmonie des Teils mit dem Ganzen. Probleme, sagt man, sind Geschenke, die wir uns machen, um zu all den Erkenntnissen zu gelangen, die wir brauchen, um unser Leben zu erfüllen. Und Erkenntnis ist ein Fortschreiten in der geistigen Evolution, ist der Weg, den Sinn unseres Seins zu finden. Natürlich könnten wir auch ohne Probleme, ohne Leiden Erkenntnis erlangen, doch dazu sind nur sehr wenige von uns in der Lage. Oft sind wir geradezu unglaublich faul. Haben wir einmal einen winzigen Augenblick eine winzig kleine Erkenntnis gewonnen, so wollen wir uns darauf ausruhen. Doch das Leben ist ein erkenntnisschaffender Prozess, es schreckt uns aus unserem selbstzufriedenen Dösen auf – indem es uns ein Problem schickt. Probleme sind sozusagen Erziehungsmaßnahmen der Evolution, und das Leiden daran ist die Peitsche. Auf Leiden reagiert jeder, je nach Dickfelligkeit oder Sensibilität früher oder später. Leidest du, dann wirst du in irgendeiner Weise aktiv werden, dann bist du auf dem besten Weg, eine Erkenntnis zu gewinnen, deine Einstellung wird sich ändern und es wird hell um dich.

Diese andere Einstellung wird deine Erfahrungen verändern und der Erfahrene geht den Weg des geringsten Widerstandes. Ändere die Einstellung hin zum Guten, und deine Erfahrungen werden besser sein!

Oft sind wir nicht bereit, Leiden auf uns zu nehmen. Wir schieben es möglichst weit weg, wir sagen oftmals sogar, wie gut es uns geht, behaupten, da gäbe es gar kein Leid. Wir verdrängen, was uns nicht gefällt. Dabei sollten wir wissen: Wer heute den Kopf in den Sand steckt, der knirscht morgen mit den Zähnen. Alles, was wir verdrängen, addiert sich, wird dadurch größer, und schließlich kehrt es in viel schlimmerer Form zurück. Wenn du noch durch Leiden lernen musst, dann geh wenigstens ganz durch das Leiden hindurch, fühle es, spüre es in jeder Faser deines Seins, akzeptiere es. Wenn du das tust, wirst du die Erfahrung machen, dass Leiden überflüssig wird und dann letztlich nicht mehr »vonnöten« ist.

Wenn du in deinem Leben zurückblickst, willst du gerade die größten Leidenserfahrungen nicht missen, weil sie dir auch die größten Erkenntnisse gebracht haben. Und wenn du begreifst, dass es diese Erkenntnisse sind, auf die es eigentlich ankommt, dann wirst du beschließen, deine Arbeit freiwillig zu tun. Du wirst wieder in alte Gruben fallen, doch wenn du dein Ziel vor Augen hast, immer seltener. Bis du eines Tages vielleicht die Peitsche nicht mehr brauchst und Zuckerbrot bekommst …

Wie du der Negativität anderer begegnest

Wir alle sind als Kinder durch negative Äußerungen kleiner gemacht worden, als wir schon waren. Da hat jemand, dem wir Autorität gaben, gesagt: »Aus dir wird nie etwas. Du wirst jeden Tag dümmer. Das kannst du nicht. Du bist nicht hübsch genug. Du bist nicht artig genug. Du bist ein Versager.« Heute nehmen wir diese Behauptungen scheinbar nicht mehr ernst, doch unsere Selbstsicherheit ist allzu oft nur oberflächlich. Tief innen haben wir oftmals massive Minderwertigkeitsgefühle, fürchten, dass es vielleicht doch wahr sein könnte, was uns so oft und auch so eindringlich gesagt worden ist. Und immer, wenn eine neue Aufgabe auf uns zukommt, flüstert eine Stimme in uns: »Das schaffst du nicht. Du bist nicht attraktiv genug. Das kannst du nicht …« Nur ganz wenige Kinder werden in ihren jungen, entscheidenden Jahren beglaubigt, die meisten werden stattdessen überwiegend bezweifelt.

Nun kannst du für den Rest deines Lebens deine Eltern für deine Misserfolge verantwortlich machen, doch dadurch löst sich der »negative Bann«, der über dir liegt, nicht auf. Im Gegenteil. Je mehr du deine Eltern anklagst, desto mehr bestätigst du gerade ihre Aussagen über dich. Um dich aus der Negativität zu befreien, ist es richtiger, deine Eltern loszulassen, in Frieden zu entlassen. Sie haben dir all diese negativen Behauptungen um die Ohren gehauen, weil sie ihre eigene Negativität auf dich geworfen haben, weil sie nicht wussten, was sie taten und damit anrichteten. Keinesfalls sind ihre Urteile über dich wahr, die düsteren Prophezeiungen über deine Zukunft erfüllen sich nur insoweit, als du ihnen erlaubst, sich zu erfüllen.

Alles hat nur die Macht, die ich ihm verleihe. Jede negative Äußerung eines anderen über mich hat also nur die Macht, die ich ihr verleihe. Oder, wie Dr. Joseph Murphy es ausdrückt: »Ihr Unterbewusstsein akzeptiert von zwei Ideen jeweils die dominierende.« Eine wirklich selbstbewusste Frau wird deshalb nur lachen, wenn man sie eine »Emanze« schimpft, oder ein erfolgsgewohnter Geschäftsmann mit unerschütterlichem Vertrauen in sich selbst amüsiert sich nur, wenn man ihn einen Versager nennt.

Stell dir vor, negative Affirmationen werden in einer fremden Sprache gesprochen. Sie erreichen dich einfach nicht, die Botschaft kommt bei dir nicht an. Was nicht zutrifft, trifft nicht, was nicht trifft, trifft nicht zu. Ein Sprichwort sagt: »Nur wem der Schuh passt, der zieht ihn sich an.«

Sei jemand, der auf negative Schwingungen nicht reagiert, sei kein Resonanzkörper für Negativität. Wenn dich jemand dumm anredet, dann schau um dich und frag: »Mit wem hast du gesprochen? Ich sehe niemanden. Führst du Selbstgespräche?«

Andererseits kannst du an der Art, mit der du auf negative Urteile anderer reagierst, sehr gut deine schwachen Punkte erkennen. Gehst du an die Decke, wenn jemand dir vorwirft, dass du geizig bist? Dann glaubst du im Grunde, dass du geizig bist. Wirst du sauer, wenn dir jemand sagt, dass du nicht ganz richtig im Kopf bist? Dann hast du im Geheimen genau diese Befürchtung …

Peter Malinowski
Schwierigkeiten meistern

All dies mag sich gut anhören, solange es uns gut geht. Was aber, wenn die Dinge nicht so gut laufen und wir Schwierigkeiten ausgesetzt sind? Sehen wir jemanden in bedrohlicher Weise auf uns zueilen, dann können wir uns rüsten, einen breitbeinigen festen Stand einnehmen, unser Gewicht verlagern und so dem bevorstehenden Schub Widerstand leisten, wir können Ausweichmanöver einleiten, oder – wie es Aikido oder Tai-Chi lehren – die Energie des Angreifers zu unserem eigenen Vorteil umleiten. Sehen wir die Gefahr jedoch nicht kommen, dann sind wir dem Angriff fast hilflos ausgeliefert und werden leicht aus der Bahn geworfen. Ähnlich sieht es mit Schwierigkeiten unseres Lebens aus. Sie sind so schwierig, weil wir sie meist nicht vorhersehen und daher nicht vorbereitet sind. Wir werden überrascht und verlieren unser inneres Gleichgewicht.

Wissen, was ist

Der erste Ratschlag für den Umgang mit Schwierigkeiten ist daher, unsere Situation so gut es geht zu verstehen. Können wir auch nicht jedes Problem, jeden Schmerz und jedes Leid vorhersehen, so hilft es doch, ein paar grundlegende Dinge zu verstehen. Was unser Thema, *Flourishing** und Glück, angeht, so

* *Flourishing*, zu Deutsch: Aufblühen; der Begriff fasst die verschiedenen Aspekte zusammen, die ein erfülltes, lebenswertes Leben ausmachen. Vgl. Peter Malinowski: *Flourishing*, S. 18.

haben wir in den vorherigen Kapiteln gesehen, wie viel von unserer Wahrnehmung vom Ausmaß innerer Freiheit und Flexibilität abhängt. Können wir eine Situation mit Abstand und Gewissheit so sehen, wie sie ist, sind wir in einer deutlich besseren Position und werden weniger leicht unser Gleichgewicht verlieren und uns in einer Abwärtsspirale verfangen.

Eine bekannte und äußerst lehrreiche Geschichte aus dem Leben Buddhas macht deutlich, wie ein breiteres, überpersönliches Verständnis unserer Situation in Schwierigkeiten eine echte Hilfe sein kann.

Exkurs: Die Geschichte von den Senfkörnern

Kisa Gautami war eine junge, glücklich verheiratete Frau, die ein recht wohlhabendes Leben führte. Als ihr Sohn etwa ein Jahr alt war, erkrankte er schwer und starb kurz darauf. Die Mutter verzweifelte vor Trauer über den Tod ihres einzigen Kindes. Wehleidend und schluchzend nahm sie ihr totes Baby in die Arme und ging von Haus zu Haus, um zu fragen, wie man das Baby wieder zum Leben erwecken könne. Natürlich konnte ihr niemand helfen, doch Kisa Gautami gab nicht auf. Nach einer Weile traf sie jemanden, der ihr riet, zu Buddha zu gehen.

Dem Ratschlag folgend suchte sie Buddha auf und klagte ihm, noch immer schluchzend und das Baby tragend, ihr Leid. Der Buddha hörte sich ihre Geschichte voller Mitgefühl an und sagte: »Kisa Gautami, es gibt nur einen Weg, wie man dein Problem lösen kann. Geh und finde ein paar Senfkörner von einer Familie, in der es noch keinen Tod gegeben hat.« Voller Hoffnung machte die junge Frau sich sofort auf den Weg, um diese Senfkörner zu finden. Doch wohin sie auch kam, wen sie auch fragte, wie lange sie auch suchte, überall war schon mal jemand gestorben. Natürlich konnte sie keine einzige Familie finden, in der es noch keinen Todesfall gegeben hat.

Mit der Zeit erkannte sie, dass Tod und Verlust, wenn auch schwierig auszuhalten, so doch ein unvermeidbarer Teil des Lebens sind. Als sie verstand, dass eine geliebte Person zu verlieren weniger persönlich ist, als sie bisher fühlte, konnte sie ihre Trauer, die sie vorher fast in den Wahnsinn getrieben hatte, langsam überwinden. Sie kümmerte sich um die Bestattung ihres toten Kindes und kehrte dann zu Buddha zurück, um seine Schülerin zu werden.

Die Erfahrung, die die junge Frau auf der Suche nach einer Familie ohne Todesfälle machte, öffnete ihr die Augen und ließ sie, selbst in einer der schwierigsten Situationen, die man sich vorstellen kann, verstehen, dass unser Leid nicht so persönlich ist. Vielleicht kennen Sie das auch aus eigener Erfahrung. Geht es uns wirklich schlecht und leiden wir, entsteht leicht das Gefühl, ungerechtfertigt leiden zu müssen, und der Vorwurf, warum gerade wir leiden müssen: »Warum ich? Warum geht es mir so schlecht und warum hat sich die ganze Welt gegen mich verschworen?« Sind wir aber in der Lage zu sehen, dass dem eigentlich nicht so ist, wir nicht die Zielscheibe sind und dass ähnliches oder größeres Leid die Regel, nicht die Ausnahme unseres menschlichen Daseins ist, dann relativiert sich dieses Gefühl. Damit löst sich der Schmerz nicht automatisch auf, doch eine realistische Perspektive erlaubt es uns, auch andere Dinge wahrzunehmen und aus dem fatalistischen Teufelskreis auszubrechen. Schauen wir uns auch kurz an, in welcher Weise Buddha der Frau geholfen hat, zu dieser Erkenntnis zu gelangen. Stellen Sie sich vor, er hätte auf ihr Klagen wie folgt geantwortet: »Hör mal zu, Kisa Gautami, dein kleiner Sohn ist tot. Nimm das nicht so persönlich. Vergänglichkeit ist allgegenwärtig und der Tod unserer Geliebten ist ein Teil des Lebens. Das passiert jedem von uns früher oder später.« Eine solche Antwort wäre wohl kaum zu ihr durchgedrungen und hätte ihr, obwohl faktisch nicht falsch, kaum genützt. Mitgefühl benötigt auch Einfühlsamkeit sowie die Weisheit, welche Art von Hilfe in einer Situation angebracht ist.

Was Buddha sehr deutlich sah, war die besondere Kraft der Erfahrung. Ein intellektuelles Verständnis einer Situation kann eine Grundlage sein, wird uns jedoch, wenn es hart auf hart geht, nicht wirklich helfen. Wir können natürlich nicht jede mögliche Erfahrung vorwegnehmen. Integrieren wir aber ein achtsames Mitgefühl in unseren Alltag und werden uns bewusst, wie weitverbreitet Schmerz, Leiden und Verlust ist, so werden wir unsere persönlichen Schwierigkeiten in einem neuen Licht sehen können.

Das Hauptthema dieser Geschichte ist natürlich Tod und Vergänglichkeit und ich denke, es steht stellvertretend für viele Formen des Leidens, denen wir uns ausgesetzt fühlen mögen. Personen, Situationen und Dinge, die uns lieb sind, können nicht für immer bleiben, und Dinge, Situationen und Personen, die uns nicht lieb sind, können wir nicht immer auf Abstand halten.

Daher lassen sich Verlust und Schmerz nicht vermeiden. Es liegt in der Natur aller Phänomene: Sie entstehen und sie vergehen wieder. Doch sich hilflos und ausgeliefert zu fühlen oder diese Wahrheit zu verdrängen, hilft wenig. Vielmehr liegt unsere Möglichkeit darin, zu beeinflussen, wie sehr wir an der Veränderung leiden. Schauen wir der Wahrheit ins Auge, so haben wir eine reale Chance, sinnvoll damit umzugehen und sogar daran zu wachsen.

Sind wir uns der Ungewissheit unseres Lebens gewiss und verstehen, dass das Einzige, was sich niemals verändert, die Tatsache ist, dass sich alles verändert, dann können wir die Oberhand gewinnen. Unsere Erwartungen (und Befürchtungen) werden zunehmend realistischer: Egal wie angenehm (oder unangenehm) eine Erfahrung ist, wir wissen, dass sie nicht bleiben kann!

Auch durch Nicht-wissen-Wollen ändert sich nichts an dieser Tatsache. Wir hätten nur den Nachteil, weniger vorbereitet zu sein. In gleicher Weise, wie das Gesetz der Schwerkraft weder positiv noch negativ ist, ist auch Veränderung weder gut noch schlecht. Fällt uns ein schwerer Stein auf den Fuß oder rutscht uns ein teures Kristallglas aus der Hand, verstehen wir die Auswirkungen der Schwerkraft besser und treffen in der Zukunft Vorkehrungen, in rechter Weise damit umzugehen. Sicherlich käme niemand auf die Idee, nichts über Schwerkraft wissen zu wollen, weil die Erfahrung zu schmerzhaft war. In ähnlicher Weise sind wir in einer besseren Position, wenn wir das Gesetz der Vergänglichkeit verstehen. Es kann Verlust bedeuten, doch ebenso Reichtum und Möglichkeiten. So kann uns noch mehr Positivität daraus erwachsen.

Gingen wir fälschlich davon aus, dass alles so bleibt, wie es ist, dann würde es eigentlich keine Rolle spielen, ob wir unserem Partner heute oder später sagen, wie sehr wir ihn/sie lieben. Verstehen wir jedoch, dass unser Dasein nicht unbegrenzt ist, dann können wir das Beste aus der gemeinsamen Zeit machen. Vergänglichkeit erinnert uns daran, unser Leben zu nutzen und nicht einfach vorbeiticken zu lassen. Achtsamkeit hilft uns, den Reichtum unseres Lebens bewusster zu erfahren, statt uns geistig ständig in Vergangenheit und Zukunft zu verfangen. Ebenso schärft sie unser Mitgefühl und lässt uns deutlicher sehen, dass auch andere Wesen Schwierigkeiten haben. Sie relativiert so unsere Erfahrung.

Vorbereitet sein

Die psychologische Forschung hat sich recht ausführlich mit der Frage beschäftigt, was dazu beitragen kann, dass Menschen erfolgreich mit Schwierigkeiten umgehen können: Was macht uns resilient und wie schaffen es manche, an leidvollen Situationen zu wachsen und mit mehr Sinn und Kraft aus ihnen hervorzugehen?

Obwohl der Schwerpunkt dieser Forschung, wie allgemein in der Psychologie üblich, für lange Zeit vorrangig defizitorientiert war, hat sich mittlerweile herauskristallisiert, dass positive Gefühle auch bei der Bewältigung von Schwierigkeiten eine Rolle spielen. Menschen, die es schaffen, auch in schmerzhaften Situationen wie dem Verlust eines nahen Angehörigen oder Lebenspartners eine positive Lebenseinstellung zu wahren und gute Gefühle zu erleben, scheinen insbesondere auf drei Mechanismen zurückzugreifen: Sie sind in der Lage, eine schwierige Situation neu zu bewerten, sodass sie das Geschehen in einem positiveren Licht erleben oder Sinn darin erfahren können. Sie sehen also das sprichwörtliche Glas eher als halb voll als halb leer. Sie schaffen es, sich auf das wirkliche Problem zu konzentrieren und sich auf konkrete Ziele auszurichten. Damit geht auch einher, dass sie weniger zur Verallgemeinerung neigen und der Schmerz und die Belastung, die sie erleben, sich weniger in andere Lebensbereiche ausdehnt. Eine weitere Fähigkeit besteht darin, auch in normalen Gegebenheiten etwas Bedeutendes und Positives zu sehen.

Befinden wir uns in einer schwierigen, belastenden Situation, dann wäre es daher sicherlich ein guter Rat, sich dieser drei Strategien zu erinnern. Natürlich wird es uns leichter fallen, dies zu tun, wenn wir sie geübt haben oder sie sogar zu einer geistigen Gewohnheit geworden sind. Von buddhistischen Lehrern können wir daher häufig den Ratschlag hören, alle Schwierigkeiten im Leben freudvoll als Lehrmöglichkeit oder Übungsfeld zu betrachten. Steuern wir unser Leben in Richtung *Flourishing*, so werden diese Fähigkeiten fast automatisch erwachen, insbesondere wenn wir uns darum bemühen, eine achtsame, mitfühlende Geisteshaltung zu kultivieren. In der Abbildung sehen wir, welche Einflüsse und Mechanismen beim Umgang mit Schwierigkeiten und in ihrer Bewältigung aus psychologischer Sicht eine Rolle spielen. Im Wesentlichen handelt es sich um ein Modell, wie es üblicherweise in der Stressforschung Verwendung findet. Dabei werden eine Vielzahl sozialer, kognitiver und emotionaler Faktoren und deren Interaktion mit physiologischen Prozessen berücksichtigt. Es würde zu weit gehen, dieses Modell im Detail zu besprechen. Für unseren Zweck ist von Bedeutung, dass es verdeutlicht, welche Faktoren unser Erleben und unsere Reaktion auf schwierige und stressvolle Situationen beeinflussen. So bekommen wir eine Idee davon, wo wir die Möglichkeit haben vorzubeugen und einzugreifen, um Dinge zum Besseren zu verändern.

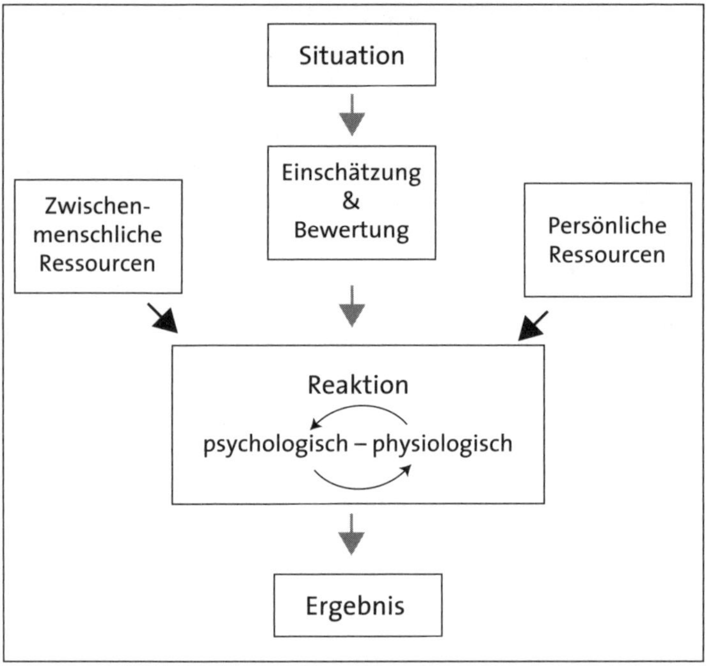

Dreh- und Angelpunkt dieses Modells ist das Wechselspiel psychologischer und physiologischer Reaktionen, die auf eine als bedrohlich oder belastend eingeschätzte Situation folgen. Die drei schon genannten Mechanismen positiver Bewältigung sind hier anzusiedeln. Ebenso zeigt die Forschung recht deutlich, dass die Interaktion zwischen psychologischen und physiologischen Faktoren unsere Gesundheit nachhaltig beeinträchtigen kann. Herz-Kreislauf-Erkrankungen, Osteoporose, Diabetes, Demenz und sogar frühzeitiger Tod werden im direkten Zusammenhang mit den Folgen von anhaltendem Stress gesehen. Besonders schädlich für unsere Gesundheit ist, so zeigt sich, wenn Stress chronisch wird, entweder aufgrund andauernder Belastung durch unsere Lebensumstände (zum

Beispiel Beruf oder eine gefährliche Umwelt) oder weil wir eine chronische Negativbewertung unserer Erfahrungen aufrechterhalten. Biologisch betrachtet ist der Effekt einer solchen chronischen Belastung, dass die physiologische Stressreaktion nicht heruntergeregelt wird und der Körper dadurch kontinuierlich einem gesteigerten Maß an Stresshormonen ausgesetzt ist. Im Gehirn schlägt sich dies besonders im Hippocampus nieder, einem Bereich tief im Inneren, der besonders an Gedächtnisprozessen beteiligt ist und sensitiv für das Stresshormon Kortisol ist. Es wird vermutet, dass die Schädigung des Hippocampus einerseits direkt an der Entwicklung von Demenz beteiligt ist, die resultierenden Gedächtnisschwierigkeiten jedoch zusätzlich zu einer Fehleinschätzung verschiedener Lebenssituationen führen können, was wiederum zu einer Zunahme an chronischem Stress führen kann. Dies ist nur ein Beispiel, in welcher Weise diese Prozesse unsere Gesundheit und unser Leben beeinträchtigen können. Chronische Überlastung kann zudem zu einer zunehmenden Erschöpfung der körpereigenen Stressreaktion führen, sodass das Zusammenspiel mit einer gegenläufigen Entzündungsreaktion außer Balance gerät, was zu einer Anfälligkeit des Immunsystems führt. Der Forschungsbereich der Psychoneuroimmunologie beschäftigt sich ausführlichst damit, wie das Immunsystem und damit unsere Gesundheit durch unser Empfinden, Fühlen und Denken beeinflusst wird. In diesem Zusammenhang ist eine Studie von Interesse, die darauf hindeutet, dass die Schulung in Achtsamkeit auch zu einer Verbesserung der Immunreaktion führt. Teilnehmer an einem achtwöchigen Achtsamkeitskurs (MBSR) wurden zu Beginn mit einem Grippevirus geimpft. Verglichen mit einer Kontrollgruppe zeigte sich bei den Teilnehmern ein schnellerer Anstieg der Abwehrstoffe, den man als eine effektivere Reaktion des

Immunsystems deuten kann. Bisher gibt es jedoch nur eine Studie zu diesem Thema, und wie eine Schwalbe noch keinen Sommer macht, muss man mit der Interpretation einer einzelnen Studie ebenso vorsichtig sein. Da mittlerweile aber eine Vielzahl von Studien nachgewiesen hat, dass Achtsamkeitskurse sehr effektiv unseren erlebten Stress reduzieren können und so unsere Gesundheit positiv beeinflussen, scheint es plausibel, dass sich dies auch in der Funktion des Immunsystems zeigt.

Die Frage der Angemessenheit und Adaptivität unserer Reaktionen auf potenziell belastende Erlebnisse wurde aber auch aus anderer Richtung betrachtet. Anhand verschiedener Tests und Fragebögen wurde ermittelt, wie emotional resilient die einzelnen Teilnehmer einer Studie waren, wie flexibel sie ihren emotionalen Zustand an eine gegebene Situation anpassen können, um so optimal vorbereitet zu sein. Bei emotional resilienten Teilnehmern kehrte auch das Herz-Kreislauf-System nach einer belastenden Situation schneller in den Ruhezustand zurück. Ein ähnlicher Effekt war zudem in Veränderungen der Gehirnaktivität in einem Bereich, der als Inselkortex *(insula)* bezeichnet wird, feststellbar. Von diesem Gehirnbereich weiß man, dass er an der Verarbeitung emotionaler Information beteiligt ist und seine Aktivität zum Beispiel bei Erwartungsangst erhöht ist. In dieser Studie zeigte sich, dass sich bei Teilnehmern mit geringer emotionaler Resilienz die Aktivität im Inselkortex sehr schnell erhöhte, wenn sie erwarteten, dass ihnen sehr unangenehme Bilder (beispielsweise verstümmelte Körper) dargeboten würden. Zudem flachte diese Aktivität nur sehr langsam ab. Bei Teilnehmern mit hoher emotionaler Resilienz war der Anstieg der Aktivität deutlich geringer und die Aktivität kehrte schnell wieder zum Ruhezustand zurück. Die emotionale Flexibilität der Probanden war demnach direkt mit physiologischen Prozessen und spezifischer Gehirnaktivität verbunden. Erste Studien legen weiterhin nahe, dass die Fähigkeit, die eigenen Emotionen in angebrachter Weise anzupassen, durch das Vorhandensein positiver Emotionen gesteigert wird. Auch die Fähigkeit, selbst in negativen Situationen eine Bedeutung zu sehen, trug dazu bei. Ist unsere emotionale Reaktion flexibel und angemessen, so ist es viel weniger wahrscheinlich, unter chronischer Belastung zu leiden. Der *Broaden-and-Build*-Effekt scheint also eine gute Grundlage für die Entwicklung emotionaler Resilienz zu sein. Diese Ergebnisse sind aus zwei weiteren Gründen hochinteressant. Zum einen zeigen erste Studien, dass der Inselkortex durch Meditationspraxis in Struktur und Funktion veränderbar scheint, und zum anderen scheint ein Ratschlag zum Umgang mit Schwierigkeiten, den ich mehrmals von Lama Ole bekommen habe, hier wissenschaftlich untermauert zu werden.

Schauen wir uns zuerst an, was wissenschaftliche Studien zu dem Zusammenhang zwischen Inselkortex und Meditation zu sagen haben. Zwei Studien haben untersucht, in welcher Weise sich Gehirnstrukturen von Meditierenden und Nichtmeditierenden unterscheiden. Es wurde deutlich, dass Meditierende mit ausgiebiger Erfahrung in einer Form von Achtsamkeitsmeditation (*Vispassana*/Einsichtsmeditation) in verschiedenen Arealen eine deutlich dickere Gehirnrinde (Kortex) hatten und dass die Konzentration der grauen Substanz (Bereiche, die vorrangig aus Nervenzellkörpern bestehen) in verschiedenen Bereichen ebenfalls deutlich erhöht war. Im Inselkortex war der Unterschied zwischen Meditierenden und Nichtmeditierenden in beiden Studien besonders deutlich ausgeprägt. Weitere Studien deuten auf die funktionelle Bedeutung solcher Unterschiede hin. Konzentrierten sich Probanden, die an einem achtwöchigen Achtsamkeitskurs (MBSR) teilgenommen hatten, auf gegenwärtige Erfahrungen, so war eine deutliche Abnahme der Gehirnaktivität im dorsomedialen präfrontalen Kortex zu beobachten. Dieser Bereich des Gehirns, der an der Mittellinie im vorderen Teil des Gehirns liegt, ist unter anderem eng mit der emotionalen Bewertung unserer Erlebnisse in Bezug auf unser Selbst verbunden. Demgegenüber nahm die Aktivität in einem Netzwerk von Gehirngebieten in der rechten Gehirnhälfte zu, wobei der Inselkortex besonders deutlich beteiligt war. Dieses Netzwerk wird mit einer Bewusstheit körperlicher Empfindungen in Zusammenhang gebracht, die emotional eher neutral ist. Bei den Meditierenden war die Aktivität, die mit einer emotional bewertenden Ich-Vorstellung zu tun hat, von der eher neutraler Bewusstheit körperlicher Prozesse zu einem gewissen Grad entkoppelt. Dass diese Entkoppelung auch Bedeutung für die Gefühlsverarbeitung hat, zeigte eine weitere Studie. Nach Teilnahme an dem gleichen Programm zur Entwicklung von Achtsamkeit wurde den Probanden ein Film gezeigt, von dem man weiß, dass er auf die Tränendrüsen drückt, Traurigkeit auslöst. Obwohl die Meditierenden und die Kontrollgruppe vom gleichen Ausmaß an Traurigkeit berichteten, unterschied sich ihre Gehirnaktivität deutlich. Wiederum war das Netzwerk in der rechten Gehirnhälfte, einschließlich des Inselkortex, nur bei den Meditierenden aktiv. Alle Teilnehmer hatten zudem vorher einen Depressionsfragebogen ausgefüllt. Die so ermittelten individuellen Depressionswerte wurden nun in Zusammenhang mit der Gehirnaktivität gebracht: Je niedriger der Depressionswert war, umso höher war die Aktivität im Inselkortex. In der Gehirnaktivität bildet sich demnach die Fähigkeit ab, sein Erleben bewusst vom emotionalen Ich-Bezug zu befreien, indem wir unsere Erfahrung auf eine weniger zwingende Ich-Erfahrung verlagern.

In einer weiteren Studie zeigte sich, dass der Inselkortex auch bei der Entwicklung von Mitgefühl eine Rolle spielt. Bei Langzeitmeditierenden der tibetisch-buddhistischen Tradition waren während einer Mitgefühlsmeditation die Aktivität im Inselkortex (insbesondere in der linken Gehirnhälfte) und die Herzschlagrate besonders deutlich gekoppelt. Die Herzschlagrate war erhöht, wenn auch die Aktivität im Inselkortex erhöht war. Zudem entsprach die Gehirnaktivität, die bei den Probanden während der Meditation beobachtet wurde, im Großen und Ganzen dem Aktivitätsmuster, das auftritt, wenn Probanden gebeten werden, sich den Schmerz einer anderen Person bildhaft vorzustellen. Die Entwicklung von Mitgefühl scheint sich also sowohl auf körperlicher Ebene (Herzschlag) als auch auf der Ebene der Gehirnaktivität (Inselkortex) auszudrücken.

Da der Inselkortex eine so wichtige Rolle bei der Veränderung emotionaler Verarbeitungsmuster durch Achtsamkeits- und Mitgefühlsmeditationen spielt und wir zudem gesehen haben, dass die Flexibilität der Inselkortexaktivität mit emotionaler Resilienz in Verbindung gebracht wird, können wir Folgendes vermuten: Die emotionale Freiheit, die sich durch Meditation erreichen lässt, drückt sich in gewissem Maße in Veränderungen des Inselkortex und mit ihm in Verbindung stehenden Gehirnbereichen aus.

Doch kommen wir von unserem Ausflug ins Gehirn und der Betrachtung grundlegender Mechanismen zu konkret umsetzbaren Aspekten zurück. Wie ich vor unserem Exkurs erwähnt habe, stehen die Ergebnisse zum erfolgreichen Umgang mit belastenden Situationen in direktem Zusammenhang mit einem Ratschlag, den Lama Ole zu diesem Thema gibt. Wie schon erwähnt raten buddhistische Lehrer generell, jede Schwierigkeit als Gelegenheit für Lernen und Wachstum zu sehen. Lama Ole wird an diesem Punkt noch etwas konkreter. Schaffen wir es, unangenehme Situationen durchzustehen und sinnvoll mit ihnen umzugehen, dann, so sagt er, werden wir fast automatisch zu Fachleuten auf dem Gebiet. Haben wir selbst eine Situation durchlebt und Schwierigkeiten am eigenen Leib erfahren, so werden wir in der Lage sein, anderen Menschen in ähnlichen Situationen in viel besserer und überzeugenderer Weise zu helfen als jemand, der nur in einem Buch über die theoretische Möglichkeit eines solchen Problems gelesen hat. Und, so fügt der Lama hinzu, sehr bald nachdem wir eine Schwierigkeit gemeistert haben, werden wir uns in einer Situation wiederfinden, in der unsere gewonnene Erfahrung und Expertise benötigt wird. Das hörte sich für mich zuerst nach einer netten, trostreichen Perspektive an, doch – und das erstaunt mich noch immer – stellte ich zu meiner Überraschung nach einiger Zeit fest, wie wahr und präzise diese Aussage ist. Mehrmals nur wenige Tage nach Überwindung einer Schwierigkeit, wenn ich emotional wieder mehr Freiraum hatte, suchte ein Freund oder Bekannter Rat und Unterstützung, und zwar genau zu dem Thema, zu dem ich kurz vorher nichts von Bedeutung hätte beitragen können. Durch diese Beobachtung sensibilisiert, forschte ich etwas nach und stellte fest, dass einige meiner Freunde genau die gleiche Erfahrung gemacht hatten. Ist man grundlegend von dem Wunsch, anderen Menschen zu helfen, motiviert, scheinen sich die Möglichkeiten, dies auch umzusetzen, in vielfältiger Weise zu eröffnen. Und sicherlich kann man sich gut vorstellen, dass auch Kisa Gautami nach der Erfahrung mit ihrem verstorbenen Kind ein wirklich vertrauenswürdiger Ratgeber für andere Mütter in einer ähnlichen Situation gewesen ist.

Praktische buddhistische Weisheit gibt hier offensichtlich einen Ratschlag, der völlig im Einklang mit psychologischen

Erkenntnissen ist: Wir können eigene Schwierigkeiten besser bewältigen, wenn wir sie in einem größeren Zusammenhang sehen und ihnen etwas Positives abgewinnen. Haben wir grundlegend eine eudämonisch ausgerichtete Lebensvorstellung und den Wunsch, ein bedeutungsvolles Leben zu führen, das auch anderen Wesen nutzt, dann wird es uns offensichtlich viel leichter fallen, Schwierigkeiten als Möglichkeiten für Wachstum zu sehen.

Dies bringt uns gleich zu einem weiteren Aspekt, der mit einer erfolgreicheren Problembewältigung zu tun hat. Die Forschung zeigt, dass instabile Beziehungen und Unsicherheit bezüglich der eigenen sozialen Beziehungen bedeutende Risikofaktoren sind und es viel wahrscheinlicher machen, dass jemand unter einer Lebenskrise leidet und diese einen negativen Ausgang findet. Die Umkehrung davon ist natürlich, dass soziales Engagement und soziales Eingebundensein zu den Faktoren gehören, die es leichter machen, Schwierigkeiten relativ unbeschadet zu überstehen. In unserem Schaubild ist dieser Aspekt auf der linken Seite als zwischenmenschliche Ressourcen beschrieben.

Die Bedeutung sozialer Verbindungen wird in einer faszinierenden Untersuchung deutlich zum Ausdruck gebracht. In einer Langzeitstudie wurden über mehr als 30 Jahre etwa 12 000 Personen untersucht, die alle Teil eines ausgedehnten Netzwerks waren. Es zeigte sich, dass die Wahrscheinlichkeit, selbst glücklich zu sein, um 15 Prozent erhöht war, wenn einer der direkten Kontakte glücklich war. Doch die Wirkung war noch breiter: War ein indirekter Kontakt ersten Grades glücklich (nur eine Person Abstand im Netzwerk), war die Wahrscheinlichkeit, glücklich zu sein, noch immer um 10 Prozent erhöht. Und selbst wenn nur ein Freund eines Freundes eines Freundes glücklich war, war es um 6 Prozent wahrscheinlicher, dass jemand auch glücklich war. 6 Prozent scheint unbedeutend. Daten der gleichen Studie zeigen jedoch, dass ein Anstieg im Jahreseinkommen um 10000 Dollar die Wahrscheinlichkeit, glücklich zu sein, um nur 2 Prozent erhöhte. Man kann sich daher sehr wohl fragen, wie viel Energie man in soziale Beziehungen investieren will.

Weitere Studien zeigen auch, dass das Risiko, an einer Herz-Kreislauf-Erkrankung zu sterben, bei Menschen mit weniger sozialen Kontakten fast doppelt so hoch ist und – obwohl die Wahrscheinlichkeit, sich zu infizieren, geringer ist – es doppelt so wahrscheinlich ist, dass sie sich eine Erkältung einfangen. Sind wir glücklich verheiratet, so ist dies ebenfalls gut für unsere Gesundheit. In einer Studie wurden 42 Ehepaaren kleine Wunden am Arm zugefügt, und der darauf folgende Wundheilungsprozess wurde genau verfolgt. Bei den Ehepaaren, die von Feindseligkeiten in ihrer Beziehung berichteten, dauerte der Wundheilungsprozess fast doppelt so lange wie bei den nicht belasteten Paaren. Insgesamt deuten Daten sogar darauf hin, dass die Qualität unserer sozialen Beziehungen einen stärkeren Einfluss auf unsere Gesundheit hat als die anderen Risikofaktoren, vor denen die Wissenschaft warnt.

Doch wie wir wissen, sind zwischenmenschliche Beziehungen nicht immer positiv und können sogar Ursache für schwerwiegendste Belastungen sein, insbesondere wenn wir uns schlecht oder ungerecht behandelt fühlen und der Negativität einer anderen Person, einem Übergriff oder einer Kränkung ausgesetzt wurden. Aufgrund verschiedener Situationen mögen wir uns beleidigt oder verletzt fühlen oder wegen einer Ungerechtigkeit Groll oder Zorn gegen jemanden hegen. Es steht außer Zweifel, dass Zorn zu hegen oder sich für längere Zeit unter derartigem Druck zu fühlen, für uns selbst sehr ungesund ist. Daher stellt sich die Frage, wie wir in bester Weise mit einer solchen Situation umgehen können.

Es ist wiederum wichtig, unsere Situation mit Achtsamkeit zu beobachten, Generalisierungen zu vermeiden und uns zu erinnern, dass wir eine Wahl haben. Hat uns jemand schlecht behandelt oder Schaden zugefügt, dann müssen wir diese Situation nicht verschlimmern, indem wir durch unsere emotionale Reaktion weiteren Schaden hinzufügen. Das ist jedoch leichter gesagt als getan. Fühlen wir uns in dieser Weise in die Enge getrieben und unter Druck gesetzt, ist es nicht so leicht, andere Möglichkeiten zu sehen außer Vergeltung oder das Hinhalten der anderen Wange. Das Leben ist jedoch nicht so schwarz und weiß. Es gibt einen Mittelweg, bei dem wir weder Vergeltung üben, uns aber auch nicht aufopfern. Dabei hilft es, unsere praktische Reaktion von unserer emotionalen Reaktion zu unterscheiden. Es kann durchaus der Fall sein, dass wir jemandem »technisch« verzeihen, indem wir eine Pflicht erlassen, einen Übergriff ignorieren, auf eine Forderung verzichten oder einen Vorwurf fallen lassen, uns aber noch immer verletzt fühlen und unter der Situation leiden. Ebenso können wir unseren Vorwurf oder unsere Forderung aufrechterhalten, aber emotional im Reinen mit uns sein.

Obwohl die beiden Zugänge nicht völlig unabhängig sind und die Entscheidung, jemandem »technisch« zu verzeihen, auch zu einem emotionalen Verzeihen führen kann, spielt für unser *Flourishing* unsere emotionale Reaktion die entscheidende Rolle. Die einzige Weise, uns wirklich von der emotionalen Belastung zu befreien, ist, dass wir der Person aus ganzem Herzen verzeihen. Es geht hier nicht darum, Vergehen zu verharmlosen, und ich sage auch nicht, dass es immer leicht wäre. In schwierigen Situationen kann es lange Zeit dauern, bis wir wirklich verzeihen können. Doch letztendlich tun wir uns damit selbst den größten Gefallen. Können wir verzeihen, haben wir zudem mehr emotionale Freiheit, auf die Handlung unseres Peinigers in der sinnvollsten Weise zu reagieren und so möglicherweise auch noch zukünftigen Schaden zu vermeiden. Mit mitfühlender Achtsamkeit und genügend Vertrauen in die eigenen Stärken können wir dann auch das kraftvollste geistige Mittel in dieser Situation verwenden: der Person, die uns geschädigt hat, von ganzem Herzen immer wieder das Beste wünschen, so lange, bis wir es wirklich fühlen. So wird sich in unserem Erleben die negative Verbindung zu dieser Person auflösen, und wir können uns freier fühlen.

Ich kann mir gut vorstellen, dass Ihnen im ersten Moment bei dieser Vorstellung die Haare zu Berge stehen. Trotzdem bin ich überzeugt, dass dies die beste Methode ist, unsere innere Freiheit zurückzugewinnen. Letztendlich erkennen wir damit auch an, dass Mitgefühl stärker ist als Hass. Und wie gesagt bedeutet Verzeihen nicht, zu entschuldigen oder eine schädliche Handlung gutzuheißen – es bedeutet, dass wir uns innerlich befreien. Sehr wohl kann und soll sich beispielsweise ein Übeltäter vor Gericht seiner Vergehen verantworten. Sehr wohl kann ich mich in einer Weise ausdrücken und verhalten, die dem anderen Grenzen aufzeigt oder ihn in die Schranken verweist. Verzeihen hat vielmehr mit meiner inneren, emotionalen Freiheit zu tun, und die möchte ich mir nicht von jemand anderem beeinträchtigen oder nehmen lassen.

Wie wir sehen, ist der Aspekt der zwischenmenschlichen Beziehungen nicht vollends von anderen Aspekten zu trennen. Wie sehr wir fähig sind zu verzeihen, hängt von unseren persönlichen Ressourcen ab, die wir im rechten Teil des Schaubilds abgebildet sehen. Und an diesem Punkt sind wir auch wieder bei dem *Broaden-and-Build*-Effekt angelangt, der für unser *Flourishing* so wichtig ist. Unsere persönlichen Ressourcen lassen sich natürlich dann am besten aufbauen, wenn wir noch nicht in Schwierigkeiten stecken. Vorbeugen ist besser als heilen. Daher ist es sinnvoll, in Zeiten, in denen es uns gut geht, unsere Reserven aufzubauen. Obwohl die Idee des Aufbaus von Ressourcen nach harter Arbeit klingen mag, ist die wirklich gute Nachricht, dass es der beste Weg ist, Spaß dabei zu haben!

Deepak Chopra
Verzichten Sie darauf, recht haben zu wollen

Enorm viel Energie wird frei verfügbar, sobald Sie es sich abgewöhnen, recht haben zu wollen. Denn recht zu haben bedeutet unweigerlich, dass jemand anderes unrecht hat. Eine Konfrontation zwischen richtig und falsch fügt jedoch jeder Beziehung Schaden zu. Das hat weltweit großes Leid und viele Konflikte zur Folge. Wenn Sie sich von dem Bedürfnis, recht haben zu wollen, befreien, bedeutet dies durchaus nicht, dass Sie keinen eigenen Standpunkt mehr haben, nur müssen Sie nicht unbedingt dem Bedürfnis nachgeben, Ihre Position zu verteidigen. In einem Zustand der Wehrlosigkeit gelangen wir zu Unbesiegbarkeit. Denn hier ist nichts mehr vorhanden, was noch angegriffen werden könnte. Alle sind wir ein einziges Bewusstsein und erleben zugleich persönlich die Welt auf eine für uns spezifische, völlig unverwechselbare Art und Weise. In der Ganzheit findet sich ein Zustand tiefsten Friedens und Glücks.

> **»Wenn du dir nie Bedeutung beimisst, wirst du sie niemals verlieren.«**
> **»Wer den Fluss der Natur in sich aufnimmt, hat dadurch schon liebevoll für alles gesorgt.«**
> *Tao Te King*

Viele Menschen können es nicht lassen: Sie unternehmen immer wieder den Versuch, der Welt ihre Sicht der Dinge aufzudrängen. Was richtig und was falsch sei – ein ganzes Sortiment solcher Überzeugungen führen sie stets mit sich. Und an ihren Überzeugungen halten sie dann oft über Jahre hinweg fest. »Ich habe recht.« Diese Aussage kann einem zwar ein angenehmes Gefühl bescheren, hingegen kein wahres Glück. Vermutlich werden diejenigen Menschen, die Ihnen Ihrer Ansicht nach Unrecht getan haben, Sie nie um Verzeihung bitten und somit ihrerseits nie dafür Sorge tragen, dass Ihre Verletztheit und Ihr Groll sich in Wohlgefallen auflösen. Und diejenigen, gegen die Sie sich entscheiden und von denen Sie sich abwenden, werden von Ihnen getrennt bleiben. Niemandem, der nachweisen konnte, dass er im Recht ist, hat sein Recht jemals zu Glück verholfen.

Die eine einzig und allein korrekte Perspektive gibt es nicht. Richtig ist für Sie das, was mit Ihrer Wahrnehmung übereinstimmt. Sie sehen die Welt so, wie Sie sind. Für andere gilt das in entsprechender Weise. Diese Einsicht hat etwas unglaublich Befreiendes. Denn zunächst einmal führt sie Ihnen vor Augen, dass Sie einzigartig sind. Letzten Endes macht diese Einsicht Sie zu einem ko-kreativen Mitschöpfer neben Gott. Im gleichen Maß, in dem Ihr Bewusstsein sich erweitert, weitet sich auch die Wirklichkeit. Ein unwahrscheinlich großes Potenzial tritt dann zutage. Falls Sie darauf beharren, recht zu haben, tritt das Gegenteil ein. Andere werden sich Ihrer Auffassung nicht anschließen. Daher wird Ihr Bedürfnis, recht zu haben, widerstreitende Positionen und Ablehnung heraufbeschwören. Sofern das Bedürfnis, recht zu haben, nur grimmig und unbeugsam genug ist, führt dies, wie uns betrüblicherweise allzu gut bekannt sein dürfte, in vielen Fällen in den Krieg, und das häufig im Namen Gottes. Wenn die Welt ein Spiegelbild dessen ist, wer und was Sie sind, so reflektiert sie stets einen bestimmten Gesichtspunkt. Objektivität? Diese Illusion hat das Ego geschaffen, damit es umso nachdrücklicher darauf pochen kann, dass sein Standpunkt der richtige ist. Wie tragisch, dass Menschen den eigentlichen Lebenszweck – in zunehmendem Maß Freude und Glück zu erleben – um des kümmerlichen Trostes willen preisgeben, über andere urteilen und sich ihnen überlegen fühlen zu können. Wenn Sie die Welt aus der Warte desjenigen betrachten, der Urteile fällt, statt mit den Augen der Liebe, dann werden Sie in ebendieser Welt leben. Zu Konflikten kommt es, wenn man nicht versteht, dass die Anzahl der Standpunkte ebenso groß ist wie diejenige der Menschen. Unser eigener, unverwechselbarer Standpunkt ist ein wirkliches Geschenk. Wir leben in einem Universum, das widerspiegelt, wer wir sind. Das sollten wir wertschätzen, uns daran erfreuen, es feiern. Stattdessen haben wir nichts Eiligeres zu tun, als unser winzig kleines Zipfelchen davon zu verteidigen.

Vergegenwärtigen Sie sich doch bitte einmal, wie Beziehungen sich entwickeln. Mit jemandem, der unsere Sicht der Dinge teilt, kommen wir gut zurecht. Wir verspüren Vertrautheit, fühlen uns in der Gegenwart der betreffenden Person bestätigt. Irgendwann jedoch ist der Bann gebrochen, die Faszination verflogen. Dieser Mensch, so stellt sich heraus, hat ja zahlreiche Meinungen und Überzeugungen, mit denen wir überhaupt nicht einverstanden sind. An dieser Stelle entzündet sich die erbitterte Auseinandersetzung um richtig und falsch. Und wir begeben uns auf jenen langen, gewundenen Weg, der in Kummer und Traurigkeit mündet.

Bereits die bloße Tatsache, dass Sie in einer innigen und vertrauten Partnerbeziehung leben, macht es umso schmerzlicher, auf Bereiche zu stoßen, in denen Sie und Ihr/e Partner/in unterschiedlicher Auffassung sind. Auf einer subtilen Ebene fühlen Sie sich emotional im Stich gelassen. Das wunderbare Gefühl, mit einem geliebten Menschen verschmolzen zu sein, hat eine Bruchlandung erlitten. Genau an dem Punkt hat die Liebe Schaden genommen. Denn beide Partner erleben die Rückkehr des Ego, das erklärt: »Ich habe recht. Die Art und Weise, wie ich das mache, ist die einzig richtige. Würdest du mich wirklich lieben, so würdest du nachgeben.« In Wahrheit ist die Liebesbeziehung jedoch nicht gescheitert, sondern lediglich blockiert durch das Bedürfnis, recht zu haben und an der eigenen Sicht der Dinge festzuhalten, statt zu tun, was die Liebe tun würde. Einzulenken ist für das Ego aber gleichbedeutend mit einer Niederlage, mit Schmach und Schande.

Sobald Sie sich das vergegenwärtigen und darauf achtgeben, werden Sie jedes Mal, wenn der rechthaberische Drang des Ego sich in Ihrem Bewusstsein regt, die in dem jeweils gegebenen Kontext vorliegenden Umstände prüfen und sich fragen: »Hat vielleicht die andere Position ebenso gut Gültigkeit wie meine?« Unter der Voraussetzung, dass unterschiedliche Standpunkte grundsätzlich gleiches Recht für sich in Anspruch nehmen dürfen, können Sie sich jetzt von diesem Denken in den Kategorien von Gewinner und Verlierer verabschieden. Stellen Sie sich als Nächstes die Frage, was Ihnen wirklich wichtig ist in dieser Situation: recht haben oder glücklich sein? Können Sie erkennen, dass diese beiden Optionen keineswegs identisch miteinander sind?

Wenn Sie dem Bedürfnis nachgeben, recht zu behalten, wenden Sie sich von der Liebe und der Gemeinschaft in Ihrer Beziehung ab – letztlich von der Einheit. Einheit ist die Verwirklichung der Einsicht, dass auf der tiefsten, der grundlegenden Ebene jeder an demselben Bewusstsein teilhat. Und dieses Bewusstsein ist die Quelle jeglicher Liebe und Freude. Je mehr Sie das akzeptieren und sich zu eigen machen können, desto weniger werden Sie das Bedürfnis haben, zu werten, zu beurteilen und zu verurteilen. Und während sich die Erfahrung, dass Sie ja gar nicht recht haben müssen, weiter vertieft und stabilisiert, kommt der Geist allmählich zur Ruhe. Nach und nach empfinden Sie stärkere Anteilnahme und Ihre Wahrnehmung weitet sich. Unterscheidendes Gewahrsein stellt sich ein: Es trägt dem Menschen, der anderer Auffassung ist als Sie, ebenso gut Rechnung wie Ihnen selbst. Sie werden entspannter und sind weniger auf die Abgrenzung beziehungsweise Verteidigung des eigenen Territoriums bedacht. Dadurch nimmt auch Ihr Drang ab, immer unbedingt alles zu definieren, in Schubladen einzusortieren, es mit Beschreibungen und Bewertungen zu versehen und es einer genauen Untersuchung und Beurteilung zu unterziehen.

Alle soeben genannten Elemente stammen aus der bestens bestückten Waffenkammer des Ego. Dieses umfangreiche Arsenal leistet zwar ausgezeichnete Dienste, wenn es darum geht, einen Streit oder einen Krieg vom Zaun zu brechen. Um Frieden zu schaffen, ist es freilich denkbar ungeeignet. Wenn das Bedürfnis, recht zu behalten, im Lauf der Zeit immer schwächer wird, hegen wir nicht länger all diesen Groll und all die Vorurteile, in denen der alte Drang, andere ins Unrecht zu setzen, seinen Niederschlag gefunden hat. Opfer kann es nur da geben, wo eine Vorstellung von richtig und falsch, von Recht und Unrecht vorliegt. Aber gibt es denn nicht wirkliche Opfer auf der Welt – Menschen, denen entsetzliches Unrecht widerfahren ist und die von anderen unsäglich behandelt wurden? Die Ungerechtigkeit ist überaus real und unbestreitbar, die Etikettierung als »Opfer« indes eine andere Geschichte, bei der es um seelische Verletztheit geht. Ein mit diesem Etikett versehener Mensch kann im Grunde gar nicht anders, als eine Geschichte zu konstruieren, die durch jede neue Erfahrung nur noch weiter untermauert wird: *Das Leben hat mir übel mitgespielt, ich bin schwach und wurde sehr verletzt. Ich empfinde Ärger gegen all diejenigen, die Macht über mich hatten und haben. Dieser Groll ist mir in Fleisch und Blut übergegangen.*

Ein Opferdasein beinhaltet letztlich eine Art Selbstverurteilung. Man hat Sie verletzt. Und nun verletzen Sie sich dadurch, dass Sie sich als Opfer fühlen, tagtäglich selbst immer wieder aufs Neue. Indem Sie über die Verärgerung und den Groll hinausgehen, können Sie sich von Ihrer Wut und Feindseligkeit lösen. Wut verschließt Ihnen den Zugang zu den höheren geistigen Bereichen. Mögen Sie sich auch vollauf berechtigt fühlen, Groll zu hegen und sich zu beklagen – auf einer tieferen Ebene ketten Sie sich gerade dadurch an jenen Menschen, der Ihnen Unrecht zugefügt hat. Diese Verbindung gewinnt solches Gewicht, dass sie die Verbindung zu den höheren geistigen Bereichen, Ihrem höheren Selbst und Ihrer Seele, überlagert und verdeckt. In vielen Fällen bedienen sich Menschen der Spiritualität, um ihre moralische Empörung über die Ungerechtigkeit der Welt, die ihr Ideal so weit verfehlt, zum Ausdruck zu bringen. So leicht man sich in diese Sicht der Dinge hineinversetzen kann, so wichtig ist es zu erkennen, dass auch moralische Empörung eine maßgeblich von Wut bestimmte Emotion ist. Da es sich bei Bewusstsein um ein alle Menschen mit einbeziehendes Feld handelt, wird folglich durch solch eine moralische Empörung dem Feld umso mehr Wut, Verärgerung und Feinseligkeit hinzugefügt.

Empörung streifen wir uns gern als Deckmäntelchen für die eigene Untätigkeit über. Wer tatsächlich gegen die Ungerechtigkeit der Welt angeht, das sind wahrhaftig nicht diejenigen Menschen, die wutschnaubend durch die Gegend laufen. Im Gegenteil, die Betreffenden haben einen klaren Kopf, beherrschen ihre Emotionen und wissen genau, welche Werte ihnen besonders viel bedeuten. Sie können vortrefflich unterscheiden zwischen dem, was vergangen und somit ohnehin nicht mehr zu ändern ist, und dem, was sich gegenwärtig vollzieht und daher korrigiert werden kann.

Albert Einstein verdanken wir den berühmten Ausspruch: »Kein Problem kann auf derselben Bewusstseinsebene gelöst werden, auf der es entstanden ist.« Es lohnt sich, stets daran zu denken, wenn Sie in Versuchung geraten, Ihre Wut als »rechtschaffene Wut« zu verteidigen. So eine Selbstgerechtigkeit hat niemals auch nur ein einziges Problem lösen können. Sie bereitet lediglich den Nährboden für noch mehr Wut; sie provoziert eine Verschärfung der Gegensätze. Vor allem verstößt sie gegen die von Einstein formulierte Regel: Die Lösung verdanken wir immer einer anderen Ebene als derjenigen, von der das Problem herrührt.

Um über die Problemebene hinauszugelangen, müssen Sie sich selbst klar wahrnehmen. Viele Menschen sind sich nicht einmal darüber im Klaren, wann sie auf ihr Bedürfnis, recht zu haben, pochen. Anzeichen dafür müssen nicht immer Wut oder Verärgerung sein. Alles selbstgerechte Verhalten hat jedenfalls *einen* gemeinsamen Nenner: die Weigerung, klein beizugeben. Allein indem wir die Waffen strecken, gelangen wir an jenen Punkt, an dem wir nicht mehr werten und beurteilen. Wie gesagt fühlt sich allerdings dieses Sich-Preisgeben, diese Hingabe, wenn Sie vom Ego beherrscht werden, wie eine Niederlage auf der ganzen Linie an.

Das Ego blüht und gedeiht unter folgenden Voraussetzungen:

- Sie bekommen, was Sie wollen.
- Andere stellen sich bereitwillig auf Ihre Pläne ein. Sie haben das Gefühl, die Dinge und Geschehnisse unter Kontrolle zu haben.
- Richtig und falsch sind klar voneinander abgegrenzt.
- Die Trennlinie zwischen richtig und falsch wird von niemandem überschritten.
- Sie legen die Bedingungen fest, unter denen Sie jemanden lieben und Ihrerseits geliebt werden.
- Wer mit Ihren Auffassungen übereinstimmt, zeigt dadurch, dass er/sie Sie liebt.

Diese Bedingungen sollen gewährleisten, dass Sie glücklich sind. Paradoxerweise zeigt sich jedoch: Wer Sie wirklich sind, diebeziehungsweise derjenige wird aufgrund solcher Bedingungen sehr unglücklich sein. Alles beaufsichtigen: Wo ist da die Freude? Andere kontrollieren: Wo bleibt da Liebe? Darauf achtgeben, dass niemand die Linie zwischen richtig und falsch überschreitet: Wie steht es da mit persönlicher Entfaltung? Dennoch ist die Geschichte des Ego verlockend genug, um unzählige Menschen dazu zu bringen, dass sie in der eben beschriebenen Weise nach Glück streben. Möglicherweise werden sie sogar perfekte Selbstdisziplin und Macht über andere erlangen. Ihr wahres Selbst bleibt dabei allerdings auf der Strecke.

Um zu Ihrem wahren Selbst zu finden, müssen Sie sich ihm preisgeben. Wie aber können Sie das am besten in die Tat umsetzen? Indem Sie sich einer anderen Person preisgeben. Was keineswegs heißen soll, dass das eine Ego einem anderen Ego gegenüber nachgibt. Das wäre tatsächlich gleichbedeutend mit einer Niederlage. Vielmehr führen Sie diesem Menschen vor Augen, wer Sie wirklich sind, zeigen ihm Ihr wahres Selbst.

- Sie wollen grenzenlos lieben.
- Sie wollen sich sicher fühlen.
- Sie wollen sich schöpferisch ausdrücken.
- Sie wollen sich in Freude entfalten.
- Sie wollen frei sein.

Ihr höchster Wunsch ist der Wunsch nach Einheit in einem Zustand vollkommenen Friedens.

Wenn Sie diese tief empfundenen Wünsche mit einem anderen Menschen teilen können, was geschieht dann? Dasselbe, was schon immer geschehen ist: Die Welt wird Ihre Bewusstseinsstufe widerspiegeln. In dem Fall wird das Spiegelbild von einem anderen Menschen reflektiert – von demjenigen, dem Sie Ihre Wahrheit anvertrauen und der mit Ihnen an ihr teilhat. Wenn Sie zu dem geliebten Menschen sagen: »Du bist meine Welt«, so besitzt diese Aussage durchaus im eigentlichen Wortsinn Gültigkeit. Aber das ist lediglich die erste Stufe des Sich-Preisgebens. Unmöglich können zwei Menschen jede Minute des Tages dasselbe wollen. Beide wollen unterschiedliche Dinge. Beide haben unterschiedliche Standpunkte und unterschiedliche Ansichten. Soll aus diesem Sich-Preisgeben, dieser Hingabe, mehr werden als bloß ein Ideal, führt an der praktischen Umsetzung kein Weg vorbei. Viele Menschen möchten gern eine spirituelle Beziehung eingehen – und scheitern an den vielen Hindernissen, die im Alltag auftauchen: beispielsweise an Problemen, die mit Geld, Beruf, Ehrgeiz und der Familie zusammenhängen. Diese Probleme zu verdrängen oder sich auf Kompromisse einzulassen, die keine der beiden Seiten völlig zufriedenstellen, dazu besteht keine Notwendigkeit. Ohne selbst ein erfülltes Dasein zu führen, können Sie auch Ihrer Partnerin beziehungsweise Ihrem Partner keine Erfüllung bringen.

Tatsächlich gibt man sich gar nicht einem anderen Menschen hin, darin liegt das Geheimnis einer solchen Beziehung, auch nicht wechselseitig ein Partner dem anderen. Man gibt sich hin, indem man sich voll und ganz auf den Weg einlässt. Es ist ein gemeinsamer Weg, den Sie miteinander teilen. Die Verpflichtung, die Sie eingehen beziehungsweise eingegangen sind, bezieht sich nicht auf das, was Sie wollen oder was Ihr Partner will. Individuelle Wünsche sind hier zweitrangig. Sie verpflichten sich, dorthin zu gehen, wohin der Weg Sie führt. Auf diese Weise geben Sie Ihre egozentrische Perspektive auf. Ihr Augenmerk verlagert sich auf den Raum zwischen Ihnen und dem Menschen, den Sie lieben. Das ist der Zwischenraum zwischen dem Ego und den höheren geistigen Bereichen. Begeben Sie sich, wann immer Sie in Versuchung geraten, dem Ego zu gehorchen, in diesen Bereich, der an beiden Ebenen teilhat. Stellen Sie sich dann folgende Fragen:

- Welche Entscheidung ist liebevoller?
- Was wird Frieden stiften zwischen uns?
- Wie wach bin ich?
- Welche Art von Energie bringe ich hervor?
- Handle ich vertrauensvoll oder aus Misstrauen?
- Fühle ich, was mein/e Partner/in empfindet?
- Kann ich geben, ohne dafür etwas zu erwarten?

Diese Fragen beantworten sich keinesfalls von allein. Vielmehr dienen sie dazu, Sie spirituell aufzuwecken, denn sie stimmen Sie auf einen Prozess ein, der mehr ist als »ich« und »du«. Der gemeinsam mit einem anderen Menschen geteilte Raum versetzt Sie in die Lage, einen Blick hinter das Ego zu werfen. Welchen Vorteil das hat, ist nicht gleich auf den ersten Blick offensichtlich. Ihre alte Konditionierung wird sagen: »Was spricht denn dagegen, dass ich erhalte, was ich will? Warum sollte ich erst an jemand anderen denken, bevor ich an mich denke? Ich darf doch wohl erwarten, dass ich gute Sachen bekomme? Darauf habe ich ein Anrecht.«

Jede spirituelle Beziehung, das vermag das Ego nicht zu sehen, birgt etwas Kostbares in sich: das Geheimnis. Dieses Geheimnis wird aus der Liebe geboren. Es wendet sich an Sie von einem Ort des Friedens und der Freude aus, den das Ego – so angestrengt, wie es unablässig um die Erfüllung all seiner Wünsche und Bedürfnisse bemüht ist – niemals erreichen kann. Schlicht und einfach schon dadurch, dass Sie jenen Zwischenbereich, den zwischen Ihnen und einem geliebten Menschen vorhandenen Raum, betreten, öffnen Sie sich für das Geheimnis. Wenn zwei Menschen sich verlieben, ist dieses Geheimnis unübersehbar vorhanden. Es macht sie nahezu blind. In ihrem Zustand der Verzückung haben die beiden das Gefühl, als seien sie miteinander verschmolzen und vervollkommnet. Nichts kann mehr schiefgehen. In der anderen Person ist die ganze Welt gegenwärtig. Sobald allerdings die romantischen Gefühle verblassen, verblasst auch diese Gewissheit. Daher braucht es Hingabe, um diese ersten flüchtigen Eindrücke einer über Sie selbst hinausreichenden Erfüllung, die dennoch nichts anderes ist als Sie, lebendig zu erhalten.

Indem Sie sich für den Weg entscheiden, geben Sie sich ihm zugleich hin. Jeden Tag fragen Sie: »Was kann Liebe bewirken? Zeige es mir. Ich bin bereit.« Die Antworten werden Sie überraschen: Liebe kann Probleme lösen, Verletzungen heilen, Streitigkeiten beilegen und unerwartete Erkenntnisse bescheren. Hier ist jetzt allerdings nicht von persönlicher Liebe die Rede, dem Gefühl, das ein einzelner Mensch in sich trägt. Gemeint ist eine über die persönliche Ebene hinausreichende Liebe, die alles sieht und alles weiß. Sobald Sie sich auf sie einlassen, sind die alltäglichen Unterschiede weniger von Belang: Geld, Ehrgeiz, Beruf, Familienangelegenheiten – alles findet von selbst seinen Platz. Eine unsichtbare Kraft versöhnt die Gegensätze und führt spontan Harmonie herbei.

Solch einen Zustand zu erleben gehört zu jenen Erfahrungen, die man nicht selbst bewirken kann und über die man keine Kontrolle hat. Gestatten Sie es sich, in einem Zustand der Offenheit zu sein, und beobachten Sie, was vor sich geht. Bleiben Sie locker. Und wenn der richtige Impuls kommt, folgen Sie ihm. So lebt man das Leben spontan. Was auch immer als Nächstes geschieht, ist genau richtig. Was immer Sie zutiefst benötigen, wird Ihnen ganz von allein gegeben. In einem derartigen Zustand zu leben ist möglich, wenngleich es nur wenige Menschen tun. Tatsächlich ist es die natürlichste Lebensweise. Falls Sie hingegen Ihr Leben bewerten und beurteilen, daran festhalten, im Recht zu sein, darauf beharren, Grenzen zu ziehen und Einschränkungen vorzunehmen, kann das Geheimnis Sie nicht erreichen und berühren. In Einklang mit dem Geheimnis zu leben braucht Zeit. Hingabe ist, wie alles andere, ein Prozess, kein Sprung. Ungeachtet aller Höhen und Tiefen führt der Weg immer weiter voran. Und jeder Schritt ist ein Schritt der Liebe. Letztendlich ist dies der Grund für partnerschaftliche Beziehungen: dem geliebten Menschen in die Augen blicken zu können und gemeinsam an dem Wissen teilzuhaben, dass Sie alle beide gesegnet sind – gesegnet mit der Kraft der Liebe.

Um den vierten Schlüssel im Alltag zu aktivieren, bin ich entschlossen, Folgendes zu tun:

Wenn ich recht haben will, werde ich mich dabei ertappen. Wann immer das geschieht, werde ich den Impuls zur Kenntnis nehmen und loslassen. Indem ich dieses Verhalten wie ein neutraler Augenzeuge beobachte, setze ich meine Transformation in Gang. Wenn ich auf dieses Verhalten aufmerksam werde, wird mich dies noch weiter in meinem eigentlich Lebensziel bestärken: glücklich zu sein, statt recht zu haben.

Ich werde Abstand davon nehmen, die Dinge als richtig oder falsch, gut oder schlecht einzustufen. In einer weiter gefassten Perspektive, die zu kreativen Lösungen führt statt zu Wertungen und Vorwürfen, werde ich Freiheit finden. Mein Glück liegt in der ruhigen Stille jenseits von allem Benennbaren. Wenn ich in Versuchung gerate, mich als Opfer zu betrachten, werde ich mir in Erinnerung rufen, dass ich selbst der Schöpfer jener Umstände bin, die ich vor Augen habe. Ich werde mich fragen: »Was habe ich eigentlich in einem Bewusstseinszustand verloren, in dem ich so etwas hervorbringe?« Allein schon dadurch, dass ich diese Frage stelle, wechsle ich aus der Opferrolle in die eines Schöpfers.

Die Schlüssel zu Wohlstand und Reichtum

Rhonda Byrne
Das Geheimnis über Geld

> **»Was der Geist ... ersinnen kann, das kann er auch erreichen.«**
> *W. Clement Stone (1902–2002)*

JACK CANFIELD
Das Geheimnis war eine echte Transformation für mich, weil ich mit einem sehr negativ denkenden Vater aufgewachsen war. Er vertrat die Meinung, dass reiche Menschen Leute seien, die andere ausgenommen hatten, und jeder, der Geld hatte, müsse einen anderen übers Ohr gehauen haben. Ich lernte eine Menge solcher Ansichten über das Geld: Wenn man es habe, verderbe es den Charakter; nur schlechte Menschen hätten Geld; Geld wachse nicht auf Bäumen – und so weiter. »Was meinst du, wer ich bin – Rockefeller?« Das war einer seiner Lieblingssätze. Ich wuchs also mit dem festen Glauben auf, das Leben sei schwierig. Erst als ich W. Clement Stone kennenlernte, begann ich mein Leben zu verändern.

Als ich bei Stone arbeitete, sagte er: »Ich möchte, dass Sie sich ein Ziel setzen – so groß, dass Sie ganz aus dem Häuschen sind, wenn Sie es erreicht haben. Und dann werden Sie wissen, dass Sie dieses Ziel nur aufgrund dessen erreichen konnten, was ich Sie gelehrt habe.« Damals verdiente ich etwa 8000 Dollar im Jahr, und so nahm ich mir vor: »Ich möchte 100 000 Dollar im Jahr verdienen.« Doch ich hatte keine Ahnung, wie ich das bewerkstelligen könnte. Ich sah keine Strategie, keine Möglichkeit, aber ich sagte mir einfach: »Ich werde das verkünden, ich werde das glauben, ich werde handeln, als ob es wahr wäre, und es loslassen.« Und so setzte ich das in die Tat um.

Unter anderem lehrte er mich, jeden Tag die Augen zu schließen und meine Ziele zu visualisieren, als ob ich sie bereits erreicht hätte. Ich hatte mir tatsächlich einen 100 000-Dollar-Schein gebastelt und an der Zimmerdecke befestigt. Jeden Morgen blickte ich als Erstes nach oben und sah meine Banknote, die mich an das erinnerte, was ich mir als Ziel gesetzt hatte. Ich schloss die Augen und stellte mir vor, ein Leben mit 100 000 Dollar im Jahr zuführen. Interessanterweise ist etwa 30 Tage lang nichts Besonderes geschehen. Ich hatte weder sensationelle neue Ideen noch bot mir jemand mehr Geld an.

Ungefähr nach vier Wochen hatte ich eine 100 000-Dollar-Idee. Wie aus dem Nichts kam sie mir einfach in den Sinn. Ich hatte einmal ein Buch geschrieben und sagte mir: »Wenn ich 400 000 Exemplare dieses Buchs für je einen Vierteldollar verkaufen kann, dann wären das 100 000 Dollar.« Der Text war schon geschrieben, aber ich war noch nie auf diesen Gedanken gekommen. (Es ist Teil des Geheimnisses, dass Sie einer plötzlichen Eingebung vertrauen und sie in die Tat umsetzen müssen.) Ich wusste nicht, wie ich 400 000 Exemplare verkaufen sollte.

Dann erblickte ich im Supermarkt den *National Enquirer*. Ich hatte das Blatt schon millionenfach gesehen, es war für mich immer nur ein Teil des Hintergrundes. Nun sprang es mir auf einmal in die Augen, trat in den Vordergrund. Ich dachte mir: »Wenn die Leser von meinem Buch erfahren, dann werden sich bestimmt 400 000 Käufer finden.«

Etwa sechs Wochen später sprach ich am Hunter College in New York vor 600 Lehrern. Anschließend kam eine Frau auf mich zu und sagte: »Das war ein großartiger Vortrag. Ich würde Sie gerne interviewen. Hier ist meine Karte.« Wie sich herausstellte, war sie eine freiberufliche Schriftstellerin, die ihre Geschichten an den *National Enquirer* verkaufte. Das Thema von »The Twilight Zone« erklang in meinem Kopf, dazu der Gedanke: »Wow, es funktioniert wirklich!« Der Artikel wurde gedruckt, und unsere Buchverkäufe hoben ab.

Mit dieser Geschichte will ich darauf hinaus, dass ich all jene Umstände und Menschen in mein Leben zog. Lange Rede, kurzer Sinn: Ich schaffte in jenem Jahr nicht 100 000 Dollar. Wir machten 92 327 Dollar. Aber meinen Sie, wir waren deprimiert und dachten: »Das hat nicht funktioniert«? Nein, wir fanden: »Das ist erstaunlich!« Und meine Frau fragte mich: »Wenn es bei 100 000 funktioniert – meinst du, es klappt auch bei 1 Million?« Ich antwortete darauf: »Ich weiß es nicht, aber ich denke, schon. Lass es uns probieren.«

Mein Verleger stellte mir einen Tantiemenscheck für unser erstes *Hühnersuppe für die Seele*-Buch aus. Neben seine Unterschrift zeichnete er doch tatsächlich ein Smiley, weil es der erste Millionen-Dollar-Scheck war, den er je ausgestellt hatte.

Jetzt weiß ich es aus eigener Erfahrung. Ich wollte testen, ob dieses Geheimnis wirklich funktioniert. Wir haben es der Prüfung unterzogen, es funktionierte einwandfrei, und nun lebe ich alle Tage davon.

Das Wissen um das Geheimnis und das Wirken des Gesetzes der Anziehung lässt sich auf jeden Gegenstand oder Aspekt in Ihrem Leben gezielt anwenden. Egal, was Sie erschaffen wollen, gehen Sie immer gleich vor; das Thema Geld ist dabei keine Ausnahme.

Um Geld anzuziehen, müssen Sie sich auf Reichtum konzentrieren. Es ist unmöglich, mehr Geld in Ihr Leben zu ziehen, wenn Sie darüber grübeln, nicht genug zu haben. Denn dies bedeutete, dass Sie Ihre Gedanken auf den Geldmangel konzentrieren. Dadurch werden Sie ungezählte weitere Umstände und Situationen erschaffen, in denen Ihnen Ihre Finanzen nicht ausreichen. Sie müssen sich auf die Reichtümer besinnen, um diese anzuziehen.

Es gilt also, gedanklich ein neues Signal auszusenden, dass Sie derzeit mehr als genug Geld haben. Sie müssen dazu wirklich Ihre Vorstellungskraft auf den Plan rufen und sich selbst glauben machen, dass Sie über die gewünschten Summen bereits verfügen. Dieser Denkprozess bereitet großes Vergnügen! Sie werden bald entdecken, dass Sie sich mit finanziellen Angelegenheiten wohler fühlen, sobald Sie sich so verhalten, als ob Sie schon über die Reichtümer verfügten. Da Sie sich dabei immer besser fühlen, wird das Geld nach und nach in Ihr Leben fließen.

Jacks wunderbare Geschichte inspirierte unser Team, einen Blankoscheck vorzubereiten, den Sie als Datei kostenlos von der »The-Secret«-Homepage www.thesecret.tv herunterladen können. Es ist Ihr Blankoscheck, ausgestellt von der Bank des Universums. Drucken Sie ihn aus, tragen Sie Ihren Namen ein, die Summe sowie nötige Details und bewahren Sie ihn an einem besonderen Platz auf, wo Sie ihn jeden Tag sehen. Wann immer Sie Ihren Blick auf den Scheck richten, fühlen Sie sich in den Gedanken ein, wie es ist, über dieses Geld zu verfügen. Stellen Sie sich vor, das Geld auszugeben; denken Sie an all die Dinge, die Sie kaufen und unternehmen werden. Fühlen Sie, wie herrlich das ist! Wissen Sie, dass das Ihr Geld ist; denn sowie Sie danach fragen, ist es Ihres. Wir haben Berichte von Hunderten von Menschen erhalten, die mithilfe des Schecks von der

»Secret«-Homepage riesige Geldsummen in ihr Leben gezogen haben. Das ist ein Spaßspiel, das funktioniert!

Ziehen Sie Wohlstand an

Wenn jemand nicht genug Geld hat, liegt das nur daran, dass er das Geld mit seinen Gedanken *blockiert* und daran hindert, zu ihm zu kommen. Alle negativen Gedanken, Gefühle oder Emotionen *blockieren* das Gute und hindern es daran, zu Ihnen zu kommen; dies gilt auch für das Geld. Das Geld wird Ihnen keineswegs vom Universum vorenthalten, denn alle Summen, derer Sie bedürfen, existieren bereits jetzt im Unsichtbaren. Wenn Sie nicht genug haben, liegt es daran, dass Sie den Geldstrom an seinem Fluss hindern. Sie müssen Ihr Denken umschalten von »Geldmangel« zu »Mehr als genug Geld«. Denken Sie mehr an den Mangel, erhalten Sie mehr davon.

Wenn Sie Geld *brauchen*, so ist dieses Empfinden ein mächtiges Gefühl in Ihrem Inneren; und kraft des Gesetzes der Anziehung werden Sie weiterhin das Geld*brauchen* anziehen …

Beim Thema Geld spreche ich aus Erfahrung. Kurz bevor ich das Geheimnis entdeckte, teilten meine Buchhalter mir mit, dass meine Firma in jenem Jahr einen größeren Verlust erlitten hätte und in spätestens drei Monaten der Geschichte angehören werde. Nach zehn Jahren harter Arbeit war ich nun im Begriff, mein Unternehmen zu verlieren. Dass ich mehr Geld *brauchte*, um das Geschäft zu retten, machte die Sache nur noch schlimmer. Es schien keinen Ausweg zu geben.

Dann entdeckte ich das Geheimnis, und alles in meinem Leben – auch die Situation meiner Firma – wurde völlig verwandelt, weil ich meine Denkweise änderte. Während sich meine Buchhalter weiter mit den Zahlen beschäftigten und darüber redeten, konzentrierte ich mein Denken auf Wohlstand und einen guten Ausgang. Ich wusste mit jeder Faser meines Wesens, dass das Universum liefern würde – und es lieferte! Es lieferte in einer Weise und auf Wegen, die ich mir nicht hätte vorstellen können. Ich hatte meine Momente des Zweifels, aber wenn diese mich überkamen, richtete ich meine Gedanken sofort auf die Erfüllung meiner Ziele. Ich dankte dafür, ich fühlte die Freude darüber und ich *glaubte*!

Ich möchte Ihnen ein Geheimnis anvertrauen, ein Geheimnis über das Geheimnis. Die Abkürzung zum Erreichen all Ihrer Lebensziele besteht darin, jetzt glücklich zu sein und sich glücklich zu *fühlen*! Das ist der schnellste Weg, um Geld und alles andere in Ihr Leben zu bringen, was Sie haben wollen. Konzentrieren Sie sich darauf, die Gefühle von Freude und Glück ins Universum hinauszustrahlen. Wenn Sie dies umsetzen, werden Sie alles anziehen, was Ihnen Freude und Glück bringt; dazu gehört nicht nur eine Fülle von Geld, sondern auch alle Ihre anderen Wünsche. Sie müssen das Signal ausstrahlen, um dann anzuziehen, was Sie wollen. Wenn Sie Glücksgefühle ausstrahlen, werden diese zu Ihnen zurückkommen als die Bilder und Erfahrungen Ihres Lebens. Das Gesetz der Anziehung spiegelt Ihnen Ihre innersten Gedanken und Gefühle als Ihr Leben zurück.

Konzentrieren Sie sich auf Wohlstand

DR. JOE VITALE

Ich kann mir gut vorstellen, was viele Menschen denken: »Wie kann ich mehr Geld anziehen? Wie kann ich mehr von dem

Stoff bekommen, der die Welt regiert? Wie kann ich mehr Reichtum und Wohlstand anhäufen? Wie kann ich mit meinen Kreditkartenschulden klarkommen, wenn ich weiß, dass vielleicht nicht mehr Geld hereinfließen kann, weil es in dem Job, den ich liebe, nicht mehr zu verdienen gibt? Wie kann ich mehr hereinholen?« – Wollen Sie es!

Damit kommen wir zurück zu einem Punkt des Geheimnisses, den wir schon wiederholt angesprochen haben. Ihre Aufgabe besteht darin zu erklären, was Sie aus dem Katalog des Universums gern haben möchten. Wenn Bargeld dazugehört, sagen Sie, wie viel Sie haben möchten. »Ich hätte gerne 25 000 Euro unerwartete Einkünfte innerhalb der nächsten 30 Tage« – oder was auch immer es gerade ist. Es sollte für Sie *glaubhaft* sein.

Wenn Sie bisher gedacht haben, es gebe nur einen einzigen Weg, um zu Geld zu gelangen – nämlich durch Ihren Job –, dann werfen Sie diesen Gedanken augenblicklich über Bord. Es ist vielmehr so: Gerade weil Sie dies weiterhin denken, *muss* dies auch zu Ihrer Erfahrung werden! Solche Gedanken sind Ihnen nicht dienlich.

Sie sind nun im Begriff zu verstehen, dass es Wohlstand für Sie gibt und es nicht Ihre Aufgabe ist auszutüfteln, *wie* das Geld zu Ihnen gelangen wird. Es ist Ihre Aufgabe, danach zu fragen, zu glauben, dass Sie es empfangen werden, und sich schon jetzt darüber zu freuen. Überlassen Sie die logistischen Einzelheiten dem Universum.

BOB PROCTOR
Die meisten Menschen haben das Ziel, aus ihren Schulden herauszukommen. Doch das wird sie für immer in Schulden gefangen halten. Woran Sie denken, das werden Sie in Ihr

Leben ziehen. Sie halten dagegen: »Aber es geht doch darum, aus den Schulden herauszukommen.« Es ist gleich, ob es aus den Schulden heraus- oder in die Schulden hineingeht. Solange Sie »Schulden« denken, ziehen Sie Schulden an. Stellen Sie ein automatisches Schuldentilgungsprogramm auf, und dann fangen Sie an, sich auf Wohlstand zu konzentrieren.

Wenn Sie einen Stapel Rechnungen vor sich haben und keine Ahnung, wie Sie sie begleichen sollten, dürfen Sie sich nicht auf die Rechnungen konzentrieren, weil Sie auf diese Weise noch mehr von ihnen anziehen würden. Sie müssen einen für Sie funktionierenden Weg finden, sich auf Wohlstand zu konzentrieren, und zwar *trotz* all der Rechnungen von überallher. Sie müssen einen Weg finden, sich gut zu fühlen, so dass Sie Ihr Gutes in Ihr Leben ziehen können.

JAMES RAY
So häufig höre ich Menschen sagen: »Ich möchte mein Einkommen im nächsten Jahr gern verdoppeln.« Wenn wir dann betrachten, was sie dafür tun, sind es eben nicht die Dinge, die zu der erwünschten Veränderung beitragen würden. Sie gehen hin und sagen weiterhin: »Das kann ich mir nicht leisten.« Fällt Ihnen da etwas auf oder ein? – »Dein Wunsch ist mir Befehl!«

Wenn der Satz »Ich kann es mir nicht leisten« über Ihre Lippen gekommen ist, dann haben Sie *jetzt* die Macht, dies zu ändern. Ändern Sie es mit den Worten: »Ich kann es mir leisten! Ich kann das kaufen!« Sagen Sie das wieder und wieder, wie ein Papagei. Nehmen Sie sich vor, in den nächsten 30 Tagen jedes Mal, wenn Ihr Blick auf etwas fällt, das Sie mögen, in Gedanken zu sagen: »Ich kann es mir leisten. Ich kann das kaufen.« Wenn Sie Ihr Traumauto vorüberfahren sehen, sagen Sie: »Ich kann mir das leisten.« Wenn Sie Kleidungsstücke sehen, die Sie lieben, sobald Sie an einen aufwendigen Urlaub denken, sagen Sie stets: »Ich kann mir das leisten.« Während Sie dies üben, werden Sie Ihr Denken allmählich umschalten und anfangen, sich im Hinblick auf Geld besser zu *fühlen*. Sie werden mehr und mehr zu der Überzeugung gelangen, dass Sie sich jene Dinge leisten können, und auf diesem Wege werden sich die Bilder in Ihrem Leben verändern.

LISA NICHOLS

Wenn Sie sich auf Mangel, Knappheit und das konzentrieren, was Sie nicht haben, wenn Sie in der Familie darüber streiten, mit Ihren Freunden darüber diskutieren und Ihren Kindern erzählen, dass Sie nicht genug haben – »Wir haben nicht genug dafür, wir können uns das nicht leisten« –, dann werden Sie niemals in der Lage sein, sich etwas zu leisten. Sie werden mehr und mehr die Situation anziehen, dass Sie kein Geld haben. Wenn Sie zu Wohlstand kommen wollen, wenn Sie im Überfluss leben wollen, dann konzentrieren Sie sich auf Reichtum. Konzentrieren Sie sich auf Wohlstand.

> **»Die spirituelle Substanz, aus der aller sichtbare Reichtum kommt, ist unerschöpflich. Sie ist die ganze Zeit bei Ihnen und spricht an auf das Vertrauen und die Forderungen, die Sie ihr entgegenbringen.«**
> *Charles Hillmore (1854–1948)*

Wenn Sie nun, da Sie das Geheimnis kennen, jemanden sehen, der wohlhabend ist, werden Sie wissen, dass er überwiegend an Reichtum denkt und nicht an Geldmangel. Die vorherrschenden Gedanken haben den Reichtum *angezogen* – bewusst oder unbewusst. Sie drehten sich um Überfluss und Wohlstand, und das Universum setzte Menschen, Umstände und Ereignisse in Bewegung, um Wohlstand zu liefern.

Den Reichtum jener Menschen besitzen Sie auch. Der einzige Unterschied zwischen Ihnen und jenen ist, dass diese sich gedanklich auf den Wohlstand konzentrieren, was ihnen Überfluss einbringt. Ihr Reichtum wiederum wartet im Unsichtbaren auf Sie; denken Sie an Reichtum, um ihn ins Sichtbare zu ziehen!

DAVID SCHIRMER
Als ich das Geheimnis kennen- und verstehen lernte, erhielt ich Tag für Tag ein Bündel Rechnungen mit der Post. Ich überlegte: »Wie kann ich das ändern?« Das Gesetz der Anziehung besagt, dass man bekommt, worauf man sich konzentriert. Also nahm ich einen Kontoauszug, überpinselte den Kontostand weiß und setzte einen neuen Betrag ein. Ich schrieb genau so viel hin, wie ich auf meinem Konto haben wollte. Ich dachte mir: »Wie wäre es, wenn ich mir einfach vorstellte, dass jetzt Schecks mit der Post kommen?« Und so visualisierte ich ein Bündel Schecks, die mit der Post kamen. Binnen eines einzigen Monats begannen die Dinge sich zu wandeln. Es ist erstaunlich: Heute bekomme ich einfach Schecks mit der Post. Ich erhalte ein paar Rechnungen, aber ich bekomme mehr Schecks als Rechnungen.

Seit *The Secret* auf dem Markt ist, haben uns Hunderte von Menschen geschrieben, dass sie, nachdem sie den Film gesehen hatten, unerwartete Schecks mit der Post erhielten. Es geschah, weil sie ihre Gedanken und Aufmerksamkeit auf Davids Geschichte gerichtet hatten – und so die Schecks anzogen …

Ich habe mir ein Spiel ausgedacht, das mir half, meine Gefühle angesichts eines Stapels von Rechnungen umzuschalten. Ich stellte mir vor, die Rechnungen seien in Wirklichkeit Schecks. Ich machte Freudensprünge, wenn ich die Briefe öffnete, und rief: »Mehr Geld für mich! Danke, danke!« Ich nahm jede Rechnung, stellte mir vor, sie sei ein Scheck, und hängte an den Betrag in Gedanken noch eine Null, um die Summe zu vergrößern. Ich nahm einen Notizblock und setzte über eine neue Seite die Überschrift: »Ich habe erhalten«; darunter listete ich alle Beträge der Rechnungen einschließlich je einer zusätzlichen Null. Neben jeden Betrag schrieb ich: »Danke!«, und ich fühlte die tiefe Dankbarkeit, das Geld zu erhalten, bis mir Tränen der Freude in die Augen traten. Dann nahm ich jede Rechnung – deren Summe nun sehr klein aussah im Vergleich zu dem Betrag, den ich erhalten hatte – und beglich sie voller Dankbarkeit.

Niemals öffnete ich eine Rechnung, ehe ich nicht ganz von dem Gefühl durchdrungen war, dass ich einen Scheck erhalten hatte. Wenn ich einen Brief mit einer Rechnung öffnete, ohne mir vorher eingeredet zu haben, sie sei ein Scheck, drehte es mir den Magen um. Ich wusste, dass diese emotionelle Regung in der Magengrube mächtig dazu beitrug, mehr Rechnungen anzuziehen. Ich wusste, dass ich dieses Gefühl auszuschalten und es durch freudige Gefühle zu ersetzen hatte. So konnte ich mehr Geld in mein Leben ziehen. Trotz eines Stapels von Rechnungen funktionierte dieses Spiel für mich, und es veränderte mein Leben. So gibt es viele Spiele, die Sie selbst erfinden können. Was für Sie am besten funktioniert, erkennen Sie daran, wie Sie sich innerlich dabei fühlen. Wenn Ihnen das »Glauben-Machen« gelingt, kommen die Resultate schnell!

LORAL LANGEMEIER Finanzstrategin, Rednerin, Coach für Unternehmen und Einzelpersonen

Ich bin aufgewachsen mit dem Satz »Für Geld muss man schwer arbeiten«. Ich ersetzte ihn durch »Geld kommt leicht und häufig«. Am Anfang kommt einem das ein wenig wie eine Lüge vor, nicht wahr? Da ist ein Teil Ihres Gehirns, der sagt: »Du Lügner, es ist schwierig!« Es gibt also ein kleines Hin und Her wie bei einem Tennisspiel, und das geht eine Weile so.

Lassen Sie Gedanken wie »Ich muss wirklich schwer arbeiten und kämpfen, um Geld zu haben«, augenblicklich los. Durch diese Überlegungen haben Sie eine entsprechende Frequenz ausgesendet, und sie wurden zu den Bildern in Ihrem Leben. Halten Sie sich an Loral Langemeiers Rat und ersetzen Sie solche Gedanken durch »Geld kommt leicht und häufig«.

DAVID SCHIRMER
Wenn es gilt, Wohlstand zu erlangen, dann geht es um die Erschaffung einer Geisteshaltung. Es dreht sich allein darum, wie Sie denken.

LORAL LANGEMEIER
Ich würde sagen, dass die Arbeit an der Psychologie und den Denkgewohnheiten meiner Klienten 80 Prozent meines Coachings ausmachen. Das weiß ich schon, wenn ich höre: »Oh ja, Sie können das, aber ich nicht.« Menschen haben die Fähigkeit, ihre innere Beziehung und Kommunikation mit dem Geld zu verändern.

> **»Die gute Nachricht ist: Sobald Sie sich entschieden haben, dass Ihr Wissen wichtiger ist als das, was Sie zu glauben gelehrt wurden, sind Sie in Ihrem Streben**

nach Wohlstand einen großen Schritt weiter gekommen. Erfolg kommt von innen, nicht von außen.«
Ralph Waldo Emerson (1803–1882)

Sie müssen sich im Hinblick auf Geld *gut fühlen*, um mehr davon anzuziehen. Es ist nur verständlich: Wenn Sie nicht genug Geld haben, fühlen Sie sich auch nicht wohl beim Gedanken daran, gerade weil auf Ihrem Konto Ebbe herrscht. Aber diese negativen Gefühle verhindern, dass mehr finanzielle Mittel zu Ihnen kommen! Sie müssen den Teufelskreis durchbrechen, indem Sie anfangen, sich beim Gedanken an Geld wohlzufühlen, und dankbar sind für das, was Sie haben. Wiederholen Sie sich immer wieder: »Ich habe mehr als genug«, »Ein großes Vergnügen ist da unterwegs zu mir«, »Ich bin ein Magnet für Geld«, »Ich liebe Geld, und das Geld liebt mich«, »Ich erhalte jeden Tag Geld« und »Danke, danke, danke!«.

Schenken Sie Geld, um Geld zu erhalten

Schenken ist ein kraftvolles Mittel, um mehr Geld in Ihr Leben zu bringen, denn wenn Sie schenken, erklären Sie damit: »Ich habe reichlich.« Sie werden nicht überrascht sein zu erfahren, dass die reichsten Menschen auf unserem Planeten die großzügigsten Philanthropen sind; sie verschenken riesige Geldbeträge. Da sie schenken, öffnet sich nach dem Gesetz der Anziehung das Universum und spült ihnen riesige Geldmengen zurück – ein Vielfaches!

Meinen Sie jetzt: »Ich habe nicht genug, um etwas zu verschenken«? Bingo, dann wissen Sie nun, warum Sie nicht genug Geld haben. Wenn Sie denken, nicht genug Bares zu haben, um etwas davon abzugeben, dann beginnen Sie Geld zu verteilen. Wenn Sie im Geben Vertrauen demonstrieren, muss Ihnen das Gesetz der Anziehung mehr Geld schicken, um es zu verschenken.

Es ist ein großer Unterschied zwischen Schenken und Opfern. Aus überfließendem Herzen zu schenken, fühlt sich sehr gut an. Etwas zu opfern, fühlt sich nicht gut an. Verwechseln Sie das nicht; es sind gegensätzliche Arten zu geben. Das Schenken sendet ein Signal von »Mehr als genug« aus, das Opfern ein Signal des Mangels. Das eine fühlt sich gut an, das andere nicht. Opfern wird schließlich zu Groll führen. Aus vollem Herzen zu schenken, ist eines der freudigsten Erlebnisse. Das Universum wird dieses Signal der Freude empfangen und noch mehr in Ihr Leben spülen. Den Unterschied können Sie *fühlen*.

JAMES RAY
Ich begegne so vielen Menschen, die ungeheuer viel Geld erwirtschaften, aber ihre Beziehungen liegen im Argen. Das ist nicht wirklich Wohlstand. Man kann hinter dem Geld her sein und wird vielleicht reich, aber das ist keine Garantie für Wohlstand. Ich will damit nicht sagen, dass Geld nicht ein Teil des Wohlstands ist, das ist es absolut. Aber es ist eben nur ein Teil.

Und dann lerne ich viele Menschen kennen, die »spirituell« sind; dabei sind sie krank und die meiste Zeit pleite. Das ist auch kein Wohlstand. Das Leben soll in allen Bereichen von Überfluss gekennzeichnet sein.

Wer glaubt, dass Wohlstand nicht spirituell sei, dem lege ich die Lektüre der Reihe *The Millionaires of the Bible* von Catherine Ponder ans Herz. In diesen großartigen Büchern werden Sie entdecken, dass Abraham, Isaak, Jakob, Moses und Jesus nicht nur Lehrer des Wohlstands waren, sondern auch selbst »Millionäre« mit einem großzügigeren Lebensstil, als ihn viele heutige Reiche sich träumen lassen.

Sie sind Erbe des Königreichs. Wohlstand ist Ihr Geburtsrecht, und in Ihrer Hand halten Sie den Schlüssel zu größerem Wohlstand – in jedem Bereich Ihres Lebens –, als Sie sich überhaupt vorstellen können. Sie verdienen die Erfüllung Ihrer Wünsche, und das Universum wird Ihnen alle Träume erfüllen. Aber Sie müssen es in Ihr Leben rufen.

Nun kennen Sie das Geheimnis. Ihre Gedanken und Gefühle sind der Schlüssel. Sie haben den Schlüssel schon zeit Ihres Lebens in der Hand.

MARCI SHIMOFF
In der westlichen Welt streben viele Menschen nach Erfolg. Sie wollen ein großes Haus, sie suchen nach blühenden Geschäften, sie sehnen sich nach all diesen Äußerlichkeiten. Aber unsere Forschungen haben gezeigt, dass Besitz nicht unbedingt unser eigentliches Bedürfnis stillt, nämlich glücklich zu sein. Und so sind wir auf jene äußeren Dinge aus und meinen, sie würden uns das Glück bringen; tatsächlich aber ist es umgekehrt. Sie müssen zuerst auf die innere Freude aus sein, den inneren Frieden anstreben, die innere Vision suchen – und dann erscheinen all die anderen kommoden Umstände.

Alle Ihre Wünsche sind innere Angelegenheiten! Die Außenwelt ist die Welt der Auswirkungen; sie ist nur das Resultat unseres Denkens. Schalten Sie Ihre Gedanken und Frequenz auf inneres Glück. Strahlen Sie die Gefühle von innerem Glück und Freude aus und senden Sie sie mit all Ihrer Kraft ins Universum. Dann werden Sie wahrlich den wahren Himmel auf Erden erleben.

Das Geheimnis in Kürze

- Um Geld anzuziehen, müssen Sie sich auf Reichtum konzentrieren. Es ist unmöglich, mehr Vermögen in Ihr Leben zu ziehen, wenn Sie sich auf eine bescheidene Finanzlage konzentrieren.
- Es ist hilfreich, dazu Ihre Vorstellungskraft zu nutzen und sich selbst glauben zu machen, dass Sie über das erwünschte Geld bereits verfügen. Stellen Sie sich spielerisch vor, reich zu sein, und Sie werden sich in Bezug auf Geld wohler fühlen; und da sich dabei Ihre Stimmung aufhellt, wird mehr in Ihr Leben fließen.
- Bringen Sie sich in eine positive und fröhliche Stimmung. Das ist der schnellste Weg, Geld in Ihr Leben zu ziehen.
- Nehmen Sie sich vor, jedes Mal, wenn Ihr Blick auf etwas ruht, das Ihnen gefällt, in Gedanken zu sagen: »Ich kann es mir leisten. Ich kann das kaufen.« Damit werden Sie Ihr Denken umschalten, und Ihre Einstellung zu Geld wird positiver werden.
- Verschenken Sie Geld, um mehr davon in Ihr Leben zu bringen. Wenn Sie mit Geld großzügig sind, Sie sich glücklich fühlen und es mit anderen teilen, signalisieren Sie: »Ich habe reichlich.«
- Stellen Sie sich vor, wie Sie mit der Post Schecks erhalten.
- Schalten Sie Ihr Denken um auf Wohlstand: Denken Sie Vermögen!

Paul McKenna
Stellen Sie Ihren Wohlstandsthermostat neu ein

Der Autor Brandon Bays benutzt das folgende Szenario als Teil einer Dauerstudie über die Psychologie des Wohlstands:

Sie sind in der engeren Auswahl für einen Job, für den Sie bestens qualifiziert sind. Die Bewerbungsgespräche in den vorangegangenen Runden verliefen gut, und nun sind Sie unter den letzten fünf Kandidaten. Genau in dem Moment, als Sie den Raum für das entscheidende Gespräch betreten, entdecken Sie, dass Ihr Gehalt anders ist, als Sie dachten: Es verfügt über eine zusätzliche Null!

Mit anderen Worten: Das Gehalt liegt zehnmal höher, als Sie bislang angenommen haben. Wenn Sie bisher glaubten, es wären 30 000 Euro pro Jahr, sind es in Wirklichkeit 300 000 Euro; wenn Sie dachten, es wären jährlich 60 000 Euro, sind es tatsächlich 600 000 Euro.

Wie fühlen Sie sich, wenn Sie den Raum betreten und Ihre Gesprächspartner sehen? Wie verhalten Sie sich?

Was geht in Ihnen vor, wenn Sie sich in diesem Raum vorstellen? Für die meisten Menschen kommen alle möglichen emotionalen Themen an die Oberfläche, sie reichen von Unwürdigkeit und Wertlosigkeit bis hin zu Überwältigung und sogar Wut.

Einige Teilnehmer der Studie wollten das letzte Gespräch gar nicht mehr führen. Eine Stelle, für die zehnmal mehr bezahlt wird, als sie bislang verdienten, lag zu weit außerhalb ihrer Komfortzone, um sie überhaupt in Erwägung zu ziehen.

Die einfache Schlussfolgerung, die sich daraus ziehen lässt, lautet demnach, dass die meisten Menschen ein unbewusstes »oberes Limit« für einen Verdienst haben, mit dem sie sich noch wohlfühlen. Dies ist durchaus sinnvoll, weil unser Unterbewusstsein ein Mechanismus ist, der Sicherheit sucht. Seine vordringlichste Aufgabe besteht darin, uns zu beschützen, und um diesen Schutz zu gewährleisten, versucht er im Wesentlichen dafür zu sorgen, dass es keine großen Überraschungen gibt. Aus der Perspektive unseres Unterbewusstseins schafft Vertrautheit Sicherheit.

Um dies zu erreichen, funktioniert unser Unterbewusstsein ähnlich wie ein Thermostat. Wenn der Thermostat auf 20 Grad eingestellt ist, dann beträgt die Raumtemperatur wahrscheinlich ebenfalls 20 Grad. Wenn es deutlich wärmer wird, schaltet sich die Klimaanlage ein und kühlt die Temperatur wieder auf den »Wohlfühlbereich« herunter.

Letztlich bedeutet das:

Die Raumtemperatur lässt sich nur dauerhaft verändern, indem wir den Thermostat neu einstellen.

Das Gleiche gilt für Geld, Erfolg, Ruhm und all die anderen Dinge, die uns im Leben wichtig sind. Die einzige Möglichkeit, unseren Wohlstand dauerhaft zu erhöhen, besteht darin, den Wohlstandsthermostat neu zu programmieren!

Mithilfe der folgenden Fragen können Sie ein Gefühl dafür bekommen, wie Ihr innerer Thermostat zurzeit eingestellt ist. Wenn sich Ihr Schicksal in den letzten Monaten nicht radikal gewandelt haben sollte, dann ermöglichen Ihnen diese Zahlen einen ziemlich genauen Überblick über den Geldbetrag, mit dem Sie sich gegenwärtig wohlfühlen.

Messen Sie Ihre finanzielle Temperatur

Wie viel Geld könnten Sie verlieren, ohne auszuflippen? 5 Euro? 50 Euro? 500 Euro?

Sehen Sie sich Ihre Kontoauszüge der letzten 18 Monate an. Was ist der durchschnittliche Geldbetrag, über den Sie verfügen konnten?

Addieren Sie das Nettojahreseinkommen Ihrer fünf besten Freunde und teilen Sie es durch fünf.

Forschungen haben ergeben, dass Ihr eigenes Einkommen bei ungefähr 20 Prozent von dieser Zahl liegt, was einen ziemlich guten Hinweis darauf gibt, wie Ihr Thermostat gegenwärtig eingestellt ist.

Ein »reicher« Thermostat

> **»Wenn du wissen willst, was dir die Zukunft bringt, dann blicke in die Vergangenheit.«**
> *Albert Einstein, Physiker und Nobelpreisträger*

Die meisten Menschen schalten irgendwann im Laufe ihres Lebens auf Autopilot – sie tun Dinge, ohne wirklich darüber nachzudenken. Sie hören Tag für Tag denselben Radiosender, bestellen im Restaurant stets das gleiche Essen und denken jeden Tag die gleichen Gedanken. Wie die Redensart so schön sagt: »Wenn du das tust, was du immer getan hast, bekommst du mehr von dem, was du immer bekommen hast.«

Wenn unser Thermostat dauerhaft zu niedrig eingestellt ist, kann dies zu Problemen führen. Aber was ist, wenn der Zeiger bereits auf Reichtum steht?

Es gab eine Zeit, als Donald Trump über 1 Milliarde Dollar Schulden hatte. Einer der Bankiers, die das Geld von ihm eintreiben sollten, erzählte mir, wie das Treffen ablief. Trotz der Tatsache, dass die Bankmitarbeiter gekommen waren, um ihm den Geldhahn zuzudrehen, begrüßte Trump die Herren stilvoll und versuchte sie zu überreden, ihm mehr Zeit für die Rückzahlung seiner Schulden einzuräumen. Sie kamen überein, ihm eine neue Frist zu gewähren, aber nur, wenn er bereit war, seine privaten Ausgaben drastisch zu senken.

Trump weigerte sich! Er meinte, wenn sie ihr Geld wirklich zurückhaben wollten, müssten sie den Lebensstil, an den er sich gewöhnt hatte, weiterhin unterstützen. Er bestand auf einer monatlichen Aufwandsentschädigung von 100 000 Dollar und volle Verfügungsgewalt über seine Privatflugzeuge. Mit anderen Worten: Er wollte sein Leben weiterhin selbst bestimmen. Innerhalb eines Jahres hatte er nicht nur die Banken ausbezahlt, sondern auch wieder einen Gewinn von Hunderten Millionen Dollar gemacht.

Der Thermostat von Donald Trump war so hoch eingestellt, dass er sich unmöglich mit weniger zufriedengeben konnte. Konsequenterweise war er dann auch in der Lage, den entsprechenden Geldbetrag schnell wieder anzuhäufen.

In ähnlicher Weise erzählten mir fast alle reichen Denker, mit denen ich im Rahmen meiner Recherchen zu diesem Buch gesprochen habe, dass sie ihr Geld mit Sicherheit innerhalb weniger Jahre erneut verdient hätten, wenn sie morgen alles verlören. Aus diesem Grund lässt sich der Unterschied zwischen einem reichen Denker und einem armen Denker nicht an dem Geldbetrag ablesen, den er auf der Bank hat – es ist vielmehr die Geldsumme, deren Besitz für ihn natürlich und normal ist.

Zahlreiche Studien belegen, dass Menschen, die unverhofft zu Reichtum kommen, sei es durch einen Lotteriegewinn oder eine

Erbschaft, ihr Vermögen in der Regel genauso schnell wieder verlieren. Tatsächlich stehen sogar 80 Prozent von ihnen nach zwei Jahren finanziell schlechter da als vorher. Durch eine Reihe ungeschickter Investitionen und unnötiger Geldausgaben sorgt das Unterbewusstsein dafür, dass diese Menschen sich bald wieder in der Situation befinden, in der sie sich finanziell wohlfühlen.

Wenn Sie diese Falle vermeiden wollen, sollten Sie – bevor Sie sich daranmachen, viel Geld zu verdienen – erst mal Raum in Ihrem Bewusstsein schaffen, in dem dieses Geld auch einen dauerhaften Platz hat. Mit anderen Worten:

Bevor Sie Ihr Gehirn nicht neu programmiert haben, ist Ihre Vergangenheit ein wunderbarer Indikator für Ihre Zukunft.

Vergessen Sie nicht, dass Ihr Gehirn wie ein Computer funktioniert. Im Laufe dieses Buches werden wir ihn so umprogrammieren, dass Sie immer leichter erkennen, in welchen Bereichen Sie bereits vermögend sind, mehr Geld verdienen und ein selbstbestimmtes und erfülltes Leben führen.

Die folgende Übung ist die erste aus einer Reihe von Übungen, durch die ich Sie führen werde, um Ihr Gehirn auf größeren Wohlstand zu programmieren.

Stellen Sie sich unbegrenzten Reichtum vor

1. Denken Sie an das Geld, das Sie auf dem Konto haben, und achten Sie darauf, welche Bilder dabei in Ihnen hochkommen. Malen Sie sich vielleicht Stapel mit Banknoten, Türme aus Münzen, Ordner mit Kontoauszügen oder gar etwas anderes aus?

2. Stellen Sie sich als Nächstes vor, wie viel Geld Sie in diesem Jahr einnehmen werden, und beobachten Sie erneut, was Ihnen in den Sinn kommt. Sehen Sie Schecks, Geldscheine, Kontoauszüge, Umschläge oder Zahlen, die auf Ihrem privaten Computer in die Höhe schießen?
3. Verdoppeln, verdreifachen oder vervierfachen Sie die Geldsumme, die Sie einnehmen werden. Vielleicht wird der Stapel mit Geldscheinen vor Ihrem inneren Auge noch höher, werden die Zahlen auf den Schecks noch größer oder die Summen auf dem Bildschirm steigen noch schneller an. Genießen Sie diese wunderbare Geldvermehrung!
4. Malen Sie sich nun aus, dass sich dieser Geldstrom in den kommenden 20 Jahren jedes Jahr erhöhen wird. Stellen Sie sich einen Stapel nach dem anderen vor, der auf Ihrem Konto landet. Der Haufen wird immer größer, genauso wie die Zahlen auf Ihren Kontoauszügen. Lassen Sie Ihrer Vorstellungskraft freien Lauf und genießen Sie es!
5. Konzentrieren Sie sich abschließend auf ein geistiges Bild, das für Sie ein erfülltes Leben im Überfluss symbolisiert, und vergewissern Sie sich, dass Sie in Ihrer geistigen Vorstellung immer mit einem größeren Maß an Wohlstand enden als anfangen.

Es ist wichtig, dass Sie diese Übung wirklich genießen! Indem Sie die Geldsumme, die Sie sich vorstellen können zu besitzen, kontinuierlich erhöhen, stellen Sie Ihren Wohlstandsthermostat Schritt für Schritt höher ein.

Kurbeln Sie Ihr Einkommen an

Ein Freund von mir ist ein sehr talentierter Unternehmensberater. Irgendwann war er davon überzeugt, dass er die Obergrenze der Summe erreicht hatte, die er für seine Dienstleistung fordern konnte. Er beklagte sich, dass er 350 Tage im Jahr arbeiten müsse, um das Geld zu verdienen, das er verdienen wollte. Diese Vorstellung bereitete ihm großes Unbehagen und war auch völlig unrealistisch, da er bislang nie mehr als 50 Schulungstage pro Jahr absolviert hatte.

Ich fragte ihn, wie viel er pro Tag verlange, und er erwiderte: »1500 Euro.« Ich schlug ihm daraufhin vor, an diesen Betrag eine Null zu hängen, wenn er seine nächsten Werbungsschreiben verschickte. Er schaute mich an, als hätte ich den Verstand verloren. Sosehr er sich auch bemühte, sein Gehirn konnte sich einfach nicht mit der Vorstellung anfreunden, dass er für die Arbeit eines Tages 15 000 Euro verlangen könne. Nachdem ich sein inneres Ringen einen Augenblick lang beobachtet hatte, sagte ich: »Okay, dann nimm einfach nur doppelt so viel wie bisher! Schlimmstenfalls handeln sie dich dann runter auf deinen bisherigen Tagessatz.«

Ich sah, wie ein Lächeln auf seinem Gesicht erschien. »Das ist eine gute Idee,« sagte er.

Hätte ich ihm gleich vorgeschlagen, seinen Tagessatz zu verdoppeln, hätte er große Probleme damit gehabt. Aber wenn sich der Geist erst einmal genügend gestreckt hat, kehrt er nicht mehr zu seinen ursprünglichen Begrenzungen zurück. Nachdem mein Freund die Möglichkeit in Erwägung gezogen hatte, 15 000 Euro am Tag zu verdienen, fühlten sich 3000 Euro pro Tag nicht nur besser an, sie waren auch eine Erleichterung im Gegensatz zu der enormen Kraftanstrengung, die es für ihn bedeutete, sich die größere Summe konkret vorzustellen.

Wir werden jetzt gleich etwas Ähnliches tun. Ich werde Ihr Gehirn auffordern, die Möglichkeit in Betracht zu ziehen, dass Sie mehr Geld verdienen, als Sie jemals für möglich gehalten haben. Dabei kommt es nicht darauf an, ob Ihnen dies leichtfällt oder nicht, entscheidend ist vielmehr, dass Sie auf diese Weise lernen, sich mit immer größeren Geldsummen innerlich wohlzufühlen.

Es geht dabei jedoch um mehr als nur um eine innere Behaglichkeit. Mein Freund verdiente fortan nicht nur 3000 Euro pro Tag, er lernte auch, dass seine Vorstellungen von dem, was für ihn möglich war, nicht real waren. Als ich ihn das letzte Mal sprach, nahm er bereits 6000 Euro pro Tag – und das Ende der Fahnenstange ist noch nicht erreicht.

Die nachfolgende Übung beruht auf der Methode, mit der ich meinem Freund geholfen habe. Auch Sie können diese Hilfe jetzt für sich in Anspruch nehmen.

Erhöhen Sie Ihr Einkommen

1. Was auch immer Sie gegenwärtig verdienen, stellen Sie sich vor, dass Sie die doppelte Summe für die gleiche Arbeit bekommen.
2. Wenn Sie sich das gut vorstellen können, verdoppeln Sie die Summe noch einmal.
3. Wie groß kann die Summe werden? Wenn Sie die absolute Obergrenze von dem erreicht haben, was Sie sich gegenwärtig vorstellen können zu verdienen, dann denken Sie an das, was Sie mit diesem Geld tun könnten, und prüfen, ob sich die Zahl nicht doch noch vergrößern ließe.
4. Denken Sie, wenn Sie wirklich nicht weiter nach oben gehen können, an Ihr gegenwärtiges Einkommen, und stellen Sie

sich vor, dass Sie es nur um 10 Prozent erhöhen. Haben Sie das Gefühl, dass dies möglich ist?

Zuerst wird es vielleicht schwierig sein, doch jedes Mal, wenn Sie diese Übung wiederholen, wird es leichter für Sie, sich die Veränderungen vorzustellen, und Sie werden sich immer wohler damit fühlen.

Noch einmal: Die Kraft der Konzentration

Sie erinnern sich bestimmt daran, dass ich Sie im ersten Kapitel auf das folgende grundlegende Prinzip aufmerksam gemacht habe:

Wir verstärken das, worauf wir unsere Aufmerksamkeit richten.

Es gibt unzählige psychologische und wissenschaftliche Theorien, die dieses Prinzip näher untersucht haben. Psychologen erklären es meistens, indem sie von einem netzartigen Aktivierungssystem sprechen. Hierbei handelt es sich um den Teil unseres Geistes, der die Umgebungsreize herausfiltert und nur das wahrnimmt, was für unsere Sicherheit oder unsere höchsten Werte relevant ist.

Verhaltensforscher gehen zwar auch davon aus, dass man das verstärkt, worauf man seine Aufmerksamkeit richtet, aber sie haben eine andere Erklärung für die Ursache. Sie behaupten in der Regel, dass unsere inneren Überzeugungen und vorherrschenden emotionalen Zustände nur dann eine Bedeutung haben, wenn sie sich auf unser äußeres Verhalten auswirken. Dieses führt dann nämlich wiederum als eine Art »sich selbst erfüllende Prophezeiung« zu bestimmten Resultaten in der Umwelt.

Wissenschaftler – und zwar besonders diejenigen, die an Quantenphysik interessiert sind – haben eine ganz andere Erklärung, die in jüngster Zeit durch das Buch und den Film *Das Geheimnis* einem größeren Publikum bekannt geworden ist.

Ihrer Meinung nach besteht alles im Universum – von unseren Gedanken und unserer Sprache bis hin zu unseren Körpern und der physischen Welt, die uns umgibt – aus Atomen und Molekülen, die mit einer bestimmten Energiefrequenz schwingen.

Die grundlegende Faustregel für das Wirken von Energie ist auch als das Gesetz der Anziehung bekannt:

Gleiches zieht Gleiches an.

Die Wissenschaftler, die diese Theorie vertreten, gehen davon aus, dass unsere Gedanken wie ein Magnet wirken und wir das, womit wir uns andauernd innerlich beschäftigen, automatisch anziehen. In der Musik nennt sich dieses Prinzip »sympathische Resonanz«. Wenn zwei Klaviere im selben Raum stehen und man auf dem einen den Ton C anschlägt, dann fängt das andere Klavier auf der gleichen Tonhöhe an zu schwingen.

Die Emotionen, die unseren Gedanken zugrunde liegen, bestimmen die Geschwindigkeit, mit der diese sich manifestieren. Wir senden die ganze Zeit über Energien aus, die ständig Dinge anziehen oder abstoßen. Dies ist einer der Gründe, warum Reichtum im Denken letztlich wertvoller ist als das tatsächliche Vermögen. Unsere Gedanken sind eine Energiequelle, die kraftvoll und kreativ ist.

Für welche Glaubenssätze und Überzeugungen Sie sich auch immer entscheiden, wichtig ist, nicht zu vergessen, dass sich mehr Mangel in Ihrem Leben manifestieren wird, wenn Sie geistig ständig über Mangel meditieren. Indem Sie sich vornehmen, Ihren Thermostat höherzudrehen und sich mehr Einkommensquellen zu erschließen, bekommen Sie ein immer besseres Gespür für die Möglichkeiten, die Sie haben. So wird Ihr Wohlstand wie von selbst größer werden als jemals zuvor.

Wodurch wurde Ihr Thermostat eingestellt?

> **»Geben Sie mir den Jungen, und ich werde Ihnen den Mann geben.«**
> ***Jean Piaget, Wissenschaftler und Philosoph***

Wissenschaftler haben herausgefunden, dass frisch geschlüpfte Küken das Erste, was sie sehen, für ihre Mutter halten. Sie gehen eine Bindung ein und richten ihre Verhaltensweisen entsprechend aus. Dieser Prozess nennt sich »Prägung«, und die Forscher haben viele Experimente durchgeführt, die eindeutig beweisen, wie stark die Konditionierung in dieser Entwicklungsphase ist.

Das Gleiche trifft in gewisser Weise auch auf uns Menschen zu, denn frühe Kindheitserfahrungen prägen uns fürs Leben. Unsere Ansichten in Bezug auf Geld werden von der Umgebung beeinflusst, in der wir aufwachsen, sowie von den Einstellungen der Menschen, die uns nahestehen. Auf diese Weise werden wir darauf programmiert, so über Geld zu denken, wie wir es tun.

Diese frühen Erfahrungen sind eine Art Trainingsvideo für unser Unterbewusstsein und wirken entweder als abschreckende Warnung oder als ein Beispiel für das, was möglich ist. Als Kind beobachten wir, wie die Erwachsenen um uns herum mit Geld umgehen, und ihr Verhalten bildet das Potenzial, das uns später im Leben zur Verfügung steht.

Als ich aufwuchs, war mein Vater in der Baubranche tätig. Obwohl es immer wieder Perioden gab, in denen er gut verdiente, schwankte die Auftragslage oft. Ich erinnere mich noch gut daran, welchen enormen Stress meine Eltern mit dem finanziellen Auf und Ab hatten, und daher entschied ich mich als Kind, später als Erwachsener so dazustehen, dass ich niemals Geldsorgen hätte. Im Gegenteil, ich wollte so viel verdienen, dass Geld überhaupt kein Thema mehr für mich war.

Bei diesem Entschluss handelt es sich um meine früheste Programmierung in Bezug auf Geld. Aber als ich mir anschaute, wie sich meine Finanzen entwickelten, als ich Anfang 30 war, erkannte ich, dass viel Geld haben zu wollen nur ein Teil von dem war, was ich gelernt hatte.

Genau wie mein Vater lebte ich nach dem Muster, große Summen zu verdienen und dann auch wieder phasenweise kein Geld zu haben. Obgleich ich das Gefühl hatte, meinen eigenen Weg zu gehen, erlebte ich genau die gleichen finanziellen Hochs und Tiefs wie meine Eltern. Der einzige Unterschied lag darin, dass die Hochs höher waren – und die Tiefs tiefer!

Nachdem ich das Muster erkannt hatte, war ich in der Lage, es mithilfe der hypnotischen Rückführung zu verändern. Da wir jederzeit unbewusst nach den Mustern handeln, die wir in der Kindheit gelernt haben, gehört eine Rückführung in die Zeit, in der die Muster entstanden sind, zu den wirkungsvollsten Methoden eines jeden Hypnotiseurs. Indem wir das Unterbewusstsein mit neuen Mustern konfrontieren, können wir das, was möglich ist, durch andere Filter wahrnehmen.

Dies führt uns zu einer ungewöhnlich klingenden Schlussfolgerung:

Es ist nie zu spät, eine reiche Kindheit zu haben

Einer meiner besten Freunde ging aufs Eton College und hatte überall die besten Noten. Ich hingegen besuchte eine normale Gesamtschule, und wenn ich sage, dass ich dort nicht gerade zu akademischen Höhenflügen ansetzte, ist das keine Untertreibung.

Eines Tages verglichen wir die Art von Botschaften, die wir über uns und unser Potenzial während unserer Schulzeit erhielten. Solange ich mich erinnern kann, bekam ich ständig zu hören, dass das, was ich tat, nicht gut genug war, und dass ich daher meine Ansprüche senken und alle Ambitionen, der Welt meinen Stempel aufzudrücken, lieber gleich aufgeben sollte. In einem meiner Zeugnisse stand sogar, dass ich es »nie zu etwas bringen werde«. Im scharfen Kontrast dazu hatte man meinem Freund ständig erzählt, dass er etwas Besonderes und zudem eine »natürliche Führungspersönlichkeit« sei.

Einige andere Unterschiede waren subtiler. Eine typische Mathematikaufgabe an meiner Schule lautete beispielsweise: Wie viele Äpfel und Orangen kannst du für 1 Euro kaufen, wenn Äpfel 20 Cent und Orangen 15 Cent kosten? Eine Mathematikaufgabe, an die sich mein Freund in seiner Schule erinnern konnte, begann mit dem Satz: »Du kaufst ein kleines Ingenieurbüro, das in den ersten drei Jahren nach der Gründung nur wenig Profit gemacht hat …«

Während wir beide in unseren Bereichen erfolgreich waren, besteht mein Weg in einem ständigen Lernen und Neuprogrammieren, während sein Erfolg das natürliche Resultat einer positiven Erstprogrammierung ist. Die Unterschiede zwischen uns machten mir deutlich, dass der gegenwärtige Stand des Wohlstandsthermostats ein natürliches und zwangsläufiges Resultat der Programmierung in der Kindheit ist.

Unsere Erfahrungen und die Botschaften, die wir – bewusst und unbewusst – in Bezug auf Geld empfingen, schufen eine Blaupause für unsere gegenwärtige finanzielle Situation. Wir sind dabei, dieses Schema zum Positiven hin zu verändern.

Eine alternative Vergangenheit schaffen

Wir kommen jetzt zu einer der wichtigsten Übungen, die ich in meinem System benutze. Auch wenn es sich vielleicht seltsam anhört, kann allein diese Übung die entscheidende Veränderung bewirken.

Wir werden jetzt gleich eine alternative Kindheit für Sie schaffen – eine Kindheit, in der Sie von reichen Denkern umgeben sind, die an Ihr Potenzial geglaubt haben und die finanziellen Mittel hatten, um diese Überzeugung in die Tat umzusetzen.

Dieser Prozess nimmt Ihnen nichts von der Kindheit, die Sie tatsächlich hatten, und er führt auch nicht dazu, dass Sie irgendetwas aus Ihrer Vergangenheit vergessen. Es handelt sich vielmehr um eine Methode, um Ihrem Unterbewusstsein ein paar Alternativen anzubieten, damit Sie nicht länger von Ihrer alten Wohlstandsprogrammierung eingeschränkt werden.

Eine wichtige Anmerkung

Manche Menschen hatten eine unglückliche Kindheit und denken nicht gern daran zurück. Da wir uns bei dieser Übung eine alternative Kindheit vorstellen, müssen Sie sich nicht an die erinnern, die Sie tatsächlich hatten, um die Übung erfolgreich zu machen. Wenn Sie sich unbehaglich fühlen, können Sie einfach zwischendurch aufhören und erst dann weitermachen, wenn Sie wieder wohlauf sind.

Ich werde Sie nun bitten, die Augen zu schließen und sich lebhaft eine Kindheit in einem reichen Elternhaus vorzustellen. Je eher Sie bereit sind, in die Details zu gehen, desto stärker wird die Übung wirken. Experimentieren Sie so lange, bis Sie ein starkes Gefühl haben, wie es im Einzelnen gewesen sein könnte.

Obgleich es sich nur um eine Vorstellungsübung handelt, hat jeder Mensch, mit dem ich diese Übung gemacht habe, konkrete Veränderungen in seinem Leben beobachtet, oftmals schon nach wenigen Tagen. Sie können das, was Sie dabei lernen, jederzeit verstärken, indem Sie sich so oft wie möglich eine Hypnose-CD anhören.

Ihre Kindheit in einem reichen Elternhaus

Lesen Sie sich die Übung zuerst ganz durch, damit Sie genau wissen, was zu tun ist Führen Sie dann jeden der Schritte nacheinander aus, indem Sie sich viel Zeit nehmen, um sich jede Situation in allen Einzelheiten auszumalen.

1. Stellen Sie sich vor, Sie sind in eine wohlhabende Familie geboren. Sie sind ein Wunschkind und werden bedingungslos geliebt. Außerdem ist immer genug von allem da – eine wahrhaft bereichernde Umgebung.
2. Wie fühlt es sich an, ein kleines Kind zu sein und zu wissen, dass man erwünscht ist, geliebt wird und dass es immer genug geben wird? Welche Geburtstagsgeschenke bekom-

men Sie? Mit welcher Art von Freunden spielen Sie? Welche positiven Botschaften und Ratschläge erhalten Sie in dieser bereichernden Umgebung? Welche Überzeugungen formen sich in Ihnen in Bezug auf das, was alles möglich ist, wenn Sie in einem derart liebevollen und fürsorglichen Elternhaus aufwachsen?

3. Wie fühlt es sich an, ein Teenager zu sein, der in dem Wissen aufgewachsen ist, dass immer genug Geld da war und ist, um all das tun zu können, was er wirklich tun will? Mit wem verbringen Sie am liebsten Ihre Zeit? Wohin würden Sie gerne reisen? Welche Hoffnungen und Träume haben Sie im Hinblick auf die Zukunft? Wie sicher würden Sie sich fühlen und wie viel Selbstvertrauen hätten Sie?
4. Wie sieht es im Übergang zum Erwachsenenalter aus? Was würden Sie gerne tun? Wen hätten Sie gerne dabei an Ihrer Seite? Wo leben Sie? Wie fühlen Sie sich? Welches Lebensgefühl haben Sie, wenn Sie wissen, dass immer genug da sein wird – egal was geschieht?
5. Mit welchen Dingen beschäftigen Sie sich im Alter zwischen 20 und 30?
6. Zwischen 30 und 40?
7. Zwischen 40 und 50?
8. Zwischen 50 und 60?
9. Zwischen 60 und 70?
10. Zwischen 70 und 80?

Wie fühlt es sich an, alt zu werden und dabei zu wissen, dass Sie Ihr ganzes Leben lang geliebt worden sind und dass immer genügend Geld da war, um all das zu tun, was Sie gerne tun wollten? Welche Erfahrungen haben Sie gemacht?

Wenn Sie wollen, können Sie Ihre Antworten so formulieren, als würden Sie Ihre Autobiografie schreiben. Zum Beispiel:

Zwischen 20 und 30 habe ich erkannt, dass ich aufgrund meiner privilegierten Erziehung die Verantwortung habe, der Welt so viel wie möglich zurückzugeben. Während ich weiter meiner geliebten Arbeit in der Kunstwelt nachging und meine Geschäfte führte, spendete ich immer wieder größere Beträge für gemeinnützige Einrichtungen, die jungen Menschen eine Ausbildung und finanzielle Unterstützung anboten.

Als ich älter wurde, wusste ich, dass nicht mehr das ganze Leben vor mir lag, daher unterstützte ich von da an Organisationen, die Menschen auffangen konnten, bevor das Leben ihnen alle Hoffnung nahm.

Häufig gestellte Fragen zum Inhalt dieses Kapitels

Ich glaube, mein Thermostat ist zu hoch eingestellt! Ich kann den Gedanken nicht ertragen, dass ich eine Arbeit annehme, bei der ich nur wenig verdiene – daher bin ich schon seit Längerem arbeitslos.

Wenn Sie sich fragen, wie hoch Ihr Thermostat eingestellt ist, müssen Sie nur Ihr Einkommen und Ihren Kontostand betrachten. Wenn Sie auf Dauer überhaupt kein Geld verdienen, spielt Ihre Erklärung keine Rolle – Ihr Thermostat ist dann auf »kein Geld« eingestellt.

Wenn Sie die Übungen in diesem Kapitel machen, werden Sie sich immer wohler damit fühlen, genügend Geld zu haben. Und wenn Sie sich die Zeit nehmen und die Ideen und Übungen auf sich wirken lassen, werden Sie bald sehen, wie sich Ihr Einkommen immer mehr erhöht, und zwar ohne Stress oder Unbehagen.

All dieses Programmieren und Neuprogrammieren klingt irgendwie gefährlich. Kann mir wirklich nichts dabei passieren?

Ich habe ausschließlich Übungen in mein Buch* aufgenommen, die ich an Hunderten und manchmal sogar Tausenden Klienten in privaten Therapiestunden oder öffentlichen Workshops ausprobiert habe. Befolgen Sie einfach die Anweisungen, die ich Ihnen gebe, und Sie werden sehen, dass sie nicht nur sicher, sondern auch erstaunlich wirkungsvoll sind.

Sollten Sie sich dennoch mit einer Übung nicht wohlfühlen, dann überspringen Sie diese einfach und holen Sie sie später nach.

Karl Otto Schmidt
Der Schlüssel zum Wohlstand

»Wohlstand ist uns nur gegeben,
dass auch andre davon leben.«
(Sprichwort)

In neuerer Zeit wächst die Einsicht, dass die äußeren Verhältnisse des Menschen, seine berufliche und wirtschaftliche Lage primär nicht von seiner Arbeitsleistung, seiner Tüchtigkeit, von guten Beziehungen oder anderen äußeren Faktoren abhängen, sondern entscheidend von seiner inneren Einstellung, sei-

* Paul McKenna: *Ich mach dich reich!* München 2009.

ner geistigen Haltung, seiner Gedankenrichtung bestimmt werden.

Das bedeutet, dass jene, die Not leiden, tiefer gesehen, nicht Opfer der Umstände, sondern des eigenen wie des kollektiven negativen Denkens und unweisen Verhaltens sind.

Armut, Mangel und Not sind auch nicht, wie manche noch wähnen, gottgewollt oder gottgewirkt; sie sind Menschenwerk und können durch rechtes Denken, Wollen und Wirken in Wohlergehen und Wohlstand umgewandelt werden. Damit jedem bewusst werde, dass der *Schlüssel zum Wohlstand* nicht in äußeren, materiellen Dingen und Bedingungen liegt, seien einleitend die Kerngedanken eines »Briefes zur Geldfrage« wiedergegeben, der vor vier Jahrzehnten als Antwort auf Fragen notleidender und verzweifelnder Menschen erschien und sich seitdem tausendfach Segen bringend ausgewirkt hat:

Lieber Freund,
wenn ich dazu rate, alles, was wir denken und fühlen, wollen und tun, im Einklang und Einswissen mit der in uns lebenden und wirkenden göttlichen Kraft vorzunehmen, so deswegen, weil dies praktisch der sicherste Weg ist, an allem zu wachsen, uns selbst, unser Leben und Schicksal von innen her zu meistern, zu wachsender Fülle und zu größerer Vollkommenheit zu gelangen.

Dass so viele mit sich und dem Leben nicht zurechtkommen, nicht vollbewusst leben, sondern ziellos dahinvegetieren, rührt vor allem daher, dass sie den Dingen und Aufgaben des Lebens vorwiegend mit negativen Gedanken, Unlust, Unwillen und Abwehrreaktionen gegenübertreten und eben dadurch einen Großteil der Misshelligkeiten und Widrigkeiten selbst auslösen.

Sie haben nicht erkannt, dass Armut und Reichtum ebenso wie Krankheit und Gesundheit, Unglück und Erfolg entschei-

dend von der geistigen Haltung und erst in zweiter Linie von anderen Faktoren abhängen. Sie blicken vornehmlich auf den Mangel: Sie starren auf das, was sie nicht haben, was ihnen fehlt – vor allem Geld. Sie begreifen nicht, dass sie nach dem ersten Gesetz der Gedankendynamik – Was du denkst, das wirst und verwirklichst du!« – eben durch ihre negative Einstellung das Nicht-Haben, den Mangel, die Widerstände und Nöte herbeirufen und festhalten …

Auch du, lieber Freund, hältst es noch für schwer oder vergeblich, nach Glück und Reichtum zu streben. Das trifft zu, solange du es glaubst. Wenn du doch zu Geld kamst, quälte dich alsbald der Gedanke, es könnte dir wieder entgleiten, weniger werden, verloren gehen – was dann auch eintrat, weil die Furcht vor dem Verlust, vor Mangel und Not ja die Konzentration auf diese unerwünschten Zustände bedeutet, die sich dann zwangsläufig verwirklichen.

Wenn du dich hingegen dazu entschließt und aufraffst, von dieser negativen, Glück verhindernden inneren Haltung umzuschalten auf positives Denken und Verhalten – im Blick auf die göttlichen Kräfte in dir und den Reichtum des Lebens –, also auf die Bejahung der Fülle, wirst du bald erfahren, wie deine äußeren Verhältnisse sich der neuen inneren Haltung angleichen.

Denn in dir, nicht außer dir liegt die Ursache deiner Nöte– aber auch die Kraft zum Erreichen und Verwirklichen all dessen, was du an Fortschritten, Beglückungen und Erfolgen ersehnst! Alle Kräfte des Geistes sind in dir! Erkenne sie, aktiviere sie mutig und betätige sie Segen bringend! Dazu brauchst du keine fremde Hilfe; denn alle Hilfe und Auftriebskraft ist in dir! …

Wohlstand statt Missstand

Menschen, die keinen Mangel kennen, mögen bei vollem Magen den Segen der Armut, des Entbehrens predigen und vorgeben, dass es immer Arme und Reiche gab und geben werde. Sie kennen die Qual der Not nicht, weil sie nie darben mussten.

In Wirklichkeit sind Armut und Mangel ebenso wie Krankheit und Leid weder angenehm noch gottgewollt. *Arm* ist und bleibt einer nur, solange er seine Unfreiheit und Not als gegeben und unvermeidlich hinnimmt. Sowie er sich als frei von Fesseln und Nöten erkennt und bejaht, entdeckt er bald, was Freiheit schöpferischen Denkens und Lebens bedeutet.

Ein anderer Aberglaube ist der, dass Reichtum, soweit er nicht Ergebnis mühseliger Arbeit ist, auch durch Erbschaft, Einheiratung, Toto, Lotto oder durch Übervorteilung anderer gewonnen werden kann. Tatsächlich führen diese und ähnliche Wege *nicht* zu dauerndem Reichsein und innerem Glücklichsein, sondern zu größerem Auf und Ab im Leben und dazu, dass man am Ende mit leeren Herzen und Händen dasteht.

Solange Wohlergehen und Wohlstand nicht *zuerst innerlich* bejaht und verwirklicht sind, geht das äußerlich Erworbene meist so rasch wieder verloren, wie es kam. Die Volksweisheit umschreibt diese Erfahrung mit dem Sprichwort »Wie gewonnen, so zerronnen«. Wie viele Gewinner des »großen Loses« haben diese Wahrheit durch ihr späteres Schicksal bestätigt.

Tiefenpsychologisch gesehen, vermag ein vermeintlich Unvermögender, wenn er plötzlich zu Reichtum kommt, das Gewonnene nicht zu halten. Weil die Voraussetzung – das innere »Sich-reich-Wissen« – fehlt, steuert er unbewusst in den alten Zustand des Mangels zurück und verliert, was ihm zufiel.

Das gilt auch für dich, solange du hinter dem Gelde herjagst, es zusammenzuscharren suchst, um dann zu erleben, dass du es nicht halten kannst. du stehst nicht *über* dem Geld, bist nicht sein Gebieter, sondern sein Sklave. Dich beherrscht die Sorge, wenn es nicht kommt, und die Furcht es zu verlieren, sobald du es hast.

Vorstellung schafft Wirklichkeit

»Was soll ich also tun?«, wirst du nun fragen.

Der erste Schritt zur Erreichung stabilen, dauernden Wohlergehens und Wohlstandes, statt immer erneuten Missstandes, ist seine Verwirklichung im Innern, da jeder Gedanke sich im Rahmen des Möglichen – der viel weiter gespannt ist, als du ahnst – zu realisieren strebt. Positive Gedanken gleichen Heinzelmännchen, die die Möglichkeiten eines besseren und rascheren Vorankommens erspähen und etwas schaffen helfen, wo Sinne und Verstand nichts wahrnehmen. Beharrlich festgehaltene und wiederholte bejahende Gedanken strömen zusammen, stützen und verstärken einander, erwecken Echos in verwandten Seelen, ziehen gleich gestimmte und gleich gesinnte Menschen an und drängen nach Verwirklichung, bis sie ihr Ziel erreicht haben.

Du möchtest ein Haus dein eigen nennen, zweifeltest aber bisher, dass du es je schaffen würdest, und erreichtest darum auch nichts.

Da ist ein anderer, den jahrelang der gleiche Wunsch nach einem Eigenheim beseelte und der an seine Erfüllung *glaubte.* Wenn seine Freunde spöttisch meinten: »Wie willst gerade du zu einem Haus kommen?«, war ihm das nur ein Ansporn, sich umso unbeirrter auf sein Ideal und Ziel zu konzentrieren – bis das, was er beharrlich bejahte, eintrat.

Obwohl seine äußeren Verhältnisse dagegen zu sprechen schienen, traten als Folge seiner gläubigen Bejahung Umstände ein, die es ihm ermöglichten, genau das Eigenheim, das ihm im Geiste ständig vorschwebte, zu erwerben.

An Beispielen solcher Gedankenverwirklichungen ist kein Mangel. Die gleiche Verwirklichungskraft schlummert *in dir* und wird aktiv und produktiv, sowie du die einfache Regel befolgst:

Verwirkliche Erfolg und Reichtum zuerst innerlich – und äußerer Wohlstand und Erfolg sind die Folge. Erfolg ist das, was erfolgt, wenn man richtig denkt und handelt.

Natürlich muss diese unentwegte Bejahung dir zur zweiten, sogar zur ersten Natur werden, sodass dein Ja *alles,* was du denkst und unternimmst, mit dem Geist des Gelingens erfüllt.

Im Grunde ist dieser Weg zum Wohlstand so einfach, dass ein Kind ihn gehen kann. Aber wie ein vertrauendes Kind sich nicht mit Vorurteilen und Befürchtungen möglicher Missgeschicke belastet, so musst du dich beim Bejahen von jedem »Ja – aber ...« freihalten.

Das Bejahen wird dir leichter fallen, wenn du die folgende elementare Weisheit dabei in den Mittelpunkt rückst: *»Aller Reichtum ist die Darreichung des unendlichen Geistes des Lebens an seine Kinder. Auch das Geld ist, wie alle Dinge, Ausdruck und Ausfluss der ›Fülle des Lebens‹. Beim Empfangen wie beim Geben schöpfe ich aus dieser Fülle!*

Wie das Blut im Körper, so fließt das Geld im Organismus der Wirtschaft und wächst, während es umläuft, zum Segen aller. Recht angewandt, also nicht aufgehäuft und gehortet, sondern zum eigenen Wohl wie zum Wohle der anderen stets willig weitergereicht und in den Dienst des Guten gestellt, bringt es Glück, Segen und Reichtum allen, die es geben, und allen, die es empfangen!«

Geben macht reicher

Gott ist der Geist des Lebens und der Fülle. Und da wir Kinder Gottes sind, die »vollkommen werden sollen, wie Gott vollkommen ist«, ist der Reichtum des Lebens unser, soweit wir ihn gläubig als unser Eigentum bejahen, ihn dankbaren Herzens willkommen heißen und segnen und uns *durch freudiges Geben* für den ständigen Empfang offenhalten.

Freudiges Geben macht und hält uns frei von der einengenden und Angst erzeugenden Haltung des Egoismus. Ichsucht bedeutet Selbstisolierung und Selbstabschließung vom Reichtum des Lebens. Sie macht den Menschen zu einem einsamen, weder mit sich selbst noch mit seinem Nächsten und mit dem Unendlichen in Harmonie befindlichen Wesen. Der Ungeist des Egoismus ist eine Hauptquelle des Unfriedens und des Missstands in der Welt.

Aufgeschlossen und empfangsbereit für den Reichtum des Lebens werden wir Menschen erst durch die gegenteilige altruistische Haltung des Wohlwollens, der Liebe und des freudigen Gebens im Gewisssein unseres inneren Einsseins mit allem, was lebt. Dann geschieht das Wunder, dass wir *durch Geben nicht ärmer, sondern reicher werden* und dass jede Gabe darüber hinaus neue Kräfte auslöst, Mut und Freude, und Mittel und Möglichkeiten herbeiruft, die zu abermals größerer Fülle führen.

Beginne darum damit, von heute an das, was du ersehnst, im Geiste schon jetzt als dein Eigentum zu bejahen und im Gewisssein deines inneren Reichseins gern zu geben. Bejahe von nun an täglich aufs Neue:

Ich bin ein lebendiger Teil des Ganzen und als Kind des »Geistes des Lebens« ein Erbe und Eigner der göttlichen Fülle. Durch den göttlichen Kern meines Wesens, meines innersten

Selbstes, bin ich eins mit allen Wesen und im Letzten mit dem Reiche Gottes, dem Ursprung und Quell allen Reichtums. Alles, was ist, war zuerst als Idee, als Gedanke im Geiste – im Geiste Gottes oder des Menschen. Da beide im Innersten eins sind, nimmt jeder Mensch am unerschöpflichen Reichtum des Lebens in dem Maße teil, als er seiner Gott-Einheit und All-Geborgenheit lebendig bewusst ist.

Damit das Reich Gottes, der verborgene Reichtum des Lebens in mir und um mich sichtbare Wirklichkeit werde, bejahe ich die Gegenwart der göttlichen Werdekraft und Fülle und bejahe mich selbst als Eigner der Fülle und meine Bereitschaft, von allem, was ich empfange, freudig zu geben!«

Das ist der Schüssel zu Wohlergehen und Wohlstand. Diese Gewissheit Tag für Tag innerlich wiederholt, wird dir helfen, deine Ideale und Wünsche und Vorstellungen in Wirklichkeiten umzuwandeln und in Stufen des Aufstiegs zu einem immer reicheren und vollkommeneren Leben!

Das etwa war es, was ich vor Jahrzehnten auf die Frage nach dem »Schlüssel zum Wohlstand« antwortete.

Hieran anschließend möge nun einiges, was nur angedeutet wurde, vertieft und ergänzt werden – als *praktische Hilfe zur Selbsthilfe* für alle, die bereit sind, die Quellen der Fülle durch rechtes Denken, Leben und Geben zum Fließen zu bringen.

Napoleon Hill
Ziehen Sie Reichtum magnetisch an

Wer Sie auch sein mögen, gleichgültig, wie alt Sie sind, welche Ausbildung Sie genossen haben oder was Ihre jetzige Beschäftigung ist, Sie können Reichtum magnetisch anziehen – aber Sie können ihn auch abstoßen. Wir sagen Ihnen: »Ziehen Sie Reichtum magnetisch an, anstatt ihn abzustoßen!«

Dieses Kapitel zeigt Ihnen, wie Sie zu Geld kommen können. Möchten Sie gerne reich sein? Seien Sie ehrlich gegenüber sich selbst: Natürlich möchten Sie das. Oder – haben Sie Angst, reich zu sein?

Wenn Sie zum Beispiel im Krankenhaus liegen, können Sie Reichtum magnetisch anziehen, indem Sie wie George Stefek Ihre Zeit auf Studieren, Denken und Planen verwenden.

Wenn Sie im Krankenhaus liegen – denken Sie!

Bei der Analyse der Laufbahn erfolgreicher Männer entdeckten wir immer wieder, dass ihr Erfolg in ihren Augen mit dem Tag begann, an dem sie ein Buch, das Selbstvervollkommnung lehrt, zur Hand nahmen. Unterschätzen Sie nie den Wert eines Buches! Bücher sind ein Ansporn, sie geben Ihnen Mut, ein kühnes, neues Vorhaben auszuführen, und bringen Licht in die dunklen Tage, welche die Verwirklichung eines solchen Vorhabens unweigerlich mit sich bringt.

Im Hines-Krankenhaus erholte sich George Stefek von einer schweren Krankheit. Dort entdeckte er durch Zufall, wie wertvoll die zum Nachdenken genützte Zeit sein kann. Finanziell war er ruiniert. Als Rekonvaleszent hatte George sehr viel Zeit, und er konnte nicht viel mehr tun als lesen und nachdenken. Er las *Denke nach und werde reich* und fasste den Entschluss, das dort Gelernte anzuwenden.

George hatte eine Idee. Er wusste, dass viele Wäschereien die frisch gebügelten Hemden über ein Stück Karton falten, um ein Verrutschen oder Knittern der Hemden zu verhindern. Durch einige schriftliche Anfragen hatte George erfahren, dass 1000 dieser Hemdenkartons die Wäschereien etwa 4 Dollar kosteten. Er wollte nun den Preis auf 1 Dollar senken, indem er die Kartons als Werbeträger benutzte. Die Interessenten würden einen bestimmten Anzeigentarif zu entrichten haben, der dann zum größten Teil ihm zufließen würde. Als er aus dem Krankenhaus kam, handelte er!

Da er nie zuvor mit Anzeigen zu tun gehabt hatte, stand er vor manchen Problemen. Schließlich gelang es ihm aber, erfolgreiche Verkaufstechniken zu entwickeln, und zwar auf dem Weg, den andere »die Methode von Versuch und Irrtum« nennen und den wir als »die Methode von Versuch und Erfolg« bezeichnen.

Im Krankenhaus hatte George es sich angewöhnt, täglich einige Zeit auf Studium, Denken und Planen zu verwenden. Diese Gewohnheit behielt er bei.

Georges Geschäft entwickelte sich zwar schon nach einiger Zeit sehr gut; trotzdem beschloss er, seine Verkaufsziffern durch eine Verbesserung seiner Dienstleistungen noch zu erhöhen. Sobald nämlich die Kunden die Hemden ausgepackt hatten, warfen sie die Kartons weg.

George fragte sich: »Wie kann ich die Kunden dazu bringen, diese Hemdenkartons mit den Anzeigen aufzuheben?« Blitzartig kam ihm der richtige Einfall.

Was tat George? Auf eine Seite seiner Hemdenkartons ließ er weiterhin eine schwarz-weiße oder farbige Anzeige drucken. Auf der anderen fügte er etwas Neues hinzu – ein interessantes Spiel für die Kinder, ein delikates Rezept für die Hausfrau oder ein fesselndes Kreuzworträtsel für die ganze Familie.

George erzählt, dass sich einmal ein Mann darüber beschwert habe, weil seine Wäschereirechnung aus unerfindlichen Gründen in die Höhe geschnellt sei. Er habe entdeckt, dass seine Frau Hemden, die er normalerweise noch einmal hätte anziehen können, in die Wäscherei gegeben habe, nur um noch mehr von Georges Rezepten zu bekommen!

George gab sich auch damit noch nicht zufrieden. Er war ehrgeizig und wollte seine Firma weiter vergrößern. Von Neuem fragte er sich: »Wie kann ich das bewerkstelligen?« Und wieder fand er die gesuchte Antwort.

George Stefek gab sämtliche Zahlungen, die er von den Wäschereien auf der Basis von 1 Dollar pro 1000 Hemdenkartons erhielt, an das American Institute of Laundering (Amerikanisches Waschinstitut) weiter. Als Gegenleistung empfahl das Institut, dass jedes Mitglied sich selbst und seinem Verband durch den ausschließlichen Gebrauch von George Stefeks Hemdenkartons nützen solle.

So machte George eine weitere wichtige Entdeckung: Je mehr Gutes und Wünschenswertes man gibt, desto mehr bekommt man!

Stunden sorgfältigen und planvollen Nachdenkens hatten George beträchtlichen Wohlstand gebracht. Er entdeckte, dass es von größter Bedeutung ist, sich eine Zeit lang zurückzuziehen und nachzudenken, wenn man wirklich zu Wohlstand gelangen will.

In der Stille kommen uns die besten Ideen. Machen Sie nicht den Fehler, zu glauben, dass Sie am meisten ausrichten und leisten, wenn Sie ruhelos umherjagen. Glauben Sie auch nicht, dass Sie Zeit verschwenden, wenn Sie sich Zeit zum Nachdenken nehmen. Nachdenken ist die Grundlage, auf welcher der Mensch alle seine Werke aufbaut und auf der er seinen Zielen näherkommt.

Natürlich brauchen Sie nicht in ein Krankenhaus zu gehen, wenn Sie sich daran gewöhnen wollen, gute und anspornende Bücher zu lesen, nachzudenken und zu planen. Auch braucht die Zeit, die Sie zum Denken, Studieren und Planen verwenden, nicht allzu lang zu sein. Wenn Sie nur 1 Prozent Ihrer Zeit zum Studieren, Denken und Planen nutzen, werden Sie erstaunt feststellen, um wie viel schneller Sie Ihre Ziele erreichen.

Ihr Tag hat 1440 Minuten. Investieren Sie 1 Prozent dieser Zeit in Studieren, Denken und Planen. Sie werden erstaunt sein, was 14 Minuten Ihnen nützen. Sie werden sehen, dass diese Gewohnheit Sie in die Lage versetzt, fast zu jeder Zeit oder an jedem beliebigen Ort konstruktive Ideen zu entwickeln, ob Sie nun gerade Geschirr abwaschen, in einem Bus fahren oder ein Bad nehmen.

Vergessen Sie auch nicht, zwei der größten und doch einfachsten Werkzeuge zu verwenden, die je erfunden worden sind – Werkzeuge, die ein Genie wie Thomas Edison anwand te –, nämlich Papier und Bleistift. Thomas Alva Edison hatte immer Papier und Bleistift zur Hand.

Wie er werden auch Sie die Ideen sofort festhalten können, die Ihnen im Lauf des Tages oder der Nacht kommen.

Wer Reichtum magnetisch anziehen will, muss ebenfalls lernen, sich ein festes Ziel zu setzen. Dieser Punkt ist sehr wichtig. Selbst wenn sie die Bedeutung dieses Vorgangs erkennen, verstehen sich doch nur wenige darauf, sich ein Ziel zu wählen.

Lernen Sie, sich ein Ziel zu setzen.

Dabei müssen Sie sich vier wichtige Punkte vor Augen halten:

a) Legen Sie Ihr Ziel schriftlich fest. Dabei wird sich das Wesentliche aus Ihren Gedanken herauskristallisieren.

Gerade der Denkvorgang während des Schreibens wird einen unauslöschlichen Eindruck in Ihrem Gedächtnis hinterlassen.

b) Setzen Sie sich eine Frist. Setzen Sie eine Zeit fest, vor deren Ablauf Sie Ihr Ziel erreichen wollen. Dieser Punkt ist ein wichtiger Faktor, der Sie anspornt, Ihr Ziel unbeirrbar anzusteuern.

c) Verlangen Sie viel von sich. Es scheint einen direkten Zusammenhang zwischen der Leichtigkeit, mit der ein Ziel erreicht wird, und der Stärke der Motive zu geben.

   Je höher Sie Ihr Ziel stecken, desto entschlossener werden Sie sich bemühen, es zu erreichen.

   Aus der Notwendigkeit, sich von logischen Gründen leiten zu lassen, werden Sie sich nicht nur ein Fernziel, sondern auch ein Nah- und Zwischenziel wählen. Also, streben Sie ein hohes Ziel an, und gehen Sie auf dem Weg über verschiedene Zwischenstufen unbeirrbar darauf zu.

   Das wird Sie zum Nachdenken anregen: Wo werden Sie heute in zehn Jahren stehen und was werden Sie sein, wenn Sie Ihre heutige Tätigkeit beibehalten?

d) Stecken Sie sich ein hohes Ziel. Es ist seltsam, dass das Bemühen, im Leben viel zu erreichen, und das Bemühen um Wohlstand und Überfluss nicht mehr Anstrengung erfordern als die Hinnahme von Elend und Armut.

Sie müssen den Mut haben, vom Leben mehr zu verlangen, als Sie vielleicht gerade jetzt glauben beanspruchen zu dürfen. Es ist eine immer wieder beobachtete Tatsache, dass die Menschen über sich selbst hinauswachsen, um den gestellten Anforderungen gerecht zu werden.

Es ist zwar außerordentlich wünschenswert, dass Sie Ihr Programm von Anfang bis Ende festlegen, doch wird das nicht immer möglich sein. Wenn man vor einem großen Unternehmen oder einer großen Reise steht, kennt man nicht immer im Voraus die Lösungen aller Probleme, die sich während des Verlaufs ergeben. Falls Sie aber wissen, wo Sie stehen und wo Sie stehen möchten, und falls Sie den Weg zu Ihrem Ziel dort beginnen, wo Sie jetzt stehen, dann werden Sie sich – wenn Sie sich auf die richtige Weise selbst anspornen – Schritt für Schritt und unaufhaltsam diesem Ziel nähern.

Tun Sie diesen ersten Schritt.

Sobald Sie sich einmal ein Ziel gesetzt haben, ist es das Wichtigste, nicht in Untätigkeit zu verharren, sondern zu handeln. Kürzlich beschloss eine 63-jährige Großmutter, Frau Charles Philipia, zu Fuß von New York City nach Miami, Florida, zu gehen. Nach ihrer Ankunft in Miami wurde sie von Zeitungsreportern interviewt, die wissen wollten, ob sie der Gedanke, einen so weiten Weg zu Fuß zurückzulegen, nicht geängstigt habe. Wie habe sie nur den Mut zu einer solchen Reise aufbringen können, bei der sie sich auf ihre Füße als einziges Fortbewegungsmittel verlassen habe?

»Man braucht keinen Mut, um einen Schritt zu tun«, erklärte Frau Philipia. »Und das war es im Grunde, was ich getan habe. Ich habe immer nur einen Schritt getan. Und dann noch einen und noch einen und noch einen, und da bin ich.«

Das ist es: Sie müssen den ersten Schritt tun. Sie können so viel Zeit auf Denken und Studieren verwenden, wie Sie wollen – wenn Sie nicht handeln, wird Ihnen das alles nichts nützen.

Einem der beiden Autoren dieses Buches wurde von einem Freund ein Mann aus Phoenix, Arizona, vorgestellt, und zwar auf folgende etwas ausgefallene Weise:

»Ich möchte dir den Mann vorstellen, der 1 Million Dollar in bar für eine Goldmine erhielt und jetzt die Million Dollar und die Goldmine dazu besitzt.«

»Wie um alles in der Welt haben Sie denn das fertiggebracht?«, fragte der Autor beinahe ehrfürchtig.

»Sehen Sie, ich hatte eine Idee, aber kein Geld. Aber ich hatte Hacke und Schaufel. Also nahm ich meine Hacke und meine Schaufel und zog aus, um meine Idee in die Wirklichkeit umzusetzen.

Dann fiel mir etwas ein: Ich würde nach einer Goldmine suchen und, wenn ich eine fände, den Verlauf des Erzganges feststellen. Eine der großen Bergwerksgesellschaften könnte dann die Mine ausbeuten, denn ich selbst hatte ja nicht das nötige Kapital. Sie wissen ja, dass Bergbaumaschinen heute sehr viel Geld kosten.

Ich suchte also nach einer Goldader und fand tatsächlich eine. Alle Anzeichen deuteten darauf hin, dass sie sehr ergiebig war. Ich verkaufte sie für 2 Millionen Dollar. Dem Vertrag zufolge sollte ich 1 Million Dollar in bar erhalten, während die zweite Million in Form einer ersten Hypothek zu leisten sei. Nach einiger Zeit war die Mine jedoch erschöpft. Ich benachrichtigte die Bergwerksgesellschaft, dass ich die Mine zurücknehmen und ihre Hypothek annullieren würde, wenn sie die Absicht habe, die Ausbeutung einzustellen. Die Gesellschaft nahm meinen Vorschlag an, und auf diese Weise habe ich 1 Million Dollar in bar und dann auch wieder die Mine selbst bekommen. So besitze ich heute die Mine und die Million Dollar.«

Wie negative Geisteshaltung den Reichtum abstößt

Eine positive Geisteshaltung zieht Reichtum magnetisch an, eine negative Geisteshaltung hat die entgegengesetzte Wirkung.

Mit einer positiven geistigen Einstellung werden Sie so lange nicht aufgeben, bis Sie den angestrebten Wohlstand erreicht haben. Es kann jedoch auch geschehen, dass Sie mit einer positiven Geisteshaltung beginnen und den ersten Schritt tun, dann aber unter den Einfluss der negativen Seite Ihres Talismans geraten und aufhören, wenn nur noch ein Schritt Sie von Ihrem Ziel trennt. Vielleicht wenden Sie das eine oder andere der 17 Erfolgsprinzipien nicht an. Lesen Sie, was in einem solchen Fall geschehen kann:

Es war gegen Ende des Jahres 1929. Oscar, wie wir ihn in unserer Geschichte nennen wollen, wartete auf dem Bahnhof von Oklahoma City auf seinen Anschlusszug in den Osten der Vereinigten Staaten, der erst einige Stunden später kommen sollte. Monatelang hatte er sich in den Wüsten des amerikanischen Westens aufgehalten, wo die Temperaturen zum Teil bis auf 40 Grad kletterten. Er hatte Öl für eine Firma aus den Oststaaten gesucht, und er war erfolgreich gewesen.

Oscar war Absolvent des Massachusetts Institute of Technology (Technische Hochschule von Massachusetts). Wie es heißt, hatte er unter Verwendung der früher benutzten Wünschelrute, eines Galvanometers, eines Magnetometers, eines Oszillografen, von Radioröhren und anderen Instrumenten ein revolutionäres Gerät zur Aufspürung von Ölvorkommen entwickelt.

Nun hatte Oscar die Nachricht erhalten, dass die von ihm vertretene Gesellschaft zahlungsunfähig sei. Die Firma hatte

Bankrott gemacht, weil ihr Präsident ihre reichlichen Geldmittel zu Börsenspekulationen verwendet hatte. Der Markt brach Ende 1929 zusammen. Oscar war auf dem Weg nach Hause, und die Aussichten für ihn waren ziemlich trübe.

Weil er mehrere Stunden Wartezeit vor sich hatte, beschloss er, sich die Zeit mit dem Aufbau seines Geräts auf dem Bahnhof zu vertreiben. Die Anzeigeskala für Ölvorkommen zeigte einen so hohen Wert, dass Oscar in einem plötzlichen Wutanfall danach trat und das Gerät zerstörte. »So viel Öl kann es hier doch gar nicht geben!«, rief er ein ums andere Mal angewidert aus.

Oscar war eben enttäuscht und verbittert. Er stand unter dem Einfluss einer negativen Geisteshaltung. Die Gelegenheit, nach der er gesucht hatte, lag direkt zu seinen Füßen. Er hätte nur einen Schritt tun müssen, um sie sich zunutze zu machen, aber unter dem Einfluss von NGH weigerte er sich, sie überhaupt zu erkennen.

Er verlor den Glauben an seine eigene Erfindung. Hätte er unter dem Einfluss von PGH gestanden, hätte er den Reichtum magnetisch angezogen, anstatt ihn abzustoßen.

Angewandter Glaube ist eines der 17 Erfolgsprinzipien. Die Stärke Ihres Glaubens erweist sich in Zeiten größter Not, wenn es darauf ankommt, ob Sie ihn anwenden oder nicht.

NGH brachte Oscar zu der Überzeugung, dass viele der Dinge, an die er geglaubt hatte, falsch seien. Sie erinnern sich: Die Wirtschaftskrise weckte in vielen Menschen ein beklemmendes Gefühl der Furcht – und Oscar gehörte dazu. Er hatte hart gearbeitet und viele Opfer gebracht, und es war nicht sein Fehler, dass er nun eine Stelle verloren hatte. Oscar hatte dem Präsidenten seiner Firma große Achtung entgegengebracht, und doch hatte ebendieser Mann, dem er vertraut hatte, die Gelder der Gesellschaft veruntreut. Das Gerät schließlich, das sich in der Vergangenheit so oft als wertvoll erwiesen hatte, schien ebenfalls nicht mehr zu funktionieren. Oscar war völlig enttäuscht und verbittert.

Als er an jenem Tag in Oklahoma City den Zug bestieg, ließ er das von ihm erfundene akustische Ölsuchgerät zurück – und eines der größten Erdölvorkommen in ganz Amerika. Kurze Zeit später stellte man nämlich fest, dass Oklahoma City im wahrsten Sinne des Wortes auf Öl schwamm.

Oscars Handeln ist ein überzeugendes Beispiel für die Richtigkeit von zwei Prinzipien: Eine positive Geisteshaltung zieht Reichtum magnetisch an, eine negative Geisteshaltung stößt ihn ab.

Man kann auch mit bescheidenem Gehalt zu Wohlstand kommen. Vielleicht erwidern Sie: »Alle diese Erklärungen einer positiven oder negativen Geisteshaltung sind gut und schön für jemanden, der 1 Million Dollar verdienen möchte. Ich will aber gar keine Million Dollar verdienen.

Natürlich möchte ich so viel Geld, dass es mir ein Gefühl der Sicherheit gibt. Ich wünsche mir genug Geld, um angenehm leben und meine Bedürfnisse auch dann befriedigen zu können, wenn ich einmal zu arbeiten aufhöre. Aber was soll ich tun, wenn ich Büroangestellter bin und nur ein durchschnittliches Gehalt beziehe?«

Darauf möchten wir folgende Antwort geben:

Auch Sie können Wohlstand erwerben, genügend, um ein Gefühl der Sicherheit zu bekommen oder sogar um (trotz allem, was Sie dagegen sagen) reich zu werden. Lassen Sie sich nur von der PGH-Seite Ihres Talismans beeinflussen.

Wir werden Ihnen beweisen, dass dies möglich ist.

Sollten Sie aus irgendeinem Grund noch nicht ganz überzeugt sein, dann brauchen Sie nur das Buch *The Richest Man in Babylon* (Der reichste Mann von Babylon) zu lesen. Und dann – voran! Gehen Sie immer weiter, und Sie werden die finanzielle Sicherheit oder den Wohlstand erreichen, nach dem Sie suchen. Genau das tat Mr. Osborne.

Osborne war Angestellter, und doch kam er zu Wohlstand. Vor wenigen Jahren erst zog er sich aus dem aktiven Geschäftsleben zurück mit der Bemerkung: »Jetzt werde ich meine Zeit damit verbringen, mein Geld für mich verdienen zu lassen, während ich tue, was mir gefällt.«

Auch das von Osborne angewandte Prinzip ist so einfach, dass es oft übersehen wird.

Sein Prinzip – das auch Sie anwenden können – ist mit wenigen Worten umrissen. Bei der Lektüre von *Der reichste Mann von Babylon* erkannte Osborne, dass Wohlstand dem winkt, der

a) nur ein Zehntel alles dessen spart, was er verdient;
b) alle sechs Monate die neuen Ersparnisse sowie die Zins- und Dividendenerträge aus den Ersparnissen und Wertpapieren günstig anlegt und
c) sein Geld richtig anlegt, indem er sich durch Fachleute über sichere Anlagemöglichkeiten beraten lässt. Auf diese Weise wird wildes und gefährliches Spekulieren vermieden.

Überlegen Sie! Auch Sie können ganz einfach und mit wenig Aufwand zu finanzieller Sicherheit und Wohlstand kommen, falls Sie ein bloßes Zehntel Ihres Verdienstes zurücklegen und sicher investieren.

Wann Sie damit beginnen sollen? Tun Sie es gleich!

Vergleichen wir damit nun die Erfahrung eines anderen Mannes, der sich bester Gesundheit erfreute und ein Selbsthilfebuch las. Er war 50 Jahre alt, als er Napoleon Hill vorgestellt wurde.

Er lächelte, als er zu Napoleon Hill sagte: »Ich habe Ihr Buch *Denke nach und werde reich* schon vor vielen Jahren gelesen, aber ich bin noch immer nicht reich geworden.«

Napoleon Hill lachte und erwiderte, wieder ernst geworden:

»Sie können aber reich sein. Ihre Zukunft liegt vor Ihnen. Sie müssen nur den Ihnen gebotenen günstigen Gelegenheiten das Tor öffnen, indem Sie zunächst eine positive Geisteshaltung entwickeln.« Das Interessante daran ist, dass dieser Mann dem Rat des Autors folgte. Das war vor fünf Jahren. Der Betreffende ist zwar heute noch nicht reich, aber er hat eine positive Geisteshaltung entwickelt und ist auf dem Wege zum Wohlstand. Ein Beispiel dafür ist die Tatsache, dass er zum Zeitpunkt des Gesprächs mit Napoleon Hill mehrere Tausend Dollar Schulden hatte. Heute ist er schuldenfrei und investiert seine Ersparnisse gewinnbringend.

Jetzt hat er PGH!

Als er unter dem Einfluss der NGH-Seite seines Talismans stand, ähnelte er jenen Arbeitern, die ihrem Handwerkszeug die Schuld für schlechte Arbeit geben.

Haben Sie je die Schuld auf Ihr Handwerkszeug geschoben?

Angenommen, Sie besitzen eine ausgezeichnete Kamera mit einer unbedingt zuverlässigen Gebrauchsanweisung und dem richtigen Film, und alle Ihre Freunde bringen damit hervorragende Bilder zustande. Nur Ihnen selbst misslingen die Aufnahmen. Bei wem liegt die Schuld? Macht die Kamera Fehler?

Oder könnte es sein, dass Sie die Gebrauchsanweisung zwar gelesen, sich aber nicht die Zeit genommen haben, um sie richtig zu verstehen? Oder Sie verstehen sie, ohne sich danach zu richten? Haben Sie vielleicht schon ein Buch gelesen, das Ihr ganzes Leben hätte ändern können – wenn Sie sich die Zeit genommen hätten, die darin enthaltenen Prinzipien zu erlernen und anzuwenden?

Es ist nie zu spät, um zu lernen.

Falls Sie es bisher nicht getan haben, können Sie es jetzt: Sie werden keinen dauernden Erfolg haben, wenn Sie nicht die entsprechenden Regeln kennen, verstehen und auch anwenden. Nehmen Sie sich also die Zeit, zu begreifen und zu verwirklichen, was Sie in diesem Buch lesen. PGH wird Ihnen dabei helfen.

»Das Haus meiner Träume«

Denken Sie daran, dass Ihre Selbsteinschätzung bestimmend ist für Ihre ganze Einstellung zum Leben. Wer ein lohnendes Ziel hat, bemüht sich, den einen Grund herauszufinden, warum er dieses Ziel erreichen kann, anstatt nach den vielen Hundert Entschuldigungen zu suchen, die ihm den Erfolg versagen.

Eine der Regeln, wie man mit PGH das bekommt, was man möchte, ist es, sofort zu handeln, wenn man ein Ziel erkannt hat. Eine weitere Regel besagt: »Tue ein Übriges.« W. Clement Stone besuchte einmal Frank und Claudia Noonan in Mexico City. Er erzählte: »Plötzlich sagte Claudia: ›Ich wünschte, wir hätten ein Haus in den Jardines del Pedregal de San Angel.‹ (Das ist die beste Wohngegend dieser schönen Stadt.)

›Warum kaufen Sie es sich nicht?‹, fragte ich.

Frank lachte und antwortete: ›Wir haben nicht genug Geld.‹

›Ist das so wichtig, wenn Sie doch wissen, was Sie wollen?‹, fragte ich, und ohne die Antwort abzuwarten, stellte ich eine Frage, die ich an Sie richten könnte.

›Haben Sie je ein inspirierendes Selbsthilfebuch gelesen wie zum Beispiel *Think and Grow Rich* (Denke nach und werde reich), *The Power of Positive Thinking* (Die Kraft des positiven Denkens), *I Can* (Ich kann es), *I Dare You* (Beweise, was du kannst), *TNT*, *Applied Imagination* (Angewandte schöpferische Fantasie), *Turn on the Green Lights in Your Life* (Schalten Sie die Ampeln Ihres Lebens auf Grün), *Acres of Diamonds* (Diamantenfelder) oder *The Magic of Believing* (Die magische Kraft des Glaubens)?‹

›Nein‹, war die Antwort.

Daraufhin erzählte ich von mehreren Menschen, die wussten, was sie wollten, die deshalb ein Selbsthilfebuch lasen, die darin enthaltene Botschaft hörten und entsprechend handelten.

Ich erzählte ihnen auch, wie ich vor Jahren ein neues Haus im Wert von 30000 Dollar mit nur 1500 Dollar Anzahlung gekauft und es fristgerecht vollständig bezahlt hatte. Beim Abschied versprach ich Frank und Claudia, ihnen eines der oben genannten Bücher zu schicken.

Frank und Claudia Noonan waren bereit.

Im Dezember desselben Jahres – ich saß in meiner Bibliothek und arbeitete – rief mich Claudia an: ›Wir kommen gerade aus Mexico City, und zuallererst möchten Frank und ich Ihnen danken.‹

›Wofür denn?‹

›Wir möchten Ihnen für unser neues Haus in den Jardines del Pedregal de San Angel danken.‹

Einige Tage später aßen wir zusammen zu Abend, und Claudia erzählte: ›Eines Samstags am späten Nachmittag hatten Frank und ich es uns zu Hause bequem gemacht. Da riefen Freunde aus den Staaten an und baten uns, sie in die Jardines del Pedregal zu fahren.‹

Eigentlich waren wir beide sehr müde und außerdem hatten wir ihnen bereits einige Tage zuvor diese Gegend gezeigt. Frank wollte schon höflich absagen, als er plötzlich an einen Satz aus dem Buch, das Sie uns geschickt hatten, denken musste: ›Tue ein Übriges.‹

›Während wir unsere Freunde durch dieses von Menschenhand geschaffene Paradies fuhren, sah ich das Haus meiner Träume – sogar mit dem Schwimmbecken, das ich mir immer gewünscht hatte. (Claudia ist die Meisterschwimmerin Claudia Eckert.) Frank kaufte das Haus.‹

›Vielleicht interessiert es Sie, zu erfahren, dass ich nur 5000 Pesos anzahlte, obwohl das ganze Objekt über eine halbe Million kostete‹, fügte Frank hinzu. ›Es ist für uns billiger, in den Jardines del Pedregal de San Angel zu wohnen, als in unserer früheren Wohnung.‹

›Warum das?‹, fragte ich überrascht.

›Nun, wir kauften statt nur des einen alle beiden Häuser, die sich auf dem Grundstück befanden. Die Miete, die wir für das eine Haus bekommen, reicht aus, um das ganze Grundstück samt den Häusern abzuzahlen.‹«

Dieses Vorgehen war im Grunde gar nicht so erstaunlich. Nicht selten kaufen Familien ein Zweifamilienhaus, vermieten einen Teil und bewohnen selbst den anderen. Für den Unerfahrenen ist es immer wieder erstaunlich, wie leicht das Gewünschte zu bekommen ist, sobald er die in einer Autobiografie oder einem Selbstvervollkommnungsbuch enthaltenen Erfolgsprinzipien versteht und anwendet.

»Ziehen Sie Wohlstand magnetisch an mit PGH«, sagen wir. Sie sagen: »Geld bringt Geld, und ich habe keines.« Das ist eine negative Geisteshaltung. Wenn Sie kein Geld haben, benutzen Sie ALG.

Leitgedanken

1. Falls Sie im Krankenhaus liegen müssen – denken Sie nach! Natürlich brauchen Sie nicht unbedingt in ein Krankenhaus

zu gehen, wenn Sie sich daran gewöhnen wollen, Zeit auf Studieren, Denken und Planen zu verwenden.

2. Lernen Sie, sich Ihre Ziele zu stecken: a) Legen Sie Ihre Ziele schriftlich fest, b) setzen Sie sich eine Frist, c) stellen Sie hohe Anforderungen an sich.
3. Wo werden Sie heute in zehn Jahren stehen und was werden Sie dann sein, wenn Sie bei Ihrer heutigen Tätigkeit bleiben?
4. Tun Sie den ersten Schritt!
5. Die Stärke eines Glaubens erweist sich dann, wenn man darauf angewiesen ist – also gerade in Zeiten größter Not.
6. Erfolg durch positives Denken: Wenn Sie dieses Buch lesen und trotzdem keinen Erfolg haben – bei wem liegt die Schuld?
7. Das Haus Ihrer Träume: Sie können es haben! Wie Frank und Claudia Noonan können Sie zwei Häuser kaufen und eines vermieten, um mit der Miete beide zu bezahlen.
8. Der reichste Mann von Babylon: Dieses Buch gibt Ihnen eine erprobte Erfolgsformel:
   a) Sparen Sie nur ein Zehntel all dessen, was Sie verdienen.
   b) Legen Sie alle sechs Monate die neuen Ersparnisse sowie die Zins- und Dividendenerträge aus den Ersparnissen und Wertpapieren günstig an.
   c) Lassen Sie sich von Fachleuten beraten, bevor Sie Ihr Geld anlegen.

Verwenden Sie Ihre Zeit auf:
Studieren, Nachdenken, Planen!

Die Geheimnisse von Gesundheit und Heilung

Dr. Joseph Murphy
Heilung durch die unendliche Kraft

Sie tragen eine unendliche Heilgegenwart in sich, die um alle Prozesse und Funktionen Ihres Körpers weiß. Wenn Sie sich auf diese unendliche Kraft einstimmen, wird sie aktiv und wirksam. In der Bibel heißt es: Ich bin der Herr, dein Arzt (2. Mose 15, 26).

Es ist Ihr göttliches Geburtsrecht, gesund und vital zu sein, kräftig und dynamisch. Dieses Kapitel wird Ihnen auf lebendige Weise veranschaulichen, welche Schritte Sie unternehmen können, um ein strahlend gesunder Mensch zu werden und zu bleiben. Ich empfehle Ihnen sehr, die beschriebenen Methoden und Techniken regelmäßig anzuwenden, denn sie erschließen den Weg zu Gesundheit, Harmonie und Heiterkeit.

Beständige Gesundheit dank konstruktiven Denkens

Ein weiser Spruch lautet: »Wie man im innersten Herzen denkt, so ist man.« Mit dem Herzen ist hier das Unterbewusstsein gemeint. Die Gedanken, Meinungen und Überzeugungen, die Sie Ihrem Unterbewusstsein einpflanzen, werden in Ihrem Körper, Ihrem Berufsleben und in sämtlichen anderen Lebensbereichen sichtbar gemacht. Die Art, in der Sie den ganzen Tag lang denken, kontrolliert weitgehend Ihre Gesundheit. Wenn Sie Ihren Geist auf Gedanken der Unversehrtheit, Schönheit, Vollkommenheit und Vitalität lenken, wird Sie bald ein Gefühl des Wohlbefindens erfüllen. Doch wenn Sie sich Gedanken der Sorge, der Angst, des Hasses, der Eifersucht, Niedergeschlagenheit und Betrübtheit hingeben, werden Sie an Leib und Seele erkranken, und auch sonst wird es Ihnen schlecht ergehen. Sie sind, was Sie den ganzen Tag lang denken.

Wie Sie die unendliche Heilkraft freisetzen können

Eine junge Frau, die an chronischen Halsschmerzen und ständigem Fieber litt, suchte auf meine Empfehlung einen Arzt auf, mit dem ich befreundet bin. Er diagnostizierte eine Streptokokkeninfektion, gab ihr Antibiotika und eine Lösung zum Gurgeln. Sie sprach jedoch weder auf die Antibiotika noch auf ein zusätzliches fiebersenkendes Mittel an. Dem Arzt war es ein Rätsel, warum die Behandlung nicht wirkte. Ich bat die junge Frau noch einmal zu mir und fragte sie, ob sie mir etwas verheimliche. Wenn dem so sei, sagte ich, müsse sie offen darüber reden, dann werde sie vermutlich genesen.

Daraufhin stieß sie hervor: »Ich hasse meine Mutter und mein Zuhause. Sie ist tyrannisch und anspruchsvoll; sie will mein ganzes Leben beherrschen und mich zwingen, den Mann zu heiraten, den sie für den Richtigen hält.«

Der Gemütszustand dieser jungen Frau, ihre Feindseligkeit und das Schuldgefühl wegen des Hasses gegenüber der Mutter verursachten die fiebrige Halsentzündung. Ich erklärte ihr, zweifellos sei ihre Ambivalenz, das heißt ihr ständiges Schwanken zwischen Liebe und Hass in der Beziehung zur Mutter, die Ursache ihrer Krankheit. Sie wollte den von der Mutter ausgesuchten Mann nicht heiraten, also tat ihr Unterbewusstsein ihr den Gefallen, eine fiebrige Halsentzündung auszulösen. Damit sagte es zu ihrem Bewusstsein: »Du kannst ihn nicht heiraten, solange du krank bist.« Auf diese Weise entsprach ihr Körper ihrem unterbewussten Wunsch.

Auf meinen Rat sagte die junge Frau ihrer Mutter klipp und klar, dass sie den Mann nicht heiraten würde, weil sie ihn nicht liebte. Außerdem nahm sie sich eine eigene Wohnung und beschloss, künftig selbst über ihr Leben zu bestimmen. Ich konnte mit der Mutter reden und ihr begreiflich machen, dass es grundfalsch sei, auf einer Heirat zwischen der Tochter und einem Mann zu bestehen, den die Tochter nicht liebte, und dass eine Eheschließung aus einem anderen Grund als aus Liebe nichts anderes als Betrug, eine Farce und üble Maskerade sei.

Die Mutter zeigte sich einsichtig. Sie sprach sich mit der Tochter aus, sicherte ihr zu, dass sie heiraten könne, wen sie wolle, und dass sie von nun an in ihren Entscheidungen völlig frei sei. Die Beziehung zwischen den beiden Frauen änderte sich, Versöhnlichkeit, Liebe und Güte prägten nun ihr gegenseitiges Verhältnis. Die Tochter genas sofort und hatte seither keine gesundheitlichen Probleme mehr.

Ein Bankkaufmann befreite sich von seiner Grippe

Vor einiger Zeit unterhielt ich mich mit einem jungen Bankkaufmann, der mir sehr nervös und zappelig vorkam. Ganz offensichtlich war er körperlich und seelisch krank. Auf meine Frage nach seinem Befinden antwortete er: »Ich habe den asiatischen Virus aufgeschnappt. Diese Grippe macht mich ganz fertig.« Ich schrieb ihm ein seelisch-geistiges Rezept auf und betonte, wenn er die Formel beharrlich wiederhole, voll Glauben und Erwartung, werde die Vorstellung von Gesundheit, Unversehrtheit und Kraft in sein Unterbewusstsein sinken und er könne mit fantastischen Ergebnissen rechnen.

Hier die Formel, die ich ihm verordnete: »Ich bin stark, von Kraft, Liebe und Harmonie erfüllt. Ich bin vital, dynamisch, fröhlich und glücklich.« Er wiederholte sie drei- oder viermal täglich fünf Minuten lang, in der festen Überzeugung, dass er alles würde, was er an sein »Ich bin …« anhängte.

Nach etwa einer Woche rief er mich an und sagte: »Die geistige Medizin, die Sie mir verordnet haben, hat ein Wunder bewirkt. Von jetzt an werde ich aufpassen wie ein Luchs, damit auch alles, was ich an die Wörtchen ›Ich bin‹ anfüge, gottgefällig und positiv ist.« Er hatte Ergebnisse erwartet und an die Verwirklichung seines neuen Persönlichkeitsbildes geglaubt.

Die unendliche Heilkraft des Unterbewusstseins

Eine Mutter kam mit ihrem asthmakranken zehnjährigen Sohn zu mir. Sie berichtete, es träten, wenn der Junge während der Sommerferien bei den Großeltern in San Francisco sei, niemals Anfälle auf, aber wenn er nach Hause komme, erleide er unweigerlich einen Rückfall und müsse wieder die vom Arzt verschriebenen Medikamente nehmen, die ihm wenigstens Linderung verschafften.

Als ich mit dem Jungen allein sprach, bekam ich heraus, dass seine Eltern ständig stritten, dass er fürchtete, beide zu verlieren und bald kein Elternhaus mehr zu haben. Der Junge war in jeder Hinsicht normal; das Übel lag in der gespannten, unguten häuslichen Atmosphäre. Bei einer anschließenden Unterredung mit der Mutter erfuhr ich, dass sie gegenüber ihrem Mann große Feindseligkeit und unterdrückte Wut empfand. Sie bekannte, dass sie ihm schon des Öfteren Geschirr nachgeworfen und andererseits er sie zweimal verprügelt hatte. Der Junge, in diesem emotionalen Kreuzfeuer gefangen, hatte natürlich Angst und war zutiefst verunsichert.

Es gelang mir, die Eltern zu einem gemeinsamen Gespräch zu bewegen. Ich erklärte ihnen, dass Kinder unter einem schlechten geistigen und emotionalen Klima im Elternhaus leiden. Da sie den Jungen, den sie zweifellos beide liebten, in die Welt gesetzt hätten, sei es ihre moralische Pflicht, zu Hause ein Klima der Liebe, des Friedens und der Harmonie zu schaffen; außerdem sollten sie den Jungen merken lassen, dass er erwünscht war und geliebt wurde. Ich wies sie darauf hin, dass Kinder nach einem Gefühl der Sicherheit und Geborgenheit verlangen. Wenn zwischen ihnen beiden wieder Liebe und Harmonie herrschten, so sagte ich, würde das Asthma nach meiner Überzeugung verschwinden. Es sei lediglich ein Symptom seiner Besorgnis und Angst.

Ich schrieb den Eltern ein Gebet auf, das sie abends und morgens abwechselnd sprechen sollten, in dem tiefen Glauben, dass durch solches Beten aller angestaute Hass und jedwede Feindseligkeit in göttlicher Liebe aufgelöst würden. Das Gebet lautete:

»Uns beide verbindet das Wissen, dass Gott uns innewohnt und seine unendliche Heilkraft durch jeden von uns strömt. Jeder von uns strahlt gegenüber dem anderen Liebe, Frieden und Freundlichkeit aus. Jeder von uns sieht im anderen die Gegenwart Gottes und wir sprechen gütig und liebevoll miteinander. Wir erhöhen uns gegenseitig geistig und seelisch, weil wir wissen, dass jeder von uns das Licht, die Liebe und die Freude Gottes jeden Tag deutlicher zum Ausdruck bringen wird. Jeder von uns preist das Göttliche im anderen und unsere Ehe wird jeden Tag schöner und glücklicher. Unser Sohn ist für unsere liebevollen Gedanken empfänglich und offen. Er lebt und bewegt sich in Gott, er atmet den reinen Atem des göttlichen Geistes ein. Seine Bronchien, seine Lungen und sein ganzer Atemapparat werden von der belebenden, harmonisierenden unendlichen Heilkraft durchdrungen, sodass er künftig frei, leicht und mühelos atmen kann.«

Jeden Morgen und jeden Abend wiederholten sie dieses Gebet drei- oder viermal, am Morgen der Mann und am Abend die Frau.

Der Sohn betete jeden Abend: »Ich liebe meine Eltern. Gott liebt sie und sorgt für sie. Sie sind glücklich miteinander. Ich atme den Frieden Gottes ein und atme die Liebe Gottes aus. Ich schlafe in Frieden und erwache in Freude.«

Die Eltern glaubten an die Wunder wirkende Kraft ihres Unterbewusstseins. Nach etwa zwei Wochen hörten die schrecklichen Anfälle ihres Sohnes auf und er brauchte keine Medikamente mehr. Der Junge erzählte mir, er habe in der siebten Nacht einen Traum gehabt. Ein bärtiger Mann sei ihm erschienen und habe gesagt: »Söhnchen, du wirst jetzt gesund.« Er sei aufgewacht, habe den Eltern seinen Traum berichtet und hinzugefügt: »Ich weiß, dass ich bald geheilt sein werde.«

Als die Eltern füreinander und für ihren Sohn zu beten begannen, empfing das aufnahmebereite Gemüt des Jungen ihre heilenden Schwingungen des Friedens, der Harmonie und Liebe. Diese erweckten die seinem Unterbewusstsein innewohnende Unversehrtheit, Harmonie und Vollkommenheit zu neuem Leben. Die Eltern glaubten an die unendliche Heilkraft; sie glaubten an das, was sie taten, und wussten genau, warum sie es taten. Das Gebet des Sohnes beschleunigte den Heilvorgang. Als der Junge sein Gemüt mit Vertrauen in die Heilkraft Gottes und mit Liebe zu seinen Eltern füllte, dramatisierte sein Unterbewusstsein die fortschreitende Genesung in einem lebhaften Traum. In der Bibel sagt der Herr: Ich will mich kundmachen in einem Gesicht, oder will ... reden in einem Traum (4. Mose 12, 6).

Eine geänderte Geisteshaltung verändert das Leben wunderbar

Ende des 19. Jahrhunderts traf William James, den man als Vater der amerikanischen Psychologie bezeichnet, die Feststellung: »Die größte Entdeckung meiner Generation ist, dass Menschen ihr Leben durch Änderung ihrer Geisteshaltung zu ändern vermögen.« Dies bedeutet, dass Sie mehr Gesundheit, Vitalität, Spannkraft und Lebensfreude erlangen können, wenn Sie Ihr Unterbewusstsein mit Leben spendenden Denkmustern »speisen«, die Harmonie und Freude, Energie, Begeisterung und Erfolg beinhalten.

Letztes Jahr sprach ich in Las Vegas vor 1500 Menschen über das Thema »Wie entwickelt man sein Heilbewusstsein«. Nach dem Vortrag kam ein junger Arzt zu mir und schilderte mir ein interessantes, erhebendes Erlebnis. Er war eines Abends zu einem kranken Mädchen gerufen worden, dessen Eltern weder an Krankheit noch an Ärzte irgendeiner Schule glaubten. Der Vater hatte zu ihm gesagt: »Meine Tochter Maria ist von Angst beherrscht und fürchtet, sterben zu müssen.« Der Arzt hatte das Mädchen untersucht und ihm erklärt, es habe zwar fast 40 Grad Fieber, aber es werde gesund, ihm fehle nichts Ernstes und es schwebe keineswegs in Lebensgefahr. Das Mädchen hatte ihn aufgefordert, mit ihm zu beten, und da er sehr religiös war, hatte er leise den 23. Psalm mit ihm gesprochen. Maria hatte keine Medizin nehmen wollen, weil dies gegen ihre Überzeugung verstieß. Der Arzt versicherte mir, er habe fest an ihre Genesung geglaubt und sie sich als unversehrten, vollkommenen Menschen vorgestellt.

Einen Monat später war der Bruder des Mädchens, ein sehr erfolgreicher Arzt und Chirurg, der sich von seiner Familie gelöst hatte, weil ihm die religiöse Überzeugung von Eltern und Schwester nichts gab, zu dem jungen Arzt gekommen und hatte gefragt, welche Therapie der Kollege bei seiner Schwester angewandt habe. Das junge Mädchen habe bisher regelmäßig zwei oder drei schwere epileptische Anfälle pro Woche gehabt, sei jetzt aber völlig frei von allen Symptomen. Er selbst habe jahrelang vergeblich versucht, sie zu bewegen, die zur Verfügung stehenden Arzneimittel gegen Epilepsie zu nehmen. Der junge Arzt antwortete dem Bruder der Patientin, er habe keinerlei Therapie angewandt, sondern dem Mädchen lediglich suggeriert, es würde gesund, es bestehe keine Lebensgefahr und die Genesung setze sofort ein.

Beide Ärzte brauchten eine Zeit lang, um ihrer Verblüffung Herr zu werden. Der Bruder des Mädchens brach schließlich das Schweigen: »Also haben Sie ihr nur eine ›Glaubenstransfusion‹ verabreicht, ihr nämlich Glauben an die Heilkraft Gottes eingeflößt. Die positiven Suggestionen haben den Weg ins Unterbewusstsein meiner Schwester gefunden und das Unterbewusstsein hat sie geheilt.«

Der junge Arzt sagte zu mir: »Hätte ich gewusst, dass sie epileptisch ist, wäre meine Haltung sicher nicht so positiv und zuversichtlich gewesen. Ich begreife jetzt, dass meine Vorstellung von vollkommener Gesundheit und mein unbedingter Glaube an ihre Genesung in ihr Unterbewusstsein gelangten und dass meine Überzeugung und die neue, veränderte Haltung des Mädchens die Heilung bewirkten.« Inzwischen ist ein Jahr vergangen. Maria bekam keinen einzigen Anfall mehr, hat inzwischen geheiratet und fährt auch selbst Auto.

Eine Änderung der Einstellung kann alles zum Guten wenden! Die Bibel sagt dazu: ... dein Glaube hat dir Heilung gebracht; gehe hin in Frieden! (Lukas 8, 48).

Zusammenfassung

1. Die kosmische Heilgegenwart wohnt Ihnen inne und weiß um Ihren Körper, seine Funktionen und Prozesse und auch, wie Sie zu heilen sind.
2. Ihr Gesundheitszustand entspricht Ihrem Denken. Konzentrieren Sie Ihre Gedanken auf Gesundheit, Unversehrtheit, Vitalität, Kraft, Stärke und Harmonie, füllen Sie Ihren Geist mit solchen Denkinhalten. Ihr Körper wird Ihre Denkgewohnheit widerspiegeln.
3. Negative Emotionen können viele Krankheiten verursachen. Alle destruktiven Empfindungen setzen sich in Ihrem Unterbewusstsein fest und weil sie negativ sind, müssen sie auch einen negativen Ausdruck finden. Dies geschieht in Form verschiedenster organischer Störungen.
4. Sobald Sie einen klaren Entschluss fassen, ist jeder geistig-seelische Konflikt gelöst. Wenn Sie beschließen, sich nicht mehr von anderen beherrschen zu lassen, sondern künftig Ihr eigenes Leben zu führen und alle Entscheidungen selbst zu treffen, wenn Sie dazu noch Versöhnlichkeit und Wohlwollen gegenüber Ihren Mitmenschen entwickeln, kann Ihre Krankheit – sei sie körperlicher oder seelischer Natur – sehr rasch verschwinden.
5. Was immer Sie in Gedanken an die beiden Wörtchen »Ich bin« anfügen, das werden Sie. Wenn Sie sich strahlende Gesundheit wünschen, sollten Sie häufig bekräftigen:

»Ich bin stark und glücklich, vital und fröhlich und kerngesund.« Machen Sie sich solches Denken zur Gewohnheit, und Sie werden geradezu wunderbare Ergebnisse erzielen.

6. Das geistige und emotionale Klima in einer Familie hat Einfluss auf die Gesundheit und die allgemeine Verfassung der Kinder. Eltern sollten bedenken, dass sich ihre Kinder gemäß dem zwischen ihnen vorherrschenden Klima entwickeln. Jeder Elternteil sollte im anderen Gott preisen und jeder sollte gegenüber dem anderen Liebe, Frieden und Freundlichkeit ausstrahlen. Wenn Vater und Mutter zusammen um Gesundheit, Harmonie und Frieden beten, wenn sie ihre Kinder in das Licht der Liebe, Wahrheit und Schönheit hüllen, wird die friedliche, glückliche Atmosphäre zu Hause im Leben der Kinder zu Gesundheit und Heiterkeit führen.
7. Asthma kann bei jüngeren Kindern von Gefühlskonflikten verursacht sein, etwa infolge Uneinigkeit und Streit zwischen den Eltern. Solche Konflikte äußern sich bei einem Kind im Allgemeinen als Besorgnis und Angst, deren Folge häufig asthmatische Anfälle oder andere psychosomatische Leiden sind.
8. Ein wunderbares Gebet gegen Asthma lautet: »Ich atme den Frieden Gottes ein und atme die Liebe Gottes aus.« Wiederholen Sie es, wenn Sie unter Asthma leiden, möglichst oft in tiefem Gefühl und glauben Sie an Gottes Heilkraft.
9. Das Unterbewusstsein kann Ihnen durch einen lebhaften Traum enthüllen, dass Ihre Heilung erfolgen wird. Gleichzeitig werden Sie auch das subjektive innere Wissen haben, dass Sie gesunden.
10. Ihre Vorstellung von vollkommener Gesundheit wird dem Kranken, den Sie unversehrt vor sich sehen, übermittelt

und in seinem Unterbewusstsein das Wiedererwachen von Vitalität und Unversehrtheit auslösen.

11. Ändern Sie Ihre Einstellung und Sie verändern Ihr Leben. Eine geänderte Haltung kann alles zum Guten wenden! Ihnen widerfährt das, was Sie glauben.

Louise L. Hay
Gesundheit

Wenn Sie möchten, dass Ihr Körper gesünder wird, dann gibt es eine Sache, die Sie niemals tun dürfen: Sie dürfen auf keinen Fall wütend auf Ihren Körper werden. Wut ist eine Affirmation, die Ihrem Körper mitteilt, dass Sie ihn oder einen Teil von ihm hassen. Ihre Zellen registrieren jeden Ihrer Gedanken sehr genau. Betrachten Sie Ihren Körper als einen Diener, der sein Möglichstes tut, um Sie mit vollkommener Gesundheit zu erfreuen – und zwar unabhängig davon, wie Sie ihn behandeln.

Ihr Körper weiß, wie er sich selbst heilen kann. Wenn Sie ihn mit gesunder Nahrung und den richtigen Getränken versorgen, ihm Bewegung verschaffen, für ausreichend Schlaf sorgen und dann noch frohe Gedanken hegen, machen Sie ihm seine Aufgabe leicht. Dann arbeiten alle Körperzellen in einer frohen, gesunden Atmosphäre. Aber wenn Sie ein Stubenhocker sind, der seinen Körper mit Abfall vollstopft und eine Menge Alkohol trinkt, wenn Sie nicht genug schlafen und häufig mürrisch und reizbar sind, dann geraten die Zellen Ihres Körpers ins Hintertreffen, weil sie in einer derart unangenehmen Atmosphäre arbeiten müssen. Sollte das zuletzt Gesagte auf Sie zutreffen, dann ist es kein Wunder, dass Ihr Körper nicht so gesund ist, wie Sie es gern hätten.

Sie werden niemals gesund werden, indem Sie über Ihre Krankheiten sprechen oder an sie denken. Gesundheit ist die Folge von Liebe und Dankbarkeit. Überschütten Sie Ihren Körper mit so viel Liebe wie möglich. Sprechen Sie liebevoll mit ihm. Berühren und streicheln Sie ihn zärtlich.

Wenn es einen Teil Ihres Körpers gibt, der kränkelt oder aus dem Gleichgewicht geraten ist, dann sollten Sie ihn wie ein krankes Kind behandeln. Sagen Sie ihm, wie sehr Sie ihn lieben und dass Sie alles tun werden, damit er so schnell wie möglich wieder gesund werden kann.

Wenn Sie krank sind, sollten Sie mehr tun, als nur zum Arzt zu gehen und sich ein Medikament abzuholen, das die Symptome behandelt. Schließlich hat Ihr Körper Ihnen gerade mitgeteilt, dass Sie etwas tun, das nicht gut für ihn ist. Sie müssen mehr über Gesundheit lernen, denn je mehr Sie lernen, desto leichter wird es, sich angemessen um Ihren Körper zu kümmern. Ganz sicher wollen Sie sich nicht dafür entscheiden, sich als Opfer zu fühlen. Tun Sie es dennoch, geben Sie Ihre Macht freiwillig ab.

Sie können zum Beispiel in einen Buchladen gehen und sich eines der vielen guten Bücher besorgen, die Ihnen zeigen, wie Sie gesund bleiben können. Sie können auch zu einer Ernährungsberaterin gehen und gemeinsam mit ihr eine gesunde Diät speziell für Sie ausarbeiten. Aber ganz gleich, was Sie tun: Erschaffen Sie eine gesunde, frohe geistige Atmosphäre. Seien Sie ein williger Teilnehmer Ihres eigenen Gesundungsprozesses.

Ich bin überzeugt davon, dass wir jede sogenannte Krankheit in unserem Körper selbst erschaffen. Denn der Körper ist – wie alles andere im Leben – ein Spiegel unserer Gedanken und Überzeugungen. Unser Körper spricht ständig mit uns, wir müssen uns nur die Zeit nehmen, ihm zuzuhören. Jede Zelle unseres Körpers reagiert auf jeden Gedanken, den wir denken, und auf jedes Wort, das wir sagen.

Eingefleischte Denk- und Sprachmodi erzeugen körperliche Haltungen, Ausdrucks- und Verhaltensweisen, die entweder entspannt oder angespannt sind. Ein Mensch, der ständig ein verkniffenes Gesicht zur Schau trägt, hat das sicher nicht dadurch erzeugt, dass er fröhliche, liebevolle Gedanken gedacht hat. Die Körper und Gesichter älterer Menschen zeigen ihre lebenslangen Denkmuster in aller Deutlichkeit. Wie werden *Sie* aussehen, wenn Sie alt sind?

Akzeptieren Sie, dass Ihr Leben keine wahllose Aneinanderreihung zufälliger Ereignisse ist, sondern ein Weg des Erwachens. Wenn Sie jeden Tag mit dieser Einstellung leben, werden Sie niemals alt werden. Sie werden einfach immer weiterwachsen. Betrachten Sie den Tag, an dem Sie 49 werden, als Eintrittspunkt in die Kindheit eines anderen Lebens. Eine Frau, die heute 50 wird und weder Krebs noch eine Herzkrankheit hat, kann damit rechnen, Ihren 92. Geburtstag zu erleben. Sie – und nur Sie! – besitzen die Fähigkeit, Ihren eigenen Lebenszyklus individuell zu gestalten. Verändern Sie also jetzt Ihr Denken und fangen Sie gleich damit an. Sie sind aus einem sehr wichtigen Grund hier, und alles, was Sie brauchen, steht Ihnen zur Verfügung.

Sie können sich dafür entscheiden, Gedanken zu denken, die eine geistige Atmosphäre erschaffen, die zur Krankheit führt, oder Sie können sich entscheiden, Gedanken zu denken, die sowohl in Ihrem Innern als auch im Äußeren eine gesunde Atmosphäre erzeugen. (Mein Buch *Heile deinen Körper* behandelt ausführlich die metaphysischen Ursachen von Krankheit und beinhaltet alle Affirmationen, die Sie brauchen, um jedes Leiden zu überwinden.)

Positive Affirmationen, um die Gesundheit zu verbessern

»Ich nehme die Nahrung zu mir, die meinem Körper guttut. Ich liebe jede Zelle meines Körpers.«

»Ich treffe nur gesunde Entscheidungen. Ich respektiere mich selbst.«

»Ich freue mich auf ein Alter in Gesundheit, weil ich mich schon jetzt liebevoll um meinen Körper kümmere.«

»Ich entdecke ständig neue Möglichkeiten, noch gesünder zu werden.«

»Ich bin schmerzfrei und völlig im Einklang mit dem Leben.«

»Ich bringe meinen Körper in einen optimalen Gesundheitszustand, indem ich ihm auf allen Ebenen gebe, was er braucht.«

»Heilung geschieht von selbst! Ich trete beiseite und gestatte es der Intelligenz meines Körpers, sich auf natürliche Weise zu heilen.«

»Mein Körper tut immer sein Bestes, um vollkommene Gesundheit zu erreichen.«

»Ich finde den perfekten Ausgleich zwischen Arbeit, Ruhe und Vergnügen. Alle drei bekommen gleich viel Zeit.«

»Ich bin dankbar, dass ich heute am Leben bin. Voller Freude und Vergnügen erlebe ich einen weiteren wunderbaren Tag.«

»Ich bin bereit, um Hilfe zu bitten, wenn ich sie brauche. Ich suche mir immer den medizinischen Beistand aus, der meine Bedürfnisse optimal erfüllt.«

»Ich vertraue meiner Intuition. Ich bin bereit, auf die kleine Stimme in meinem Inneren zu hören.«

»Ich bekomme nachts ausreichend Schlaf. Mein Körper schätzt, wie ich für ihn sorge.«

»Ich tue liebevoll alles, was ich kann, um meinen Körper dabei zu unterstützen, vollkommen gesund zu sein.«

»Frohe Gedanken helfen mir, einen gesunden Körper zu erschaffen.«

»Vollkommene Gesundheit ist mein gottgegebenes Recht. Ich erhebe jetzt Anspruch darauf.«

»Ich verbringe einen Teil meiner Zeit damit, anderen zu helfen. Das ist auch für meine eigene Gesundheit gut.«

»Ich bin dankbar, dass ich einen gesunden Körper habe. Ich liebe das Leben.«

»Ich bin der einzige Mensch, der Kontrolle über meine Essgewohnheiten hat. Wenn ich mich dafür entscheide, kann ich jeder Versuchung widerstehen.«

»Wasser ist mein Lieblingsgetränk. Ich trinke viel Wasser, um Körper und Geist zu reinigen.«

»Der schnellste Weg zu guter Gesundheit besteht darin, meinen Geist mit guten Gedanken zu füllen.«

»Ich habe einen besonderen Schutzengel. Ich werde vom Göttlichen geführt und beschützt.«

»Ich wende mich nach innen und verbinde mich mit dem Teil in mir, der weiß, wie man heilt.«

»Ich atme tief und voll. Der Atem des Lebens strömt in mich ein und nährt mich.«

RHONDA BYRNE
Das Geheimnis über Gesundheit

DR. JOHN HAGELIN, Quantenphysiker und Experte für Politik und Verwaltungswesen
Unser Körper ist wirklich das Produkt unserer Gedanken. In der medizinischen Wissenschaft sind wir erst am Anfang zu verstehen, in welchem Grade die Art der Gedanken und Emotionen tatsächlich die physische Substanz, Struktur und Funktion unseres Körpers bestimmt.

DR. JOHN DEMARTINI
Aus der Heilkunde kennen wir den Begriff »Placeboeffekt«. Ein Placebo ist etwas, was vermeintlich keine Wirkung auf den Körper hat – zum Beispiel eine Zuckerpille.

Sie teilen dem Patienten (der nicht weiß, dass es sich um ein Placebo handelt) mit, dass dieses Medikament wirkungsvoll sei – und es zeigt sich, dass das Placebo manchmal den gleichen, wenn nicht sogar einen größeren Effekt hat als die Arznei, die diese Wirkung auf herkömmlichem Weg erzielen soll. Man hat herausgefunden, dass der menschliche Geist der wichtigste Faktor in der Heilkunde ist, manchmal noch wichtiger als die Medikation.

Je mehr Sie sich der umfassenden Bedeutung des Geheimnisses bewusst werden, desto deutlicher tritt die Wahrheit hervor, die bestimmten Phänomenen zugrunde liegt. Solchen Phänomenen begegnet die Menschheit regelmäßig, auch im Gesundheitsbereich zeigen sie sich. Der Placeboeffekt ist ein eindrucksvolles Phänomen. Wenn Patienten *denken* und wirklich *glauben*, die Tablette sei ein Heilmittel, dann werden sie *empfangen nach ihrem Glauben,* und sie werden geheilt.

DR. JOHN DEMARTINI
Wenn eine Erkrankung eine alternative Behandlung erlaubt, können wir versuchen herauszufinden, wie unser Denken diesen Zustand hervorgerufen hat, anstatt Medizin einzunehmen. Das ist natürlich in einer lebensbedrohend ernsten Situation nicht möglich. Dann ist die Medizin offenkundig der klügere Weg. Dabei kann der Kranke immer noch nach den Ursachen in seinem Geist forschen.

Das Heilen durch den Geist kann die medizinische Behandlung harmonisch ergänzen. Bei Schmerzen kann die Medizin lindernd oder schmerzstillend eingreifen, was dem Patienten ermöglicht, sich intensiver auf seine Gesundheit zu konzentrieren. »Perfekte Gesundheit denken« ist etwas, was jeder für sich tun kann, ganz gleich, was um ihn herum geschieht.

LISA NICHOLS
Das Universum ist der Inbegriff von Fülle. Wenn Sie sich öffnen, um den Überfluss des Universums zu fühlen, werden Sie das Wunder erleben, Freude, Glück und all die großen Überraschungen, die das Universum für Sie bereithält – Gesundheit, Wohlstand, Herzensgüte. Wenn Sie sich jedoch mit negativen Gedanken verschließen, werden Sie Unbehagen empfinden, Sie werden Unannehmlichkeiten und Schmerzen fühlen, und jeder Tag wird Ihnen zu einer neuen Qual werden.

DR. BEN JOHNSON, Arzt, Autor und führende Kapazität auf dem Gebiet der Selbstheilung

Es gibt tausend verschiedene Diagnosen und Krankheiten. Sie sind nur das schwächste Glied. Sie alle sind Resultate einer Ursache, die Folge von Stress. Wenn Sie genug Spannung auf eine Kette legen und einen Organismus mit genug Anspannung belasten, wird eines der Glieder brechen.

Aller Stress beginnt mit einem negativen Gedanken, der unkontrolliert hinausging. Das führte zu Grübeleien, bis sich Stress entwickelte. Das ist das Resultat, die Ursache aber war die negative Geisteshaltung; es begann mit einem kleinen negativen Gedanken. Ganz gleich, was sich bei Ihnen manifestiert haben mag: Sie können es umwandeln ... mit einem kleinen positiven Gedanken – und dann einem weiteren.

DR. JOHN DEMARTINI
Unser Körper entwickelt eine Krankheit, um uns Rückmeldung darüber zu geben, dass unsere Lebenseinstellung unausgewogen ist oder dass wir nicht liebevoll und dankbar sind. Die Zeichen und Symptome des Körpers sind nichts Schreckliches.

Dr. Demartini zufolge werden also Liebe und Dankbarkeit alle Negativität in unserem Leben auflösen, ganz gleich, welche Gestalt sie angenommen hat. Liebe und Dankbarkeit können Meere teilen, Berge versetzen und Wunder wirken. Und Liebe und Dankbarkeit können jede Krankheit verschwinden lassen.

MICHAEL BERNARD BECKWITH
Häufig wird die Frage gestellt: »Wenn der Tempel des Körpers krank geworden ist oder ein Mensch irgendwelche Beschwerden in seinem Leben hat – kann dies durch die Macht des ›rech-

ten‹ Denkens umgekehrt werden?« Die Antwort ist ein uneingeschränktes Ja!

Lachen ist die beste Medizin

CATHY GOODMAN, eine persönliche Geschichte
Man hatte bei mir Brustkrebs diagnostiziert. Im Herzen glaubte ich fest und mit starkem Vertrauen, dass ich bereits geheilt war. Jeden Tag sagte ich: »Danke für meine Heilung.« Und das praktizierte ich weiter, immer wieder: »Danke für meine Heilung.« Ich glaubte im Herzen, dass ich geheilt war. Ich sah mich selbst so, als ob es in meinem Körper niemals Krebs gegeben hätte.

Ein Beitrag zu meiner Selbstheilung war, dass ich mir sehr lustige Filme ansah. Und wir haben dabei nur gelacht, einfach gelacht und gelacht. Wir konnten es uns nicht leisten, mein Leben noch mit irgendwelchem Stress zu belasten, weil wir wussten, dass dies zum Schlimmsten gehört, was ich mir hätte antun können, während ich versuchte, mich selbst zu heilen.

Von der Diagnosestellung bis zu meiner Heilung waren es etwa drei Monate. Und das geschah ohne irgendeine Bestrahlung oder Chemotherapie.

Diese erfreuliche und inspirierende Geschichte von Cathy Goodman zeigt, dass drei starke Kräfte wirken: die Macht der Dankbarkeit zum Heilen, die Macht des Glaubens zum Empfangen und die Macht des Lachens und der Freude, um die Krankheit in unserem Körper aufzulösen.

Die Anregung, das Lachen in ihren Behandlungsplan aufzunehmen, fand Cathy in der Geschichte von Norman Cousins.

Bei Norman war eine »unheilbare« Krankheit diagnostiziert worden. Die Ärzte teilten ihm mit, dass er nur noch wenige Monate zu leben habe. Norman beschloss, sich selbst zu heilen. Drei Monate lang unternahm er nichts anderes, als lustige Filme anzuschauen und zu lachen, zu lachen und zu lachen. Innerhalb jener drei Monate verließ die Krankheit seinen Körper, die Ärzte bezeichneten seine Genesung als ein Wunder.

Durch das Lachen vertrieb Norman alle Negativität aus seinem Leben – und er vertrieb sogar die Krankheit. Humor ist *wirklich* die beste Medizin.

DR. BEN JOHNSON
Wir alle kommen mit einem fest installierten Basisprogramm auf die Welt, es heißt »Selbstheilung«. Wenn Sie sich verletzen, wächst die Wunde wieder zusammen. Wenn Sie sich eine bakterielle Infektion zuziehen, kommt das Immunsystem zum Zuge, kümmert sich um die Krankheitserreger, und alles heilt aus. Das Immunsystem ist auf Selbstheilung programmiert.

BOB PROCTOR
In einem emotionell gesunden Körper gibt es keine Krankheit. Der Körper stößt jede Sekunde Millionen von Zellen ab und erschafft in der gleichen Zeit auch Millionen neuer Zellen.

DR. JOHN HAGELIN
Manche Teile unseres Körpers werden tatsächlich jeden Tag ersetzt. Andere Teile brauchen einige Monate, wieder andere mehrere Jahre zur Erneuerung. Aber innerhalb von wenigen Jahren haben wir alle einen nagelneuen Körper.

Wenn binnen weniger Jahre alle Teile unseres Körpers ersetzt werden, wie die Wissenschaft bewiesen hat – wie kann es dann sein, dass sich Degeneration oder Krankheit lange Jahre in unserem Körper halten? Sie können dort nur durch unser Denken bleiben, durch unsere Beobachtung der Krankheit und die Aufmerksamkeit, die wir ihr schenken.

Denken Sie Vollkommenheit

Denken Sie Vollkommenheit. In einem Körper mit harmonischen Gedanken kann Krankheit nicht existieren. Bedenken Sie, dass die Welt grundsätzlich perfekt ist. Indem Sie sich auf diese Vollkommenheit besinnen, ziehen Sie diese an. Unvollkommene Gedanken sind die Ursache für alles Leid der Menschen, einschließlich Krankheiten, Armut und Unglück. Wenn wir negativ denken, trennen wir uns selbst von unserem rechtmäßigen Erbe. Nehmen Sie sich vor und erklären Sie: »Ich denke vollkommene Gedanken. Ich sehe nur Vollkommenheit. Ich bin Vollkommenheit.«

Ich habe jede kleinste Unbeweglichkeit und jeden Mangel an Agilität geradewegs aus meinem Körper verbannt. Ich konzentrierte mich darauf, meinen Körper so flexibel und so vollkommen wie den eines Kindes zu sehen, und alle Steifigkeit und Schmerzen verschwanden aus meinen Gelenken. Dies habe ich buchstäblich über Nacht geschafft.

Sie können sehen, dass Glaubenssätze über das Altern allein in unserer Geisteshaltung verankert sind. Die Wissenschaft sagt, dass wir innerhalb recht kurzer Zeit einen komplett erneuerten Körper haben. Altern ist begrenztes Denken, deshalb entlassen Sie solche Gedanken aus Ihrem Bewusstsein. Wissen Sie, dass Ihr Körper nur Monate alt ist, ganz gleich, wie viele Geburtstage Sie sich bereits »ankreiden«. Tun Sie sich zu Ihrem nächsten Geburtstag einen Gefallen und feiern Sie ihn als Ihren ersten! Zieren Sie Ihren Kuchen nicht mit 60 Kerzen, wenn Sie nicht das Altern heraufbeschwören wollen. Die westliche Gesellschaft ist inzwischen leider schon fixiert auf das Alter, in Wirklichkeit gibt es so etwas nicht.

Sie können sich zu einem Zustand vollkommener Gesundheit *denken,* zu einem perfekten Körper, zu Ihrem Optimalgewicht und zu ewiger Jugend. Durch Ihren anhaltenden Glauben an Vollkommenheit können Sie diese Dinge ins Dasein rufen.

BOB PROCTOR
Wenn Sie nicht gesund sind, Ihre Aufmerksamkeit darauf konzentrieren und mit anderen Menschen ununterbrochen über Ihre Krankheit sprechen, werden Sie noch mehr kranke Zellen erschaffen. Stellen Sie sich vor, wie Sie in einem vollkommen gesunden Körper leben. Überlassen Sie es dem Arzt, sich mit der Krankheit zu beschäftigen.

Häufig ist zu beobachten, dass Menschen, wenn sie eine Krankheit haben, viel Zeit damit verbringen, darüber zu reden. Da sie die ganze Zeit über ihr Gebrechen grübeln, sprechen sie lediglich ihre Gedanken aus. Falls Sie sich ein wenig unwohl fühlen, dann reden Sie nicht darüber – es sei denn, Sie wollen mehr davon haben. Erinnern Sie sich, dass Ihre Geisteshaltung dafür verantwortlich war, und wiederholen Sie, sooft Sie können: »Ich fühle mich wunderbar, ich fühle mich so wohl« – und *fühlen* Sie das wirklich. Wenn Sie sich nicht ganz auf der Höhe fühlen und jemand Sie fragt, wie es Ihnen gehe, dann seien Sie einfach dankbar dafür, dass Sie daran erinnert wurden, an Ihr Wohlbefinden zu denken. Sprechen Sie nur aus, was Ihren Wünschen und Zielen dienlich ist.

Sie können sich nichts »einfangen«, wenn Sie nicht glauben, dass dies möglich ist. Falls Sie allerdings denken, dass Sie etwas

»aufschnappen« können, senden Sie mit Ihren Gedanken eine Einladung aus. Auch wenn Sie Menschen zuhören, die über ihre Krankheit reden, laden Sie Krankheit ein. Beim Zuhören sind Sie mit Ihren Gedanken und Ihrer ganzen Aufmerksamkeit bei der Krankheit, und wenn Sie Ihre Gedanken und Ihre Aufmerksamkeit auf etwas richten, dann bitten Sie darum. Dem anderen Menschen, dem Sie zuhören, helfen Sie damit gewiss nicht. Sie geben seiner Krankheit von Ihrer Energie. Falls Sie dem Kranken wirklich helfen wollen, dann wechseln Sie das Thema, wenn Sie können, und wenden Sie sich guten Dingen zu oder gehen Sie Ihrer Wege. Wenn Sie sich entfernen, konzentrieren Sie sich auf starke Gedanken und Gefühle, um den anderen Menschen wohlauf zu sehen, und dann lassen Sie es los.

LISA NICHOLS
Angenommen, da sind zwei Menschen, beide sind erkrankt. Einer von ihnen beschließt, sich auf Freude zu konzentrieren. Er trifft die Wahl, in Möglichkeiten und Hoffnung zu leben und sich auf alle Gründe zu konzentrieren, froh und dankbar zu sein. Die andere Person hat den gleichen Befund, doch sie entscheidet sich dafür, sich auf die Krankheit zu konzentrieren, auf ihren Schmerz und ihr Selbstmitleid.

BOB DOYLE
Wenn sich Menschen lediglich mit ihren Symptomen und dem Kranksein beschäftigen, wird es nur noch schlimmer. Es kann keine Heilung eintreten, bevor sie ihre Aufmerksamkeit von der Krankheit aufs Gesundsein umschalten. Dies ist das Gesetz der Anziehung.

»Wir wollen uns so oft wie möglich daran erinnern, dass jeder unangenehme Gedanke etwas Schlechtes ist, das wir unserem Körper antun.«
Prentice Mulford

DR. JOHN HAGELIN
Glücklichere Gedanken führen zu einer glücklicheren Biochemie, zu einem glücklicheren, gesünderen Körper. Negative Gedanken und Stress hingegen bedeuten erwiesenermaßen eine ernste Schädigung für den Körper und das Funktionieren des Gehirns, denn es sind unsere Gedanken und Emotionen, die unseren Körper ständig neu zusammensetzen, ordnen und erschaffen.

Ganz gleich, was sich in Ihrem Körper manifestiert hat, Sie können es innerlich und äußerlich verändern. Denken Sie ab jetzt nur noch an Erfreuliches und beginnen Sie, glücklich zu *sein.* Das ist ein *Gefühlszustand.* Sie haben bereits den Finger auf dem »Glücklich-fühlen-Knopf«. Drücken Sie ihn jetzt und halten Sie Ihren Finger fest darauf gedrückt, was auch immer um Sie herum geschieht.

DR. BEN JOHNSON
Befreien Sie den Körper von physiologischem Stress, und er wird tun, wozu er erschaffen wurde: Er heilt sich selbst.

Sie müssen nicht kämpfen, um eine Krankheit loszuwerden. Das einfache Loslassen negativer Gedanken wird bewirken, dass Ihre natürliche Gesundheit wieder hervortritt. Ihr Körper wird sich selbst heilen.

MICHAEL BERNARD BECKWITH
Ich habe gesehen, wie sich Nieren regenerierten. Ich habe gesehen, wie Krebs sich auflöste. Ich habe gesehen, wie das Sehvermögen sich besserte und zurückkehrte.

Ich hatte schon seit etwa drei Jahren eine Lesebrille getragen, als ich das Geheimnis entdeckte. Eines Nachts, als ich damit beschäftigt war, das Geheimnis durch die Jahrhunderte zurückzuverfolgen, griff ich wieder nach meiner Brille, um die Schrift besser sehen zu können. Ich hielt inne. Wie ein Blitzschlag traf mich die Erkenntnis, was ich gerade machte.

Ich hatte auf das »Allgemeinwissen« gehört, dass das Sehvermögen mit dem Alter nachlasse. Ich hatte beobachtet, wie andere Menschen ihre Lektüre immer weiter von sich streckten, um die Buchstaben zu erkennen. Ich hatte darüber nachgedacht, dass das Sehvermögen mit dem Alter nachlässt, und ich hatte mir diese Erfahrung zu eigen gemacht. Das war weder bewusst noch mit Absicht geschehen, aber *ich hatte es getan.*

Nun wusste ich: Was ich mit meinen Gedanken ins Dasein gebracht hatte, das konnte ich ändern. Also stellte ich mir augenblicklich vor, so klar zu sehen wie mit 21. Ich sah mich in dunklen Restaurants, in Flugzeugen, vor meinem Computer und wie ich klar und mühelos las. Ich wiederholte immer wieder: »Ich kann klar sehen, ich kann klar und deutlich sehen.« Ich empfand die Gefühle von Dankbarkeit und Erregung, über ein klares Sehvermögen zu verfügen. Binnen drei Tagen war mein Augenlicht wiederhergestellt, und heute besitze ich keine Lesebrille mehr. *Ich kann klar sehen.*

Als ich Dr. Ben Johnson, einem der Lehrer aus *The Secret*, erzählte, was ich getan hatte, sagte er zu mir: »Ist Ihnen denn bewusst, was in Ihren Augen stattfinden musste, damit Sie das innerhalb von drei Tagen schafften?« Ich antwortete: »Nein –

Gott sei Dank habe ich das nicht gewusst, sodass der Gedanke mir nicht im Weg war! Ich wusste einfach, dass es funktionieren würde und ich es schnell umsetzen konnte.« (Manchmal ist es besser, weniger zu wissen!)

Dr. Johnson vertrieb eine »unheilbare« Krankheit aus seinem eigenen Körper, und im Vergleich zu seiner Wundergeschichte erschien mir die Wiederherstellung meines Sehvermögens wie nichts. Ich hatte sogar erwartet, dass es über Nacht wiederhergestellt sein würde, deshalb waren mir die drei Tage nicht als ein Wunder erschienen.

Erinnern Sie sich: Zeit und Größe existieren im Universum nicht. Es ist so einfach, einen Pickel zu heilen wie eine schwere Krankheit. Der Vorgang ist identisch, der Unterschied ist in unserem Kopf. Wenn Sie sich also irgendein Leiden zugezogen haben, dann reduzieren Sie es in Ihrem Denken auf die Größe eines Pickels, lassen Sie alle negativen Gedanken los und konzentrieren Sie sich dann auf vollkommene Gesundheit.

Nichts ist unheilbar

DR. JOHN DEMARTINI
Ich pflege immer festzustellen, dass unheilbar »heilbar von innen« bedeutet.

Ich glaube und weiß, dass nichts unheilbar ist. Irgendwann ist jede sogenannte unheilbare Krankheit schon geheilt worden. In meinem Denken und in der Welt, die ich erschaffe, existiert der Begriff »unheilbar« nicht. In dieser Welt ist auch für Sie reichlich Platz, also kommen Sie und schließen Sie sich mir und allen anderen Gleichgesinnten an. In unserer Welt sind »Wunder« alltägliche Ereignisse. Es ist eine Welt, die Fülle im Überfluss besitzt und in der *alle* guten Dinge jetzt in Ihnen existieren. Das klingt nach Himmel, nicht wahr? So ist es.

MICHAEL BERNARD BECKWITH
Sie können Ihr Leben verändern und Sie können sich selbst heilen.

MORRIS GOODMAN, Autor und internationaler Redner
Meine Geschichte beginnt am 10. März 1981, jener Tag hat mein ganzes Leben völlig verändert. Ich werde diesen Tag nie vergessen. Ich stürzte mit dem Flugzeug ab. Man brachte mich ins Krankenhaus, ich war völlig gelähmt. Mein Rückenmark war zerquetscht, ich hatte den ersten und zweiten Halswirbel gebrochen, mein Schluckreflex war zerstört, ich konnte weder essen noch trinken, mein Zwerchfell war zerrissen, ich konnte nicht atmen. Ich konnte nur noch mit den Augen zwinkern. Die Ärzte sagten natürlich, dass ich den Rest meines Lebens vor mich hinvegetieren würde. Alles, was mir noch bliebe, sei – mit den Augen zu zwinkern.

Das ist das Bild, das sie von mir hatten. Aber es spielte keine Rolle, was sie dachten. Die Hauptsache war, was ich dachte. Ich stellte mir vor, wieder ein normaler Mensch zu sein, der das Krankenhaus zu Fuß verließ.

Das Einzige, womit ich im Krankenhaus arbeiten konnte, war mein Geist, und solange Sie diesen beisammen haben, können Sie alles wieder hinbekommen.

Ich hing an einer Beatmungsmaschine und hatte erfahren, dass ich nie wieder aus eigener Kraft atmen könne, weil mein Zwerchfell kaputt sei. Aber eine kleine Stimme sagte beharrlich zu mir: »Atme tief, atme tief.« Schließlich wurde ich der Maschinenatmung entwöhnt. Eine Erklärung konnten sie dafür nicht finden. Ich wiederum konnte es mir nicht leisten, mir irgendetwas in den Sinn kommen zu lassen, was mich von meinem Ziel oder meiner Vision ablenken würde.

Ich hatte mir vorgenommen, das Krankenhaus an Weihnachten zu verlassen. Und das gelang mir. Auf meinen beiden eigenen Füßen spazierte ich aus dem Hospital. Sie sagten, das sei nicht möglich. Ich werde jenen Tag nie vergessen.

Für Menschen, die jetzt gerade irgendwo da draußen sitzen und Schmerzen haben, kann ich meine Geschichte in neun Wörtern zusammenfassen, um ihnen mitzuteilen, wie sie ihr Leben ändern können: »Die Entwicklung Ihres Körpers richtet sich nach Ihren Gedanken.«

Morris Goodman wurde als der »Wundermann« bekannt. Seine Geschichte wurde für *The Secret* ausgewählt, weil sie die unergründliche Macht und das grenzenlose Potenzial des menschlichen Geistes demonstriert. Morris kannte die Macht in seinem Inneren, um das herbeizuführen, woran zu denken er sich entschlossen hatte. Alles ist möglich. Morris Goodmans Geschichte hat Tausende von Menschen inspiriert, ihren Weg zurück zur Gesundheit zu denken, zu visualisieren und *zu fühlen.* Er verwandelte die größte Herausforderung seines Lebens in das größte Geschenk.

Seit *The Secret* vertrieben wird, werden wir überschwemmt mit Wundergeschichten aller Arten von Krankheiten, die aus dem Körper von Menschen verschwanden, nachdem diese den Film gesehen hatten. Alles ist möglich, wenn Sie glauben.

Das Thema Gesundheit möchte ich gern abschließen mit diesen erhellenden Worten von Dr. Ben Johnson: »Wir ziehen jetzt ein in das Zeitalter der Energiemedizin. Alles im Universum hat eine Frequenz, und Sie brauchen nichts anderes zu tun, als eine Frequenz zu ändern oder eine gegensätzliche Wellenlänge zu erzeugen. So einfach ist alles in der Welt zu verändern, seien es Krankheit oder emotionelle Angelegenheiten oder was auch immer. Das ist gewaltig. *Das* ist das Größte, was uns je begegnet ist.«

Das Geheimnis in Kürze

- Der Placeboeffekt ist ein Beispiel für das Gesetz der Anziehung in Aktion. Wenn ein Patient wirklich glaubt, dass die Tablette ein Heilmittel sei, dann empfängt er nach seinem Glauben und wird geheilt.
- »Auf vollkommene Gesundheit konzentrieren« können wir uns alle in unserem Inneren, ganz gleich, was gerade äußerlich geschieht.
- Lachen zieht Freude an, lässt Negativität los und führt zu wundergleichen Heilungen.
- Krankheit wird durch das Denken im Körper gehalten, durch unsere Beobachtung der Krankheit und durch die Aufmerksamkeit, die wir ihr schenken. Wenn Sie sich ein wenig unwohl fühlen, dann reden Sie nicht darüber – es sei denn, Sie wollen mehr davon haben. Indem Sie Menschen zuhören, die über ihre Krankheit sprechen, geben Sie deren Krankheit von Ihrer Energie. Wechseln Sie stattdessen das Thema, wenden Sie sich guten Dingen zu und konzentrieren Sie sich intensiv darauf, jene Menschen wohlauf zu sehen.
- Glaubenssätze über das Altern sind allein in unserem Denken verankert, deshalb entlassen Sie solche Gedanken aus Ihrem Bewusstsein. Besinnen Sie sich auf Gesundheit und ewige Jugend.

- Geben Sie nichts auf das »Allgemeinwissen« über Krankheiten und Altern. Negative Botschaften sind Ihnen nicht dienlich.

Paul McKenna
Gesundheitliche Grundlagen: Wie du Körper, Geist und Seele gesund hältst

Bevor du heute anfängst: Nimm dir ein paar Minuten Zeit und schau dir deinen Lebenszweck, deine Werte und deine Ziele an. Beantworte die folgenden Fragen:

1. Wie wirst du deine Werte leben und in die Tat umsetzen?
2. Welche drei Dinge nimmst du dir vor, die dich deinen Zielen näherbringen?
3. Stell dir vor, dass du deinen Tagesablauf bewusst bestimmst – wie gehst du mit den Herausforderungen um, mit denen du täglich konfrontiert bist?

Wenn du dich weiterhin auf Erfolg programmierst, wirst du sehen, dass dein Leben immer mehr zu einem großartigen Abenteuer wird!

Ein Jäger ging durch den Dschungel. Plötzlich sah er einen Tiger, aber der Tiger bemerkte ihn ebenfalls.

Der Jäger rannte so schnell er konnte weg und stürzte einen Abhang hinunter. Im Fallen ergriff er eine Baumwurzel und blieb an ihr hängen.

Er schaute hoch und sah den Tiger, der hungrig zu ihm hinabblickte. Dann sah er, dass ein zweiter Tiger unter ihm erschienen war, der ebenfalls hungrig zu ihm hinaufschaute.

Auf einmal fiel ein wenig Dreck auf sein Gesicht. Er schaute hoch und sah zwei Mäuse, die die Wurzel durchnagten, an der er sich festhielt.

Zu seiner Rechten sah er, dass eine Biene in eine Baumspalte flog. Dort sah er einen Bienenkorb voller Honig. Er streckte die Hand aus und probierte etwas von dem Honig. Er schmeckte köstlich.

Was ist die Hauptursache für Krankheit?

In Großbritannien wurde kürzlich eine alarmierende Studie von Dr. Bernhard Stewart veröffentlicht, die darauf hinweist, dass die Anzahl der weltweiten Krebsfälle bis zum Jahr 2020 um 50 Prozent auf 15 Millionen neue Erkrankungen steigen wird, wenn die Menschen nicht anfangen, für ihre Gesundheit und ihr Wohlbefinden selbst die Verantwortung zu übernehmen. In der Studie steht ebenfalls, dass zwei Drittel aller Fälle durch Veränderungen im persönlichen Lebensstil entweder verhindert oder geheilt werden können.

Obgleich einige dieser notwendigen Veränderungen den Rahmen dieses Buchs sprengen würden, lässt sich der Großteil davon recht einfach zusammenfassen:

Begrenze die Zufuhr von Schadstoffen und erhöhe gleichzeitig die »Stressresistenz« deines Körpers

Die meisten Ärzte stimmen mittlerweile zu, dass die geistige Einstellung eine grundlegende Auswirkung auf das Wohlbefinden einer Person hat. Fast jeder hat schon mal die Erfahrung gemacht, dass ihn seine Gedanken auch körperlich krank gemacht haben. In meiner Kindheit hat es mich immer wieder erstaunt, wie viele meiner Klassenkameraden ausgerechnet am Tag einer Klassenarbeit krank waren. Es sind dieselben Menschen, die sich ständig von etwas beeinflussen lassen, das ich »kulturelle Hypnose« nenne. Sobald sie hören, dass wieder einmal eine Grippe die Runde macht, werden sie auch schon krank.

Forschungen haben gezeigt, dass Optimisten im Allgemeinen länger leben und glücklicher und gesünder sind. Der Hauptgrund dafür liegt darin, dass eine optimistische Grundeinstellung unser Immunsystem stärkt. Studien der letzten Jahre haben eindeutig gezeigt, dass wir die Leistungsfähigkeit unseres Immunsystems entscheidend verbessern können, wenn wir positiv denken und regelmäßig Techniken des Visualisierens anwenden.

Aber wenn das Geheimnis der Gesundheit in einer positiven Haltung liegt, was verursacht dann Unwohlsein und Krankheit?

Zugespitzt lässt sich sagen:

> **»Wodurch heilt eine Schnittwunde am Finger? Ist es das Pflaster oder die Salbe, die auf die Wunde aufgetragen wird? Natürlich nichts von beidem, denn der Körper sorgt selbst dafür. Der menschliche Körper**

repariert sich selbst, heilt sich selbst und erhält sich selbst.«
Harvey Diamond

Die häufigste Krankheitsursache ist Stress

Studien haben gezeigt, dass die größte Bedrohung des modernen Lebens darin besteht, von unserem eigenen Abwehrsystem getötet zu werden, das – als Antwort auf Stress – zu oft ausgelöst wird.

Was ist Stress?

Im Wörterbuch steht Folgendes:

a) eine zwingende Kraft oder ein bestimmender Einfluss;
b) eine Kraft, die ausgeübt wird, wenn ein Körper oder Körperteil auf einen anderen Körper oder ein anderes Körperteil einwirkt;
c) ein physischer, chemischer oder emotionaler Faktor, der zu körperlicher oder geistiger Anspannung führt und Krankheiten verursachen kann.

Der Stress, den wir in unserem Leben erfahren, kommt jedoch nicht von außerhalb. Er ist die Reaktion unseres Körpers auf die Herausforderungen des Lebens, und zwar sowohl auf die realen als auch auf die eingebildeten. Die Stressreaktion ist tief in uns verwurzelt, da unsere Vorfahren zu extremen physischen Reaktionen und einer plötzlichen Energieexplosion fähig sein mussten, um gegen ein wildes Tier zu kämpfen oder vor ihm zu fliehen. Selbst heute noch hilft uns ein gewisses

Maß an Stress, besser zu funktionieren. Die situationsbestimmte Stimulation des Nervensystems hilft uns dabei, einem herannahenden Fahrzeug auszuweichen oder eine energievolle Präsentation zu geben oder mit viel Einsatz Körperübungen zu machen.

Wenn der Geist eine Bedrohung wahrnimmt, beschleunigt sich sofort der Herzschlag. Automatisch erweitern sich die Pupillen, die Muskeln spannen sich an und Adrenalin wird in den Blutkreislauf freigesetzt. Der Verdauungsprozess kommt zum Stillstand, der Blutdruck steigt und das Immunsystem wird unterdrückt. Diese Reaktion ist bekannt als die sekundenschnelle Unterscheidung zwischen »Kampf oder Flucht«.

Nun, wenn du beispielsweise von einem Säbelzahntiger angegriffen wirst, brauchst du Energie und Adrenalin, um angemessen zu reagieren. Das eigentliche Problem entsteht erst dadurch, dass wir uns ständig auf Notfälle vorbereiten, die niemals stattfinden. Dadurch wird unser Immunsystem so belastet, dass unsere Adrenalindrüsen sich schließlich erschöpfen und scheußliche Giftstoffe in unseren Körper absondern.

Ich wiederhole erneut:

Die ständige *unangebrachte* Stimulierung unseres Körpers und unseres Geistes kann zu ernsten Krankheiten führen.

Obwohl man im Allgemeinen der Ansicht ist, dass dieser sogenannte »negative Stress« nur Menschen betreffe, die in ihrem Beruf einem hohen Druck ausgesetzt sind, so sind wir in Wahrheit fast alle in irgendeinem Ausmaß von ihm betroffen. Wir reagieren aus einem Sicherheitsbedürfnis heraus und bringen uns dadurch buchstäblich um. Es ist, als würden wir einen Stall niederbrennen, nur um das Schwein zu rösten.

Heutzutage müssen wir nicht mehr ständig vor wilden Tieren auf der Hut sein, aber dennoch ist das 21. Jahrhundert voller Bedrohungen. Jeder Tag bringt Anforderungen und Stress.

»Mein Leben ist voll schrecklicher Schicksalsschläge, von denen die meisten nie stattfinden.«
Michel de Montaigne

Auf der Fahrt zur Arbeit gerätst du in einen Verkehrsstau, du streitest dich mit jemandem, dir flattert eine unerwartete Rechnung ins Haus, deine Kinder haben eine große Schweinerei angerichtet, dein Chef hat dich kritisiert und so weiter.

Auf bewusster Ebene mag dir das alles nicht als bedrohlich erscheinen, aber dein Nervensystem unterscheidet nicht zwischen einer physischen Bedrohung deines Körpers und einer mentalen Bedrohung deines Egos. Forschungen haben ergeben, dass wir uns am meisten Sorgen über Dinge machen, die gar nicht real sind, sowie über Dinge, die vergangen sind und nicht mehr zu ändern sind.

Im Grunde genommen machst du dir deshalb Sorgen, weil du deinem Gehirn keine bessere Beschäftigung gibst. Natürlich ist es wichtig, über ein dynamisches emotionales Spektrum zu verfügen, damit du – wenn dich jemand angreift – genug Angst und Wut verspürst, um dich zu verteidigen. Mir geht es hier nur darum, dass die Stressreaktion *unnötigerweise* den ganzen Tag über aufrechterhalten wird. Dies summiert sich im Laufe der Zeit und führt zu ernsthaften Problemen.

Hans Seyle, der als Erster die physiologischen Konsequenzen von Stress untersuchte, hat einmal Folgendes bemerkt:

»Der größte Stress für Menschen ist emotionaler Natur. Unsere emotionale Reaktion wird nicht so sehr durch das Ereignis selbst, sondern vielmehr durch unsere Interpretation des Geschehenen bewirkt.«

Indem wir unser Leben aus einer positiven Perspektive heraus betrachten und unsere Erfahrungen anders interpretieren, können wir Nutzen aus den Ereignissen unseres Lebens ziehen, anstatt nur chaotisch auf sie zu reagieren.

Immer wenn du dich schlecht fühlst, entsteht das schlechte Gefühl aus deiner eigenen Stressreaktion heraus. Aus diesem Grund wenden sich die Menschen in unserer Kultur dem Alkohol, den Zigaretten oder anderen Drogen zu. Sie tun es, um sich besser zu fühlen und mit dem Stress klarzukommen. Da andauernder negativer Stress zu Krankheiten führen kann, stellt er ein ernsthaftes Problem dar, das man nicht unter den Tisch kehren darf.

> **»Wenn du wissen möchtest welche Gedanken du gestern gehabt hast, brauchst du nur zu beobachten, wie sich dein Körper heute anfühlt.«**
> *Indianisches Sprichwort*

Soll ich also einfach nur Stress vermeiden?

Jede Studie über die Auswirkungen von Stress auf unser Wohlbefinden und unsere Leistungsfähigkeit umfasst drei verschiedene Bereiche: Stressausmaß, Stressreaktion und Stressfähigkeit.

Die meisten Programme, in denen es darum geht, besser mit Stress fertigzuwerden, konzentrieren sich auf eine Kombination der ersten beiden Faktoren – die Reduktion von Stress (»Herunterfahren«) und das Entwickeln einer wirkungsvollen

Art und Weise, mit ihm umzugehen (zum Beispiel durch Entspannungsmethoden, Meditation und so weiter). Dennoch ist von den drei Bereichen die Stressfähigkeit der entscheidende Faktor, um Gesundheit und Erfolg auf lange Sicht zu gewährleisten.

Je besser wir mit Stress umgehen können, desto öfter werden wir unser volles Leistungsspektrum bringen, besonders in Situationen, in denen wir unter großem Druck stehen. Wie erhöhen wir also unsere Fähigkeit, mit Stress umzugehen?

Ganz einfach – wir erhöhen systematisch den Stress, dem wir ausgesetzt sind, und vergrößern gleichzeitig das, was der Stressexperte Dr. James Loehr »qualitativ hochwertige Erholungszeit« nennt.

Die Formel dafür lautet so:

Ein größeres Ausmaß an Stress
+ qualitativ hochwertige Erholungszeit
= größere Stressfähigkeit

Wir wollen uns zum besseren Verständnis ein bekanntes Beispiel anschauen. Wenn du Körperübungen machst, setzt du deinen Körper freiwillig unter Stress. Um deine Fitness zu steigern, musst du deinem Körper auch die Möglichkeit geben, sich zu erholen. Jedes Mal, wenn deine Muskeln (einschließlich deiner Herzmuskeln im Fall von Aerobic-Übungen) unter Stress gesetzt werden und dann Zeit haben, sich zu erholen, werden sie stärker.

Marathonläufer und Triathleten betonen die Bedeutung des Intervalltrainings, weil es dem gleichen Muster folgt. Indem sie zwischen Phasen intensiver Aktivität, wie sprinten oder laufen (Stressausmaß), und ruhiger Aktivität, wie spazieren gehen oder sich ziellos bewegen (Erholungszeit), abwechseln, verbessern sie systematisch ihre Kraft und ihre Ausdauer (Stressfähigkeit). Sich zwischen Stress und Erholung hin- und herzubewegen, ist nicht nur eine schöne Idee, sondern eine Notwendigkeit. In Japan drohte *karoshi* oder der Tod durch Überarbeitung eine Zeit lang zu einer nationalen Epidemie zu werden. Obgleich der Tod vielleicht der letzte Ausweg ist, um sich zu erholen, reagieren wir normalerweise mit Ausgebranntsein, Erschöpfung und »mysteriösen Krankheiten«, um unbewusst dem Bedürfnis des Körpers nach Ausgleich und Balance nachzugeben.

Hier sind ein paar einfache Übungen, die du machen kannst, um Stress zu verringern und deine Stressfähigkeit zu erhöhen …

»Wünsch dir nicht, dass es leichter wäre – wünsch dir, dass du härter wärst.«
Jim Rohn

1. Das erholsame Nickerchen

Jüngste Forschungen haben gezeigt, dass Gehirn und Körper ein bestimmtes Aktivitätsmuster haben, in dem ungefähr alle 90 Minuten eine kurze Ruhephase eintritt. Der Körper reduziert dann seine nach außen gerichteten Aktivitäten und nimmt sich circa 15 Minuten Zeit, um sich zu entspannen und neue Energie zu tanken.

Bekannt ist dieses Muster unter dem Namen »ultradianischer Rhythmus«. In der kurzen Ruhephase ist ein wenig Tagträumerei angesagt; du fühlst dich entspannt und erfrischt. Es handelt sich ganz einfach um einen natürlichen körpereigenen Mechanismus, um Stress zu kontrollieren.

Unglücklicherweise ignorieren die meisten Menschen die Botschaft ihres Körpers, dass es Zeit ist, sich ein bisschen zu entspannen, und trinken stattdessen eine weitere Tasse Kaffee oder versuchen, sich noch mehr zu konzentrieren. Auf diese Weise etablieren sie mit der Zeit bestimmte Gewohnheiten, die sich über den ultradianischen Rhythmus hinwegsetzen.

Wenn du dich also in Zukunft dabei ertappst, wie du gedanklich abschweifst und ein Gefühl der Entspannung sich in deinem Körper ausbreitet, solltest du es geschehen lassen und dir erlauben, dich 10 bis 15 Minuten lang wirklich zu entspannen. Du wirst dich hinterher wieder geistig und körperlich frisch fühlen und dich besser konzentrieren können.

Du kannst dieses Experiment auch noch vertiefen, indem du Selbsthypnose praktizierst oder meditierst. Ich lasse mich oft in Trance fallen und stelle mir vor, ich liege an einem exotischen Strand in der Sonne. Da das Nervensystem nicht zwischen einem realen und einem lebhaft vorgestellten Ereignis unterscheidet, erwache ich aus meiner Trance mit dem Gefühl, gerade aus dem Urlaub zu kommen – was in Bezug auf das Nervensystem auch tatsächlich zutrifft.

Das Gute ist, dass du deine Batterien durch ein kurzes Nickerchen aufladen kannst, wann und wo immer du möchtest. Wenn du ein bisschen Übung darin hast, wird es niemand bemerken. Wenn du es im Bus oder im Zug tust, denkt jeder, dass du gerade vor dich hin döst.

Die folgende Übung ist eine Version des Nickerchens, die ich meistens benutze. Sie dauert nicht lange und ist eine gute Angewohnheit, die generell dem Stressabbau dient. Selbst wenn du in einem offenen Büro oder einer offenen Fabrikhalle arbeitest, lässt sich immer ein Grund finden, um für fünf Minuten zu verschwinden. Und denk dran: Die Wiederholung ist die Mutter des Erfolgs!

Das erholsame Nickerchen

Mach diese Übung ein- oder zweimal am Tag, um dich zu erholen und dein Wohlbefinden zu steigern.

1. Fang an, indem du deine Aufmerksamkeit auf deine Füße richtest. Wie fühlen sich deine Füße an? Sind sie warm oder kalt, schwer oder leicht?
2. Atme tief ein und stelle dir beim Ausatmen vor, dass sich deine Füße warm und entspannt anfühlen.
3. Atme erneut tief ein und stelle dir vor, dass das warme, entspannte Gefühl bis zu deinen Knien aufsteigt. Sag im Geist die Zahl »Eins«.
4. Lass es zu, dass das warme und entspannte Gefühl deinen Körper durchströmt. Spüre, wie es sich sanft ausdehnt und dich durch seine Bewegung beruhigt.
5. Nimm einen weiteren tiefen Atemzug, wenn du fertig bist, und stell dir vor, dass dieses warme, entspannte Gefühl bis zu deiner Taille hinaufsteigt. Wenn es dort angekommen ist, sag die Zahl »Zwei«.
6. Atme ein, zieh das Gefühl der Erleichterung und Entspannung hoch zu deinen Schultern und sage »drei«.
7. Lass die Entspannung bis in deine Schultern fließen und von dort in Arme und Hände.
8. Atme ein und lass das Gefühl deinen ganzen Körper bis hoch zum Kopf einnehmen. Sage »vier« und verteile dieses angenehme, entspannende Gefühl im ganzen Körper.
9. Sag nun geistig die Zahl »Fünf« und stell dir vor, dass sich das entspannte Gefühl verdoppelt, als ob ein neuer, frischer Strom der Entspannung von oberhalb deines Kopfes auf dich herabströmt und sich mit dem warmen, entspannten Gefühl verbindet, das bereits in deinem Körper zirkuliert.

10. Und während du dir vorstellst, wie dieser Strom der Entspannung durch deinen Körper strömt, spürst du, wie er alle Anspannung löst und sie durch deine Fußsohlen ausscheidet. Auf diese Weise macht er Platz für neue, erfrischende Energien, die du mit jedem Atemzug in deinen Körper atmest. Lass dir genug Zeit, um dieses Gefühl der Entspannung wirklich zu genießen.
11. Schenke diesem herrlichen Gefühl deine ganze Aufmerksamkeit und wiederhole den Ablauf, wenn du möchtest. Je mehr Übung du mit dieser Technik bekommst, desto wirkungsvoller wird sie.

Bleib in diesem Gefühl der Entspannung, solange du es wünschst. Wenn an einem bestimmten Punkt deine Aufmerksamkeit umherwandert oder du die Augen schließen möchtest, dann lass es einfach geschehen. Du wirst dich in wenigen Minuten wach und erfrischt erheben.

Berühmte »Mittagsschläfer«

Thomas Edison und Salvador Dalí waren erklärte Mittagsschläfer. Sie hatten eine besondere Methode, um ihre geistigen und körperlichen Energien wieder aufzuladen. Sie setzten sich auf ihren Lieblingsstuhl vor den Kamin und hielten dabei einen Löffel oder einen anderen metallenen Gegenstand in der Hand. In dem Moment, in dem sie einschliefen, entspannte sich die Hand, und der Löffel fiel zu Boden. Sobald sie das Scheppern des Löffels auf dem harten Holzfußboden hörten, erhoben sie sich erfrischt aus ihrem Stuhl.

2. Körperliche Bewegung

Wie wir bereits gesehen haben, unterscheidet der Körper nicht zwischen einer emotionalen und einer körperlichen Bedrohung. Was auch geschieht, er versucht sich dadurch zu schützen, dass er entweder kämpft oder flieht. Aber oft ist niemand da, um zu kämpfen, und es besteht auch keine Möglichkeit, einfach wegzulaufen. Der Körper verkrampft sich immer mehr und wird seine Anspannung nicht mehr los.

Zum Glück kann der Körper den Geist genauso beeinflussen wie der Geist den Körper. Wenn du deinem Körper hilfst, seine Anspannung als Folge von zu viel Stress loszulassen, wird er sich ruhiger, sicherer und gesünder fühlen. Dies wiederum hat Auswirkungen auf deine Stimmung. Du bist dann emotional klarer und kannst dich besser konzentrieren, besser entspannen und besser schlafen.

Der beste Weg, dem Körper dabei zu helfen, seine überschüssigen Spannungen wieder loszuwerden, besteht darin, die Energie und Wachsamkeit aufzubrauchen, die er bereitgestellt hat – mit anderen Worten: den Körper zu bewegen.

Bevor du nun die Hände verzweifelt über dem Kopf zusammenschlägst, solltest du dir klarmachen, dass körperliche Bewegung nichts Großartiges sein muss. Wenn du nicht an Körperübungen gewöhnt bist, wird selbst ein schneller Spaziergang hilfreich sein. Es kommt nur darauf an, die überschüssige Anspannung und Energie im Körper aufzubrauchen und den natürlichen Impuls des Körpers nach Ruhe, Entspannung und Erholung anzustoßen, der auch als »parasympathische Reaktion« bekannt ist. Ein angenehmes Gefühl in deinen Muskeln, wenn du schwere körperliche Arbeit geleistet oder dich ausgiebig bewegt hast. Du bist dann in Hochstimmung, weil dein Körper Endorphine, seine natürlichen Opiate, ausschüttet.

In den letzten 20 Jahren wurde oft betont, wie wichtig Körperübungen sind, um unsere allgemeine Fitness zu erhöhen, aber Studien haben gezeigt, dass sie auch gleichermaßen wichtig sind, um Stress in den Griff zu bekommen. Schwimmen, Laufen oder jede andere Form der Bewegung, die das Blut mit Sauerstoff anreichert, erleichtert den Umgang mit Stress.

Du musst also nicht warten, bis du all die Übungen zur Kontrolle deiner mentalen und emotionalen Muster beherrschst, die du bis jetzt gelernt hast. Du kannst dir sofort einen positiven Schub geben, indem du einfach jeden Tag 10 bis 15 Minuten anregende Körperübungen machst.

> **»Alle zehn Forschungsstudien stimmten dahingehend überein, dass körperliche Bewegung entscheidenden Einfluss auf unsere Stimmung hat und Depressionen entgegenwirkt. Die drei Studien, die Körperübungen mit Psychotherapie verglichen haben, kamen zu dem Schluss, dass körperliche Bewegung mindestens genauso effektiv ist.«**
> *Verbraucherinformationen des Amtes für Gesundheit*

3. Energieaufnahme mit der Nahrung

Es gibt buchstäblich Tausende von Büchern über das Thema gesunde Ernährung, und viele stehen im direkten Widerspruch zueinander. Damit du dich leichter durch all die Informationen und Desinformationen, welche die Buchläden, die Bibliotheken und das Internet füllen, navigieren kannst, empfehle ich dir die folgende einfache Regel:

Lerne, auf deinen Körper zu hören.

In einem faszinierenden Experiment, das in den 1930er-Jahren durchgeführt wurde, gaben Wissenschaftler einer Gruppe von Kleinkindern sieben Tage lang rund um die Uhr Zugang zu einer großen Palette von Nahrungsmitteln, angefangen bei Eiscreme bis hin zu Spinat. Über einen Zeitraum von 30 Tagen wurde den Kindern erlaubt, sich ihr Essen selbst nach Lust und Laune zusammenzustellen.

Und das Ergebnis?

Im Laufe von einem Monat wählte jedes Kind im Großen und Ganzen das, was als eine »ausgewogene« Ernährung betrachtet wurde – trotz gewisser Variationen im Hinblick auf Zeitpunkt, Abfolge und Häufigkeit der Nahrungsaufnahme. Wenn wir lernen, auf die Weisheit unseres Körpers zu hören, können auch wir in den Genuss einer optimalen Ernährung kommen.

Tatsache ist, dass manche Nahrungsmittel Vitalität und Wohlbefinden erhöhen, während andere sie verschlechtern. Der Autor und Forscher Dr. Gay Hendricks empfiehlt die folgende Vorgehensweise, um zu bestimmen, welche Nahrungsmittel dir persönlich die meiste Energie geben:

Erster Schritt: Iss etwas, das dir schmeckt.
Zweiter Schritt: Beobachte, wie sich dein Körper 45 bis 60 Minuten später anfühlt. Wenn du klar und energiegeladen bist, hast du etwas gegessen, das dir Energie gibt. Wenn du dich matt und kraftlos fühlst, war es nicht das Richtige für dich.

Dr. Hendricks entdeckte auch, dass das Gefühl, Energie getankt zu haben, das jemand eine Stunde nach dem Essen hat, meistens noch mehrere Stunden anhält – gewöhnlich so lange, bis er erneut hungrig wird.

Indem du dich nur eine Woche lang selbst beobachtest, kannst du dir auf diese Weise die perfekte Ernährung maßschneidern!

4. Heilsames Lachen

Jüngste Forschungen haben ergeben, dass gesunde Menschen in der Regel auch fröhliche Menschen sind. Aus diesem Grund ist der Sinn für Humor nicht zu unterschätzen. Gesunder Humor ist lebenswichtig, und zwar als grundlegende Geisteshaltung und nicht bloß zweckgebunden, um sich auf Partys zu amüsieren. Wenn du »leichten Herzens« bist, produziert dein Körper andere Substanzen, als wenn du unglücklich bist.

»Dr. Lee S. Berk hat die Verbindung zwischen einem ›lachenden Gehirn‹ und dem Immunsystem erforscht. An ausgewählten Kontrollgruppen wurden vor und nach einer erheiternden Aktivität, wie zum Beispiel das Anschauen eines lustigen Films, Bluttests vorgenommen. Das Ergebnis war ein Anstieg der natürlichen Fresszellen, die für ein funktionierendes Immunsystem von entscheidender Bedeutung sind. ›Jeden Tag verändern sich die Zellen unseres Körpers auf unterschiedliche Weise und erzeugen potenzielle Krebszellen‹, sagt Berk. ›Natürliche Fresszellen zerstören diese anomalen Zellen ... Das heißt natürlich nicht, dass die Ärzte jetzt nur noch Filme mit Dick und Doof verschreiben sollen, aber es ist inzwischen eine wissenschaftliche Tatsache, dass Humor der Gesundheit zuträglich ist. Lachen wirkt ebenso wie ein Medikament.‹«

Aus: *The Guardian* vom 25. März 2003

Norman Cousins beschreibt in seinem Buch *Der Arzt in uns selbst. Anatomie einer Krankheit aus der Sicht des Betroffenen,* wie Humor ihm dabei geholfen hat, seine Schmerzen in den Griff zu bekommen und seinen Körper letztlich von Morbus Bechterew zu heilen, einer degenerativen Wirbelsäulenentzündung, die damals in 499 von 500 Fällen als unheilbar galt.

Cousins erholte sich nicht nur von dieser Krankheit, sondern lebte auch noch weitere 25 Jahre bei bester Gesundheit.

Wenn wir lachen, wird Serotonin freigesetzt, das als »Glückshormon« des Gehirns bekannt ist. Obgleich »sich gesund lachen« im Westen immer noch als eine zweifelhafte Therapie betrachtet wird, benutzen die Taoisten die Kraft des »inneren Lächelns« schon seit 2500 Jahren als machtvolles Werkzeug auf dem Weg zur Genesung!

Ich stieß zum ersten Mal auf die Praxis des inneren Lächelns in der Arbeit des modernen taoistischen Meisters Mantak Chia, der schreibt:

»Taoistische Weise sind der Überzeugung, dass die Organe, wenn wir lächeln oder lachen, eine honigähnliche Substanz abgeben, die den ganzen Körper nährt. Wenn wir wütend sind, Angst haben oder unter Stress stehen, produzieren sie eine Art Gift, das die inneren Energiekanäle blockiert.«

Die Praxis des inneren Lächelns, die ich jetzt beschreiben möchte, dient mir selbst dazu, Anspannung loszuwerden und ein Gefühl der Erleichterung und des Wohlbefindens in meinem Körper zu erzeugen.

Das innere Lächeln

1. Sitze bequem – obgleich du das innere Lächeln letztlich überall und in jeder Position praktizieren kannst.
2. Lass ein Lächeln in deinen Augen tanzen. Wenn du möchtest, kannst du auch die Mundwinkel leicht anheben, so als ob du ein aufregendes Geheimnis kennen würdest, das du jedoch für dich behältst.

3. Lächle so lange in jeden Teil deines Körpers, der sich verkrampft oder unangenehm anfühlt, bis er sich lockert und entspannt.
4. Lächle in jeden Teil deines Körpers, der sich besonders gut anfühlt. Du kannst das Lächeln verstärken, indem du diesen Teilen deines Körpers dankst, dass sie dir helfen, gesund und stark zu sein.
5. Erlaube dem inneren Lächeln, jeden Bereich deines Körpers zu durchdringen. Du kannst dies auf folgende Weise tun:

   a) Lächle in deine Organe – in das Herz, die Leber, die Bauchspeicheldrüse, die Nieren, die Adrenalindrüsen und so weiter. Du musst nicht genau wissen, wo sich diese Organe im Einzelnen befinden; es reicht aus, sie sich vorzustellen, dein Körper leitet dann die Energie dorthin.
   b) Lächle durch die Speiseröhre hinab bis in deinen Magen. Lächle den ganzen Weg durch deinen Dünn- und Dickdarm, bis dein Lächeln unten wieder aus dir herauskommt. (Wenn du eine Idee hast, wie man das noch besser ausdrücken kann, schick mir bitte eine Postkarte!)
   c) Lächle nach oben in dein Gehirn, dann durch die Schädelbasis das ganze Rückgrat hinunter.

So, wie du in deinen Körper lächeln kannst, kannst du auch dein ganzes Leben mit einem inneren Lächeln erfüllen. Lächle in eine Beziehung, eine Umgebung oder ein Projekt, an dem du gerade arbeitest, hinein, und drücke deinen Dank aus. Achte darauf, wie sich dadurch die Energie der gesamten Situation verändert!

5. Vertrau dir selbst

Vor ein paar Jahren wurde ein interessantes Forschungsprojekt durchgeführt, um herauszufinden, warum bestimmte Menschen Krebs überleben, während der überwiegende Teil an ihm stirbt. In der Studie wurden 100 Personen interviewt, die zu einem bestimmten Zeitpunkt als unheilbar krank eingestuft wurden, aber mindestens zwölf Jahre nach der Diagnose noch am Leben waren.

Die Studie zielte darauf ab, bestimmte Denk- und Verhaltensmuster zu identifizieren, die den Überlebenden einer tödlichen Krankheit gemein waren. Das Ergebnis ist erstaunlich, aber in sich schlüssig. Obwohl alle Testpersonen unterschiedliche Behandlungen wählten, von Operation über Chemotherapie bis hin zu Akupunktur und Rohkost – und einige hatten sich sogar ganz auf rein psychologische Methoden oder religiöse Praktiken verlassen –, hatten alle 100 Personen etwas gemein:

Warum kann mir mein Arzt nicht einfach etwas gegen Stress verschreiben?

Die Anonymen Alkoholiker sagen, dass der Körper nicht zwischen einem verschriebenen Medikament und einer Droge unterscheiden kann, die man an der Straßenecke kauft. Es gibt auch andere Möglichkeiten, um deine Gesundheit zu verbessern. Heutzutage hören wir aus allen Richtungen, was nicht gut für uns sei, aber dabei sollten wir eine wichtige Sache nicht vergessen: Jeder hat sein eigenes Immunsystem. Körper und Geist arbeiten zusammen, um das wunderbare Gefäß zu heilen, zu schützen und zu regulieren, das unsere Identität darstellt. Wir leben in einer Zeit, in der außerordentliche medizinische Fortschritte an der Tagesordnung sind. Medikamente und operative Eingriffe stehen jedem zur Verfügung. Viele Menschen erwarten, dass ihr Arzt ihnen unmittelbare Erleichterung verschafft, und geben die Verantwortung für ihre Gesundheit in die Hände von professionellen Medizinern. Sie schlucken lieber eine Medizin, als an ihrem Lebensstil oder ihrer Ernährungsweise etwas zu verändern.

Die stark angestiegene Einnahme von verschriebenen Medikamenten hat zu einem anderen Problem geführt. Dr. E. W. Marting glaubt, dass in den USA und in Großbritannien mehr Menschen durch die Einnahme von Medikamenten sterben als durch Autounfälle. Vielleicht ist dies einer der Gründe, warum Menschen immer mehr nach alternativen Möglichkeiten suchen, um ihre Gesundheit zu verbessern.

Sie waren davon überzeugt, dass das, was sie taten, das Beste für sie war.

In der Medizingeschichte gibt es ein interessantes Beispiel für die Macht des Glaubens, das als »Placeboeffekt« bekannt ist. Ein Placebo ist eine Tablette, in der keine medizinischen Wirkstoffe enthalten sind. Weil in den USA alle neuen Medikamente im Vergleich mit Placebos getestet werden müssen, ist die Wirkungsweise von Placebos außergewöhnlich gut erforscht.

Im Durchschnitt wirken Placebos bei 30 Prozent der untersuchten Personen wie ein normales Medikament. In speziellen Fällen ist ihre Wirksamkeit sogar wesentlich höher. Im Vergleich mit Morphium wirkt ein Placebo bei 54 Prozent der Versuchspersonen, obwohl Morphium nur gegen starke Schmerzen verschrieben wird.

Wir fangen erst an zu verstehen, welchen unglaublichen Einfluss Hypnose hat und welche mögliche Rolle sie künftig in Medizin und Therapie spielen wird. Einige Ärzte haben in jüngster Zeit bewiesen, dass allein die Vorstellungskraft Auswirkungen auf die Gesundheit hat. Andere Studien haben ergeben, dass Menschen, die überzeugt davon waren, ihr Immunsystem selbst beeinflussen zu können, es tatsächlich mithilfe von Hypnose und geführter Meditation getan haben.

Viele Menschen können die Produktion schützender Blutzellen in ihrem Körper geradezu willentlich erhöhen und damit ihre Widerstandsfähigkeit schlagartig verbessern.

In einer ähnlichen Studie zeigten zwei japanische Ärzte der Universität von Yokohama, dass 84 Prozent der Probanden eine Hautreaktion durch Berührung mit einer giftigen Pflanze unterdrücken konnten. Das Jucken, die Schwellung und die Bläschen verschwanden, wenn sich die Versuchspersonen unter Hypnose einfach vorstellten, dass es sich bei der giftigen Pflanze um ein harmloses Gewächs handelte. Der große Einfluss des Geistes auf unsere Gesundheit wird auch dann deutlich, wenn wir das Experiment einfach umdrehen. Viele Versuchspersonen bekamen Bläschen auf der Haut, wenn sie sich vorstellten, dass sie nicht ein harmloses Gewächs, sondern eine Giftpflanze berührt hatten.

Als Ergebnis dieser und ähnlicher Studien erkennen heute viele Verantwortliche im Gesundheitsbereich an, dass die innere Einstellung des Patienten ein wesentlicher Faktor auf dem Weg zur Genesung ist.

Aber was ist, wenn ich »wirklich« krank bin?

In einem weiteren erstaunlichen Experiment untersuchte Dr. David Spiegal von der Stanford-Universität mehrere Frauen mit Brustkrebs. Während alle Frauen nach dem neuesten Erkenntnisstand behandelt wurden, lernte die eine Hälfte zusätzlich Selbsthypnose und einfache geführte Meditationen, in deren Verlauf sich die Frauen in einem entspannten, schwebenden Zustand vorstellten. Nach einem Jahr berichtete die Gruppe, die gelernt hatte, sich zu entspannen und im Schwebezustand zu visualisieren, von weniger Schmerzen und mehr Optimismus und Zuversicht.

Aber was die Forscher wirklich überraschte, trat erst viel später in Erscheinung. Zehn Jahre nach dem ursprünglichen Experiment hatte die Hälfte der Frauen, die meditierten, durchschnittlich doppelt so lange gelebt wie die erste. Obwohl hier nicht behauptet werden soll, dass Hypnose Krebs heilt, so ist es doch offensichtlich, dass kontinuierliche Selbsthypnose und geführte Meditation die Lebensqualität deutlich verbessern können und einen positiven Einfluss auf die Lebenszeit haben.

Eine der ersten unheilbar kranken Personen, mit denen ich gearbeitet habe, war eine Frau, die Krebs hatte. Jedes Mal nach einer Chemotherapie war ihr Immunsystem total am Boden, und dementsprechend fühlte sie sich auch körperlich und geistig. Ihr Arzt hatte ihr erklärt, dass es normalerweise zwei Wochen dauere, bis das Immunsystem – nach der Art von Chemotherapie, die sie bekam – wieder im Normalzustand sei. Aber nachdem sie einmal die Visualisierungstechnik gelernt hatte, die ich dir gleich vorstellen werde, hatte sich ihr Abwehrsystem bereits nach fünf Tagen wieder vollständig erholt. Der Arzt konnte es kaum glauben.

Ein weniger lebensbedrohliches, aber ebenso dramatisches Beispiel ist eine befreundete Schauspielerin. Sie bemerkte gerade an dem Tag, an dem die Dreharbeiten für ihren neuesten Film beginnen sollten, dass sie wieder einen Ausschlag im Gesicht bekam, der normalerweise fünf Tage lang anhielt. Sie entspannte also ihren Körper und stellte sich vor, dass ihr Immunsystem fünf Tage lang auf Hochtouren lief, wobei sie jeden Tag auf ihrem geistigen Kalender mit einem dicken Kreuz markierte. Fünf »innere Tage« später stellte sie sich vor, dass der Ausschlag verschwunden war. Als sie aus ihrer Visualisierung oder Trance erwachte, waren die »Pickel«, die sonst den bevorstehenden Ausschlag ankündigten, verschwunden, und sie kamen auch nicht mehr wieder.

Ein Experiment, das die Professorin Karen Olness am Kinderkrankenhaus der Universitätsklinik von Cleveland durchführte, machte mir deutlich, wie wichtig ein starkes Immunsystem ist. In dem Experiment wurde einer Gruppe von Kindern ein Video mit Puppen gezeigt. Eine Puppe repräsentierte einen Virus und eine andere sah wie ein Polizist aus und stand für das Immunsystem. Das Video zeigte eine vereinfachte Darstellung der inneren Vorgänge im Körper, welche die Kinder leicht verstehen konnten.

Als das Video zu Ende war, wurden die Kinder gebeten, die Augen zu schließen, sich zu entspannen und sich vorzustellen, dass viele Polizisten-Puppen um ihre Körper herumsprangen. Speichelproben der Kinder zeigten, dass ihr Immunglobulinspiegel deutlich gestiegen war – das heißt, ihr Immunsystem hatte angefangen zu arbeiten, als ob es eine wirkliche Infektion hätte abwehren müssen.

Ich fing an, klinische Untersuchungen auf dem relativ neuen Gebiet der Psychoneuroimmunologie (PNI) zu durchforsten, und stieß massenhaft auf unwiderlegbare Beweise dafür, dass es möglich ist, das Immunsystem durch bestimmte Denkweisen zu stärken. PNI liegt die Idee zugrunde, dass der Körper selbst weiß, wie er sich heilen und eine perfekte ganzheitliche Gesundheit erhalten kann. Dein Immunsystem weiß, welche Zellen zu dir gehören und welche von außen eingedrungen sind und entweder zerstört oder auf geeignete Weise genutzt werden müssen.

Sobald dein Immunsystem mit Bakterien, einem Virus oder einer anomalen Zelle in Kontakt kommt, wird es diese Begegnung nie wieder vergessen. Während diesem ersten Aufeinandertreffen produziert dein Immunsystem gezielte »biochemische Waffen«, um mit ihnen den anomalen »Angreifer« zu bekämpfen. Das Immunsystem ist so stark und schlau, dass es seine Aktionen kontrollieren und koordinieren kann, sodass du mühelos in einem Zustand gesunder Vitalität bleibst.

Das Immunsystem stärken

Ein gesundes Immunsystem ist eine wunderbare Sache und verfügt über fast wundersame Heilkräfte. Diese Kräfte können durch eine einfache Visualisierungsübung verstärkt werden, die ich dir jetzt vorstellen möchte.

Hier ist ein Brief, den ich kürzlich von einem Mann erhielt, der diese Übung benutzt hat, um in seinem eigenen Leben und im Leben anderer Menschen eine große Veränderung herbeizuführen:

Lieber Paul,
vor ungefähr fünf Jahren erhielt ich die schlechteste Nachricht, die man sich nur vorstellen kann. Ich war ein erfolgreicher Verkaufsleiter und hatte Probleme mit seltsamen Anfällen von

Schwindel, Benommenheit und Sprachstörungen. Bei einer Verkaufspräsentation verlor ich mitten im Satz den Faden. Nach intensiven medizinischen Tests diagnostizierte der Neurologe bei mir »multiple Sklerose« (MS), eine unheilbare degenerative Nervenkrankheit. Die Diagnose traf mich wie ein Schlag. Meine Träume für die Zukunft lösten sich in Luft auf und die Ärzte rieten mir, mich auf einen »langsamen Verfall« einzustellen, auf ein unerbittliches Abgleiten in Abhängigkeit, Krankheit und Tod. In meiner Not wäre ich am liebsten weggelaufen und hätte nur noch geheult. Zwei Verschlimmerungen meines Zustandes innerhalb von zwei Monaten bestätigten meinem Neurologen, dass die MS in meinem Körper sehr aktiv war und ich mit einem schnellen Niedergang rechnen müsse.

Dennoch, nach sechs Monaten tiefster Verzweiflung änderte sich meine Einstellung gegenüber der Krankheit, und ich begann Hoffnung zu schöpfen. Ich veränderte meine Lebensweise – angefangen bei einer radikalen Umstellung meiner Ernährung bis hin zu meinen tiefsten philosophischen und spirituellen Überzeugungen. Der Anstoß für diesen Umschwung war Ihre CD »Supreme Self-Confidence« [dt.: »Höchstes Selbstvertrauen«]. Ich bemerkte, wie irgendwo in meinem Innern neue Hoffnung keimte. In meiner Vorstellung schuf ich mir ein starkes positives Selbstbild, das ich immer mehr mit wachsendem Vertrauen füllte. Ein Jahr nach der Diagnose hatte ich wieder mein Idealgewicht und spielte sogar wieder Rugby. Dies alles war möglich durch das neue gesunde Selbstbild, das ich mir zugelegt hatte.

Im Moment erfreue ich mich bester körperlicher und geistiger Gesundheit. Ich mache mir weiterhin die Kraft meines Unterbewusstseins zunutze, während mein Leben und meine Gesundheit immer mehr aufblühen. Nachdem ich mir zum ersten Mal Ihre CD angehört hatte, fand erstaunlicherweise keine einzige Verschlimmerung meines Zustandes mehr statt, und seit über vier Jahren bin ich vollständig symptomfrei. Menschen wie ich – hoffnungslose Fälle, gemessen am westlichen medizinischen Standard – sind der lebende Beweis, dass die Kraft unseres Unterbewusstseins grundlegende Lektionen für uns bereithält. Andere Menschen zu heilen, ist für mich inzwischen nicht nur eine Mission – es ist auch ein großes Abenteuer.

Egal, ob du im Moment gesund wie ein Ochse bist oder dich eher unwohl fühlst – nimm dir jetzt ein paar Minuten Zeit, um die folgende Übung auszuprobieren:

Stärkung des Immunsystems

Beachte bitte Folgendes: Diese Übung ist nicht als Ersatz für eine medizinische Behandlung gedacht, sie kann jedoch sehr wohl in Verbindung mit Behandlungen, die dir dein Arzt verschreibt, eingesetzt werden.

1. Schließe deine Augen und stell dir dein Immunsystem auf eine Weise vor, mit der du etwas anfangen kannst. Ich selbst stelle es mir als viele pastellfarbene, quallenartige Geschöpfe vor, was dem tatsächlichen Aussehen dieser schützenden Zellen ziemlich nahekommt. Vergiss nicht, dir sehr viele dieser Zellen vorzustellen, und sieh, wie stark und entschlossen sie sind.
2. Geh als Nächstes geistig zu dem Körperbereich, der Heilung braucht, und stell dir vor, wie sich das gesundheitliche Problem manifestiert. Du kannst dir die Infektion oder die kranken Zellen als kleine schwarze Kügelchen vorstellen.

3. Stell dir nun vor, wie die großen pastellfarbenen Quallen die kleinen schwarzen Kügelchen umschließen und verschlingen.
4. Vergiss nicht, wenn die kleinen schwarzen Kügelchen verschwunden sind, dir vorzustellen, wie die farbigen Quallen vergnügt umherschwimmen und deinen Blutstrom kontrollieren. Auf diese Weise stellst du sicher, dass du dein Immunsystem nicht überstimulierst.
5. Stell dir nun vor, dass ein gesünderes Abbild von dir direkt vor dir steht oder sitzt. Beobachte, wie dieses gesündere Ich aussieht, atmet, lächelt und so weiter.
6. Tritt zum Schluss in dieses gesündere Ich ein und sieh durch seine Augen, hör durch seine Ohren und nimm wahr, wie viel besser du dich fühlst!

Ich bin mir sicher, dass dir inzwischen klar geworden ist, was für ein erstaunliches Potenzial an Gesundheit, Energie und Wohlbefinden in dir schlummert. Kehre sooft du willst zu den Ideen und Übungen dieses Kapitels zurück, um dir dieses Potenzial voll zu erschließen und den einen Eckpfeiler deines Reichtums zu stärken – deinen physischen Körper!

Wege zum Erfolg

Pierre Franckh
Eine kleine Geschichte vom Erfolg

> **»Das einzig Wichtige im Leben
> sind die Spuren der Liebe,
> die wir hinterlassen, wenn wir gehen.«**
> *Albert Schweitzer*

Vor vielen, vielen Jahren, während meiner Zivildienstzeit, verbrachte ich als Sanitäter für die Johanniter-Unfall-Hilfe Tage und Nächte im Krankenwagen. Tagsüber war unsere Hauptbeschäftigung, alte, gebrechliche Menschen zu Arztbesuchen und wieder zurück in ihr bescheidenes Zuhause zu fahren.

Als junger Mensch, der sich nicht vorstellen konnte, was Alter überhaupt sein sollte, lernte ich bedürftige, ängstliche Menschen kennen, die nun, am Abend ihres Lebens, auf die Hilfe anderer angewiesen waren. Ohne dass ich mir wirklich darüber Gedanken gemacht hätte, vermutete ich bei den meisten alten Menschen ein Leben in Armut und ging davon aus, dass sie schon immer am Rande unserer Gesellschaft gestanden hatten. Das Leben war einfach an ihnen vorbeigezogen. Es hatte sie nicht beachtet und genauso wenig hatten es diese Menschen geschafft, etwas aus ihrem Leben zu machen.

Mit der Überheblichkeit der Jugend und meinem Erfolg als Schauspieler im Rücken lag das ganze Leben noch vor mir und es war für mich undenkbar, dass ich jemals so enden würde. Dafür war ich doch viel zu erfolgreich.

Trotz des gewaltigen Altersunterschieds mochte ich aber den Kontakt mit diesen Menschen und die Tätigkeit, die ich ausüben durfte. Ich mochte sie, die sympathischen Augen und die weichen Hände, die darum baten, beim Gehen an die Hand genommen zu werden. Ich mochte auch ihre Langsamkeit in einer beschleunigten Welt.

Ich selbst war beruflich auf dem Höhepunkt meiner Karriere, drehte einen Film nach dem anderen und wurde auch von den älteren Menschen, die mich erkannten, öfters darauf angesprochen. Ihr Leben bestand ja nur noch darin, vor dem Fernseher zu sitzen, und so erzählte ich ihnen manches Mal von der Welt der Stars und den Blitzlichtgewittern.

Mit der Zeit kannte ich bereits viele von diesen alten Menschen. Sie hatten ihre routinemäßigen Arztbesuche, und ich fuhr sie regelmäßig dorthin und wieder zurück. Viele von ihnen habe ich längst vergessen, und niemand von ihnen dürfte heute, nach 40 Jahren, noch am Leben sein. Aber ein Mann ist mir noch immer im Gedächtnis geblieben. Denn er zeigte mir etwas, was mir sehr zu denken gegeben hatte.

Fast jede Woche fuhr ich ihn zum Arzt. Immer am Dienstag um 10 Uhr. Seit fast drei Monaten sahen wir uns. Wir mochten uns irgendwie, aber außer »Guten Morgen«, »Wie geht es Ihnen?«, »Auf Wiedersehen« hatten wir nie viele Worte miteinander gewechselt.

Eines Tages, nach dem üblichen »Guten Morgen« und dem Schweigen während der Fahrt, sagte er plötzlich zu mir: »Es bleibt nicht so.«

Erstaunt sah ich ihn an. Ich verstand nicht sofort, was er meinte.

»Der Erfolg«, fuhr er fort und lächelte. »Der Erfolg vergeht. Das Einzige, was bleibt, ist die Liebe, die man investiert. Dann hat man sich später nichts vorzuwerfen.«

Er lächelte weise, und ich dachte nicht weiter darüber nach. Schließlich war ich mit mir selber viel zu sehr beschäftigt.

Beim Abschied rief ich ihm mein übliches »Einen schönen Tag noch« hinterher und hakte seine Bemerkung als skurriles Gerede eines alten Mannes ab.

Aber eine Woche später holte ich ihn erneut von seinem Arztbesuch ab. Ich knöpfte seine Jacke zu, die er falsch geschlossen hatte, und nannte den kleinen, hilflosen Mann »Paps«. Ich hatte es nett gemeint, aber er erkannte nur zu gut meine jugendliche Überheblichkeit.

Er lachte mit seiner schwachen, hellen Stimme, ergriff meine Hände und sah mich an. »Dann weißt du ja, wohin die Reise geht. Das hier ist auch deine Zukunft.«

An meiner Reaktion konnte er sehen, für wie absurd ich diese Bemerkung hielt. »Du kleiner, liebenswerter, arroganter Kerl«, sagte er schmunzelnd. Es war ein liebes, verständnisvolles Lächeln. Er erinnerte sich an das Privileg der Jugend.

Er sah mich eindringlich an, und dann erfuhr ich, dass er im Leben überhaupt nicht so hilflos gewesen war, wie es nun den Anschein hatte. Er hatte eine Firma mit 70 Angestellten gehabt und eine Familie mit zwei Kindern.

Ich war erstaunt. Nie hatte ich einen erfolgreichen Mann hinter diesem alten, gebrechlichen Gesicht vermutet. Er lachte, denn mein Erstaunen war mir deutlich anzusehen.

»Ja«, sagte er mit einem weichen wehmütigen Lächeln, »ich war nicht nur erfolgreich, ich hatte auch eine Familie. Aber ich hatte einfach zu wenig Zeit für sie, weil die Firma jede Sekunde meines Lebens fraß. Nun ja, wie das Leben so läuft, meine Frau lernte jemand anderen kennen und nahm die Kinder mit.«

Ich half ihm in den Wagen und schnallte ihn an, weil seine schwachen Hände nicht mehr die Kraft dafür besaßen, und erfuhr, dass ihm nach der Scheidung nur die Firma geblieben war und einige Affären, an die er sich noch gut erinnerte. Aber die Zeiten änderten sich, die Erfolge der Firma ließen nach. Auch sein Erspartes. Nein, mittellos war er nicht, aber alt. Zu alt, um alleine zu leben. Er konnte sich das Altersheim leisten, das war für ihn in Ordnung. Aber dass seine Kinder ihn nicht besuchten, damit kam er weniger klar.

»Was bleibt einem denn schon?«, sagte er, und seine Augen waren voller Trauer. »Worauf soll ich denn stolz sein? Wofür hat es sich denn gelohnt zu leben? Dass ich eine Firma hatte und beruflichen Erfolg? Nun, die Kinder besuchen jetzt wohl ihren neuen Papa, der wahrscheinlich wesentlich mehr Zeit für sie hatte.«

Eine Weile sagte keiner von uns etwas. Der Krankenwagen stand noch immer vor dem Arztgebäude und wir saßen beide stumm auf dem Rücksitz.

»Ich war also sehr erfolgreich«, fuhr er leise fort, als er bemerkte, wie nachdenklich er mich gemacht hatte. »Aber heute bin ich mir nicht mehr so sicher. Ich habe die Frau geheiratet, die ich liebte, die ich noch heute liebe, aber ich bin nicht mehr mit ihr zusammen. Sie hat jetzt Krebs, habe ich gehört. Ich spiele keine Rolle mehr in ihrem verbleibenden Leben, ein anderer sitzt an ihrem Bett und verbringt die letzten Stunden mit ihr. Und weißt du«, lachte er und seine Augen strahlten, »ich war so glücklich, als ich Vater wurde. Als sie es mir damals gesagt hat, war ich so glücklich. Wir haben Champagner gekauft, den ich alleine getrunken habe, weil eine werdende Mutter ja nicht trinken darf. Und ihr Gesicht, das hättest du sehen sollen, es war so schön.«

Er schwieg eine Weile, lächelnd, in Erinnerungen versunken. Dann wurde sein Gesicht wieder ernster. »Aber ich hatte keine Zeit für meine Kinder. Ich hatte ja meine Firma. Wir stellten Lacke her. Sehr erfolgreich. Aber, nun ja … Bin ich wirklich so erfolgreich gewesen? Damals hätte ich diese Frage mit einem eindeutigen Ja beantwortet, heute würde ich zögern.«

Der alte Mann, von dem ich nicht einmal mehr den Namen weiß, stützte sich auf seine dünnen Ärmchen und fragte mich traurig lächelnd, ob er mir ein Geheimnis verraten solle.

»Was denn für ein Geheimnis?«

Er nahm meine Hand und zog mich an sich. »Wahrer Erfolg findet nur im Herzen statt.«

An diesem Nachmittag bestand er darauf, dass ich ihn zum Aufzug des Altersheimes bringe. Und dann noch in sein Zimmer. Dort nahm er aus einer kleinen Kunstledertasche umständlich eine Fernsehzeitschrift heraus. Auf einer Doppelseite war ein Bericht über mich mit einem großen Foto. »Auf dieses Foto«, sagte er, »bist du wahrscheinlich sehr stolz. Aber nächste Woche wird mit diesem Foto der Fisch eingepackt und jemand anders hat auf dieser Seite deinen Platz eingenommen.«

Er sah mich milde lächelnd an und setzte sich auf sein frisch bezogenes Bett. »Dieses Foto hat nur dann einen Wert, wenn es jemand in seinem Herzen trägt. Wenn es eingerahmt auf einem Schreibtisch steht, weil es jemanden gibt, der dich liebt.«

Wir aßen ein paar alte Kekse und tranken einen extrem dünnen Kaffee, den die Schwestern uns vorbeigebracht hatten, glücklich darüber, dass der alte Mann endlich einmal Besuch hatte.

Ich sah ein Foto auf einer kleinen Kommode. Es zeigte eine strahlend hübsche Frau im besten Alter. Ein Mann stand neben ihr und hatte den Arm um sie gelegt. Sein Gesicht war jung und voller Stolz, und ich erkannte darin die Züge des alten Mannes. Die Frau hatte ein Baby auf dem Arm, vor dem Mann stand ein kleiner Junge, an dessen Lachen man erkennen konnte, dass er noch keine Zähne besaß.

Der alte Mann nickte wehmütig. »Erfolg bleibt nicht«, sagte er leise. »Bleiben tust nur du. Erfolge verändern sich mit dir. Heute ist es ein Erfolg, wenn ich morgens meine Schuhe selber zubinde oder wenn ich den Namen einer Schwester im Gedächtnis behalte und ihn parat habe, wenn ich sie sehe. Aber auch das wird sich ändern. Wahrer Erfolg bleibt nur hier.« Dabei tippte er sich auf sein Herz.

»Meines ist gebrochen. Obwohl ich so erfolgreich war. Aber vielleicht war ich ja gar nicht so erfolgreich. Vielleicht ist dein Foto hier in der Zeitung auch gar nicht so erfolgreich. Auch wenn du das jetzt glaubst.«

Dann stand er von seinem Bett auf und ließ sich von mir in den Gemeinschaftsraum führen. Viele alte Menschen saßen an Tischen oder in tiefen Ledersesseln. Sie lasen, spielten Karten oder beschäftigten sich mit Brettspielen.

Wir setzten uns an einen alten Tisch am Fenster, und er deutete in den Raum.

»Hier gibt es viele einsame, vergessene Menschen. Nur wenige haben öfters oder gar ständig Besuch. So manche Herzen sind verletzt und schwer. Das Einzige, was uns heute gewiss ist: Nur wer in die Liebe investiert hat, ist wirklich erfolgreich.«

Ein Mann im Rollstuhl fuhr an uns vorbei und sah mich an.

»Das ist Hans«, sagte er leise. »Er hatte eine Kanzlei. Strafrecht. 30 Jahre lang. Er war richtig gut. Und dann hatte er einen Schlaganfall. Besuchen tut ihn heute niemand. Aber ich wollte dir jemand anderen zeigen.«

Dann deutete er mit seinen knöchrigen Fingern auf eine alte Dame in einem der Ledersessel. Sie war im Gespräch mit einem jungen Mann.

»Regina«, sagte er und nickte. »Sie hatte im Leben überhaupt keinen Erfolg. Keine Firma, kein Studium, nicht einmal eine abgeschlossene Lehre. Und dennoch hat sie jeden Tag Besuch. Na ja, sie hat eben in die Liebe investiert. Wir alle beneiden sie darum. Menschen erinnern sich an sie. Man holt sie ab. An Wochenenden, an Feiertagen, an Weihnachten. Im Sommer verbringt sie die Zeit bei ihren Enkeln.

Mich besucht nicht ein einziger Angestellter. Nicht meine Kinder und nicht meine Frau, die im Sterben liegt. Ich werde sie wohl nie wieder sehen.«

Die alte Frau bemerkte, dass wir sie betrachteten, und winkte uns liebevoll zu.

»Versuche in jedem alten Menschen den 16-jährigen Jungen oder das 16-jährige Mädchen zu sehen. Du wirst dich wundern. Oder noch besser: Versuche einmal, dich selbst in jedem alten Menschen zu sehen. Dann wirst du schnell erkennen, was dich wahrhaftig erfolgreich macht.«

Er setzte sich in einen Stuhl am Fenster. Er wirkte müde, und ich ließ ihn alleine.

Unten auf dem Kiesweg sah ich noch einmal sein Gesicht und seine Hand, die mir zum Abschied zuwinkte.

Dieser Moment ist mir wohl deswegen so tief in Erinnerung geblieben, weil es keinen weiteren Dienstag mehr gab, da ich ihn abholen durfte. Er starb an einem Freitag. Alleine. Ohne seine Frau. Ohne seine Kinder. Nicht einmal ich konnte ihn mehr besuchen. Sein Zimmer war bereits leer geräumt, das Foto auf der Kommode verschwunden, ebenso die Fernsehzeitschrift mit meinem Bild und dem Bericht über mich.

Am Kiosk gab es schon die nächste Ausgabe des Wochenblattes.

Nichts ist so vergänglich wie der Erfolg. Denn der wahre Erfolg findet nur im Herzen statt.

Mein Herz hatte er berührt. Aber ich kam nicht mehr dazu, es ihm zu sagen.

Erfolg ist ... in die Liebe zu investieren.

Napoleon Hill
Der Fragenbogen zu Ihrem persönlichen Erfolgsprofil

Die Erfolge der hervorragendsten Führungspersönlichkeiten der Welt beruhen auf den folgenden 17 Prinzipien für die persönliche Vervollkommnung.

Erfolg ist eine Wissenschaft, deren Geheimnisse auch Sie begreifen können – ganz unabhängig von Ihrer derzeitigen Beschäftigung, Ihrem Umfeld oder Wohnort.

Dabei spielt es keine Rolle, ob Sie derzeit ein hoch angesehener Geschäftsmann oder ein schlecht bezahlter Fabrikarbeiter sind, ob Sie in einer Großstadt oder auf einem Bauernhof leben, der meilenweit von der nächsten Stadt entfernt ist.

Wenn Sie erfolgreich sein wollen, ist es das Wichtigste, dass Sie diese 75 Fragen ehrlich beantworten. Die Antworten werden Ihr wahres Ich enthüllen, ein Individuum, das sich deutlich von jedem anderen Menschen auf der Welt unterscheidet. Ihre Person und Ihre Ambitionen werden gründlich überprüft und Sie werden Dinge über sich lernen, die Sie sicher in Erstaunen versetzen.

Wenn Sie alle Fragen beantwortet haben, werten Sie Ihre Antworten bitte so aus, wie auf Seite 342 beschrieben, und addieren Sie die Ergebnisse, dann können Sie feststellen, wie Sie abgeschnitten haben.

1. **Ein konkretes Ziel**

   a. Haben Sie sich für ein konkretes Ziel im Leben entschieden? Ja Nein

   b. Haben Sie sich einen Termin gesetzt, bis zu dem Sie Ihr Ziel erreichen wollen? Ja Nein

   c. Haben Sie sich einen bestimmten Plan zurechtgelegt, wie Sie Ihr Ziel erreichen wollen? Ja Nein

   d. Haben Sie sich überlegt, welchen konkreten Nutzen Sie im Leben davon haben werden, wenn Sie Ihr Ziel erreicht haben? Ja Nein

2. **Das Superhirn-Prinzip**

   a. Helfen Ihnen andere Menschen dabei, Ihr Ziel zu erreichen? Ja Nein

   b. Glauben Sie, dass ein Mensch ohne die Hilfe von anderen Erfolg im Leben haben kann? Ja Nein

   c. Glauben Sie, dass Sie in Ihrem Beruf ohne Weiteres Erfolg haben können, wenn Ihr Ehepartner oder andere Familienmitglieder dagegen sind? Ja Nein

   d. Gibt es bestimmte Vorteile, wenn Arbeitgeber und Arbeitnehmer harmonisch zusammenarbeiten? Ja Nein

   e. Wissen Sie, wie das Prinzip des Superhirns dazu beigetragen hat, dass die Vereinigten

Staaten zum reichsten Land der Welt
werden konnten? Ja Nein

3. **Angewandtes Vertrauen**

a. Glauben Sie an unendliche Intelligenz? Ja Nein

b. Vertrauen Sie auf Ihre Fähigkeit, alles tun zu können, was Sie sich wünschen? Ja Nein

c. Haben Sie Vertrauen in die Regierungsform der USA? Ja Nein

d. Sind Sie vollständig frei von jeder der folgenden sieben Grundängste: Angst vor Armut, Angst vor Kritik, Angst vor Krankheit, Angst, nicht mehr geliebt zu werden, Angst vor Freiheitsverlust, Angst vor dem Alter, Angst vor dem TOD? Ja Nein

4. **Noch einen Schritt weiter gehen**

a. Machen Sie es sich zur Gewohnheit, mehr Leistungen zu erbringen als die, für die Sie bezahlt werden? Ja Nein

b. Glauben Sie, dass es Zeiten gibt, in denen ein Angestellter mehr Leistung erbringen sollte als die, für die er bezahlt wird Ja Nein

c. Kennen Sie jemanden, der beruflichen Erfolg erzielt hat, ohne mehr zu tun als das, wofür er bezahlt wurde? Ja Nein

d. Glauben Sie, dass jemand das Recht hat, eine Lohnerhöhung zu fordern, ohne dass er mehr leistet als das, wofür er bezahlt wird? Ja Nein

e. Wenn Sie Arbeitgeber wären, würden Sie mit den Leistungen zufrieden sein, die Sie heute als Angestellter erbringen? Ja Nein

5. **Eine anziehende Persönlichkeit**
   a. Haben Sie Gewohnheiten, mit denen Sie anderen Menschen zu nahe treten? Ja Nein
   b. Werden Sie von den Menschen, mit denen Sie zusammenarbeiten, gemocht? Ja Nein
   c. Erwecken Sie bei anderen Interesse, wenn Sie in der Öffentlichkeit sprechen? Ja Nein
   d. Gibt es Gelegenheiten, bei denen Sie andere zu langweilen scheinen? Ja Nein

6. **Eigeninitiative**
   a. Planen Sie täglich Ihre Arbeit? Ja Nein
   b. Muss Ihre Arbeit von jemand anderem geplant werden? Ja Nein
   c. Verfügen Sie über einige hervorragende Qualitäten, die andere in Ihrem Beruf nicht vorweisen können? Ja Nein
   d. Geben Sie auf, wenn Ihre Pläne scheitern? Ja Nein
   e. Lassen Sie sich Verbesserungen einfallen, durch die Sie Ihre Arbeit besser und effektiver erledigen können? Ja Nein

7. **Eine positive geistige Einstellung**
   a. Wissen Sie, was mit einer positiven geistigen Einstellung gemeint ist? Ja Nein
   b. Sind Sie in der Lage, Ihre Einstellung zu steuern, wenn Sie das wollen? Ja Nein
   c. Ist Ihnen die einzige Sache bekannt, über die Sie vollständige Kontrolle ausüben können? Ja Nein
   d. Wissen Sie, wie man feststellt, ob jemand anders eine negative Einstellung hat? Ja Nein

e. Haben Sie eine Methode, um sich eine positive geistige Einstellung zur Gewohnheit zu machen? Ja Nein

8. **Begeisterung**
   a. Glauben Sie, Sie sind ein begeisterungsfähiger Mensch? Ja Nein
   b. Können Sie Ihre Begeisterung so steuern, dass Sie sie für die Umsetzung und Ausführung Ihrer Vorhaben einsetzen? Ja Nein
   c. Bestimmt Ihre Begeisterung manchmal Ihre Urteilsfähigkeit? Ja Nein

9. **Selbstdisziplin**
   a. Halten Sie Ihre Zunge auch dann im Zaum, wenn Sie wütend sind? Ja Nein
   b. Denken Sie auch in hitzigen Diskussionen immer erst nach, bevor Sie sich äußern? Ja Nein
   c. Verlieren Sie leicht die Geduld? Ja Nein
   d. Sind Sie immer in ausgeglichener Stimmung? Ja Nein
   e. Lassen Sie Ihre Urteilsfähigkeit von Ihren Gefühlen beeinflussen? Ja Nein

10. **Präzises Denken**
   a. Sehen Sie es als Ihre Pflicht an, das Wissen von anderen über Ihren Beruf in Erfahrung zu bringen, wenn das für Sie von Wert sein kann? Ja Nein
   b. Äußern Sie Ihre »Meinung« auch über Themen, die Ihnen nicht vertraut sind? Ja Nein
   c. Wissen Sie, wie Sie sich Informationen zu jedem Thema, das Sie interessiert, verschaffen können? Ja Nein

11. **Gezielte Aufmerksamkeit**
   a. Konzentrieren Sie stets Ihre gesamte Aufmerksamkeit auf die Tätigkeit, die Sie gerade ausführen? Ja Nein
   b. Lassen Sie sich leicht dazu bringen, Ihre Absichten zu ändern oder Ihre Entscheidungen rückgängig zu machen? Ja Nein
   c. Neigen Sie dazu, Ihre Ziele und Vorhaben aufzugeben, wenn Sie auf Widerstand stoßen? Ja Nein
   d. Interessieren Sie sich genauso schnell für andere Menschen und deren Vorhaben wie für Ihre eigenen? Ja Nein

12. **Gruppenarbeit**
   a. Kommen Sie mit anderen unter allen Umständen harmonisch zurecht? Ja Nein
   b. Tun Sie anderen in dem gleichen Maße Gefallen, wie Sie selbst darum bitten? Ja Nein
   c. Haben Sie mit manchen Menschen bei bestimmten Themen andauernde Meinungsverschiedenheiten? Ja Nein
   d. Glauben Sie, dass es Vorteile hat, mit Ihren Arbeitskollegen freundlich zusammenzuarbeiten? Ja Nein
   e. Sind Sie sich bewusst, welchen Schaden Sie sich und Ihren Kollegen zufügen können, wenn Sie nicht mit ihnen zusammenarbeiten? Ja Nein

13. **Aus Fehlern und Niederlagen lernen**
   a. Bringt eine Niederlage Sie dazu, es nicht mehr weiter zu versuchen? Ja Nein

b. Wenn Sie mit einem bestimmten Vorhaben scheitern, beginnen Sie dann mit einem neuen? Ja Nein
c. Glauben Sie, dass aus vorübergehenden Niederlagen dauerhaftes Scheitern werden kann? Ja Nein
d. Gibt es Lehren, die Sie aus Niederlagen gezogen haben? Ja Nein
e. Wissen Sie, wie eine Niederlage in einen Pluspunkt umgewandelt werden kann, der zum Erfolg führt? Ja Nein

14. **Kreative Vorstellungen**
a. Haben Sie eine klare und lebendige Vorstellungskraft? Ja Nein
b. Treffen Sie Ihre eigenen Entscheidungen? Ja Nein
c. Ziehen Sie es vor, andere um ihre Meinung zu fragen, bevor Sie handeln? Ja Nein
d. Haben Sie schon einmal etwas erfunden? Ja Nein
e. Entwickeln Sie praktische Ideen, die in unmittelbarem Zusammenhang mit Ihrer Arbeit stehen? Ja Nein
f. Glauben Sie, dass ein Mensch, der viele Einfälle hat, mehr wert ist als jemand, der nur den Ideen und Vorhaben anderer folgt? Ja Nein

15. **Gesund bleiben**
a. Kennen Sie die entscheidenden Faktoren, die dazu beitragen, dass man gesund bleibt? Ja Nein
b. Wissen Sie, womit Gesundheit anfängt? Ja Nein

c. Kennen Sie den Zusammenhang zwischen Gesundheit und Entspannung? Ja Nein
d. Kennen Sie die vier wichtigen Faktoren, die Sie beachten müssen, um sich in ausgewogener Form gesund zu halten? Ja Nein
e. Können Sie erklären, was man unter Hypochondrie versteht? Ja Nein

16. **Zeit und Geld einteilen**
a. Sparen Sie regelmäßig einen bestimmten Anteil Ihres Einkommens? Ja Nein
b. Geben Sie Geld aus, ohne daran zu denken, was wäre, wenn Sie plötzlich kein Einkommen mehr hätten? Ja Nein
c. Bekommen Sie jede Nacht genügend Schlaf? Ja Nein
d. Verbringen Sie Ihre gesamte Freizeit damit, sich zu amüsieren? Ja Nein

17. **Die kosmische Kraft von Gewohnheiten**
a. Haben Sie Gewohnheiten, die Sie Ihrer Meinung nach nicht kontrollieren können? Ja Nein
b. Gibt es schlechte Gewohnheiten, die Sie abgelegt haben? Ja Nein
c. Haben Sie in den letzten Monaten neue, erstrebenswerte Gewohnheiten angenommen? Ja Nein

Die Auswertung Ihrer Antworten

Sie sollten jede der folgenden Fragen mit »Nein« beantwortet haben: 2b, 2c, 4c, 4d, 5a, 5d, 6b, 6d, 8c, 9b, 9c, 9e, 10b, 11b, 11c, 12c, 13a, 13c, 14c, 16b, 16d, 17a.

Alle übrigen Fragen sollten Sie mit »Ja« beantwortet haben.

Wenn Sie alle Fragen genau so mit »Ja« und »Nein« beantwortet hätten, wäre Ihr Ergebnis 75. Das wäre das ideale Ergebnis. Doch nur wenige Menschen erreichen diese Punktzahl.

Schauen wir uns Ihre Punktzahl an:

Mit »Ja« statt mit »Nein« beantwortete Fragen: ______
(Anzahl der falschen Antworten)

Mit »Nein« statt mit »Ja« beantwortete Fragen: ______
(Anzahl der falschen Antworten)

Wenn Sie die beiden Summen zusammenrechnen und von 75 abziehen, haben Sie Ihr Ergebnis. Die Bewertung sieht folgendermaßen aus:

75 Punkte: hervorragend (äußerst selten)
66–74 Punkte: gut (überdurchschnittlich)
51–65 Punkte: befriedigend (durchschnittlich)
26–50 Punkte: schwach (unterdurchschnittlich)
25 und weniger Punkte: ungenügend

Welchen Wert haben Sie erreicht?

Wenn der Wert durchschnittlich war oder auch unter dem Durchschnitt lag, bedenken Sie, dass die meisten Menschen, die diesen Fragebogen ausfüllen, ein ähnliches Ergebnis erzielen. Der Grund dafür liegt darin, dass nur sehr wenige Menschen gelernt haben, die Geheimnisse des Erfolgs zu verstehen – Geheimnisse, mit deren Hilfe schon Tausende von durchschnittlichen Menschen in wirtschaftliche und gesellschaftliche Führungspositionen aufgestiegen sind. Diese Erfolgsgeheimnisse kennen keine geistigen, körperlichen, Bildungs- oder Altersgrenzen. Erfolg ist eine Wissenschaft, deren Geheimnisse auch Ihnen zur Verfügung stehen ... Sie müssen nur bereit sein, sie zu nutzen.

Der Schlüssel zum Erfolg liegt in Ihrem eigenen Inneren

Jeder Mensch trägt in seinem Inneren verborgene Fähigkeiten. Die meisten sind sich dessen nicht bewusst. Viele Menschen, die in ihrem Leben außerordentliche Erfolge erzielt haben, haben diese Fähigkeiten eher durch Zufall entdeckt. Mitunter haben sie zuvor Jahre ihres Lebens verschwendet, nur weil sie nicht wussten, dass sie über großartige Fähigkeiten verfügten. Nachdem diese dann aber durch Zufälle ans Licht gebracht worden waren, konnte diese Menschen nichts auf der Welt mehr aufhalten. Fortan waren sie mit Erfolg und Glück gesegnet!

Sie können von den Erfahrungen dieser Menschen profitieren. Denn niemand sollte bei der Steuerung seines Erfolges oder Glücks vom Zufall oder vom Schicksal abhängig sein. Obendrein wäre es leichtsinnig und unachtsam, sich vom Zufall oder vom Schicksal leiten zu lassen, denn sie enthüllen dem Menschen nicht zwangsläufig die erstaunlichen Fähigkeiten, die in ihm schlummern. Diese Fähigkeiten sind in jedem Menschen vorhanden. Man sollte sie deshalb auch gezielt ans Tageslicht bringen und sich dann nach ihnen richten. Genau wie bereits Tausende anderer Menschen vor Ihnen können auch Sie das schaffen. Sie müssen nur die Erfolgsprinzipien sorgfältig studieren.

Esther und Jerry Hicks
Die Wissenschaft des bewussten Erschaffens

Das, was ich denke, glaube oder erwarte – das ist.

Aus deiner körperlichen Sicht setzt sich die Gleichung des Erschaffens aus zwei wichtigen Komponenten zusammen: der Hervorbringung des Gedankens und der Erwartung bei diesem Gedanken – dem *Wunsch* nach Schöpfung und dem *Zulassen* von Schöpfung. Aus unserer körperlosen Sicht erleben wir beide Seiten dieser Gleichung gleichzeitig, denn es gibt keinen Unterschied zwischen dem, was wir uns wünschen, und dem, was wir mit Gewissheit erwarten.

Die meisten Menschen sind sich der Macht ihrer Gedanken, der Schwingungsnatur ihres Seins oder des machtvollen *Gesetzes der Anziehung* nicht bewusst, und so vertrauen sie auf ihre *Handlungen*, um alles geschehen zu lassen. Und obwohl wir mit euch übereinstimmen, dass Handeln ein wichtiger Bestandteil in der physischen Welt ist, auf die ihr ausgerichtet seid, erschafft ihr eure körperliche Erfahrung doch nicht durch euer Handeln.

Wenn ihr die Macht der Gedanken versteht und den bewussten Umgang damit übt, werdet ihr feststellen, wie machtvoll das *Wünschen* und *Zulassen* etwas in Bewegung setzt. Wenn ihr euch kraft eurer Gedanken den Weg im Voraus ebnet oder ihn positiv vorwegnehmt, müsst ihr viel weniger handeln und eure Handlungen sind erheblich befriedigender. Wenn ihr euch nicht die Zeit nehmt, eure Gedanken auszurichten, sind erheblich mehr Handlungen erforderlich – ohne die befriedigenden Ergebnisse.

Eure Krankenhäuser sind zum Bersten gefüllt mit Menschen, die Handlungen vollziehen, um einen Ausgleich für unangemessene Gedanken zu finden. Sie haben ihre Krankheit nicht bewusst erschaffen, aber sie haben sie erschaffen – durch Gedanken und durch Erwartung –, und dann gingen sie ins Krankenhaus, um sie durch Handlungen zu kompensieren. Wir sehen viele Menschen, die ihre Zeit damit verbringen, ihre Handlungen gegen Geld einzutauschen, weil Geld wesentlich ist, wenn man in eurer Gesellschaft frei leben will. Und doch sind diese Handlungen in den meisten Fällen keine Handlungen aus Freude. Sie sind ein Versuch, unangemessene Gedanken zu kompensieren.

Ihr habt Handlungen gewollt; das ist das Großartige an dieser physischen Welt, in der ihr lebt. Aber ihr wolltet nicht, dass ihr durch körperliche Handlungen erschafft – ihr wolltet euch mit eurem Körper an dem erfreuen, was ihr durch eure Gedanken erschaffen habt.

Wenn ihr mit euren Gedanken vorausgreift und positive Emotionen empfindet, habt ihr schon zu erschaffen begonnen, und wenn ihr durch Raum und Zeit der künftigen Manifestation entgegengeht und erwartet, sie dort zu finden ... dann *werdet ihr von der freudvollen Schöpfung aus, die ihr in die Zukunft projiziert habt, zu einer Handlung inspiriert, die freudvolles Handeln ist.*

Wenn ihr in eurer Gegenwart Handlungen vollzieht und ihr handelt nicht aus Freude heraus, versprechen wir euch, dass es kein glückliches Ende nehmen wird. Das ist gar nicht möglich; das widerspricht dem Gesetz.

Statt immer gleich bereit zu sein, alle Hebel in Bewegung zu setzen, um nur ja das zu bekommen, was ihr wollt, solltet ihr das Gewünschte ins Sein *denken; seht* es, *visualisiert* es und *erwartet* es – dann *wird es sein.* Dann werdet ihr zu der perfekten Handlung geführt oder inspiriert, die genau den Prozess hervorbringen wird, der euch dahin bringt, wonach ihr strebt ... und es besteht ein großer Unterschied zwischen dem, wovon wir hier sprechen, und der Art und Weise, wie die Welt verfährt.

Durch mein Denken habe ich es herbeigeführt

Wenn wir unser Wissen über den *bewussten Prozess des Erschaffens* an unsere körperlichen Freunde weitergeben, begegnen wir oft Widerstand, denn viele haben etwas in ihrer Erfahrungswelt, was sie dort nicht haben wollen. Und wenn sie uns sagen hören: »Das hast du alles selbst herbeigeführt«, widersprechen sie: »Abraham, das habe ich nicht herbeigeführt, das will ich doch gar nicht!«

Deshalb bieten wir euch diese Informationen sehr nachdrücklich an, damit ihr versteht, *wie* das zu euch kommt, *was* zu euch kommt, und den Prozess des Anziehens bewusster steuern könnt, sodass es euch möglich ist, das, was ihr wollt, *absichtsvoll* anzuziehen – und ihr nichts mehr anzuziehen braucht, was ihr *nicht* wollt.

Wir wissen, dass ihr das, was ihr nicht wollt, nicht bewusst herbeiführt, anzieht oder erschafft. Und doch behaupten wir, dass ihr das, was euch umgibt, selbst herbeigeführt, angezogen und erschaffen habt … denn all das macht ihr schon, wenn ihr nur daran denkt. Durch *Unterlassung* schickt ihr eure Gedanken aus und dann reagieren die Gesetze, die ihr nicht kennt, auf diese Gedanken und führen Ergebnisse herbei, die ihr nicht versteht. Und darum haben wir uns gemeldet: um zu euch von den *universellen Gesetzen* zu sprechen, damit ihr versteht, wie ihr bekommt, was ihr bekommt, und versteht, wie ihr die *bewusste* Kontrolle über euer Leben erlangen könnt.

Die meisten körperlichen Wesen sind so vollständig in ihre physische Welt integriert, dass sie ihr Verhältnis zur körperlosen Welt nur in sehr geringem Maße bewusst wahrnehmen. Wenn du Licht in deinem Schlafzimmer machen willst, gehst du einfach zur Lampe neben deinem Bett, drückst auf den Schalter und siehst zu, wie Licht das Zimmer durchflutet. Dann erklärst du den anderen: »Dieser Schalter bewirkt, dass es hell wird.« Aber wir brauchen dir nicht zu erklären, dass die Geschichte, wo das Licht herkommt, eigentlich viel komplizierter ist. Und so ist es mit allem, was du in der physischen Umgebung erlebst. Du erfährst nur sehr wenig von dem, was die Dinge hervorruft. Wir sind hier, um dir den Rest zu erklären.

Du bist absichtsvoll und sehr bewusst aus unserer umfassenderen körperlosen Sicht in deine körperliche Dimension eingetreten. Du bist dorthin gegangen, weil du unbedingt diese körperliche Erfahrung machen wolltest. Es ist nicht die erste Erfahrung dieser Art für dich. Du hattest schon viele körperliche und körperlose Lebenserfahrungen. Aber du bist in diese

Erfahrung eingetreten, weil das sich ständig entwickelnde Wesen, das du in Wahrheit bist, eine weitere Erfahrung machen wollte – dieses Wesen, das du wegen dieses Körpers und dieser körperlichen Sinne jetzt vielleicht nicht wahrnimmst, dieses Wesen, wahrhaftig ... dieser umfassendere, sich ausdehnende, nach Wachstum und Freude strebende, sich ständig entwickelnde Teil von *dir.*

Mein inneres Wesen kommuniziert mit mir

Wir wollen dir helfen, dich zu erinnern, dass du der Schöpfer deiner Erfahrung bist und wie viel Freude im bewussten Umgang damit liegt. Wir wollen dir helfen, dich an dein Verhältnis zum körperlosen Teil von dir zu erinnern, an dein *inneres Wesen,* das sich deiner bewusst ist und an allem, was du machst, teilhat.

Du erinnerst dich nicht mehr an Einzelheiten daran, wie du gelebt hast, bevor du in diesen physischen Körper eintratest, aber dein *inneres Wesen* ist sich vollkommen bewusst, zu was du wurdest, und bietet dir ständig Informationen an, um dir zu helfen, in jedem Moment auf die denkbar freudvollste Art und Weise zu leben.

Als du in diese Lebenserfahrung eintratest, brachtest du die Erinnerung daran, wie du zuvor gelebt hast, nicht mit, weil diese Einzelheiten dich von der Macht deines *Jetzt* abgelenkt hätten. Dein *Inneres Wesen* ermöglicht dir jedoch den Zugang zum Wissen dieser umfassenderen Sicht deines vollständigen Selbst. *Der umfassende körperlose Teil von dir kommuniziert mit dir, und das macht er schon, seit du in diesen physischen Körper eingetreten bist. Diese Kommunikation erreicht dich in großer Vielfalt – doch du nimmst nur die grundsätzliche Kom-*

munikation wahr, die sich bei dir in Form von Emotionen einstellt.

Jede Emotion fühlt sich gut an ... oder schlecht

Jede Emotion, die du verspürst, ist ausnahmslos eine Kommunikation deines *inneren Wesens,* das dich in dem Moment wissen lassen will, wie angemessen das ist, was du gerade denkst, sagst oder tust. Anders ausgedrückt: Wenn du einen *Gedanken* hast, der nicht in schwingungsmäßiger Harmonie mit deiner allgemeinen Absicht steht, wird dein *inneres Wesen* dir eine negative Emotion anbieten. Und ebenso wird dein *inneres Wesen* dir eine positive Emotion anbieten, wenn du in der Richtung denkst, sprichst oder handelst, die mit deinen Absichten in Harmonie steht.

Es gibt nur zwei Emotionen: Die eine fühlt sich gut an, die andere schlecht. Du gibst ihnen die unterschiedlichsten Namen, je nach der Situation, die sie hervorgebracht hat. Aber wenn du erkennst, dass dieses *Leitsystem* (das sich dir in Form von Emotionen zeigt) von einer größeren, alles umfassenden Sicht aus spricht, wirst du verstehen, dass all die Absichten, die du heute hier hast und mit denen du in diesen physischen Körper eingetreten bist, dir zum Vorteil gereichen – und dass du die Fähigkeit besitzt, sämtliche Einzelheiten *all* deiner Wünsche und Überzeugungen in deinem Leben wirken zu lassen, um zu jedem beliebigen Zeitpunkt die richtigen Entscheidungen zu treffen.

Ich kann meiner inneren Führung vertrauen

Zahlreiche Menschen haben ihre intuitive Führung beiseitegeschoben und sie in einer Vielzahl von Bereichen durch die Meinung von Eltern, Lehrern oder Führungspersonen ersetzt. Doch je mehr ein Mensch den Blick auf andere richtet, um durch ihn Führung zu erfahren, desto mehr entfernt er sich von den klugen Ratschlägen seiner eigenen Führung. Wenn wir beginnen, unsere körperlichen Freunde daran zu erinnern, wer sie wirklich sind, und ihnen zu helfen, wieder mit dem *Leitsystem* in ihnen Verbindung aufzunehmen, zögern sie oft. Sie sind überzeugt, dass sie es nicht wert seien und mit ihnen etwas nicht stimme, und fürchten sich deshalb davor, ihrer Führung oder ihrem Gewissen zu vertrauen. Sie glauben, dass es einen anderen gibt, der mit größerer Klarheit als sie weiß, was für sie angemessen ist.

Aber wir wollen euch helfen, euch daran zu erinnern, was für würdige, machtvolle Wesen ihr seid, und an den Grund, weshalb ihr in diese Raum-Zeit-Realität eingetreten seid. Wir wollen, dass ihr euch an die Absicht erinnert, die Gegensätzlichkeit dieser wundervollen Umgebung zu erkunden, in dem Wissen, dass das einen ständigen Strom neuer Absichten hervorbringt; und wir wollen in jedem von euch die Erinnerung daran wachrufen, dass der, der du wirklich bist – dein *inneres Wesen,* dein *vollständiges Selbst* oder die *Quelle* –, sich an der Ausdehnung erfreut, die er erfährt. Wir wollen in dir die Erinnerung wachrufen, dass du kraft deiner Emotionen in jedem Moment spüren kannst, ob du deine gegenwärtige Situation aus dieser umfassenderen Sichtweise wahrnimmst oder ob du dich von der *Quelle* abschneidest, weil du Gedanken wählst, die anderer Natur sind. Empfindest du Liebe, heißt das, dass du den Gegenstand deiner Aufmerksamkeit auf die gleiche

Weise siehst wie das *innere Selbst.* Empfindest du Hass, siehst du ihn ohne diese *innere Verbundenheit.*

Das alles hast du intuitiv gewusst, besonders in deinen jungen Jahren, aber die meisten von euch wurden mit der Zeit niedergerungen von der Beharrlichkeit der älteren und selbst ernannten »Weisen«, die euch umgaben und hart daran arbeiteten, euch zu überzeugen, dass ihr euren eigenen Impulsen und Eingebungen nicht vertrauen dürft.

Und so *vertrauen die meisten von euch körperlichen Wesen sich selbst nicht, was uns erstaunt, weil das, was aus eurem Inneren kommt, das Einzige ist, dem ihr vertrauen könnt.* Doch stattdessen verbringt ihr den größten Teil eures physischen Lebens damit, nach einem Regelsatz oder einer Gruppe von Menschen zu suchen (einer religiösen oder politischen Gruppierung, wenn ihr so wollt), die euch sagt, was richtig und was falsch ist. Und dann verbringt ihr den Rest eurer körperlichen Existenz mit dem Versuch, euer »quadratisches Ei« in das »runde Loch« eines anderen zu hämmern, und bemüht euch, diese *alten* Regeln – gewöhnlich solche, die schon Tausende von Jahren vor eurer Zeit geschrieben wurden – in die *neue* Lebenserfahrung zu integrieren. Und soweit wir sehen, ist das Ergebnis in den meisten Fällen schiere Frustration und bestenfalls Verwirrung. Und wie uns außerdem aufgefallen ist, sterben sogar jedes Jahr viele von euch bei dem Streit darüber, welcher Regelsatz der beste ist. Wir sagen euch: *Diesen ausführlichen, alles umfassenden und unwandelbaren Regelsatz gibt es nicht – denn ihr seid ständig in Wandlung begriffene und nach Wachstum strebende Wesen.*

Wenn euer Haus in Flammen stünde und die Feuerwehr käme mit dem Spritzenwagen angerückt – diesem wundervollen Fahrzeug mit den großen, langen Schläuchen, durch die das Wasser rauscht –, und sie entleerte diese Schläuche in eure Häuser und löschte die Flammen, dann würdet ihr sagen:

»Weiß Gott, das ist angemessenes Verhalten.« Aber wenn dieselben Feuerwehrleute mit denselben Schläuchen eines Tages in euer Haus eindringen und Wasser verspritzen würden, obwohl es bei euch nicht brennt, dann würdet ihr sagen: »Weiß Gott, das ist *nicht* angemessen!«

Und so ist es auch mit den Gesetzen, die ihr ständig aneinander weitergebt: *Die meisten eurer alten Gesetze und Regeln sind der Art, wie ihr heute lebt, nicht mehr angemessen. Wäre eure Absicht nicht das Wachstum gewesen, hättet ihr nicht diese physische Lebenserfahrung gewählt. Du bist ein sich ausdehnendes, immerfort wandelndes und nach Wachstum strebendes Wesen, weil du dem, was du schon verstehst, noch etwas hinzufügen willst. Und du willst auch dem Alles-was-ist noch etwas hinzufügen ... Wenn das, was vor langer Zeit in Erfahrung gebracht wurde, wirklich der Weisheit letzter Schluss wäre, gäbe es keinen Grund für eure heutige Existenz.*

Wie bekomme ich das, was ich bekomme?

Anfangs begegnet ihr unserer Beteuerung, dass ihr die Schöpfer eurer Realität seid, mit freudvoller Akzeptanz, weil die meisten Menschen sich danach sehnen, ihre Erfahrungen zu kontrollieren. Doch wenn ihr allmählich versteht, dass alles, was zu euch kommt, von eurem eigenen Denken angezogen wird *(es kommt das zu dir, woran du denkst, ob du willst oder nicht),* wird einigen von euch angst und bange angesichts der, wie sie meinen, überwältigenden Aufgabe, ihre Gedanken zu überwachen, sie zu sichten und nur jene zuzulassen, die sich mit Dingen befassen, die sie auch wirklich *wollen.*

Wir ermutigen euch nicht, eure Gedanken zu überwachen, denn auch wir meinen, dass das eine unglaubliche Zeitverschwendung wäre und äußerst beschwerlich. Vielmehr empfehlen wir euch, bewusst von eurem *emotionalen Leitsystem* Gebrauch zu machen.

Wenn du darauf achtest, wie du dich fühlst, ist es nicht weiter nötig, dass du deine Gedanken überwachst. Wisse, dass du immer, wenn du dich gut fühlst, gerade im Einklang mit deinen Wünschen sprichst, denkst oder handelst – und wisse, dass du immer, wenn du dich schlecht fühlst, nicht mit deinen Wünschen übereinstimmst. Wann immer in dir eine negative Emotion ist, erschaffst du gerade etwas Falsches, sei es als Gedanke, Wort oder Tat.

Und so geht es beim bewussten Schöpfungsprozess im Grunde nur um die Verbindung der drei Faktoren, seinen Wunsch bewusster zu denken, seine Absicht klarer zu formulieren und seine Empfindungen deutlicher wahrzunehmen.

Ich bin der alleinige Schöpfer meiner Erfahrung

Die große Frage, die an diesem Punkt unserer Erörterungen gewöhnlich gestellt wird, lautet: »Abraham, woher soll ich denn wissen, dass ich dem, was in mir aufsteigt, auch vertrauen kann? Gibt es etwas Größeres als mich, das alle Regeln erschafft und will, dass ich etwas Bestimmtes bin oder mache?« Und wir antworten dann: Du bist der Schöpfer deiner Erfahrung und du bist kraft deines Wunsches in diesen physischen Körper eingetreten. Du bist nicht hier, um dich irgendeiner Sache für würdig zu erweisen; du bist nicht hier, weil du auf einer anderen Ebene nach größerer Erlösung trachtest. Du bist hier, weil dein Sein hier einen bestimmten Zweck verfolgt. Du willst ein *bewusster Schöpfer* sein und du hast dich für diese physische Dimension entschieden, in der es Zeit und Raum gibt, damit du dein Verstehen noch besser abstimmen und sehen kannst, welchen Nutzen das hat, was du gedanklich erschufst, indem du erlaubt hast, dass es in dein körperliches Erleben tritt. Du trägst zur Ausdehnung des Universums bei und *Alles-was-ist* hat Vorteile durch deine Existenz, einfach dadurch, dass du dich dieser Erfahrung aussetzt und ausdehnst.

Alles, was du tust, dient dem, dem zu dienen dein Wunsch ist. Es gibt keine Liste von Dingen, die richtig sind, und keine Liste von Dingen, die falsch sind – es gibt nur das, was mit deiner wahren Absicht und Lebensaufgabe übereinstimmt, und das, was dies nicht tut. Du darfst deiner Führung vertrauen, die in dir aufsteigt, um dir zu dem Wissen zu verhelfen, wann du mit deinem natürlichen Zustand des Wohlbefindens übereinstimmst.

Ich ziehe Gedanken durch harmonische Schwingungen magnetisch an

Das *Gesetz der Anziehung* ist für vieles verantwortlich, was in deiner Lebenserfahrung zum Tragen kommt. Du hast zahlreiche Ausdrücke geprägt, die zeigen, dass du dieses Gesetz teilweise schon verstanden hast. Du sagst: »Gleich und Gleich gesellt sich gern.« Du sagst: »Geld kommt zu Geld und Armut zu Armut.« Du sagst: »Dieser Tag hat schlimm angefangen und noch schlimmer aufgehört.« Doch obwohl ihr das sagt, wissen die meisten von euch nicht, wie machtvoll das *Gesetz der Anziehung* wirklich ist. Es bewirkt, dass Menschen einander anziehen. Jeder Umstand und jede Begebenheit resultiert daraus … Gedanken, die einander schwingungsmäßig gleichen, ziehen einander durch das machtvolle *Gesetz der Anziehung* magnetisch an; Menschen, die auf bestimmte Weise empfinden, ziehen einander durch dieses Gesetz magnetisch an; sogar die Gedanken, die du hast, ziehen einander an, bis das, was einmal ein ganz kleiner, unbedeutender und vielleicht nicht so mächtiger Gedanke war, durch die Ausrichtung, die du ihm gibst, zu einem sehr machtvollen Gedanken heranwächst.

Durch das Gesetz der Anziehung ist jeder von euch ein kraftvoller Magnet, der zu jedem beliebigen Zeitpunkt noch mehr des Gefühls, das du hast, anzieht.

Wenn wir denken und sprechen, erschaffen wir

Niemand sonst erschafft in deiner Erfahrung. Das machst alles du; das kannst du alles dir selbst zuschreiben. Du sollst verstehen, dass es, wenn du deine Lebenserfahrungen und die Erfahrungen derer um dich herum beobachtest, nicht den geringsten Hinweis darauf gibt, dass etwas diesen machtvollen Gesetzen, die wir zum Ausdruck bringen, widerspricht. Wenn dir die absolute Wechselbeziehung zwischen dem, was du denkst und sprichst, und dem, was du bekommst, immer deutlicher wird, verstehst du das *Gesetz der Anziehung* zunehmend besser, und dein Wunsch, dein *Leitsystem* bewusst zur Ausrichtung deiner Gedanken einzusetzen, wird sich verstärken. Und selbstverständlich wirst du auch das Leben derjenigen um dich herum sehr viel besser verstehen. (Manchmal fällt es dir sogar leichter, diese Zusammenhänge bei anderen zu sehen.)

Ist dir schon aufgefallen, dass jene, die am meisten von Krankheiten sprechen, auch immer mehr Krankheiten bekommen? Ist dir schon aufgefallen, dass jene, die von Armut sprechen, sie eher leben, während jene, die von Wohlstand sprechen, auch wohlhabender sind? Wenn du verstehst, dass deine Gedanken magnetisch sind und ihre Macht zunimmt, je mehr

Aufmerksamkeit du für etwas aufbringst, bis schließlich der Gegenstand deiner Gedanken zum Gegenstand deiner Erfahrung wird, so wird deine Bereitschaft, darauf zu achten, wie du dich fühlst, dir helfen, die Richtung, in die deine Gedanken gehen, bewusster zu wählen.

Du kannst die Wirkung des *Gesetzes der Anziehung* ganz deutlich sehen, wenn du dich mit jemandem unterhältst. Stell dir beispielsweise vor, dass deine Freundin eine Erfahrung schildert, die sie gemacht hat, und als guter Freund richtest du dich auf ihre Worte aus und hörst zu, wie sie dir erzählt, was ihr immer wieder geschieht. Je länger du dich auf sie ausrichtest, desto mehr Beispiele an eigene Erlebnisse werden dir in den Sinn kommen. Wenn du dann im Gespräch die passenden Geschichten aus deiner Erfahrung beiträgst, verstärkt sich die gedankliche Schwingung noch. Genug Aufmerksamkeit auf diese Gegenstände und genug Gespräche über Erfahrungen, die du gemacht hast, werden weitere solche Erfahrungen zu dir holen. Und so werden nach und nach immer mehr Gedanken hinsichtlich dessen, was du *nicht* willst, ins Leben gerufen, bis du schließlich vollkommen umgeben bist von Gedanken, Worten und Erfahrungen, die auf etwas abzielen, was du nicht willst. (Du und deine Freundin werdet jetzt sogar noch mehr unangenehme Erfahrungen machen, über die ihr mit anderen sprechen könnt.)

Wärst du jetzt sensibel gewesen für die Art und Weise, wie du dich *fühltest*, als das Gespräch sich in Richtung dessen zu bewegen begann, was du nicht willst, wäre dir die leichte Übelkeit in deiner Magengrube aufgefallen. Du hättest erkannt, dass deine *Führung* dir sagen will: *Du denkst und sprichst über etwas, was du nicht willst.*

Und der Grund für dieses Warnsignal, für diese »Alarmglocke«, war das Auseinanderklaffen von dem, der du wirklich bist und was du dir wünschst, und dem, worauf du dich gerade einlässt. Deine Emotion zeigt diese ungünstige Ausrichtung an. Deine *Führung* weist dich auf die Tatsache hin, dass du, während du an diese unerwünschten Dinge denkst und von ihnen sprichst, ein Magnet bist, der Umstände, Ereignisse und andere Wesen anzieht, und bald wirst du die Essenz genau der Sache in deiner Erfahrung haben, von der du gesagt hast, dass du sie *nicht* haben willst.

Auf die gleiche Weise werden deine Gedanken, wenn du von dem sprichst, was du haben *willst,* auch mehr *davon* anziehen. Du wirst mehr Menschen anziehen, die darüber sprechen wollen, was du *willst.* Und während du über das sprichst, was du *willst,* wird dein *inneres Wesen* dir die ganze Zeit eine positive Emotion anbieten, die dich wissen lässt, dass du mit deinen ausgewogenen Absichten im Großen und Ganzen in Harmonie stehst und dass auch das, was du anziehst, damit in schwingungsmäßiger Harmonie steht.

Das empfindliche Gleichgewicht von »Wollen« und »Zulassen«

Die *Wissenschaft des bewussten Erschaffens* ist ein Gesetz, das in einem empfindlichen Gleichgewicht steht. Es hat zwei Seiten: Einerseits gibt es den Gedanken daran, was du willst. Andererseits gibt es die Erwartung dessen, was du durch dein Denken erschaffen hast – oder den Glauben daran oder das Zulassen in deiner Erfahrung.

Und so hast du, wenn du sagst: »Ich will einen neuen roten Wagen«, durch diesen Gedanken die Erschaffung des neuen roten Wagens in deiner Erfahrung buchstäblich schon in die Wege geleitet. Und je mehr Aufmerksamkeit du diesem Gedanken entgegenbringst und je besser es dir gelingt, dir diesen roten Wagen in deiner Erfahrung vorzustellen, desto aufregender wird es für dich sein. Und je aufregender es für dich ist und je mehr positive Emotionen der Gedanke an deinen roten Wagen in dir hervorbringt, desto schneller wird dein roter Wagen in deine Erfahrung treten. Wenn du ihn kraft deiner Gedanken erschaffen hast und der Gedanke daran eine machtvolle positive Emotion in dir wachruft, wird der Wagen schnell Gestalt annehmen. Er wurde erschaffen und jetzt gibt es ihn, und damit er in deiner Erfahrung auftauchen kann, brauchst du es nur noch *zuzulassen.* Und du lässt es dadurch zu, dass du es erwartest, daran glaubst und es einfach *geschehen* lässt.

Wenn du an deiner Fähigkeit, den neuen roten Wagen zu bekommen, zweifelst, würgst du deine Schöpfung regelrecht ab. Wenn du sagst: »Ich will einen neuen roten Wagen«, beginnst du mit seiner Erschaffung, doch wenn du hinzufügst, *»aber* er ist zu teuer«, distanzierst du dich wieder von deiner Schöpfung. Mit anderen Worten: Durch dein Wollen hast du den ersten Teil des Erschaffens vollzogen, doch jetzt hast du die Erschaffung dessen, was du willst, dadurch behindert, dass du nicht daran glaubst, sie nicht erwartest und nicht *zulässt* – denn um deine Schöpfungen in deine körperliche Erfahrung zu bringen, sind beide Seiten des Prozesses erforderlich.

Nur weil du über den Gegenstand deiner Schöpfung sprichst, heißt das noch lange nicht, dass du ihn auch zulässt. Wenn du an den neuen roten Wagen denkst und dabei Aufregung empfindest, lässt du es zu, aber wenn du an deinen neuen roten Wagen denkst und dir dabei Sorgen machst, dass du ihn dir nicht leisten könntest, oder frustriert bist, dass er noch nicht da ist, dann richtest du deine Aufmerksamkeit auf die *Abwesenheit* des Wagens und lässt ihn in deiner Erfahrung nicht zu.

In den Anfangsstadien der Erschaffung von etwas, was du willst, bist du manchmal genau auf der richtigen Spur, um es auch zu bekommen, und deshalb ganz aufgeregt und freust dich schon darauf, doch dann sprichst du mit jemandem über deinen Wunsch, der dir alle möglichen Gründe nennt, warum das nicht geschehen *kann* oder weshalb es nicht geschehen *sollte.* Der negative Einfluss deines Gesprächspartners ist dir nicht dienlich, denn als du dich auf die *Essenz deines Wunsches* ausgerichtet hattest, zogst du ihn an, doch jetzt, da deine Aufmerksamkeit darauf gerichtet ist, dass der Wunsch noch nicht *erfüllt* wurde, stößt du das, was du willst, wieder von dir.

Wie fühlt es sich an – gut oder schlecht?

Und so wird dieser Wagen zu dir kommen, wenn du sagst: »Ich will einen neuen roten Wagen und ich weiß, dass ich ihn bekommen werde.« Aber wenn du sagst: »Wo *bleibt* er denn? Ich will ihn doch schon so lange. Ich habe Abraham geglaubt, *aber* die Dinge, die ich wirklich haben will, kommen einfach nicht zu mir«, dann bist du nicht mehr auf das ausgerichtet, was du willst. Jetzt bist du auf die *Abwesenheit* dessen ausgerichtet, was du willst, und durch das *Gesetz der Anziehung* bekommst du genau das, worauf du dich ausrichtest – die Abwesenheit.

Du brauchst dich nur auf etwas auszurichten, was du willst, und schon ziehst du es an, was es auch ist. Wenn du dich auf die Abwesenheit von etwas ausrichtest, was du willst, wirst du diese Abwesenheit stärker anziehen. (Jeder Gegenstand besteht eigentlich aus zwei Gegenständen: dem, was du willst, und der Abwesenheit oder dem Fehlen dessen, was du willst.) Wenn du darauf achtest, wie du dich fühlst, wirst du immer wissen, ob du dich auf etwas ausrichtest, was du willst, oder auf das Fehlen dessen, was du willst – denn wenn du an das, was du willst, denkst, fühlst du dich gut, und wenn du an das Fehlen dessen, was du willst, denkst, fühlst du dich schlecht.

Wenn du sagst: »Ich will Geld haben, um meinen Lebensstil zu finanzieren«, ziehst du das Geld an, doch wenn du dich auf das ausrichtest, was du willst und nicht hast und sein Fehlen bemerkst – stößt du die Fülle wieder von dir.

Eine Übung, die das bewusste Erschaffen unterstützt

Wir nennen dir jetzt eine Übung, die dir beim *bewussten Erschaffen* hilft:

Besorge dir drei Bögen Papier und schreibe oben auf jede Seite etwas, was du dir wünschst. Dann nimmst du den ersten Bogen und schreibst unter das, was du gerade notiert hast: »Dies sind die Gründe, aus denen ich es mir wünsche …« Schreibe alles auf, was dir in den Sinn kommt – lass alles aus dir herausfließen und versuche nichts zu erzwingen. Wenn nichts mehr kommt, bist du vorläufig fertig.

Nun drehst du die Seite um und schreibst oben auf die Rückseite: »Dies sind die Gründe, aus denen ich überzeugt bin, dass ich es bekomme …«

Die Vorderseite des Bogens verstärkt, dass du dir etwas wünschst (die eine Seite der Gleichung des *bewussten Erschaffens).* Die Rückseite verstärkt deinen Glauben, dass du es auch bekommen wirst (die andere Seite der Gleichung des *bewussten Erschaffens).* Und nun, da du dich schwingungsmäßig auf beide Seiten der Gleichung eingestimmt und sie so aktiviert hast, befindest du dich in dem Zustand, die Manifestation deines Wunsches auch empfangen zu können, denn du hast erfolgreich beide Seiten des *Schöpfungsprozesses* ausgeführt. Jetzt musst du es nur noch wollen – und so lange erwarten, dass du es bekommst, bis du es hast –, dann wird es dir gehören.

Die Anzahl der Dinge, die du gleichzeitig erschaffen kannst, ist grenzenlos, denn es ist nicht schwer, einen Wunsch aufrechtzuerhalten und gleichzeitig die Erwartung, ihn auch erfüllt zu bekommen. Doch anfangs, wenn du noch lernst, deine Gedanken auszurichten, könnte es vielleicht hilfreich sein, sich nur auf zwei oder drei Wünsche bewusst zu konzentrieren, denn je länger die Liste der Wünsche ist, an denen du arbeitest, desto größer ist das Potenzial des Zweifels, der sich einschleichen könnte, wenn du dir ansiehst, was du alles noch nicht erreicht hast. Je öfter du dieses Spiel spielst, desto besser wirst du deine Gedanken ausrichten können. Schließlich wird es keinen Grund mehr geben, deine Liste noch in irgendeiner Hinsicht zu begrenzen.

Bevor du etwas in deiner körperlichen Lebenswelt erfahren kannst, musst du daran denken. Dein Gedanke ist die Einladung und ohne sie tritt es nicht ein. Wir möchten dich dazu ermutigen, dass du *bewusst* auswählst, was du dir wünschst, und dann *bewusst* an das denkst, was du dir wünschst, während du *bewusst* nicht an das denkst, was du dir nicht wünschst. Und ergänzend möchten wir vorschlagen, dass du dir jeden Tag ein wenig Zeit nimmst, um dich hinzusetzen und deine Gedanken *bewusst* zu einer Art Vision dessen zusammenzuführen, was du in deinem Leben erfahren willst; auf diesen Prozess haben wir bereits hingewiesen – das ist dein *Workshop des bewussten Erschaffens.*

Während du deine täglichen Erfahrungen durchlebst, halte an der Absicht fest, dass dir Sachen auffallen, die du magst:

Heute ist es, bei allem, was ich mache, und unabhängig davon, mit wem ich es mache, meine vorrangige Absicht, nach Dingen Ausschau zu halten, die mir gefallen. Und wenn du bewusst diese Daten sammelst, stehen dir die Ressourcen zur Verfügung, sie effektiv zu erschaffen, wenn du in deinen *Workshop des Erschaffens* gehst.

Gedanken, die starke Emotionen hervorrufen, manifestieren sich schnell

Wir haben dir schon gesagt, dass deine Gedanken magnetisch sind. Aber wir möchten hier noch einmal etwas klarstellen:

Obwohl jeder Gedanke ein schöpferisches Potenzial hat, bringen Gedanken, die nicht von starken Emotionen begleitet sind, den Gegenstand deines Denkens nicht besonders schnell in deine Erfahrung. Bei Gedanken, die mit starken Emotionen einhergehen – ob nun positive oder negative Emotionen –, wird die Essenz dieser Gedanken sehr schnell in deiner körperlichen Erfahrung manifestiert. Und diese Emotionen, die du spürst, sind eine Kommunikation deines *inneren Wesens*, das dich wissen lässt, dass du nun Zugang zur Macht des Universums erlangst.

Wenn du dir einen Horrorfilm ansiehst und du sitzt dort mit einem Freund im Kino und blickst auf die Leinwand und all die schrecklichen Details werden dir angeboten, in Farbe und mit Geräuschen, dann bist du in einem *negativen Workshop.* Während du dir all das vorstellst, was du nicht sehen willst, schickt dir dein *inneres Wesen* nämlich eine Emotion, die besagt: *Du siehst etwas, das so lebendig ist, dass das Universum ihm jetzt Macht verleiht.*

Doch wenn du das Kino verlässt, sagst du glücklicherweise meistens: »Es war ja nur ein Film«, und deshalb *erwartest* du es nicht. Du *glaubst* nicht, dass es dir widerfahren wird, und so vervollständigst du nicht den zweiten Teil der Gleichung. Du hast daran gedacht, und zwar sehr emotional, und es auf diese Weise erschaffen, aber du lässt nicht zu, dass es zu deiner Erfahrung wird, weil du es eigentlich nicht *erwartest.* Verlässt du jedoch das Kino und dein Freund sagt zu dir: »Es mag ja nur ein Film gewesen sein, aber *mir* ist das auch schon passiert«, dann beginnst du darüber nachzudenken, und das könnte in dir den *Glauben* und die *Erwartung* wecken, dass es *dir* vielleicht ebenfalls passiert – und dann passiert es dir auch. *Der Gedanke einerseits und die Erwartung oder der Glaube andererseits sind die Waagschalen, die dir im ausgewogenen Zustand das bescheren, was du empfängst.*

Wenn du es dir wünschst und es erwartest, wird es bald dir gehören. Es geschieht jedoch nicht oft, dass du ein Gleichgewicht erreichst, in dem dein Wollen und deine Erwartung sich die Waage halten. Manchmal ist dein Wollen sehr stark, aber es fehlt dir völlig am Glauben. Bei der Geschichte von der Mutter beispielsweise, deren Kind unter dem Auto gefangen ist, *glaubt* sie nicht, dass sie das schwere Fahrzeug von ihrem Kind herunterwuchten kann, aber ihr *Wollen* ist so stark, dass es ihr gelingt. Andererseits gibt es viele Beispiele, in denen dein Glaube sehr stark ist, aber dein Wollen nicht. Bei der Erschaffung einer Krankheit wie Krebs etwa ist dein *Glaube* daran äußerst stark, dein *Wollen* dagegen nicht.

Viele von euch finden sich häufig am Tag in etwas wieder, was wir einen *negativen Workshop* nennen würden. Wenn du hinter deinem Schreibtisch sitzt, einen Stapel Rechnungen vor dir, und du fühlst dich angespannt oder verspürst sogar Angst, weil du nicht genug Geld hast, um die Rechnungen zu bezahlen, bist du in einem *negativen Workshop.* Wenn du nämlich dort sitzt und daran denkst, nicht genug Geld zu haben, befindest du dich in der perfekten Position, um mehr von dem zu erschaffen, was du *nicht* willst. Die Art und Weise, wie du dabei *empfindest,* ist ein Signal deines *inneren Wesens,* das dir sagt, dass deine Gedanken nicht in Harmonie mit dem sind, was du willst.

Eine Zusammenfassung der Methode des bewussten Erschaffens

Fassen wir nun einmal zusammen, was wir alles aufgeboten haben, damit du dir einen klaren und eindeutigen Plan für die bewusste Kontrolle deiner Lebenserfahrung machen kannst:

Erstens erkenne an, dass du mehr als der physische Körper bist, den du hier wahrnehmen kannst, und dass es einen umfassenderen, weiseren, sicher auch älteren Teil von dir gibt, der sich an alle Leben erinnert, die du geführt hast, und der, was noch wichtiger ist, dasjenige Leben, das du gerade führst, genau kennt. Und aus einer solchen allumfassenden Sicht heraus kann dir dieser Teil von dir klare und perfekte Informationen darüber anbieten, ob das, was du machst, sagst oder denkst oder was du im *Begriff* bist zu machen oder zu sagen, angemessen ist.

Bringst du nun deutlich die Absichten zum Ausdruck, die du zu diesem Zeitpunkt hast, kann dein *Leitsystem* sogar noch effektiver vorgehen, weil es die Fähigkeit besitzt, alle Daten, die es aus deinen *sämtlichen* Erfahrungen (all deinen Wünschen, all deinen Absichten und all deinen Überzeugungen) zusammengetragen hat, zu berücksichtigen und damit zu vergleichen, was du machst oder machen willst, um dir vollkommene Führung zuteilwerden zu lassen.

Zweitens solltest du auch den ganzen Tag lang sensibel dafür sein, wie du empfindest, und wenn du dabei feststellst, dass du eine negative Emotion hast, mit dem aufhören, was du gerade machst und was diese Emotion hervorruft, denn eine negative Emotion bedeutet, dass du in diesem Moment etwas Negatives erschaffst.

Negative Emotionen treten nur dann auf, wenn du etwas nicht erschaffen solltest. Deshalb solltest du, wenn du erkennst, dass du eine negative Emotion verspürst – egal warum, egal, wie sie zu dir gekommen ist, und egal in welcher Situation –, mit dem aufhören, was du gerade machst, und deine Gedanken auf etwas ausrichten, was sich besser anfühlt.

Übe dich 15 bis 20 Minuten täglich im *bewussten Schöpfungsprozess,* indem du still dasitzt, ohne dich von dem, was dich umgibt, stören oder ablenken zu lassen, dich Tagträumen über dein Leben hingibst, dich so siehst, wie du sein willst, und dir vorstellst, von dem umgeben zu sein, was dir gefällt.

Ruediger Dahlke
Das Resonanz- oder Affinitätsgesetz

Unter den Gesetzen der polaren Welt folgt das Resonanzgesetz an zweiter Stelle und gleich auf das der Polarität. Allerdings braucht es das Wissen um Ersteres, um mit Letzterem sinnvoll und auf die Dauer erfolgreich umzugehen.

Definition des Resonanzgesetzes

Dieses Gesetz besagt, dass wir nur wahrnehmen, wozu wir Resonanz haben, und auch nur in Kontakt kommen, womit wir in Resonanz sind. Damit werden wir einem Radio vergleichbar, für das es keine Fernsehprogramme gibt, weil es auf deren Empfang nicht eingestellt ist. Sie können sich in ihm nicht manifestieren. Für eine Stimmgabel gibt es nur ihren eigenen Ton, auf den sie geeicht ist und mit dem sie schwingt beziehungsweise in Resonanz geht. Wenn wir auf etwas nicht eingestellt sind, können wir es weder wahr- noch wichtig nehmen. So ist zu erklären, dass die Menschen über unendlich lange Zeiten etwa Magnetismus und Elektrizität einfach übersahen, von elektromagnetischen Wellen ganz zu schweigen. Unsere Augen haben zum Spektrum des sichtbaren Lichtes Resonanz, unsere Ohren zu dem der (für uns) hörbaren Töne. Andere Wesen haben andere Resonanzen, Fledermäuse hören auch Ultraschall und Hunde und Katzen immerhin noch hochfrequente Töne, für die wir schon taub sind. Das erklärt Hundepfeifen, die Hunde hören, Menschen aber nicht.

Die Fülle der Resonanzphänomene ist so groß, dass es erstaunt, wie wenig Beachtung dieses Prinzip bisher in der Welt fand. Vor allem, wo wir – selbst wissenschaftlich – längst wissen könnten, wie grundlegend es ist. Der Amerikaner William Condon hat nachgewiesen, dass menschliche Kommunikation ein Resonanzgeschehen ist. An Filmaufnahmen von Sprechern und ihren Zuhörern in Super-Slow-Motion zeigte er, dass Letztere die ganze Zeit über in Resonanz mit dem Sprechenden stehen, und zwar mittels winziger, subjektiv gar nicht wahrnehmbarer, aber in Extremzeitlupe deutlich sichtbarer Minibewegungen der mimischen Gesichtsmuskulatur. Lediglich autistische Kinder und Taube sind unfähig zu dieser Resonanz. Dabei handelt es sich ausdrücklich nicht um Reaktionen auf das Gesprochene. Die mimischen Bewegungen geschehen völlig synchron, also im selben Moment. Hier dürfte auch der Grund liegen, warum Taubheit so viel schwerer zu ertragen ist als Blindheit. Taubheit verhindert die Resonanz mit anderen Menschen, Blindheit keineswegs.

Aus Gefängnissen ist bekannt, dass die schlimmste aller Strafen die Verweigerung von Resonanz ist. Das macht die sogenannte sensorische Deprivation so unerträglich, dass man sogar von Isolationsfolter spricht. Die meisten Gefangenen verfallen dann auf laute Selbstgespräche. Nichtbeachtung und damit Entzug der Resonanz ist auch für Kinder die härteste Strafe, sie betteln dann zur Not um Ohrfeigen, schaukeln oder wiegen sich selbst oder schlagen schlimmstenfalls sogar ihre Köpfe an die Wand, nur um Rhythmus und Resonanz zu spüren.

In solchen Situationen sind Menschen schon dem Wahnsinn verfallen. Wenn gar nichts mehr wahrnehmbar ist, könnte man allerdings auch mit dem Nichts in Resonanz gehen, wie es Sri Aurobindo in englischer Gefangenschaft widerfahren ist.

Der Begründer des Integralen Yoga war als Freiheitskämpfer von den Engländern in ein Verlies geworfen worden, das aus einem stockfinsteren Loch bestand. Als ihn alle Wahrnehmung verließ, nahm er die Stille in sich wahr, ging in Resonanz damit und wurde eins mit ihr, dem Nichts und dem All. Auf dieser Idee beruht die sogenannte Dunkeltherapie.

Resonanz hinter alltäglichen Geheimnissen

Es finden sich in unserem Leben zahlreiche Hinweise auf Resonanzphänomene, die jeder kennt, ohne sich ihrer vielleicht so bewusst zu sein. Denken Sie nur einmal daran, warum wir im Zeitalter erstklassiger Unterhaltungselektronik überhaupt noch ins Konzert gehen. Mit einer guten digitalen Aufnahme und genau zwischen erstklassigen Boxen positioniert, ließe sich die optimale Tonqualität im eigenen Wohnzimmer am ehesten verwirklichen. Aber wir wissen aus Erfahrung, dass im Konzert noch anderes, Erhebenderes, ja, Erhabenes möglich ist. Die Erklärung dafür liegt in der Resonanz. Wir schwingen mit der Musik wie die anderen Zuhörer auch, und damit schwingen wir mit ihnen allen zusammen, was schon eine enorme, alles verändernde Resonanz bewirkt. Obendrein schwingen aber natürlich ebenso die Musiker des Orchesters oder der Band in dieser Resonanz, die sie mit ihrem Dirigenten und allen Anwesenden teilen.

Damit ist auch das Geheimnis großer Dirigenten gelüftet und findet in der Resonanz seine zwanglose Erklärung. Ihre Aufgabe ist es, die Musiker in Resonanz mit der Musik des Komponisten zu bringen. Insofern werden sie zu Brückenbauern zwischen dem Schöpfer der Musik und den Musikern und so auch oft zwischen Vergangenheit und Gegenwart. Sie wiederbeleben gleichsam alte Musik, und indem sie viele damit in Resonanz beteiligen, entsteht eine verblüffende Energie, die uns mit der Lebendigkeit des Augenblicks erfüllt. Ein gelungenes Konzert führt immer zu einem Feld von Resonanz – je mehr daran beteiligt sind, desto spürbarer wird es.

So erklärt sich auch das Geheimnis von Bühnen- und Filmstars, von Spitzentrainern und Coaches. Je besser sie ihre Aufgabe erfüllen, Resonanz herzustellen, desto berührender und schöner wird das Erlebnis für alle. Folglich ist es die Fähigkeit, Resonanz zu bewirken, die ihren Ruf und Ruhm begründet. Ein Therapeut, der keine Resonanz mit seinen Patienten herstellen kann, wird nicht mehr aufgesucht. Je schneller er es aber vermag, desto besser für seine Patienten und seinen Ruf.

Einstellung und Resonanz

Resonanz ist auch eine Einstellungssache: Wer sich im Stau des Ferienverkehrs ankommen lässt und in Resonanz mit den anderen Urlaubshungrigen in der langen Schlange begibt, fühlt sich offenbar viel weniger schlecht, als die Fernsehzuschauer annehmen, die den Staubericht sehen. Natürlich gilt das nicht für all diejenigen, die es eilig haben und sich nicht auf diese Schwingung einlassen. Wir haben also die Wahl, und der Stau kann es uns zeigen. Wo wir mit dem jeweiligen Augenblick in Resonanz gehen, ergeben sich Zufriedenheit und Wohlgefühl. Selbst beim Zahnarzt ist das möglich, wenn er eine entsprechende Resonanz zustande bringt. Hier tut sich eines der Geheimnisse von Meditation und Exerzitien auf. Wer ganz in Resonanz mit dem Sitzen in Stille geht, statt sich an der Langeweile zu stoßen, kann wundervolle Erfahrungen bis hin zu solchen der Einheit machen. Wer »zum Putzen wird«, statt sich an »niedriger Arbeit« zu stören, kann die funktional unsinnigen Putzorgien etwa im Zen-Kloster nutzen, um mit dem Augenblick eins zu werden, und sich der Resonanz und Energie ergeben. Das wäre grundsätzlich sicher auch im normalen Haushalt und Alltag möglich.

Aber wir können natürlich ebenso gut mit Unzufriedenheit in Resonanz gehen und entsprechende Felder aufbauen, wie sich vielfach in sogenannten hoch entwickelten, in Wirklichkeit nur materiell reichen Ländern zeigt. »Wir schaffen uns Leid, wenn wir immer alles anders haben wollen, als es ist«, sagt der buddhistische Lehrer Thich Nhat Hanh. Das Leid entsteht, weil wir in Resonanz mit der Unzufriedenheit treten. Gehen wir dagegen in Resonanz mit Zufriedenheit, können wir mit fast allem in Einklang kommen und sehr zufrieden leben.

Resonanz zu Resonanz

Sobald wir Resonanz zu Resonanzphänomenen entwickeln, finden wir sie überall. Selbst Dinge sind betroffen. In alten Uhrenläden konnte man beobachten, wie die Pendeluhren an einer Wand fast alle im selben Rhythmus schlugen, offenbar weil sie in Resonanz miteinander gingen. Alte Radioapparate enthüllten dieselbe Vorliebe der Natur für Resonanz. Man brauchte mit dem Drehknopf am Frequenzband noch gar nicht ganz an der richtigen Stelle anzukommen, stellte sich schon Empfang beziehungsweise Resonanz ein.

Aus dem Studium kennen Medizinstudenten den Überraschungseffekt, wenn einzelne freigelegte und noch schlagende Herzzellen es offenbar sehr eilig haben, in Resonanz zu gehen. Noch deutlich bevor sie sich berühren, fallen sie in denselben Rhythmus.

Immer schon fällt auf, wie viele alte Ehepartner sich über die Jahre so angleichen, dass sie mehr wie Geschwister denn wie Eheleute wirken. Die Resonanz zwischen Blinden und ihren Hunden ist unübersehbar und beeindruckend. Aber schon die normale Anpassung beziehungsweise das Einschwingen zwischen Hund und Herrchen respektive Frauchen ist verblüffend und mit Resonanz zu erklären.

Offiziere wissen natürlich um die Gefahr, die von marschierenden Soldaten im Gleichschritt für Brücken ausgeht. Sie rufen solche Resonanz hervor, dass sie »aus dem Tritt« müssen, um diese nicht zum Mitschwingen und Einstürzen zu bringen. Auch wie viel Energie durch die Resonanz des Gleichschritts gespart werden kann, ist bekannt. Das war wohl ein entscheidendes Geheimnis der Römer. Denn ansonsten bliebe unklar, wie diese ursprünglich unkultivierte Bauernbande aus Latium die in jeder Hinsicht höher stehenden Etrusker in der Nähe und mit der Zeit all die Kulturen der damaligen Welt einschließlich der griechischen unter ihre Macht bringen konnte. Die Römer gehörten zu den Ersten, die erkannten, wie durch Marschieren große Entfernungen zeit- und energiesparend überwunden werden konnten. Darin und auch im Erkennen sinnvoller Obergrenzen für Kampfverbände lagen ihre entscheidenden militärischen Vorteile. Bis heute steckt man – nach römischem Vorbild – Soldaten in identische Uniformen und lässt sie einfache Lieder singen, um sie in den gleichen Atemrhythmus zu bringen und so die Resonanz weiter zu erhöhen.

Auf anspruchsvollere Weise gelingt Ähnliches beim Mantrasingen. Alle Beteiligten gelangen über ihren Atemrhythmus in Resonanz und in ein angenehmes und mit der Zeit sehr verbindendes sogenanntes Chanten, das lange ohne Anstrengung durchzuhalten ist. Über Resonanz können dabei deutlich spürbar Felder aufgebaut und Energien freigesetzt werden.

Wir wissen vom Tanzen, wie angenehm Resonanz wird, wenn wir einem Rhythmus erlauben, uns gemeinsam zu bewegen, während wir nur mehr mit- und miteinander schwingen. Wo es gelingt, ist uns ein erhebendes, beschwingtes Gefühl sicher. Ähnliches ergibt sich auf gewissen Volksfesten, wenn unter dem Einfluss einer alkoholvermittelten Großhirnvergiftung gesellschaftliche Schranken, Barrieren und Tabus fallen, wildfremde Leute sich unterhaken und in bier- oder weinseliges Schunkeln übergehen – zu einer Musik, deren Rhythmus, vornehm ausgedrückt, archaisch ist, um nicht von primitiv zu sprechen, ein Wort, das – im Rahmen der üblichen Projektionen – für andere reserviert ist.

Die Wirkung der La-Ola-Welle in Sportstadien lässt sich ebenfalls über Resonanzphänomene nachvollziehen. Die Fans versetzen sich damit offensichtlich in Resonanz, tatsächlich aber scheinen sie damit sogar eine gewisse Wirkung auf ihre

Mannschaft zu haben, wenn wir an den Heimvorteil im eigenen Stadion denken. Die in der Welle sichtbar werdende Resonanz scheint auch die elf Spieler zu beflügeln, denn vor leeren Rängen fällt der Heimvorteil offensichtlich aus.

Zur Zeit der 68er-Bewegung schafften es relativ wenige Studenten spielend, große Vorlesungen zu sprengen über einen einfachen Rhythmus, der, im Sprechgesang und geklatscht, den Professoren wenig Chancen ließ: »Ho, Ho, Ho Chi Minh« – so einfach, so blöd, so wirksam! Keiner der Rap-Sänger-Avantgarde kannte Ho Chi Minh oder war auch nur in Vietnam gewesen, aber viele spürten die mit seinem geklatschten Namen verbundene Resonanz und die darüber vermittelte Macht.

Die Synchronisation zwischen den Herzrhythmen von Patienten und Psychotherapeuten fällt ebenfalls unter das Gesetz der Resonanz und erklärt, warum es so leicht ist für entspannte erfahrene Therapeuten, Patienten in Trance zu führen, und warum selbst begabte junge sich – zumindest anfangs – dabei so schwertun. Erstere gehen einfach voran in Trance und geben mit ihrem ruhiger werdenden Atem den Rhythmus vor. Unerfahrene lösen dagegen mit ihrer Nervosität und Unsicherheit entsprechende Resonanzen beim Patienten aus.

Resonanz und Wissenschaft

Auch Wissenschaftler waren und sind der Resonanz nahegekommen. In früheren Zeiten haben ein russischer Astronom namens Molchanow und der deutsche Forscher Theodor Landscheidt schon Wesentliches zur Resonanz entdeckt, aber es wurde ignoriert. Molchanow fand beim Vergleich der Zahlenverhältnisse im Sonnensystem, dass es sich dabei um resonante Strukturen handelt. Landscheidt entdeckte, dass sich die

Strukturen des Atoms mit denen des Sonnensystems in vollkommener Analogie befinden und folglich ebenfalls in Resonanz. Beides rückt Goethes Vision der Sphärenharmonie in greifbare Nähe.

Moderne Wissenschaftler arbeiten schon längst mit dem Resonanzprinzip, nämlich dem resonanten Licht des Lasers. Die Macht dieses gebündelten und in gleicher Phase schwingenden Lichts ist so groß, dass sich damit sogar Stahl mühelos schneiden lässt.

Physiker wissen auch schon lange, dass Sender und Empfänger in einem bestimmten zahlenmäßigen Verhältnis zueinander stehen müssen, damit Empfang, also Resonanz entsteht. Ergebnisse aus dem Bereich der Nachrichtentechnik legen folgende Definition für Resonanz nahe, nämlich als ein **»In Einklang-Schwingen, ohne dabei identisch zu sein«**. Das Verbindende liegt offenbar im Formbereich, also auf der Ebene der Signatur und Form, nicht in materieller Identität. Die Zellen eines Muskels haben alle Spindelcharakter und schwingen vorbildlich miteinander. Sie ziehen im wahrsten Sinne des Wortes an einem Strick, nämlich an derselben Sehne. Aber auch die Muskeln untereinander gehen offenbar in Resonanz und agieren wie ein Wesen im Sinne einer koordinierten, geordneten Bewegung. Letztlich sind an banalem Gehen praktisch alle Muskeln der Skelettmuskulatur beteiligt und funktionieren resonant. Man fühlt sich geradezu an riesige Fischschwärme erinnert, die sich wohlkoordiniert wie ein einziges Wesen bewegen.

Generell sind die Zellen aller Organe eines Organismus in Beziehung und wahrscheinlich in Resonanz zueinander. Die allen gemeinsame Signatur des Mandalas »Tanz um die Mitte«, die vom Atom über die Zellen bis zum Spiralnebel reicht, dürfte dafür im Großen garantieren.

Resonanz ist kein Geheimnis, sondern erklärt viele

So ist Resonanz das Geheimnis aller menschlichen und tierischen Bewegung und Entwicklung und damit auch des Lebens. Es ist aber ebenso die Erklärung des Phänomens »Geheimnis« an sich. Denn für uns bleibt alles geheim, wozu wir (noch) keine Resonanz haben. Die Partitur einer Oper ist für mich ebenso ein Buch mit sieben Siegeln wie komplizierte mathematische Formeln der Quantenphysik. Insofern müssen Geheimnisse eigentlich nicht verborgen werden, sondern sie verbergen sich über fehlende Resonanz von ganz allein. Die sogenannten Geheimlehren blieben auf diese Weise leicht unentdeckt. Das Tarot, das in symbolischen Bildern einen uralten, wenn nicht gar zeitlosen Entwicklungsweg darstellt, hielt sich auf einem gebräuchlichen Kartenspiel inmitten der Welt vor dieser weitestgehend geheim.

Ähnlich blieb das Resonanzgesetz auch für die Wissenschaft die längste Zeit unbekannt, obwohl – unbewusst – schon längst damit gearbeitet wurde. Die wissenschaftliche Welt wurde erst vor relativ kurzer Zeit so richtig reif für die Resonanz mit der Entdeckung der sogenannten Spiegelneuronen 1995 durch Giacomo Rizzolatti, der heute als Professor an der Universität von Parma eine Forschungsgruppe zum Thema Spiegelneuronen leitet. Bei diesen speziellen Neuronen handelt es sich um Nervenzellen im Gehirn, deren Aufgabe in der Herstellung von Resonanz besteht. Ihre Arbeit erklärt, warum wir zu gähnen beginnen, wenn ein Gesprächspartner damit anfängt, oder warum wir nach kurzer Zeit die Beine übereinanderschlagen, wenn er es vorher getan hat. Vieles in uns will ständig und möglichst oft in Resonanz gehen. Die Spiegelneuronen dürften dahinterstecken.

Sie sind wohl auch dafür verantwortlich, dass kleine Affen ihre Eltern nachäffen und unsere Kinder ebenfalls über Nachahmen am besten lernen. In Wirklichkeit gehen die Kleinen wohl einfach in Resonanz zu den Großen und lernen auf diesem Weg spielend, was sonst so schwer wäre. Hier liegt auch die Erklärung dafür, warum alle Kinder dieser Welt problem- und fehlerlos und immer akzentfrei ihre Muttersprache lernen. Sie gehen in Resonanz mit den Älteren. Überlässt man dieses Thema aber Pädagogen ohne Kenntnis des Resonanzgesetzes, kommen die bekannt schlechten Ergebnisse heraus mit schweren Akzenten und verschwendeten Jahren.

Die Pädagogik steht leider noch vor der Entdeckung der Resonanz. Nur so sind ihre ausgesprochen schwachen Ergebnisse zu erklären. Lehrer sind den modernen Jugendlichen – jedenfalls in Deutschland und Österreich – kaum noch Vorbild, dafür sind sie zu schlecht bezahlt und in der gesellschaftlichen Anerkennung zu weit gesunken. Einzelne Lehrer aber haben das Gesetz der Resonanz immer angewandt und sich und ihren Schülern das Leben damit leichter gemacht.

Auch die Bevölkerung hat intuitiv immer von Resonanz gewusst, und der Volksmund hat sie in seiner drastischen Weise ausgedrückt, wenn er den Teufel immer mit dem größten Haufen in Zusammenhang bringt, um damit anzuzeigen, dass Geld immer zu Geld kommt. Die Sprache ist überhaupt eine Schatzkammer für Ausdrücke aus dem Reich der Resonanz. So meint der Ausdruck »einen Draht zu jemandem haben« ja nicht, dass man mit diesem Menschen verkabelt ist, sondern dass es sich so anfühlt und man sich mit ihm unerklärlich verbunden fühlt. Auch wer »auf der gleichen Wellenlänge« ist, hat dieses Gefühl, ebenso wie jener, der »eine Antenne für jemanden hat«. Wer für andere »auf Empfang geschaltet« hat, will damit sagen, wie offen er für sie ist. Aber selbst noch unser gebräuchliches Wort »mitschwingen« bedient sich dieses aus der Technik entlehnten Vokabulars, das die Resonanz ins Spiel des alltäglichen Lebens und seiner Sprache bringt.

Am Beispiel der Pädagogik, wo die Resonanz noch auf ihre Entdeckung wartet, lässt sich erkennen, dass auch dieses Gesetz wie das der Polarität in allen Bereichen unserer Wirklichkeit gilt, selbst wenn das von den entsprechenden Spezialisten, den »-logen« und »-gogen«, noch nicht erkannt wird.

Konsequenzen aus dem Resonanzgesetz

Die Konsequenz aus der Entdeckung der Resonanz ist schon im persönlichen Bereich erheblich. Jeder Mensch nimmt seine Welt wahr, mit der er in Resonanz ist, zu allem anderen bekommt er weder Kontakt noch Verständnis. Unsere Welt wird uns so zum Spiegel. Wir können uns jederzeit darin erkennen. Aber auch umgekehrt hat alles, was wir erkennen, mit uns zu tun, wir könnten es sonst gar nicht wahrnehmen und einordnen. (Der Witz dazu: Der kleine, noch junge Elefant sieht zum ersten Mal einen nackten Mann und fragt entsetzt: »Mama, wie trinkt der denn …?«)

Probleme entstehen, sobald wir den Spiegelcharakter der Welt verkennen und sie für objektiv und unabhängig von uns halten. So entstehen all die Versuche, die Welt draußen im Spiegel zu ändern. Wer morgens in den Spiegel schaut, würde allerdings kaum versuchen, sein griesgrämiges Gesicht im Ebenbild zu verschönern oder Mitesser dort auszudrücken.

Kaum aber haben wir das Bad am Morgen verlassen, beginnen die Spiegelfechtereien. Der Partner wird gefragt, warum er so missmutig sei. Anfangs wird der das noch bestreiten, aber wer lange genug auf seiner (Fehl-)Wahrnehmung beharrt, wird ihn sicher irgendwann missmutig machen und findet so scheinbar auch noch Bestätigung. Mit der Zeit können also eigene Projektionen über Resonanz wahr werden.

Wer den Spiegel nicht als solchen erkennt, wird Anstoß an ihm nehmen. Am deutlichsten wurde das in den alten Spiegel-Irrgärten auf Volksfesten. Sah man die Spiegel als Spiegel, konnte man ganz gut hindurchkommen – anderenfalls gab es Beulen. Die Analogie zum Alltag ist offensichtlich. Wer die Umwelt als Spiegel erkennt, kann gut durchs Leben kommen. Wer sie dagegen (wie die Wissenschaft) für objektiv hält, wird immer wieder Anstoß nehmen und in Auseinandersetzungen und Kämpfe verwickelt werden.

Dabei spricht nichts gegen Spiegel. Sie sind der beste Weg, sich selbst zu erkennen. Wir sollten also unsere Umwelt, gerade wenn wir sie als Spiegel identifizieren, wichtig nehmen und zur Selbsterkenntnis nutzen.

Sobald wir sie allerdings ändern wollen, ergibt sich ein Problem. So wenig, wie sich die Mitesser im Spiegel ausdrücken, werden sich wesentliche Veränderungen der Außenwelt im Außen erreichen lassen. Wir müssten uns stattdessen selbst ändern und damit unsere Resonanz. Eine weitere sinnvolle Möglichkeit wären Rituale, denen wir uns noch widmen müssen. Sie ermöglichen, äußere Veränderungen vorzunehmen unter Wahrung des Innenbezugs. Damit könnten äußere Veränderungen auch innere bewirken, und so würde die Resonanz gewahrt bleiben. Ansonsten haben äußere Veränderungen, wie sie üblich sind und ständig vorgenommen werden, die unübersehbare Tendenz, die eigentlichen Probleme nicht zu beeinflussen, sondern nur zu verlagern, zu verschieben und im schon beschriebenen Sinn zu »beseitigen«. Auf diese Weise ergibt sich nur Oberflächenkosmetik. Für »Eigenänderungen« aber sind die meisten Menschen zu träge, und so suchen sie das

Heil in funktionalen Maßnahmen wie der König bei Dornröschen und damit in Spiegelfechtereien.

Was uns draußen stört, wäre innen zu bearbeiten, wobei uns die Erkenntnis der Polarität und des Schattens dabei zu Hilfe kommt. Wer sich ständig an unehrlichen Menschen in seiner Umgebung stört, muss das Thema in sich beziehungsweise seinem Schatten haben. Allerdings muss und wird es meist nicht eins zu eins zu finden sein. Irgendwo wird die Unehrlichkeit liegen, es könnte zum Beispiel auch Unehrlichkeit sich selbst gegenüber sein. Dann könnten Betroffene trotzdem ehrlich im Umgang mit anderen sein. Bei sich selbst sehen sie die Unehrlichkeit wegen ihrer Eigenblindheit und Verdrängung nicht, haben aber Resonanz dazu, und diese bringt sie immer wieder in Situationen, in denen sie Unehrlichkeit »draußen« erleben. Hier arbeiten also beide Gesetzmäßigkeiten zusammen, um uns wachsen und eigene Unehrlichkeit erkennen und durchschauen zu lassen. Werden Betreffende dadurch ehrlich zu sich selbst, erleben sie auch in der Außenwelt Ehrlichkeit.

Resonanz hat also auch ihre zwei Seiten, wir können im Positiven wie im Negativen ins Mitschwingen geraten. Schöne Aspekte werden wie gesagt etwa beim Tanzen angesprochen, wenn wir gemeinsam im selben Rhythmus zur Musik schwingen, negative, wenn uns die Umwelt mit unseren Schattenseiten in Resonanz bringt, wie etwa im Beispiel der Unehrlichkeit. Wir schwingen uns dann auf etwas ein, was uns nicht bewusst ist, weil wir es in den Schatten verdrängt haben.

Der Weise, der alles integriert hat und mit sich im Reinen ist, wird auch mit der (Um-)Welt keine Probleme mehr haben. Er lebt in der besten aller Welten, wie immer diese konkret aussehen mag. Eine Ausnahme ist hier nur der heilige Zorn, mit dem etwa Christus den Tempel seines Vaters von den Geldwechslern, den Vorläufern der Banker, reinigte.

Sich reif machen für ...

Es kann uns folglich nur das passieren oder zustoßen, wozu wir Resonanz haben oder wofür wir reif sind. Selbstverständlich können wir auch nachhelfen und uns reif machen für bestimmte ersehnte Erfahrungen. Das wäre der erfolgreichere Weg des Umgangs mit der Welt. Sehne ich mich nach der großen Liebe, kann ich mich reif für sie machen und mein Herz entsprechend öffnen. Sehe ich mein Heil im Geld, muss ich mich eben dafür reif machen.

Wieder mag ein Witz das verdeutlichen: Ein alter Mann bittet Gott seit Jahren um einen Sechser im Lotto. Inzwischen hat er sein Leben auch so bewältigt, aber die Gewohnheit lässt ihn weiter bitten. Als er schon längst mit nichts mehr rechnet, reißt der Himmel auf, und Gottes gewaltige Stimme donnert herunter: »Dann füll doch endlich wenigstens mal einen Schein aus!«

Wer reif für ein Thema ist, wird ihm »plötzlich« überall begegnen. Kaum war man auf einer Fortbildung und hat neue homöopathische Arzneimittelbilder gelernt, begegnen sie einem auf der Rückfahrt schon im Zug, gegenüber sitzt »Pulsatilla«, und »Ignatia« bittet um Vorlage des Tickets. Wie »von selbst« tauchen mit einem Mal entsprechende Bücher, Filme und Menschen auf, wie bestellt, und tatsächlich hat man sie (durch Resonanz) »geordert«. Das ist der Punkt, an dem Bücher wie *Bestellungen beim Universum* ansetzen. Wer damit »arbeitet«, sollte nur immer und bei allem das übergeordnete Polaritätsgesetz im Auge behalten und sich klarmachen, dass er am eigenen Schatten nie vorbeikommt und alles Bestellte – auf die eine oder andere Art – irgendwann auch bezahlen muss.

Das Resonanzgesetz lässt Menschen zusammenfinden, die am selben interessiert sind, die zueinanderpassen, weil sie ähnliche Themen oder auch Probleme im Sinne positiver oder negativer Resonanz haben. Kaum hat sich jemand entschlossen, kein Fleisch mehr zu essen, trifft er jede Menge Vegetarier und entdeckt sie erstaunt auch im eigenen Bekanntenkreis. Diese lebten schon lange ohne Fleisch, was er nur nicht wusste, weil er es noch nicht zur Kenntnis genommen beziehungsweise noch keine Resonanz dazu hatte.

Die mit solchen Entdeckungen verbundene Überraschung wie auch das Erstaunen über das Auftauchen der notwendigen Hilfen in Gestalt von Menschen und Büchern, Filmen und Erfahrungen sind verständlich, aber über das Resonanzgesetz leicht erklärbar: Bisher war man eben noch nicht reif für diese Thematik. Deshalb trat sie nicht ins Leben oder man konnte sie auch einfach (noch) nicht wahr- und wichtig nehmen.

So entsteht die Faszination für Geschichten und Filme wie *Crocodile Dundee*. Der aus dem australischen Busch ins moderne New York versetzte Krokodiljäger hält erstaunt seinen stiefelbewehrten Fuß ins Bidet, und das Kinopublikum lacht. Er hat einfach noch keinen Bezug zu dieser Art Anal- und Genitalhygiene, sie war in seinem bisherigen Umfeld kein Thema. Aber wir ahnten, wenn er mit der hübschen Journalistin weiterging, würde das eines seiner nächsten Themen werden. Der Papalagi, ein (fiktiver) Südsee-Insulaner, hatte ähnliche Resonanzprobleme, indem er Stromleitungen und Autos übersah. Die Indianer konnten die ersten Gewehre gar nicht fürchten, weil sie sie nicht kannten und keine Resonanz dazu hatten. Ihre Vorfahren hatten noch ganze Segelschiffe übersehen, weil sie nicht in ihr Weltbild passten beziehungsweise sie noch keine Resonanz dazu hatten.

An dieser Stelle mag auch klar werden, wie sehr Entwicklungsstufen mit Resonanz zu tun haben. Kinder haben natürlich andere Resonanzen als Erwachsene. Sie leben in ihrer eigenen Welt, die anders, aber nicht schlechter oder besser ist.

Resonanz und Polarität

Lange glaubte und lehrte die Wissenschaft das Gesetz der zunehmenden Entropie, das die Zerstörung unserer Welt durch den sogenannten Wärmetod voraussagte, wenn alle möglichen Prozesse vollendet, die Temperatur überall gleich und die maximale Entropie erreicht sei. Entropie ist dabei ein Maß für die Unordnung. Die – laut alter naturwissenschaftlicher Auffassung – unumkehrbar wachsende Entropie würde damit ins Urchaos zurückführen.

Inzwischen aber hat der russisch-belgische Physikochemiker und Nobelpreisträger Ilya Prigogine in seiner Formulierung der sogenannten dissipativen Strukturen und der Selbstorganisation eine Denkalternative formuliert. Trotzdem beherrscht das dem archetypisch männlichen Prinzip entsprechende Entropiegesetz noch heute fast allein das Bewusstsein. Auch wenn inzwischen mutige Querdenker in der Wissenschaft wie der amerikanische Zellbiologe Bruce Lipton den weiblichen Pol der Kooperation zu denken und sogar zu artikulieren beginnen. Würden viele von uns dieser Richtung folgen, entwickelte sich eine neue Resonanz, und wir könnten alle gemeinsam überleben, weil wir nicht mehr alternativlos den düsteren Prophezeiungen des Entropiegesetzes ausgeliefert wären.

Wie gesagt hatte Darwin mit dem Kampf ums Überleben nur die eine archetypisch männliche Seite beschrieben, Lamarck mit der Tendenz zu Synergie und Kooperation die andere archetypisch weibliche, die entsprechend schnell wieder verdrängt wurde. Tatsächlich finden sich überall in der Schöpfung Hinweise auf Zusammenarbeit und gegenseitige Unterstützung, die Darwin und wir mit ihm viel zu lange übersahen. Allein unser eigener menschlicher Organismus wäre ohne Kooperation und Synergien nicht denkbar. Letzteres meint Zusammenarbeit beziehungsweise zu einem gemeinsamen Zweck am selben Strick zu ziehen, wie es zwischen den Organen und Geweben, ja sogar Zellen ständig passiert. Der chinesischen Philosophie mit ihrem Bestreben des Ausgleichs und der Suche nach der Mitte war das schon immer klarer.

Ähnlich hatte schon einmal lange vor Darwins Zeit und noch vor Sokrates und der klassischen Antike Heraklit formuliert, der Krieg sei der Vater aller Dinge. Dass alles, was einen Vater hat, aber auch eine Mutter braucht, war dabei offenbar nicht weiter aufgefallen. Das Patriarchat neigt dazu, alle Aspekte des weiblichen Pols der Wirklichkeit geflissentlich zu übersehen oder doch wenigstens so niedrig zu hängen, dass sie bald wieder vergessen werden können. Das liegt an mangelnder Resonanz. An uns aber liegt es, eine neue Resonanz zu diesem weiblichen Pol und ein Feld für Synergie und Kooperation zu schaffen. Das Wissen dazu ist seit Langem vorhanden, es braucht aber noch den Aufbau eines neuen Wirklichkeitsfeldes mittels Resonanz.

Insofern könnten wir die Resonanz »das Gesetz des weiblichen Pols der Wirklichkeit« nennen. Seine Zeit dürfte jetzt kommen. Aber anstatt nun völlig in diesen (zugegebenerweise verlockenden) Pol hinüberzuschwingen, sollten wir nicht übersehen, dass es das Gegeneinander und die Polarität weiterhin gibt und sie ebenfalls ihr Recht einfordert. Zur Resonanz würde es gerade gut passen, statt neuerlichem Entweder-oder ein Sowohl-als-auch anzubieten und die beiden großen Gesetze unserer Wirklichkeit gleichermaßen anzuerkennen, zu beachten und zum gemeinsamen Vorteil des Überlebens und vor allem Lebens anzuwenden.

Jetzt könnte die Zeit kommen, da wir die Anerkennung des weiblichen Pols und seine Hilfe zur Lösung jener Probleme brauchen, die die einseitige Betonung des männlichen Pols geschaffen hat. Die »Amokläufe« von Kreuzrittern, Inquisitoren, Konquistadoren, Kolonialisten, Militaristen, Faschisten, Kommunisten und Terroristen, Diktatoren, skrupellosen Vertretern unter den Managern und Investmentbankern haben die Welt an den Rand des Ruins gebracht. Doch noch immer starren wir gebannt auf diesen einen Macher-Pol, unsere Nachrichten sind einseitig zugemüllt mit den grässlichen Ergebnissen seiner Verfechter und Anhänger.

Und obwohl inzwischen fast alle den Krieg verabscheuen, werden die »großen« Kriegsherren, Kaiser und Könige vielfach immer noch idealisiert. Expansionspolitik gilt als bewundernswert, vor allem natürlich wirtschaftlich, aber sogar noch politisch. Manager großer Konzerne, die sich über die ganze Welt ausbreiten und kompromisslos über kleine Unternehmen und vor allem Menschenschicksale hinweggehen, werden immer noch hoch geachtet und bezahlt. Solange wir diese Machtstellungen stets noch mehr achten und idealisieren als die wirklich wichtigen Dinge des Lebens, werden wir, dem Gesetz der Resonanz folgend, auch solche Tendenzen anziehen.

Dabei ist unübersehbar, dass wir schon immer vom weiblichen Pol abhängen und leben. Während Männer ihren ehrgeizigen Wahnsinn über Kriege auf Schlachtfeldern und in Wirtschaftskriegen inszenieren, bekommen überall und ziemlich still und von der Öffentlichkeit unbemerkt Frauen ihre Kinder. Was immer wir heute verbrennen und verheizen, hat Mutter Natur in langer Zeit bereitgestellt. Noch heute sind wir fasziniert, wenn Männer mit Kettensägen in Wälder eindringen und unter einem Höllenlärm Baumriesen fällen, die über Jahrzehnte ganz still und Zentimeter für Zentimeter gewachsen sind. Der Krach der Holzfäller fällt auf, aber sollte uns nicht langsam auch die andere Seite auffallen? In der Natur gibt es eine unglaubliche Kraft des Wachstums, der Fotosynthese und damit des Aufbaus von (vom männlichen Pol) »Biomasse« genannter Energie und Kraft. Das ist ein viel größeres Wunder als die archetypisch männliche Kettensäge!

Tatsächlich dürften wir in der Resonanz endlich diese andere Seite der Natur, ihren weiblichen Pol, wiederentdeckt oder besser -gefunden haben, denn Hildegard von Bingen sprach schon von der Viriditas, der Grünkraft, und war dem Phänomen wohl näher als ihre Nachfahren dann für Jahrhunderte. Inzwischen sind die Indizien stark, die diese Seite auch in der Evolution belegen. Wer suchet, der findet, und überall tun sich »plötzlich« Aspekte von Kooperation und Symbiose auf. Und sogar bis auf die Ebene des Zelllebens, also an der Basis des Lebens, findet Bruce Lipton noch Belege für Kooperation. So wird es wohl Zeit, die eingetretene Schieflage des Weltbilds wieder ins Lot zu bringen.

Wenn das, was einen Vater hat, auch eine Mutter braucht, und wenn der Krieg, der Kampf – also Mars als Prinzip der Aggression –, der Vater aller Dinge ist, dann müsste folgerichtig seine Gegenspielerin und Partnerin, die Liebesgöttin Venus, seine Mutter sein. Ihre Themen sind Versöhnung und Frieden, Schönheit und eben Synergie. Sie ist die Kupplerin im Olymp, mit deren Hilfe neues Leben entsteht und so Wachstum in Gang kommt.

Dass diese beiden Prinzipien Ares (Mars) und Aphrodite (Venus) aus Sicht der Polarität Gegenspieler sind, wird uns nach Kenntnis des Polaritätsgesetzes nicht mehr davon abhalten können, sie in enge Beziehung zu bringen. Und tatsächlich hatten sie auch im Mythos ein Verhältnis von zentraler Wichtigkeit, dem die Kinder Eros und Harmonia, Phobos und Deimos entstammen. Die in Polaritätsangelegenheiten weniger einseitigen Griechen der Antike hatten kein Problem mit der Vorstellung der Vereinigung der beiden Gegenpole. So konnten aus Krieg und Frieden, Kampf und Liebe so wundervolle Prinzipien wie die der Harmonie und Erotik, aber auch so bedrohliche wie das der Phobien und Ängste und das der Dämonen hervorgehen.

Vieles spricht dafür, der Liebesgöttin und damit der weiblichen Seite der Kooperation und des Zusammenspiels, der Harmonie und Liebe wieder den ihr gebührenden Raum und die zustehende Beachtung zu schenken, zumal wir heute so viel über ihr Thema wissen.

Liebe als Resonanzphänomen

Einander zu lieben bedeutet, sich füreinander zu öffnen, die Grenzen aufzugeben und aus zwei eins zu machen. Dieses Eine wird dann als deutlich mehr denn die Summe seiner beiden Teile erlebt. Es kommt zu einem Ebenenwechsel im Empfinden und ganz Neues wird möglich, etwa wenn aus dem Zusammenkommen und -schwingen ein Kind entsteht. So wie die beiden Gegenpole Säure und Base zusammen etwas ganz Neues, Neutrales – das Salz – ergeben.

In der Anbahnungsphase fragt der Junge das Mädchen vielleicht: »Willst du mit mir gehen?« Wenn sie dann zusammen und nebeneinander gehen, schwingen sie miteinander, erst recht, wenn sie anschließend miteinander schlafen. Die rhythmischen Bewegungen beim Geschlechtsakt geben der erreichten Resonanz deutlichen Ausdruck. Aber ständig sind sie weiter auf der Suche nach gemeinsamen Resonanzerfahrungen, die ihrer Liebe gleichermaßen Ausdruck und Kraft verleihen, sie tanzen und schwingen miteinander, sitzen zusammen in

Hollywoodschaukeln oder in Ruderbooten, wo sie sich wiegen lassen und eins fühlen wie damals im Mutterleib, als der Atem der Mutter und jeder ihrer Schritte den Embryo sanft wiegte. Die beiden Halbkugeln haben sich wieder vereint und genießen das Ergebnis der neuen Resonanz, die ihnen ein Gefühl von Energie und Kraft gibt. Zusammen fühlen sie sich stark, und ihrer Liebe scheinen keine Grenzen gesetzt. Sie könnten Bäume ausreißen, sich dabei scheinbar nur von Luft und Liebe ernähren und Gott und die Welt umarmen.

All das sind Ergebnisse eingetretener Resonanz. Die Liebenden spüren einen berührenden Energieüberfluss, der sie leicht auf regelmäßige Mahlzeiten verzichten lässt. Über ihr Einswerden fühlen sie sich der Einheit und damit Gott nahe. So spüren sie keine Grenzen mehr, nichts scheint ihnen und ihrer Liebe in diesem Geistes-, Seelen- und Herzenszustand unmöglich. Ihre Liebe macht sie grenzenlos und offen für den Partner, für alle Menschen und für die große Göttin, die – eins mit Gott – dem All entspricht.

Wo immer Menschen in Einklang gehen und Einverständnis herstellen, ergibt sich dieses Phänomen zunehmender Energie und Kraft. Dieses Gefühl ist umso überzeugender, je größer vorher die Kluft zwischen den beiden Polen war, die in Einklang fallen. Das dürfte der Grund dafür sein, dass die Liebe von Kindern zu ihren Tieren so groß ist. Sie überspringt ein ganzes Naturreich. Aber auch Menschen aus völlig verschiedenen Schichten können in der Überbrückung einer großen Kluft diese entsprechend große Energie der Resonanz erleben, wie etwa in dem Romanklassiker *Salz auf unserer Haut** von Benoîte Groult, in dem sich eine Pariser Intellektuelle und ein bretonischer Fischer *unsterblich* ineinander verlieben. Dieses

* Benoîte Groult: *Salz auf unserer Haut*, München 2004.

»unsterblich« verrät, wie sehr die besondere Resonanz die beiden über die Welt der Gegensätze erhebt, in der alles sterblich ist. Bei Romeo und Julia wie auch Tristan und Isolde, jenen sprichwörtlichen Liebespaaren, sind es die gesellschaftlichen Schranken, die sie trennen und die ihre große Liebe überspringen und überbrücken kann. Was so weit auseinander war und dann zusammen schwingt, erzeugt eine enorme Resonanz, die große Kräfte und fast himmlische Energien freisetzt.

Hier kommt wieder die Polarität ins Spiel, denn Gegensätze ziehen sich an und tendieren besonders dazu, ihre Vereinigung in Liebe zu erfahren. Resonanz ist folglich auch das Mittel, die Polarität innerhalb der Welt der Gegensätze zu überwinden und so den Befreiungs- beziehungsweise Erleuchtungsfall schon einmal zu proben.

Auch das plötzliche Einsetzen der Resonanz kann diese besonders eindrucksvoll erscheinen lassen, weshalb die Liebe auf den ersten Blick so etwas Besonderes und Beeindruckendes zugleich ist. Das Geheimnis des Anfangs und ersten Moments wird uns später noch beschäftigen und zu einem weiteren Gesetz bringen. Wen Resonanz mit einem Mal trifft und wessen Wahrnehmung und Weltempfinden sich in einem einzigen Augenblick ändern, dem wird schlagartig klar, dass Leben noch weit mehr ist, als die Welt der Polarität zu bieten hat.

Wenn Liebe aber unsere einzige Chance ist, in der polaren Welt wieder Einheit zu erfahren, dürfte hier auch die Erklärung für die einzigartige Faszination liegen, die sie auf fast alle Menschen ausübt. Es gibt ja kaum einen Film, kaum einen Roman, die ohne sie auskämen, und jedes Leben ohne Liebe erscheint uns leer und unbefriedigend. Diese Erfahrung geht weit über die körperlichen Aspekte der Liebe hinaus, auch wenn natürlich der Orgasmus der Paradefall des Einswerdens zweier Menschen ist und in der möglichen Einheitserfahrung auch das höchste Ziel des Menschseins anklingt, die Erleuchtung in himmlischer Liebe. So wäre – nach Bhagwan beziehungsweise Osho – kosmisches Bewusstsein ein Orgasmus mit der (ganzen) Schöpfung.

Natürlich können wir noch unterscheiden zwischen ekstatischem Verliebtsein und tiefer, inniger Liebe, wie sie sich oft zwischen Mutter und Kind und manchmal auch zwischen Partnern ergibt. Beide Formen können Einheitserfahrungen schenken, während jedoch das Verliebtsein mit seinem Rausch meist zeitlich begrenzt bleibt, gibt tiefe Liebe eine durch die Zeiten tragende Kraft und Integrität. Im Idealfall entwickelt sich Letztere aus Ersterem. Die tiefe Liebe wird zum besonderen Entwicklungsmotor und bringt uns der göttlichen Einheit in ihrer Zeitlosigkeit still und fast heimlich näher. Sie ist auch die beste Brücke zur göttlichen Liebe, dem Ziel aller Religionen.

Insofern wundert es nicht, dass die Religionen, selbst diejenigen, von denen man es kaum erwartet, auf Liebe und damit Resonanz hinauslaufen. Der Islam ist wörtlich die Religion derer, die Gott lieben, das Judentum hat mit dem Hohenlied der Liebe eine poetische Darstellung körperlicher Liebe, die ihresgleichen sucht. Der Hinduismus verehrt die Geschlechtsorgane Lingam und Yoni als göttliche Prinzipien und zielt mit seinem »Tat twam asi« (»Ich bin das und das und alles, worauf der Blick fällt«) auf das Einswerden mit allem Seienden. Das Christentum bezeichnet sich überhaupt als die Religion der Liebe und fordert auf, seinen Nächsten zu lieben wie sich selbst und sogar noch die Feinde. Die hermetische Philosophie zielt auf die Chymische Hochzeit, das völlige Verschmelzen.

Im Paradies, der Einheit, war der Bibel zufolge wie gesagt alles in Einklang und ohne Unterschied. Erst nach dem »Sündenfall« und dem Einbruch der Polarität kam die Unterscheidungsfähigkeit ins Leben. Doch zum Schluss läuft alles auf Resonanz hinaus, alles schwingt mit allem und nichts ist ausgeschlossen – das Leben in Einklang. Das ist die religiöse und hermetische Perspektive, die derjenigen der Wissenschaft mit dem Wärmetod des Universums gegenübersteht, sich inzwischen aber selbst unter Wissenschaftlern sehen lassen kann.

Der Nutzen der Resonanz

Wer später ins Bett zu seinem bereits schlafenden Partner kommt, kann sich in der Löffelchenstellung an ihn kuscheln und vorsätzlich in seinen Atemrhythmus einsteigen. Wenn dieses gemeinsame Atemmuster stabil ist und es zur Synchronisation beziehungsweise Resonanz gekommen ist, kann der wache Partner seinen Atemrhythmus langsam verändern, und der schlafende wird ihm folgen, ohne es zu bemerken.

Dieses absichtliche Eintauchen in ein fremdes Muster oder Feld – mit ihm vorsätzlich in Resonanz zu gehen, um es anschließend nach eigenem Ermessen zu verändern – kann natürlich nicht nur erhebenden Zwecken dienen, sondern auch der Manipulation. Aber es macht keinen Sinn, diese Möglichkeit zu verschweigen, denn sie wird seit jeher benutzt und ist ein beliebter Trick von Populisten und Diktatoren. Sie bringen große Menschenmengen mit Vorliebe in Resonanz, was mit Aufmärschen von Soldatenkolonnen im Gleichschritt und entsprechendem Absingen von Hymnen und Kampfliedern als Vorbereitung umso leichter gelingt. Zuerst stimmen sie sich auf die Vorurteile der Masse ein, die in aller Regel zum Projizieren neigt, und bestätigen diese mit drastischen Worten. Wenn sie sich so eine Zeit lang in Rage geredet, die Menge in

Resonanz gebracht und auf ihr Feld eingeschworen haben, können sie sie fast überall mit hinnehmen. Ein klassisches Beispiel war Goebbels, Hitlers Vasall und Sprachrohr für die ganz brutalen Themen. Er peitschte die Massen in seinen Reden fast beliebig auf und konnte ihnen dann die absurdesten Zustimmungen und Versprechen abringen. Legendär ist seine Rede im Berliner Sportpalast zu einer Zeit, als die Niederlage schon deutlich absehbar war: Die Schlacht um Stalingrad war verloren, die Truppen der Ostfront befanden sich auf dem Rückzug. Noch da bekam er von Menschen mit eigenem Großhirn Zustimmung und auf seine Frage »Wollt ihr den totalen Krieg?« erscholl ein donnerndes »Ja«.

Bis heute haben Wahlkampfreden Resonanz zum Ziel. Es geht darum, ein Feld der Zustimmung aufzubauen, und weniger um Information als um Stimmung und Stimmen. Denn Letztere lassen sich viel eher aus Stimmungen als durch Information gewinnen. Das muss per se noch nicht schlecht sein. Die Resonanzentwicklung unterliegt wie alles in dieser Welt der Polarität und kann gebraucht und missbraucht werden. So schaffen etwa Gospelgottesdienste durch Resonanz Felder für Heilung und Gottesbegeisterung.

Der neue Hoffnungsträger nicht nur der USA, sondern der (westlichen) Welt, Barack Obama, hat nach dieser Methode »wahlgekämpft«. Seine Wahl(kampf)veranstaltungen waren weniger Versuche, Information zu vermitteln, als solche, breite Resonanz zu finden. Er hat nicht wirklich gesagt, was er will, sondern immer wieder von *change* (»Veränderung«) und *hope* (»Hoffnung«) gesprochen, hat seine Anhänger eingeschworen: »Yes, we can«, aber nicht wirklich gesagt, was sie können und wollen. Und er führt als Präsident diese Art von Politik weiter, hält, wo immer er hinkommt, Reden ans Volk, die Stimmung vermitteln und ein Feld bauen. So bleibt wirklich nur die

Hoffnung, dass es ein konstruktives Feld für einen Neuanfang wird, das die Menschen auch in ihrem Inneren erfasst und bewegt und auf den Weg zu einer bewussteren Welt führt.

Aber auch Werbung, Mode und gesellschaftliche Paradigmen bauen Felder auf, die Menschen in ihren Bann ziehen, gesundes kritisches Denken weitgehend lahmlegen und in ihre Richtung manipulieren. Wie anders ist der moderne Figurwahn zu erklären. Er (ver)führt nicht wenige moderne Mädchen dazu, sich mittels Magersucht zu »verdünnisieren« – einem von der Modebranche ausgeheckten krank-schlanken Ideal folgend.

Von vielen Seiten wird mittlerweile auf diesen Wahnsinn hingewiesen. Mit dem Buch *Körper als Spiegel der Seele* habe auch ich versucht dagegenzuhalten und mit rationalen Argumenten den Hintergrund durchleuchtet. Aber trotz aller besorgten Stimmen und obwohl auch das Buch sehr erfolgreich ist und offenbar von Tausenden Frauen verstanden wurde, besteht das Feld fast ungebrochen weiter. Auch wenn so zahlreiche Frauen erkennen, wie sehr sie dem Diktat weniger Männer folgen, die auf männliche und sogar knabenhafte Formen stehen und diese deshalb propagieren, ist das kranke und krank machende Feld noch immer stärker.

Die Vernunft hat es sehr schwer, sich gegen bestehende Felder zu behaupten. Besser bewährt sich im Fall des allgemeinen Figurelends, Lust zu machen auf Bewegungen, wie sie die Teenies etwa bei Jennifer Lopez lieben, und nebenbei zu erkennen, wie weiblich deren Figur ist. Ein Feld für gesunde, anmachende weibliche Formen und Figuren auch in der Modebranche aufzubauen wäre eine große Arbeit und bräuchte viele Millionen Frauen, die wieder erkennen, dass es Spaß macht, im Körper einer Frau das Frausein tanzend und schwingend zu genießen.

Menschen in Resonanz zu bringen ist eine Kunst. Ob sie an der Politik oder dem Figurmuster deutlich wird, sie ist in jedem Kontext anwendbar. Entsprechend kann natürlich jeder über die Themen, mit denen er sich beschäftigt, auf die er sich einstimmt, sein Leben entsprechend gestalten. Viele der sogenannten Erfolgsbücher weisen diesen Weg.

Wer sich also nur noch mit schönen Dingen beschäftigt, wird diese auch vornehmlich anziehen, es sei denn, das Polaritätsgesetz stünde dem im Weg und er hat noch wichtige Schattenthemen auf seiner Agenda, vielleicht ohne es zu ahnen. Das sind dann die Situationen, in denen sich Menschen beschweren, dass das Gesetz der Resonanz oder Anziehung bei ihnen nicht (mehr) funktioniere. Dabei funktioniert es natürlich, aber das der Polarität hat wie gesagt Vorrang. Das verschweigen viele der Erfolgsbuchautoren oder wissen es vielleicht auch gar nicht besser.

Tatsächlich könnten wir aber das Wissen um die beiden Gesetze verbinden und, während wir uns in Resonanz mit schönen und entwicklungsfördernden Themen und Ideen bringen, versuchen, offen für das Auftreten des Gegenpols zu bleiben im Sinne von »Liebet eure Feinde«. Dieser urchristliche Satz fordert zur Liebe und damit zur Resonanz gegenüber dem auf, was uns noch widersteht und feindlich erscheint, wohl wissend, dass genau dort unser größtes Wachstumspotenzial liegt. Wenn es uns gelänge, auch mit den Feinden in Einklang zu kommen und mitzuschwingen, würden wir uns mit ihnen aussöhnen und damit natürlich auch mit den Themen, die sie uns spiegeln.

Wo wir uns für die schönen Aspekte der Welt öffnen, dabei aber auch offen für den Gegenpol bleiben, kann uns auch das sogenannte Böse und Schlechte nicht überraschen und überfallen, denn wir sind darauf gefasst. Ähnlich wie beim Meditieren, wo wir bei großer Offenheit für Erleuchtungserfahrungen der Einheit auch auf all das gefasst sein sollten, was der Einheit (und uns) noch im Wege steht.

Die Resonanz unseres Werkzeugs Sprache

Auch jedes Werkzeug hat wie alles in dieser Schöpfung Resonanzen und seinen Gegenpol. Gäbe es etwa nur Messer und Gabel mit ihrem Bezug zum Schneiden und Stechen, wäre Suppe kaum als Essen bekannt. Ein Hammer hat Resonanz zum Schlagen und zu Nägeln, aber schon nicht mehr zu Schrauben, auch wenn diese noch über eine ähnliche Signatur verfügen. So hat auch jeder Beruf seine Resonanz und innerhalb der Berufsgruppen noch jeder Spezialist.

Das zu wissen ist wichtig, etwa wenn man zum Arzt muss. Wer Resonanz zum Chirurgen hat und diesen auswählt, wird mit großer Wahrscheinlichkeit operiert, wer zum Internisten geht, bekommt Tabletten, und wer die Resonanz zum Psychotherapeuten spürt, wird psychotherapiert. Und das gilt nicht nur für die Schulmedizin, sondern ganz entsprechend für die Alternativszene. Wer mit Kopfschmerzen zum Elektroakupunkteur geht, bekommt Medikamente ausgetestet, wendet er sich an einen Chiropraktiker, wird seine Wirbelsäule eingerenkt, der Homöopath gibt ihm Globuli, der Bachblüten-Therapeut Blütenessenzen, der Akupunkteur sticht seine Nadeln und der Psychoanalytiker legt ihn vier Jahre auf die Couch … So entscheiden die meisten Patienten selbst – nach ihrer jeweiligen Resonanz und oft, ohne es zu merken –, wie sie behandelt werden, und beschweren sich nicht selten trotzdem darüber.

**»Wer als Werkzeug nur den Hammer kennt,
für den ist jedes Problem ein Nagel.«**
Paul Watzlawick

Das Werkzeug beim Schreiben und Lesen eines Buchs ist die Sprache. Wir müssen sie etwas genauer untersuchen, bevor wir weiter in die Materie vordringen, um zu erkennen, was wir von ihr erwarten können und was nicht, womit sie uns in Resonanz bringt und womit sicher nicht.

Eigentlich bräuchten wir eine Sprache, die völlig ausgewogen ist und Bezug zur Einheit und zur Polarität hat. Diese aber haben wir nicht. Unsere Sprache ist Teil der Polarität und hat folglich keinen Bezug zur Einheit. Sie ist nicht einmal in Balance, was den weiblichen und männlichen Pol der Wirklichkeit angeht, sondern fordert und fördert männliche Logik und diskriminiert die weibliche. Vorwürfe wie »Du mit deiner weiblichen Logik!« dienen der Herabsetzung von Frauen, obwohl wir heute aus der modernen Physik wissen könnten, dass die ambivalente weibliche Logik der Wirklichkeit angemessener ist als die männliche mit ihrem Hang zur Eindeutigkeit, die in der Polarität nie wirklich gegeben ist.

Wir übergehen mit unserer Sprache darüber hinaus ständig den weiblichen Pol, etwa wenn wir bei Verallgemeinerungen »*der* Mensch« oder »*der* Tag« sagen, wobei »*die* Frau« und »*die* Nacht« regelmäßig unter den Tisch fallen. Ansonsten setzen wir das Weibliche konkret und in seinen Symbolen herab, wenn wir von »herr-lich« und »däm-lich« oder bayrisch »damisch« sprechen. Aber auch wo wir den Sonntag, der mit der Sonne dem abstrahlenden männlichen Prinzip entspricht, zum schönsten Tag der Woche und den dem weiblich reflektierenden Mond zugeordneten (blauen) Montag zum unangenehmsten Tag deklarieren, kommt der weibliche Pol viel schlechter weg. Wir wollen die Welt be-herr-schen, und niemand will etwas »be-frau-schen«.

Ähnlich wertend sprechen wir vom rechten archetypisch männlichen als dem richtigen Weg, während der linke offenbar auf Abwege führt. Als »linker Typ« fühlt man sich herabgesetzt, wohingegen ein Ausdruck wie »ein rechter Kerl« Anerkennung enthält. Wenn wir jemanden »linken«, betrügen wir ihn, wo wir mit ihm »rechten«, setzen wir uns über den richtigen, also rechten Weg auseinander. Wen wir richten, dem lassen wir Ge-recht-igkeit widerfahren, so wie *Gerichte Recht* sprechen.

Was wir im deutschsprachigen Raum *mit links* und also locker und leicht machen, findet schwerer Zustimmung als die Dinge, für die wir uns *recht* plagen, völlig ungeachtet der Tatsache, dass alles mit links Gemachte nicht nur leichter, sondern meist auch besser gelingt. Mediterrane Menschen würden das ganz anders sehen und haben meist auch mehr vom Leben, das sie gern locker und *mit links* angehen.

Selbst bis in Satzstellung und Grammatik hat sich die Bevorzugung des männlichen Pols eingeschlichen. Die präferierte Satzstellung nach dem Muster »Subjekt, Prädikat, Objekt« schreibt die Trennung von Subjekt und Objekt fest, die es laut moderner Physik gar nicht gibt. Auch wo es kein Subjekt braucht, erfinden wir eines und sagen *Dinge* wie »Es regnet«. *Es* fragt sich natürlich, wer dieses »Es« ist.

Die Alternative wäre eine Bewegung und den Fluss betonende Verbensprache, wie es das alte Hebräisch war und wie wir es mit dem Ausdruck »verbalisieren« noch formulieren. Mit seinem Fehlen der Vokale hat die Sprache der *Kabbala,* der jüdischen Esoterik, eine Vieldeutigkeit, die sicher der Wirklichkeit besser entspricht, allerdings der modernen technisch geprägten Welt mit ihrem – archetypisch männlichen –

Anspruch an Eindeutigkeit nicht gerecht wird. Der Physiker David Bohm hat eine dem weiblichen Pol entsprechende Kunstsprache angedacht, die, dem Fließen des *panta rhei* nachempfunden, allerdings keine Chance auf Durchsetzung hatte.

Unsere Wertungen und Diskriminierungen gehen noch weiter und richten sich gegen einzelne Völker, wenn wir etwa vom »Herum-zigeunern« sprechen oder davon, etwas »hinzutürken«, wir diagnostizieren »Partei-Chinesisch« außerhalb Chinas und anglisieren unsere Sprache entsprechend dem im Augenblick mächtigsten kulturellen Vorbild, den USA, obwohl es gerade im Norden Amerikas seit der Zerstörung der indianischen fast keine Anzeichen von Kultur mehr gab.

Mit anderen Worten: Unsere Sprache ist ein *recht* tückisches Werkzeug, dem nicht so *recht* zu trauen ist; sie kann uns auch *linken.*

Wallace Wattles
Warum du das kannst, was du tun willst

Die Fähigkeiten des menschlichen Geistes sind die Werkzeuge, durch die Erfolg erlangt wird, und der richtige Einsatz dieser Werkzeuge für deine Zwecke oder in deinem Beruf wird zum Erfolg führen und dir bringen, was du dir wünschst.

Einige wenige sind erfolgreich, weil sie ihre Fähigkeiten erfolgreich einsetzen, und die Mehrheit, die gleichermaßen geeignete Fähigkeiten besitzt, scheitert, weil sie sie nicht erfolgreich einsetzt. Derjenige, der erfolgreich ist, besitzt etwas, was es ihm ermöglicht, seine Fähigkeiten erfolgreich einzusetzen, und dieses Etwas muss von allen ausgebildet werden, die Erfolg haben wollen.

Die Frage ist: Worum handelt es sich?

Es ist schwer, ein Wort dafür zu finden, das nicht in die Irre führt. Dieses Etwas ist eine Haltung, ein inneres Gleichgewicht, ein Schwebezustand, der zu sicherem Auftreten führt. Es ist eine Haltung inneren Friedens und der Macht gleichermaßen, und doch ist es mehr als das, denn eine Haltung ist ein Zustand, und dieses Etwas ist ebenso eine Handlungsweise wie eine Haltung.

Dieses Etwas ist ein Glaube, aber es ist mehr als das, was gemeinhin unter einem Glauben verstanden wird. Gemeinhin zeichnet ein Glaube sich dadurch aus, dass man an Dinge glaubt, die nicht bewiesen werden können – und dieses Etwas, das Erfolg herbeiführt, ist *mehr* als das!

Es ist die Bewusste Macht in Tätigkeit. Es ist AKTIVES MACHT-BEWUSSTSEIN.

Macht-Bewusstsein ist das, was du spürst, wenn du weißt, dass du etwas kannst, wenn du weißt, WIE du es tun kannst.

Wenn es mir gelingt, in dir das WISSEN hervorzurufen, dass du erfolgreich sein kannst, und das Wissen, WIE du erfolgreich sein kannst – dann habe ich den Erfolg in deine Reichweite gerückt.

Weißt du nämlich, dass du etwas kannst, und weißt du, wie du es tun kannst, wird es dir unmöglich sein, damit zu scheitern, wenn du es wirklich versuchst. Denn wenn du in deinem vollen MACHT-BEWUSSTSEIN bist, nimmst du dich der Aufgabe mit einer Geisteshaltung an, die nichts anderes als den Erfolg kennt.

Jeder Gedanke wird dann ein erfolgreicher Gedanke sein, jede Handlung eine erfolgreiche Handlung, und wenn jeder Gedanke und jede Handlung erfolgreich sind, kann die Summe all deiner Handlungen nicht das Scheitern sein.

In den folgenden Lektionen brauche ich dir also nur beizubringen, wie du in dir Macht-Bewusstsein erschaffst, damit du weißt, dass du tun kannst, was du tun willst, und dir danach beizubringen, wie du das tust, was du tun willst.

Lies die vorigen Abschnitte noch einmal! Sie beweisen durch unwiderlegbare Logik, dass du erfolgreich sein KANNST. Sie zeigen, dass in deinem Geist alles ist, was im Geist jedes anderen auch ist; wenn es überhaupt einen Unterschied gibt, besteht er im Grad der Entwicklung.

Wir sehen also, dass die Ursache des Erfolgs in dir ist und sich voll entwickeln kann.

Nachdem du das gelesen hast, kannst du nicht mehr anders, als überzeugt davon sein, dass es dir möglich ist, Erfolg zu haben. Aber es genügt nicht, wenn du glaubst, Erfolg haben zu können, du musst *wissen,* dass du Erfolg haben kannst – und das Unterbewusstsein muss es ebenso wissen wie der objektive Verstand.

Es gibt die Redewendung »Wer glaubt, etwas zu können, kann es auch«, aber das ist nicht wahr. Es ist nicht einmal wahr, dass der, der glaubt, etwas zu können, es auch kann, wenn nur vom objektiven Verstand die Rede ist, denn das Unterbewusstsein wird das, was der objektive Verstand schlüssig weiß, oft vollständig zur Seite schieben und sich darüber hinwegsetzen.

Eine wahre Feststellung ist es hingegen, dass der, dessen Unterbewusstsein glaubt, etwas zu können, es auch kann, und besonders wahr ist es, wenn sein objektiver Verstand für diese Aufgabe trainiert wurde.

Menschen scheitern, weil sie objektiv glauben, etwas zu können, aber unterbewusst nicht wissen, dass sie es können. Es ist mehr als wahrscheinlich, dass dein Unterbewusstsein gerade jetzt Zweifeln an deiner Fähigkeit ausgesetzt ist, erfolgreich zu sein – und diese Zweifel müssen ausgeräumt werden, sonst halten sie deine Macht zurück, wenn du sie am dringendsten brauchst.

Das Unterbewusstsein ist die Quelle, der die Macht für die Umsetzung deiner Fähigkeiten entstammt, und Zweifel bewirken, dass diese Macht zurückgehalten wird, sodass die Handlung schwach und unzureichend ausfällt.

Deshalb muss dein erster Schritt darin bestehen, deinem Unterbewusstsein einzuschärfen, dass du es KANNST. Das muss durch wiederholte Suggestionen geschehen.

Führe die folgende mentale Übung mehrmals täglich durch, am besten kurz vor dem Schlafengehen: *Denke entspannt an die unterbewusste Seinsweise des Geistes, die deinen ganzen Körper durchdringt, wie Wasser einen Schwamm durchdringt. Wenn du an den Geist denkst, versuche ihn zu spüren. Es wird dir bald möglich sein, ihn bewusst wahrzunehmen.*

Halte dieses Bewusstsein aufrecht und sage mit einem tiefen, feierlichen Gefühl: »Ich KANN erfolgreich sein! Alles, was Menschen möglich ist, ist auch mir möglich. Ich BIN erfolgreich. Ich war bereits erfolgreich, denn ich bin erfüllt von der Kraft des Erfolgs.«

Das ist die schlichte Wahrheit.

Erkenne, dass es wahr ist, und wiederhole es immer wieder, bis deine Denkweise durch und durch von dem Wissen erfüllt ist, DASS DU DAS, WAS DU TUN WILLST, AUCH TUN KANNST.

Du kannst es!

Andere haben es vor dir getan, und du kannst sogar noch mehr tun als jeder andere vor dir, denn niemand hat jemals all die Macht genutzt, die genutzt werden kann.

Es steht in *deiner* Macht, deine Pläne zu einem größeren Erfolg zu führen, als das jemals jemand vor dir getan hat!

Wenn du die oben genannte Autosuggestion einen Monat lang konsequent durchführst, wirst du allmählich WISSEN, dass du das in dir hast, das tun KANN, was du tun willst.

Dann wirst du für den nächsten Abschnitt bereit sein, der dir sagt, wie du damit weitermachst, das zu tun, was du tun willst.

Aber denke daran, dass es absolut unerlässlich ist, deinem Unterbewusstsein erst das Wissen einzuschärfen, dass du es KANNST!

Quellen

Die einzelnen Texte sind aus folgenden Veröffentlichungen entnommen:

Glück in allen Lebensbereichen

Franckh, Pierre: Einfach glücklich sein. 7 Schlüssel zur Leichtigkeit des Seins.
© 2008 Arkana Verlag, München, in der Verlagsgruppe Random House GmbH, S 33–39.

Grün, Pater Anselm: Das Buch der Antworten. Zu den großen Fragen des Lebens.
Hrsg. von Anton Lichtenauer © Verlag Herder GmbH, Freiburg i. Br. 22011, S. 17–21.

Scherer, Hermann: Glückskinder. Warum manche lebenslang Chancen suchen – und andere sie täglich nutzen.
© 2011 Campus Verlag GmbH, Frankfurt am Main, S. 136–159.

Schwanfelder, Werner: Der glückliche Manager. Warum Glück Ihren Erfolg potenziert.
© 2011 Ariston Verlag, München, in der Verlagsgruppe Random House GmbH, S. 17–33.

Haanel, Charles F.: The Master Key System. Der Universalschlüssel zu einem erfolgreichen Leben.

© 2008 Arkana Verlag, München, in der Verlagsgruppe Random House GmbH, S. 109–120.
Übersetzung: Elisabeth Liebl

Die Macht der Gedanken

Hicks, Esther und Jerry: Wie unsere Gefühle die Realität erschaffen. Die Gesetze der Manifestation.
Aus dem Amerikanischen von Michael Nagula
© 2011 Allegria Verlag in der Ullstein Buchverlage GmbH, Berlin, S. 38–40.

Schwartz, David J.: Denken Sie groß! Erfolg durch großzügiges Denken.
© 2011 Ariston Verlag, München, in der Verlagsgruppe Random House GmbH, S. 127–144.
Übersetzung: Helga Künzel

Karsten, Jürgen: Das Mentalprinzip. Wie Sie denken, was Sie wollen, und bekommen, was Sie denken.
© 2009 Integral Verlag, München, in der Verlagsgruppe Random House GmbH, S. 89–105.

Haanel, Charles F.: The Master Key System. Der Universalschlüssel zu einem erfolgreichen Leben.
© 2008 Arkana Verlag, München, in der Verlagsgruppe Random House GmbH, S. 33–43.
Übersetzung: Elisabeth Liebl

Positiv denken – in schwierigeren Zeiten

Tepperwein, Kurt: Die Kraft der positiven Psychologie.
© 2007 Arkana Verlag, München, in der Verlagsgruppe Random House GmbH, S. 57–61.

Hicks, Esther und Jerry: Ein neuer Anfang. Das Handbuch zum Erschaffen deiner Wirklichkeit.
© 2004 Ansata Verlag, München, in der Verlagsgruppe Random House GmbH, S. 37–40.
Übersetzung: Manfred Miethe

Freitag, Erhard F. und Zacharias, Carna: Die Macht Ihrer Gedanken – Kraftzentrale Unterbewusstsein. Der Weg zum positiven Denken.
© 1991 Wilhelm Goldmann Verlag: München, in der Verlagsgruppe Random House GmbH, S. 102–106 und 140–143.

Malinowski, Peter: Flourishing – Welches Glück hätten Sie gern? Positive Eigenschaften kultivieren und Schwierigkeiten meistern.
© 2010 Irisiana Verlag, München, in der Verlagsgruppe Random House GmbH, S. 160–177.

Chopra, Deepak: Die sieben Schlüssel zum Glück.
Aus dem Amerikanischen von Michael Wallossek.
© 2010 by nymphenburger in der F. A. Herbig Verlagsbuchhandlung GmbH, München, S. 79–96.

Die Schlüssel zu Wohlstand und Reichtum

Byrne, Rhonda: The secret – Das Geheimnis.
© 2007 Arkana Verlag, München, in der Verlagsgruppe Random House GmbH, S. 117–136.
Übersetzung: Karl Friedrich Hörner

McKenna, Paul: Ich mach dich reich! Ihr sicherer Weg zu Glück und Wohlstand.
© 2009 Mosaik Verlag, München, in der Verlagsgruppe Random House GmbH, S. 67–85.

Schmidt, Karl Otto: Die goldene Regel. Das Gesetz der Fülle.
© 2009 Drei Eichen Verlag, Hammelburg, S. 9–16.

Hill, Napoleon: Erfolg durch positives Denken.
© 2010 Ariston Verlag, München, in der Verlagsgruppe Random House GmbH, S. 173–186.
Übersetzung: Wolfgang Maier

Die Geheimnisse von Gesundheit und Heilung

Murphy, Dr. Joseph: Die Macht des positiven Denkens. Das große Lesebuch.
© 2007/2009 Ariston Verlag, München, in der Verlagsgruppe Random House GmbH, S. 142–150.

Hay, Louise L.: Du kannst es. Durch Gedankenkraft die Illusion der Begrenztheit überwinden.

© 2003 Integral Verlag, München, in der Verlagsgruppe Random House GmbH, S. 27–38.
Übersetzung: Manfred Miethe

Byrne, Rhonda: The secret – Das Geheimnis.
© 2007 Arkana Verlag, München, in der Verlagsgruppe Random House GmbH, S. 151–168.
Übersetzung: Karl Friedrich Hörner

McKenna, Paul: Ein neues Leben in 7 Tagen. Erfahren Sie die Strategien erfolgreicher Menschen für ein erfülltes Leben.
© 2005 Arkana Verlag, München, in der Verlagsgruppe Random House GmbH, S. 150–180.
Übersetzung: Burkhard Hickisch

Wege zum Erfolg

Franckh, Pierre: Einfach erfolgreich sein! Lebe deinen Traum.
© 2011 Arkana Verlag, München, in der Verlagsgruppe Random House GmbH, S. 21–28.

Hill, Napoleon: Die Gesetze von Reichtum und Erfolg.
© 2008 Ariston Verlag, München, in der Verlagsgruppe Random House GmbH, S. 205–214.

Hicks, Esther und Jerry: The Law of attraction. Das kosmische Gesetz hinter »The secret«.
Aus dem Amerikanischen von Michael Nagula
© 2009 Allegria Verlag in der Ullstein Buchverlage GmbH, Berlin, S. 114–134.

Dahlke, Ruediger: Die Schicksalsgesetze. Spielregeln fürs Leben. Resonanz – Polarität – Bewusstsein.
© 2009 Arkana Verlag, München, in der Verlagsgruppe Random House GmbH, S. 101–123.

Wattles, Wallace: Die Gesetze von Erfolg und Resonanz. Wohlstand aus der Kraft deiner Gedanken.
© 2009 Amra Verlag, Hanau, S. 25–30.

Über die Autoren

Byrne, Rhonda ist eine australische Drehbuchautorin und Produzentin. Auf ihrer ganz persönlichen Entdeckungsreise hat Sie ein herausragendes Team, darunter Autoren, Geistliche, Lehrer, Filmemacher, Designer, Verleger, einige der populärsten Erfolgscoaches, Beziehungs- und Motivationstrainer Amerikas sowie zwei Quantenphysiker zusammengebracht. Aus diesen Begegnungen entstand ihr Weltbestseller *The Secret*, der Millionen Menschen dazu verholfen hat, ihr persönliches Glück zu finden.

Chopra, Deepak verbindet wie kein anderer das Wissen des Westens mit der Weisheit des Ostens. Der aus Indien stammende Internist und Endokrinologe stellte in den 1980er-Jahren fest, dass der westlichen Medizin die Seele fehlt, und machte sich auf die Suche nach einer ganzheitlichen Medizin. Bis heute widmet Deepak Chopra sich mit großem Erfolg dem Grenzbereich von Wissenschaft und Glauben. Seine über 50 Titel wurden in 35 Sprachen übersetzt und insgesamt 20 Millionen Mal verkauft. Damit zählt er zu den erfolgreichsten Bestsellerautoren weltweit.

Dahlke, Ruediger Dr. med., Jahrgang 1951, absolvierte sein Medizinstudium in München und Weiterbildungen in Naturheilweisen und Psychotherapie. Er war 27 Jahre als Psychotherapeut tätig. 2009 feierte das von ihm mitbegründete Heilkunde-Zentrum Johanniskirchen 20-jähriges Jubiläum. Heute ist er als Fastenarzt, Seminarleiter und Vortragender international tätig. Seit 2012 hat das von ihm mitgegründete Seminarzentrum TamanGa in Gamlitz in der Südsteiermark seine

Arbeit aufgenommen. Seine Bücher zur Psychosomatik unter Einbezug spiritueller Themen wie *Krankheit als Symbol* oder *Die Schicksalsgesetze – Spielregeln fürs Leben* sind Weltbestseller und stellen eine wichtige Grundlage des ganzheitlich-spirituellen Weltbildes dar.

Franckh, Pierre ist Schauspieler, Mentaltrainer und Bestsellerautor. Mit einer Gesamtauflage von über zwei Millionen Büchern gehört er zu den erfolgreichsten deutschen Autoren. Pierre Franckh hält Vorträge auf der ganzen Welt und gibt Seminare vor ausverkauften Häusern. Als Coach und Mentaltrainer gehört er zu den modernen Vertretern des positiven Denkens. Nach seinen Regeln und Anweisungen haben unzählige Menschen ihr Leben positiv verändert

Freitag, Erhard F. widmet sich seit fast 40 Jahren dem weiten Feld der alternativen Heilkunde. Als Anhänger, Schüler und offizieller Lehrbeauftragter von Dr. Jospeh Murphy zählt er zu den weltweit renommiertesten Erfolgsautoren. Seine Bücher *Kraftzentrale Unterbewusstsein*, *Die Macht Ihrer Gedanken* und *Erkenne deine geistige Kraft* wurden bislang in 16 Sprachen übersetzt. Erhard Freitag ist Pionier und Vordenker auf dem Gebiet der Transpersonalen Psychotherapie. Er hat weltweit Millionen von Lesern und Patienten zu einem erfüllten und glücklichen Leben verholfen.

Grün, Pater Anselm, geboren 1945, ist Benediktinermönch und Cellerar der Abtei Münsterschwarzach. Besonders bekannt wurde er durch seine große Anzahl erfolgreicher Publikationen und Vorträge im In- und Ausland. Als Autor und Seelsorger begleitet er Menschen auf ihrer Suche nach Spiritualität und Zuversicht.

Haanel, Charles F. (1866–1949) war deutschstämmiger US-Amerikaner und erfolgreicher Geschäftsmann. Als Autor und Verleger befasste er sich mit den Themenbereichen Philosophie, Psychologie und Persönlichkeitsentwicklung. In seinem bekanntesten Werk *The Master Key System* beschäftigt er sich mit den Schlüsseln zu einem erfolgreichen Leben.

Hay, Louise L. ist eine der erfolgreichsten Vertreterinnen des positiven Denkens, die vor allem mit ihren Affirmationsprogrammen und Analogiedarstellungen für körperliche Beschwerden und dahinterstehende Glaubenssätze weltweit Millionen von Menschen helfen konnte.

Hicks, Esther und Jerry, weltweit erfolgreiche Medien, die die Botschaft des Geistwesens Abraham zu den Menschen bringen – und ihnen damit erfolgreiche und heilsame Wege für unsere herausfordernde Zeit anbieten.

Hill, Napoleon (1883–1970) begann bereits mit 13 Jahren als Zeitungsreporter zu arbeiten, um den eigenen ärmlichen Verhältnissen zu entkommen. Sein späterer Mentor, Andrew Carnegie, beauftragte ihn, anhand der Erfolgsgeschichten der reichsten Amerikaner das Geheimnis des Erfolgs zu erkunden und für den Einzelnen anwendbar zu machen. Seine Erkenntnisse aus 20-jähriger Arbeit sind unter anderem Inhalt des Bestsellers *Denke nach und werde reich*, der sich weltweit millionenfach verkaufte.

Karsten, Jürgen ist promovierter Wirtschaftswissenschaftler und bekannter Coach auf dem Gebiet der Mentalsteuerung. Seit 1990 berät er Unternehmen in steuerlichen und wirtschaftlichen Fragen. Seine bahnbrechende Methode, das Mentalprinzip, ist Thema zahlreicher Vorträge und Veröffentlichungen.

Malinowski, Peter arbeitet seit 2002 als Dozent für Psychologie und Neurowissenschaften an der John Moores University in Liverpool, Großbritannien. Als praktizierender Buddhist unterrichtet er seit etwa 15 Jahren weltweit buddhistische Themen, wie zum Beispiel Glück und Meditation. Sein besonderes Anliegen ist es, das praktische Meditieren psychologisch-wissenschaftlich und losgelöst von religiösen Aspekten verständlich zu vermitteln.

McKenna, Paul ist einer der weltweit führenden Hypnotherapeuten. Als Coach betreut er Olympiasieger, Konzernführer und Stars wie Robbie Williams, Ronan Keating oder David Bowie. Seine Selbsthilfeprogramme zur Raucherentwöhnung, zum Gewichtabnehmen, zum besseren Schlaf, zur Stressbewältigung und zum Aufbau des Selbstvertrauens sind in Millionenauflage erschienen.

Murphy, Dr. Joseph (1898–1981) ist einer der erfolgreichsten Autoren der Lebenshilfeliteratur. Er wurde im Süden Irlands geboren und wanderte 1922 in die USA aus. Sein Studium der Religions- und Rechtswissenschaften sowie der Philosophie schloss er mit der Promotion in allen drei Fächern ab. 1962 erschien sein Hauptwerk *Die Macht Ihres Unterbewusstseins*, dem zahlreiche weitere Bücher folgten. Durch seine Publikationen und seine rege Vortragstätigkeit in der ganzen Welt wurde er zum Wegbereiter des positiven Denkens.

Scherer, Hermann ist mehrfach ausgezeichneter Business-Experte, Autor, Wissenschaftler und motivierender Redner bei

Mitarbeiter- oder Kundenveranstaltungen, Kick-offs, Kongressen, Events oder Tagungen. Er hat bislang über 2000 Vorträge und Vorlesungen vor rund 400 000 Menschen gehalten sowie 30 Bücher in zwölf Sprachen veröffentlicht. Sein Buch *Glückskinder* landete bereits am Erscheinungstag auf Platz eins bei Amazon und wurde ein Bestseller.

Schmidt, Karl Otto (1904–1977) war ein deutscher Esoteriker, Zeitgeist und Buchautor. Er verfasste über 100 Bücher mit einer Auflage von mehr als zwei Millionen, die in mehrere Sprachen übersetzt wurden. Karl Otto Schmidt gehörte zu den engagiertesten Lehrern neugeistigen Gedankengutes im deutschsprachigen Raum.

Schwanfelder, Werner, geboren 1951, war nach seinem Studium der Betriebswirtschaft und Kommunikationswissenschaften viele Jahre als Vice President für eine internationale Einkaufsorganisation bei der Siemens AG verantwortlich. Neben seiner beruflichen Managementtätigkeit schrieb er Bücher über Führung und Motivation. Seit 2007 ist er freiberuflich als Autor und Vortragender zu den Themen Geldanlage, Management und Führungskultur tätig.

Schwartz, David J. war Professor an der Georgia State University in Atlanta und Gründer der Firma Creative Educational Service Inc., ein Beratungsunternehmen für Führungspositionen. Sein Buch *The Magic of Thinking Big* hat sich weltweit über vier Millionen Mal verkauft.

Wattles, Wallace (1860–1911) inspirierte die Filmemacherin Rhonda Byrne zu ihrem Welterfolg *The Secret*. Wallace Wattles verbrachte viele Jahre mit dem Studium von Religionen und

Philosophien, bis er die Gesetze der Resonanz und Fülle zum Thema seiner Bücher machte. Mit seinen Arbeiten beeinflusste er auch weltberühmte Vertreter des positiven Denkens wie Napoleon Hill und Anthony Robbins.